Artner/Kreutzer (Hrsg)

Startup Investing

Startup Investing

Praxishandbuch für Investorinnen und Investoren

herausgegeben von

MMag. Stefan Artner, MRICS

Karin Kreutzer, MAS (PR)

Linde

Zitiervorschlag: *Artner/Kreutzer* (Hrsg), Startup Investing (2019) Seite

Bibliografische Information der Deutschen Nationalbibliothek

Die Deutsche Nationalbibliothek verzeichnet diese Publikation in der Deutschen Nationalbibliografie; detaillierte bibliografische Daten sind im Internet über http://dnb.d-nb.de abrufbar.

Hinweis: Aus Gründen der leichteren Lesbarkeit erfolgt nicht immer eine geschlechtsspezifische Differenzierung. Es gelten die entsprechenden Begriffe aber immer im Sinne der Gleichbehandlung der unterschiedlichen Geschlechter.

ISBN 978-3-7143-0342-1 (Print)
ISBN 978-3-7094-1031-8 (E-Book-PDF)
ISBN 978-3-7094-1032-5 (E-Book-ePub)

1210 Wien, Scheydgasse 24, Tel.: 01/24 630
www.lindeverlag.at

Druck: Hans Jentzsch & Co GmbH
1210 Wien, Scheydgasse 31
Dieses Buch wurde in Österreich hergestellt.

Gedruckt nach der Richtlinie des Österreichischen Umweltzeichens „Druckerzeugnisse", Druckerei Hans Jentzsch & Co GmbH, UW-Nr. 790

PRINTED IN AUSTRIA

Vorwort

In Startups investieren – aber wie?

Startup Investing ist ein Sammelband unterschiedlichster Themen und Sichtweisen zum Investieren in Startups. Es richtet sich an potenzielle und aktive Startup-Investoren – von Angel-Investoren über Investoren in Family Offices bis hin zu Mitarbeitern von institutionellen Investoren, sowie an Anlageberater in Banken und Vermögensverwalter, aber auch an Studenten und Professoren. Denn über das Investieren generell, und speziell über das Investieren in Startups, sollte viel mehr gelernt und gelehrt werden: Der Schwerpunkt, das Vermögen einfach aufs Sparbuch zu legen, ist in unseren Breiten noch immer viel zu dominant – und Wissenserweiterung ist zweifelsohne einer der Hauptfaktoren für eine Änderung des Mindsets.

Es braucht diverse Expertisen und Perspektiven, um die Vielfalt der Investitionsmöglichkeiten in Startups aufzuzeigen und die notwendigen Vorgehensweisen darzustellen. Die Auswahl an erstklassigen und renommierten (Startup-) Insidern und Experten als Autorinnen und Autoren dieses Werkes gewährleistet diesen Einblick aus Sicht der Praxis. An dieser Stelle ein herzliches Dankeschön an alle Autorinnen und Autoren für ihre Beiträge und die Weitergabe ihres Know-hows und Do-hows

Startup Investing gibt einen allgemeinen Ein- und Überblick über das nationale & internationale Investieren (Schwerpunkt DACH und GB) in Startups. Oft werden Kapitel mit Fakten, Theorien und Untersuchungen unterlegt, oft auch mit Empfehlungen und Inspirationen. Behandelt werden ua folgende Fragen: In welcher Form kann man in Startups investieren? In welche Branchen soll man investieren? Worauf ist bei der Auswahl der Startups zu achten? Wie und wo findet man Startups (die zu einem passen)? Exit oder Insolvenz – wie beendet man ein Startup Investment? *Startup Investing* soll Inspiration für den Aufbau eines Portfolios und Reflexion für den Ausbau bzw für etwaige Veränderungen sein.

Natürlich ist das Buch auch für Unternehmensgründer interessant. Denn auch für sie ist es hilfreich, die unterschiedlichen Formen des Investierens in Startups zu kennen und zu wissen, worauf Investoren beim Investieren in Startups achten (müssen).

Ein Sammelband wie dieser ist keine Publikation aus einem Guss, sondern variiert in Schreibstil und manchmal auch in der Sichtweise der Dinge. Es werden Aspekte auch mehrfach, aus unterschiedlichen Blickwinkeln betrachtet – was durchaus einen Mehrwert für den Leser darstellt. Zweifelsohne könnte *Startup Investing* noch viel mehr Aspekte abbilden und lässt auch manches unbeantwortet. Wir sind aber überzeugt: Manch wichtige Frage kommt den Lesern überhaupt erst durch *Startup Investing* in den Sinn und hilft, die eigene Sichtweise zu schärfen.

Das Startup-Ökosystem ist ein spannender und an Bedeutung stetig gewinnender Wirtschafts- und Investitionsbereich, zu deren Professionalisierung dieses Buch einen Beitrag leistet. Wir wünschen allen Leserinnen und Lesern daher interessante und informative Stunden bei der Lektüre von Startup Investing.

Wien, Dezember 2019 *Stefan Artner & Karin Kreutzer*

Vorwort

Wagniskapital muss an Bedeutung gewinnen!

Startups bilden einen immer größer werdenden Teil des Unterbaus unserer Volkswirtschaft. In diesen von jungen Unternehmern gegründeten und geführten Firmen werden kreative und innovative Ideen geboren, zur Marktreife entwickelt und global vermarktet. Mit der Triebkraft des Paradigmenwechsels hin zur Digitalisierung und Technologisierung leisten Startups einen essentiellen Beitrag dazu, dass Innovation und neue Konzepte das Wirtschaftswachstum und die Arbeitsplatzschaffung beflügeln.

Das Praxisbuch *Startup Investing* ermöglicht durch die wertvollen Beiträge der Investoren und Experten einen wichtigen Einblick in die Beziehung zwischen ihnen und den Gründern; es erläutert die Prozesse und Aufgabenteilungen genauso wie die Chancen und Risiken, die mit der Frühphase der Unternehmensgründung verbunden sind und beschreibt, wie man diese am besten vorteilhaft managed.

Herausgreifen will ich die Rolle der VC-/PE-Fonds: Selektion und Risikodiversifizierung, Unternehmensentwicklung und Eigenkapital-Finanzierung sind die wesentlichen Funktionen, die von erfahrenen Fondsmanagement-Teams verrichtet werden. Vor allem ist die aktive Begleitung des Managements zur besseren Entwicklung der Portfoliofirmen eine wichtige Leistung. Damit entsteht das Potential auf risikoadäquate Renditen.

Leider ist Wagniskapital – wie überhaupt das gesamte Thema Kapitalmarkt – in Österreich stark unterbelichtet. Als aktive Teilnehmer wären die institutionellen Investoren, wie Pensionskassen, Versicherungen und Stiftungen, gefordert. Trotz aller Statistiken, die auf hohe Fonds-Renditen hinweisen, investieren sie wegen regulatorischer und interner Hindernisse nicht in VC-/PE-Fonds.

Die Verbesserung des Verständnisses und der Akzeptanz für privates Wagniskapital – wie es das vorliegende Werk anstrebt – ist ein Hauptanliegen von AVCO, der Dachorganisation der Beteiligungskapitalbranche. Denn neben der volkswirtschaftlichen Bedeutung ist es von hoher Wichtigkeit, die komplementären Beiträge der Player im Markt einem breiten Publikum, inklusive der Politik, darzulegen. Um die Etablierung von mehr VC-/PE-Fonds in Österreich zu fördern, hat AVCO daher bspw ein Dachfonds-Konzept entwickelt, das – mit einer Teilgarantie des Bundes ausgestattet – österreichischen Versicherungen und Pensionskassen ein attraktives Investment bieten könnte.

Österreich und Wien (als Hub) haben als Wirtschafts- und Finanzstandort viele positive Attribute, liegen im europäischen Vergleich aber im abgeschlagenen Feld, weil es ganz einfach an der internationalen Wettbewerbsfähigkeit fehlt. Aufgabe der Politik wäre es daher, als Teil einer Kapitalmarkt- und Finanzstandortstrategie, Best-Practice-Strukturen und Rahmenbedingungen zu entwickeln sowie Rechtsicherheit zu schaffen, wie zB eine neue Fondsrechtsform, klare und faire Steuergesetze und rasche Behandlung der Einwanderungsanträge von Experten.

Startups sind Hoffnungsträger für die Sicherung des Wohlstandes unseres Landes!

Wien, Dezember 2019

Dr. Rudolf Kinsky, LL.M., MBA
Geschäftsführender Präsident
Austrian Private Equity and Venture Capital
Organisation (AVCO)

Vorwort

Die Zukunft gestalten – wieso überhaupt in Startups investieren?

Neue Technologien, Klimawandel oder gesellschaftliche Veränderungen sind nur einige der vielen Herausforderungen, mit denen wir im 21. Jahrhundert konfrontiert sind. Während die Mehrheit der Menschen den aktuellen Problemen ratlos gegenübersteht, sehen Startups derartige Herausforderungen als Chancen an und entwickeln die passenden Lösungen. Die Global Entrepreneurship Declaration nennt sogar Entrepreneurs und Startups als treibende Kraft, um die 17 Sustainable Development Goals bis 2030 zu erreichen.

Zudem findet ein Paradigmenwechsel in der Startup-Community statt: Vom Konzept „we are in the exit business“, dh in ein Startup zu investieren, um es möglichst schnell und möglichst teuer wieder zu verkaufen, über das Konzept „we are in the business of creating great businesses“, hin zu dem jetzt immer stärker erkennbaren Konzept „we are in the business of creating great solutions“.

Dabei ist es wesentlich zu bedenken, dass Startup Investment eigene Regeln hat. In der Early-Stage-Phase wird nicht nur Geld investiert, sondern alle drei Formen von Kapital gleichzeitig: Finanzkapital (Geld), Humankapital (Fachwissen und Erfahrung) und soziales Kapital (Netzwerk) – und dies gepaart mit Engagement. Um das Risiko für Investorinnen und Investoren zu minimieren, soll ein Investment Portfolio aufgebaut und mit anderen Investoren gemeinsam investiert werden. Zusätzlich sind Startups per definitionem innovativ, sie bewegen sich in noch unbekanntem Terrain, wo es noch keine festgefahrenen „Regeln“ gibt. Daher ist es von zentraler Bedeutung, aus den positiven und negativen Erfahrungen anderer zu lernen.

Dieses Buch ist ein wichtiges Instrument, die unterschiedlichen Facetten des Startup Investing kennenzulernen, den Prozess besser zu verstehen, die Chancen und die Risiken rechtzeitig erkennen zu können, um damit mehr Erfolg in der Umsetzung zu haben.

Ob Sie neu in dem Bereich sind, oder bereits erfahrener Angel Investor, Fund Manager, VC oder Corporate sind, Sie leben in einer aufregenden Zeit, in der Sie Innovation vorantreiben, Entrepreneurs in der Lösungserschaffung unterstützen und damit direkt die Zukunft mitgestalten können. Nutzen Sie die Chance!

Wien, Dezember 2019

Selma Prodanovic
Founder & Vice President Austrian Angel
Investors Association
Board Member European Business Angel Network

Inhaltsverzeichnis

Autorenverzeichnis

DI Michael Altrichter investiert als Business Angel und Impact Investor in ein Portfolio mit derzeit 35 Startup-Beteiligungen im IKT-Bereich wie zB Tourradar, Wikifolio und Discovering Hands und als Aufsichtsratsvorsitzender der startup300 AG ist er Mitgestalter eines Ecosystems aus leidenschaftlichen Investoren für Startups und Innovationsunternehmen. 2014 erhielt er den „Business Angel of the Year Award“ und war jahrelang als Juror und Investor bei der Puls 4 Startup-Show „2 Minuten 2 Millionen“ tätig. Startup-Erfahrung sammelte er als Mitgründer der paysafecard.com Wertkarten AG und der payolution GmbH, beides FinTech-Unternehmen spezialisiert auf Payment Solutions im Zahlungsverkehr, die erfolgreich verkauft wurden.

MMag. Stefan Artner, MRICS, Rechtsanwalt, ist geschäftsführender Gesellschafter bei DORDA Rechtsanwälte GmbH und Leiter der Real Estate Practice Group der Kanzlei. Er studierte Rechtswissenschaften an der Universität Wien und Handelswissenschaften an der Wirtschaftsuniversität Wien. Darüber hinaus wurde er an der European Business School in Oestrich-Winkel zum Immobilien-Sachverständigen/Internationale Immobilienbewertung ausgebildet. Stefan Artner ist Chartered Surveyor und Mitglied der Royal Institution of Chartered Surveyors. Privat investiert Stefan Artner gemeinsam mit Karin Kreutzer über deren gemeinsame Gesellschaft AUBMES Invest GmbH in Startups v.a. in der Pre-Seed und Seed-Phase.

Markus Ertler, CBA ist einer der digitalen Pioniere Österreichs. Bereits 1982, mit zehn Jahren, begann er zu programmieren. 1994 gründete er mit seinem Bruder die erste Immobilienplattform Europas –Immobilien.NET– und machte das Portal zum Marktführer. Mit ihrem Verkauf 2014 landete er den größten Classified Exit Österreichs des Jahres. Seitdem verfolgt er seine Passion als begeisterter Unternehmer und Business Angel und unterstützt durch sein leidenschaftliches Coaching zahlreiche Jungunternehmer. Markus Ertler ist Certified Business Angel (CBA), Super Angel of the Year 2015 (Austrian Angel Investors Association), Austrian Business Angel of the Year 2019 (Austria Wirtschaftsservice), Mitglied im Aufsichtsrat der Startup300 AG und ist derzeit in über 30 Startups investiert.

Lisa-Marie Fassl, MSc BSc ist Geschäftsführerin der Austrian Angel Investors Association (aaia), dem führenden Netzwerk für Angel Investoren in Österreich. Nachdem sie bereits während ihres BWL-Studiums an der Karl-Franzens-Universität Graz am Aufbau von zwei Software-Startups beteiligt war, hat sie 2012 das IdeenTriebwerk Graz – eine Organisation zur Förderung von studentischen Gründern – initiiert. Nach Funktionen bei AustrianStartups, i5invest und am Gründungszentrum der WU Wien, ist sie seit 2016 in der aaia tätig. Parallel dazu hat sie 2016 die Organisation Female Founders mitgegründet, die ein pan-europäisches Ökosystem für unternehmerische Frauen entwickelt. Weiters ist sie Mitglied in diversen Advisory Boards, Lehrbeauftragte an Universitäten und Fachhochschulen sowie Koordinatorin des CEE Committee im Europäischen Business Angel Netzwerk (EBAN).

DI Carlos Fernández de Retana ist CFO und Leiter des Inkubationsprogramms „Scale up" bei INiTS, einem der laut UBI Index weltweit besten Universitätsinkubatoren, das sich auf die Entwicklung, Geschäftsmodellierung und Finanzierung von innovativen, forschungs- und technologiebasierten Startups in der Früh-Phase spezialisiert hat. Er studierte Wirtschaft und Maschinenbau an der TU Graz und war viele Jahre als Unternehmensberater tätig – bis 2004 in der Geschäftsleitung von Cap Gemini Ernst & Young mit dem Schwerpunkt Transformation und Finance und über zehn Jahre selbständig. Mit der von ihm gegründeten Firma IM&C war er auf Turnarounds für Mittelstandsbetriebe spezialisiert. Carlos Fernández de Retana ist Certified Turnaround Expert und Business Angel und unterrichtet als Universitätslektor operative Management Tools für innovative Unternehmen an der TU Wien.

Katharina Gewеßler, MSc (WU) Steuerberaterin, ist Managerin der BDO Austria GmbH Wirtschaftsprüfungs- und Steuerberatungsgesellschaft in Wien und Universitätsassistentin in der Abteilung für Rechnungswesen, Steuern und Jahresabschlussprüfung der WU Wien, Lektorin an der Wirtschaftsuniversität Wien sowie Autorin von Fachbeiträgen im Bereich Steuerrecht und Rechnungslegung. Ihre Tätigkeitsschwerpunkte umfassen nationales (Unternehmens-)Steuerrecht und nationale Rechnungslegung.

Dr. Johann „Hansi" Hansmann ist Österreicher und studierte Wirtschaftswissenschaften in Wien. Den größten Teil seiner beruflichen Laufbahn bekleidete er in Führungspositionen in der internationalen Pharmaindustrie in Österreich, Deutschland, England und Spanien. Nach einem Management Buy-Out eines großen Pharmawerks in Spanien baute er mehrere Jahre lang sein eigenes Pharmaunternehmen auf, das er 2003 sehr erfolgreich verkaufte. Seit dieser Zeit ist er aktiver Investor und Business Angel. 2012 war er Mitgründer der „Austrian Angels Investors Association", der er als aktiver Präsident dient. Hansmann hält Beteiligungen mit geografischem Fokus auf Österreich, Deutschland, England und Spanien, vor allem an Internetunternehmen und im Gesundheitssektor.

Magdalena Hauser, BA BSc studierte Wirtschaftswissenschaften und Innenarchitektur. Nach diversen Tätigkeiten in der Startup-Szene gründete sie 2016 gemeinsam mit Josef, Johannes und Hermann Hauser das Unternehmen I.E.C.T. – Hermann Hauser. Seit 2018 ist sie Geschäftsführerin der I.E.C.T. und Prokuristin von Hermann Hausers zentraleuropäischem Investmentvehikel. Hauptaktivitäten: Investmentmanagement, Weiterentwicklung von Programmen für Forscher und Wissenschaftler im Bereich Entrepreneurship sowie Aufbau eines Startup-freundlichen Ökosystems mit nationalen und internationalen Partnern. Weiters ist Magdalena Hauser als Mentor und Coach tätig und Co-Founder des Vereins AI Austria – Austrian Society for Artificial Intelligence.

Dr. Birgit Hofreiter ist Initiatorin und Leiterin des Innovation Incubation Center (i²c), dem Kompetenzzentrum für Unternehmensgründung von forschungs- und technologiebasierten Startups, der Technischen Universität Wien und Gründerin des TUW i²nkubators. Die promovierte Wirtschaftsinformatikerin verbrachte mehrere Jahre an Forschungseinrichtungen im Ausland, bevor sie nach Europa zurückkehrte und 2011 das Angebot der TU Wien annahm, ein Qualifikationsprogramm zur Unternehmensgründung für Studierende und Wissenschaftler zu entwickeln. Daraus entstand in wenigen Jahren eine der führenden Universitätseinrichtungen zur Förderung universitärer Ausgründungen in Europa. Sie ist Autorin zahlreicher wissenschaftlicher Fachbeiträge, im Lenkungsausschuss wissenschaftlicher Konferenzen, als nationale und internationale Gutachterin aktiv, Mitglied in diversen Beiräten und Mentorin und Coach für Startup-Projekte und Qualifikationsprogramme.

Ing. Daniel Horak, MSc MA ist Managing Partner für Sales und Marketing, Co-Gründer und Geschäftsführer der CONDA AG. Bereits mit seinem 2007 gegründeten Startup Spoken Language System sammelte er Erfahrungen im Bereich der Unternehmensgründung, darüber hinaus war er mehrere Jahre als IT-Consultant und Unternehmensberater tätig. Seit 2014 ist er Vorstandsmitglied der Austrian Startups – einer Organisation zur Förderung von Startups und Entrepreneurship in Österreich.

Daniel Keiper-Knorr, lic. rer. pol. ist Mitgründer und einer der drei Geschäftsführer von Speedinvest, verantwortlich für Fundraising und Investor Relations. Speedinvest ist ein Seedphasen-VC mit Büros in Wien, San Francisco, London, Berlin und München, der seit 2011 sechs Fonds mit einem Gesamtvolumen von mehr als EUR 400 Millionen Assets under Management aufgelegt und mittlerweile über 140 Startup-Beteiligungen hat. Vor Speedinvest war Keiper-Knorr in einem Startup als Miteigentümer verantwortlich für Sales und Business Development. 2006 wurde das Startup für EUR 60 Millionen an das NASDAQ-listed Unternehmen Verisign verkauft. Davor war Keiper-Knorr Wertpapierhändler bei der ERSTE Bank in Wien und Privatbanker bei Credit Suisse in Zürich.

Karin Kreutzer, MAS (PR) ist geschäftsführende Gesellschafterin der AUBMES Invest GmbH. Die Investitionsschwerpunkte von AUMBES liegen im Bereich Startup und Immobilien. Davor/daneben ist sie seit 30 Jahren im Kommunikationsmanagement (PR, Werbung, Coaching) tätig. Viele Jahre davon in leitender Funktion in Groß- und Mittelunternehmen (Aral, Grundig, Generali), seit 2002 selbständig (bis 2017 Inhaberin und Geschäftsführerin einer PR-Agentur). Autorin von Fachbüchern und Fachartikeln. Master of Advanced Studies (PR), zertifizierter Wirtschaftscoach, zertifizierte Werbeberaterin/Werbemittlung, wirtschaftliche Ausbildung (HAK, WU Wien).

Mag. Bernhard Lehner ist Co-Gründer und Vorstand der startup300 AG. startup300 wurde 2015 als Business-Angel-Netzwerk gestartet und hat sich seit dem zu einem Ecosystem entwickelt, in dem Startups und innovative Corporates erfolgreiche digitale Geschäftsmodelle entwickeln können. Dafür stellt startup300 Risikokapital, Spaces, Beratung und Events bereit. Lehner ist seit 2006 Startup-Gründer, nachdem er zuvor erfolgreich seine Kommunikationsagentur aufgebaut hatte. Als Partner beim ersten österreichischen Inkubator i5invest war er vielfach als Co-Founder (unter anderem 123people, tripwolf, all about apps, Adverity, Agentur Mint u.a.) sowie Business Angel (unter anderem Runtastic, wikitude, wikifolio oder My Esel) tätig.

Dr. phil Stefan A. Marx ist wissenschaftlicher Autor und Publizist. Während des Studiums Assistent und danach Lehrbeauftragter an der Universität Wien. Mitarbeiter im

Compliance-Bereich internationaler Firmen. Mitarbeiter bei der Gründung und dem Aufbau der Philosophischen Praxis Märzstraße gemeinsam mit Alfred Pfabigan. Zuletzt erschienen: „Medienkompetenz. Vom selbstbestimmten Umgang mit den Medien" (Academia 2019).

DI MMag. Paul Pöltner ist seit 2013 Co-Gründer und Geschäftsführer der CONDA AG. Davor war er bis 2008 Geschäftsführer eines IT-Dienstleistungsunternehmens und wechselte danach in die Steuerberatung bei TPA Horwath. Seit 2012 beschäftigt er sich intensiv mit dem Thema Crowdinvesting und arbeitet an der Entwicklung von alternativen Finanzierungsinstrumenten in Europa mit. Seit 2015 ist er Vorsitzender des Fachausschusses der Crowdinvesting-Plattformen in der Wirtschaftskammer Österreich.

Dr. Bernhard Rieder ist Rechtsanwalt und geschäftsführender Gesellschafter bei DORDA Rechtsanwälte GmbH in Wien und schwerpunktmäßig im Gesellschaftsrecht einschließlich Umgründungen, Transaktionen und streitiges Gesellschaftsrecht tätig. Er studierte Rechtswissenschaften an der Universität Wien und hält nun selbst als Lektor regelmäßig Vorträge an Universitäten und Fachhochschulen, aber auch an Aus- und Weiterbildungsinstitutionen. Bernhard Rieder publiziert laufend in diversen Medien.

Mag. rer. soc. oec. Martin Rohla ist vielfältig engagierter Unternehmer und Investor in nachhaltige Unternehmen und Projekte, Biolandwirt, sowie Gründer der „Stadtflucht Bergmühle, Verein für Kochen und Muße im Grünen." Das Portfolio seines Beteiligungs- und Beratungsunternehmens Goodshares umfasst aktuell (neben vielen anderen) so unterschiedliche Projekte wie goood (Mobilfunkbetreiber, der 10 % seiner Umsätze an NGO`s weitergibt), Fair Finance (erste private Mitarbeitervorsorgekasse, EUR 600 Mio. in Verwaltung) und Habibi & Hawara (expandierendes Gastronomie-Projekt zur Inklusion von Geflüchteten). Derzeit hilft er darüber hinaus ausgesuchten Startups als Investorenjuror bei der Fernsehsendung „2 Minuten 2 Millionen" auf die Sprünge. Sein letztes Buch „Anleitung zur Stadtflucht" ist im Residenz Verlag erschienen.

Univ. Prof. DI Dr. Robert Sablatnig ist Universitätsprofessor für Computer Vision an der Technischen Universität Wien, wo er auch das Institut für Visual Computing & Human Centered Technologies leitet. Seine Forschungs- und Tätigkeitsschwerpunkte liegen in den Bereichen 3D Computer Vision, Video-Daten-Analyse, Dokumentanalyse, multispektrale Bildverarbeitung, Machine- und Deep-Learning, sowie Anwendungen im Bereich Industrie und Weltkulturerbe. Er ist nationaler und internationaler Gutachter und Prüfer von wissenschaftlichen und kommerziellen Projekten (z.B.: DFG, DLR, Schweizerischer Nationalfonds, Swedish Research Council, Serbian Innovation Fund, Wirtschaftsagentur Wien), aktiv in der internationalen Forschungslandschaft tätig und allgemein beeideter und gerichtlich zertifizierter Sachverständiger für Computer Vision.

Mag. Lukas Schmidt ist Rechtsanwalt bei DORDA Rechtsanwälte GmbH, wo er den Fokus seiner Beratungstätigkeit auf die Bereiche Corporate/M&A, Private Equity, Venture/Growth Capital, Startups sowie Gesellschafts- und Unternehmensrecht legt. Er ist weiters stellvertretender Leiter der Digital Industries Group von DORDA sowie Mitglied der Jury des Legal Tech Hubs Vienna.

Silvia Wendecker ist Key Account Manager IPO & IR der Wiener Börse AG und in dieser Funktion sowohl für die Heranführung neuer Unternehmen als auch die Betreuung bereits gelisteter Aktien-Emittenten zuständig. Des Weiteren leitete sie das Projekt der Einführung der neuen Marktsegmentierung an der Wiener Börse.

Nina Wöss MSc (WU) ist seit 2012 im Startup-Ökosystem aktiv und arbeitet als Investorin und Mentorin mit europäischen Gründern. Als Head of Marketing & Community bei Speedinvest konzentriert sie sich auf Portfolio-Services und den Wissensaustausch zwischen Gründern. Wöss ist eine der Co-Gründerinnen von Female Founders, einer Organisation die unternehmerische Frauen vernetzt und fördert. Dies passiert unter anderem durch ein Accelatorprogramm (Grow F) und ein Leadershipprogramm (Lead F), sowie regelmäßige Netzwerktreffen für interessierte Frauen.

Investieren in Startups – Überblick und Investmentformen

Stefan Artner/Karin Kreutzer

1. Was ist ein Startup

Das Investieren in Startups wird weltweit und auch in Österreich immer populärer – aus vielen Gründen und in unterschiedlichen Formen. Dies stellt grundsätzlich eine erfreuliche Entwicklung für einzelne Investoren ebenso wie für Volks- und Weltwirtschaft dar. Einführend geben wir im Folgenden einen Ein- und Überblick über Definitionen, Investmentformen, rechtliche und steuerliche Strukturen von Startups in Österreich und über deren Lebensphasen. Details zu den einzelnen Themen werden in den folgenden Kapiteln von Expertinnen und Experten erörtert.

1.1. Definition eines Startups

Gleich vorweg: Nicht jede Neugründung ist ein Startup. Auch wenn es für den Begriff „Startup" keine offizielle oder gesetzliche Beschreibung gibt und der Begriff seit ein paar Jahren immer mehr an Popularität im allgemeinen Sprachgebrauch gewinnt. Der Austrian Startup Monitor 2018 definiert Startups allerdings sehr treffend und knapp.[1] Es werden damit Unternehmen mit folgenden Eigenschaften bezeichnet:

> Startups sind jünger als 10 Jahre. Sie sind mit ihren Produkten, Dienstleistungen, Technologien oder Geschäftsmodellen innovativ. Sie weisen ein signifikantes Mitarbeiter-/Mitarbeiterinnen- oder Umsatzwachstum auf oder streben es zumindest an.

Natürlich gibt es eine Menge weiterer Definitionen. Beispielsweise wird Frau *Prof. Dr. Dr. Ann-Kristin Achleitner*, Technische Universität München, Inhaberin des Lehrstuhls für Entrepreneurial Finance, im Gabler Wirtschaftslexikon mit folgender Beschreibung zitiert:

> Startups sind junge, noch nicht etablierte Unternehmen, die zur Verwirklichung einer innovativen Geschäftsidee (häufig in den Bereichen Electronic Business, Kommunikationstechnologie oder Life Sciences) mit geringem Startkapital gegründet werden und idR sehr früh zur Ausweitung ihrer Geschäfte und Stärkung ihrer Kapitalbasis entweder auf den Erhalt von Venture-Capital bzw Seed Capital (evtl auch durch Business Angels) angewiesen sind. Aufgrund der Aufnahme externer Gelder wie Venture-Capital ist das Unternehmen auf einen Exit angewiesen, im Zuge dessen die Kapitalgeber ihre Investments realisieren.[2]

Diese Definitionen unterstützen (potenzielle) Investorinnen und Investoren bei der Evaluierung, ob eine Startup- oder eine klassische Unternehmensgründung vorliegt. Denn leider bezeichnen sich immer häufiger Gründerinnen und Gründer von Beratungsunternehmen, Agenturen, Handwerks- und Handelsunternehmen uä auch als Startups – einfach weil es schick wirkt und Dynamik vermittelt. Tatsächlich handelt es sich hierbei aber oft nicht um Startups im Sinne der dargestellten Definitionen, sondern um „normale" Unternehmensgründungen, auch wenn Filialen oder eine Expansion ins Ausland geplant sind.

Manchmal wird die Bezeichnung „Startup" wohl auch gewählt, weil es die Hoffnung erhöht, damit auch für klassische Unternehmen leichter Beteiligungen zu erhalten. Vor

1 *Austria Wirtschaftsservice et al* (Hrsg/Auftraggeber), Austrian Startup Monitor 2018.

2 *Achleitner* in *Gabler* Wirtschaftslexikon, https://wirtschaftslexikon.gabler.de/definition/start-unternehmen-42136/version-265490 (12.6.2019).

einer Investmententscheidung sollte daher stets genau hinterfragt werden, um welche Art von Unternehmung es sich handelt, in welche Art von Unternehmung man investieren möchte und in welcher (Lebens-)Phase des Unternehmens man einsteigen will und kann.

1.2. Einzelne Phasen von Startups

Grundsätzlich lässt sich die Gründung eines Startups aus zwei Perspektiven betrachten: Einerseits als zeitpunktbezogenes Ereignis (zB Errichtung einer Gesellschaft als Rechtsform), andererseits als zeitraumbezogenes Ereignis. Dieser Zeitraum wird in der betriebswirtschaftlichen Literatur untergliedert in verschiedene idealtypische Phasen der Unternehmensgründung, die am Lebenszykluskonzept des Unternehmens anknüpfen. Korrespondierend zu diesen Phasen lassen sich einerseits Investitionsanlässe sowie andererseits Kategorien von Kapitalgebern bzw Investorentypen identifizieren.[3]

Die folgende Abbildung zeigt die unterschiedlichen Phasen von Startups. In Anlehnung an die Form der Gewinnkurve wird auch vom „Hockey-Stick-Effekt“ gesprochen: Die Form folgt der Entwicklung aus der anfänglichen Verlustphase (Schlägerkopf) in die dynamische Wachstumsphase (Schlägerschaft).[4]

Phase	Early Stage				Expansion Stage		Later Stage	
	Pre-Seed	Seed	Startup	First Stage	Second Stage	Third Stage	Bridge	IPO
Hauptaufgabe	Ideenfindung, Basiskonzept für Produkt und Geschäftsmodell Industrielle Forschung Teamfindung und Teamformierung	Forschung Marktanalyse	Unternehmensgründung	Markteintritt	Nationale Expansion	Internationale Expansion	Vorbereitung Börsegang	Börsegang
+ Gewinn –	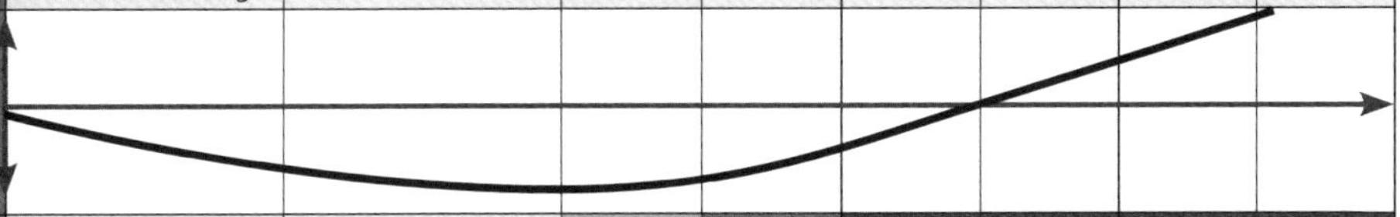							
Kapitalbedarf	gering	gering	mittel	hoch	sehr hoch	sehr hoch	sehr hoch	
Risiko	sehr hoch	sehr hoch	hoch	mittel	gering	gering	gering	
Kapitalquelle	Family, Friends & Fools; öffentliche Förderungen, Inkubatoren, Business Angels, Early Stage & Micro VCs, Crowdfunding	öffentliche Förderungen, Inkubatoren, Acceleratoren Business Angels, Early Stage & Micro VCs, Crowdinvesting & -funding, (ICO/STO)*	öffentliche Förderungen, Inkubatoren, Acceleratoren Business Angels, VC Fonds, Crowdinvesting & -funding, (ICO/STO)*		+ weitere VC Fonds, Strategische Investoren, Finanzinstitute/ Banken (Fremdkapital), Crowdinvesting, STO		+ weitere VC Fonds, Pre-IPO Fonds, Finanzinstitute/ Banken, Investmentbanken, Crowdinvesting, STO	

*nur unter bestimmten Umständen passend

Abb 1: Startup-Phasen-Modell (Eigene Darstellung und Erweiterung in Anlehnung an *Kailer/Weiß*, Gründungsmanagement kompakt[6] 75)

3 *Kailer/Weiß*, Gründungsmanagement kompakt[6] 75.
4 *Nathusius*, Grundlagen der Gründungsfinanzierung 56.

Der Lebenszyklus eines Startups kann in drei Hauptphasen unterteilt werden: In Early Stage, Expansion Stage und Later Stage. Aber auch innerhalb dieser drei Phasen gibt es wiederum Unterteilungen, die sich durch die Hauptaufgaben der Gründer, den Kapitalbedarf und die möglichen Kapitalquellen unterscheiden, sowie natürlich durch das Risiko zu scheitern und durch die Möglichkeit bzw die Wahrscheinlichkeit, Gewinne zu erzielen.

Die **Early-Stage-Phase** besteht aus den Phasen **Pre-Seed, Seed, Startup** und **First Stage**. Die **Expansion-Phase** wird unterteilt in **Second Stage** und **Third Stage**. Als **Later-Stage-Phase** wird die Vorbereitung und die Durchführung des **Börsengangs** bezeichnet. Grundsätzlich ist dieses Phasenmodell keine rein theoretische Lehrbuchdarstellung, die den optimalen Ablauf lediglich hypothetisch darstellt, sondern es ist in der Praxis nachvollziehbar. Aber natürlich verläuft nicht bei jedem Startup der Lebenszyklus immer so linear – vor allem was den Gewinn und das Risiko betrifft. Aber auch der Kapitalbedarf hängt beispielsweise von der jeweiligen Branche und der zu entwickelnden Technologie ab und kann auch zu Beginn schon relativ hoch sein. Die Dauer der einzelnen Phasen kann ebenfalls nicht genau angegeben werden, sondern variiert sehr stark von Startup zu Startup und ist auch hier wieder abhängig von der jeweiligen Branche. Die Zeitspanne pro Stage liegt dabei zwischen einigen Monaten und mehreren Jahren. Unternehmen mit hohem Forschungsaufwand oder auch Hardware-Unternehmen brauchen meist längere Zeit pro Phase als Software-Unternehmen und Internetplattformen. Die Praxis zeigt jedenfalls auch, dass die von Gründerinnen und Gründern anvisierten Zeitpläne für die Erreichung der einzelnen Phasen oft nicht eingehalten werden können – die Überschätzung der eigenen Fähigkeiten, die Unterschätzung der Abhängigkeit von Zulieferanten und die Fehleinschätzung des Kunden- und Investorenverhaltens sind nur drei von vielen Gründen, weshalb manche Phasen länger dauern als geplant. Auch wenn die Startup-Szene als flott und effizient gilt, sollten Investorinnen und Investoren, die in welcher Form auch immer in ein Startup investieren, daher nicht davon ausgehen, dass sie bereits nach sehr kurzer Zeit aus der Beteiligung wieder aussteigen können und ihren Kapitaleinsatz rasch mit sehr hohen Renditen zurückerhalten.

Die Hauptaufgaben der Gründer in der **Early-Stage-Phase** sind die Ideenfindung, die Erstellung des Basiskonzepts für das Produkt inklusive der industriellen Forschung und die Erstellung eines Prototyps – weiters die Erarbeitung des Geschäftsmodells, die Teamfindung und die Teamformierung, die Marktanalyse und die Unternehmensgründung inklusive Markteintritt. Es entstehen in dieser Phase teilweise hohe Forschungs-, Entwicklungs- und unter Umständen auch schon verhältnismäßig hohe Personalkosten (in Österreich vor allem durch hohe Lohnnebenkosten). Von einem Umsatz ist jedoch noch nicht auszugehen. Die Finanzierung erfolgt in der Early-Stage-Phase meistens durch eigene Mittel der Gründer, gefolgt von der ersten Investorenquelle: Den sogenannten **Family, Friends & Fools** – weiters aber auch durch öffentliche Förderungen, private und/oder öffentliche Inkubatoren, Business Angels, Crowdfunding und manchmal auch schon durch Early Stage & Micro Venture Capital Funds. Zweifelsohne ist die Pre-Seed und Seed-Phase der Zeitraum mit dem höchsten Risiko für Investoren. Die Gefahr, dass das Unternehmen – selbst bei hohem Zeitaufwand des Gründerteams – das Produkt nicht realisiert und/oder den Markteintritt nicht erfolgreich schafft, ist sehr hoch. Allerdings umfassen die Pre-Seed- und Seed-Phase auch jenen Zeitraum, in dem man aufgrund der noch sehr niedrigen Bewertung am günstigsten in ein Startup einsteigen und eine verhältnismäßig hohe Beteiligung erwerben kann.

In der **Expansion-Phase** – Second Stage und Third Stage – sollten die Startup-Gründer vor allem die nationale und internationale Expansion im Fokus haben. Diese Phase beginnt nach erfolgreichem Markteintritt und endet mit der Vorbereitung auf den Börsengang. Die Produktweiterentwicklung darf hier natürlich nicht vergessen werden, aber die wirklichen Herausforderungen stellen in dieser Phase meist der Aufbau der Vertriebskompetenzen und der Ausbau der Vertriebswege dar. Auch wenn schon Umsätze und manchmal sogar schon Gewinne erzielt werden, ist der Kapitalbedarf ab dieser Phase sehr hoch. Das Risiko für einen einsteigenden Investor ist zwar bereits geringer, sollte aber nicht unterschätzt werden. Zu den Kapitalquellen der Early-Stage-Phase kommen nun vor allem auch strategische Investoren, Venture-Capital-Fonds, Security Token Offerings (STO) und Finanzinstitute hinzu.

Die **Later-Stage-Phase** besteht aus der Bridge-Phase, deren Fokus auf der Vorbereitung des Börsengangs liegt, und dem IPO („Initial Public Offering" oder Börsengang). In dieser Phase ist das Unternehmen bereits personell und produktmäßig gut aufgestellt. Es geht nun um das „Richtig-groß-Werden" – also um das Erschließen neuer Märkte und den Ausbau des Unternehmens. Für die meisten internationalen Startups ist der Börsengang wirklich ein großes Ziel. Bei österreichischen Startups ist ein IPO häufig noch nicht so populär. Das hat unterschiedliche Gründe: Neben der grundsätzlich nicht so börsenaffinen Mentalität wie im angloamerikanischen Raum spielt ua auch das relativ junge Alter der Startup-Bewegung in Österreich eine Rolle. Durch die Etablierung des „direct market plus" im Jahr 2018 hat die Wiener Börse allerdings ein neues Marktsegment geschaffen, das den Weg zum Kapitalmarkt über die Börse gerade auch für Startups ermöglicht und erleichtert, denn die Anforderungen des Börsegesetzes für eine formelle Zulassung von Finanzinstrumenten zum Handel und die Emittentenpflichten an einem geregelten Markt gelten für im Dritten Markt gehandelte Finanzinstrumente nicht,[5] ua gelten daher weniger strenge Publikationsverpflichtungen. Für Personen, die in ein Startup investieren möchten, hat sich damit ein weiterer Weg eröffnet, nämlich im sozusagen dritten Markt der Wiener Börse gehandelte Aktien zu erwerben.

1.3. Klassifizierungen und Branchen

Startups werden in den unterschiedlichsten Branchen gegründet. Allerdings zeigen diverse Studien und Statistiken, dass sowohl international als auch im DACH-Raum mit Abstand die meisten Startups (über ein Drittel) in der IT-, der Softwareentwicklungs- und der Kommunikationstechnologie-Branche tätig sind.[6]

Wenn auch zu einem wesentlich geringeren Ausmaß, sind natürlich aber auch viele weitere Branchen für Startup-Gründungen interessant – darunter va: Life Science (Bio-

5 *Wiener Börse*, Handelsinformationen, https://www.wienerborse.at/handel/handelsinformationen/ (15.6.2019).

6 Ua *Bundesverband deutscher Startups*, Deutscher Startup Monitor 2018, https://deutscherstartupmonitor.de/ und Austrian Startup Monitor 2018 http://austrianstartupmonitor.at (13.6.2019).

technologie, Gesundheitswesen, Medizintechnik und Pharma), Hardware (industrielle Technologie, Elektronik und Elektrotechnik), Kreativwirtschaft (Kommunikation, Marketing und Medien), Konsumgüter (Bekleidung und Nahrungsmittel), Handel, Energie, Automobil und Verkehr, Transport und Logistik, Finanzwesen und Finanztechnologie, Versicherungswesen und Versicherungstechnologie, Baugewerbe und Immobilien, Tourismus und Bildung, Sport und Online-Gaming, der Sicherheits- und Rechtsbereich sowie die Agrar- und Landwirtschaft.

Es gibt aber keine Branche, die nicht für Startup-Gründungen relevant sein kann, da ja in allen Branchen und Bereichen Innovationen und Digitalisierung zum Überleben und zum Halten der Marktstellung wichtig sind bzw immer wichtiger werden. Weiters sind die Entwicklungen und die Tätigkeiten von Startups häufig branchenübergreifend, die Geschäftsmodelle kommen daher in diversen Branchen zum Tragen und sind nicht immer eindeutig einer Branche allein zuordenbar.

Welche Branchen bei Startup-Investoren besonders beliebt sind, unterliegt Schwankungen. Auch kann nicht generell festgestellt werden, welche Branchen sich besonders gut für Startup Investments eignen. Laut *Tomasz Tunguz*, Partner bei Redpoint Ventures, gibt es jedenfalls schon seit vielen Jahren eine gewisse Zyklizität beim Fundraising. Bestimmte Sektoren wachsen schnell und werden wettbewerbsfähig, während andere zurückgehen.[7] Laut einer Studie von Tech.eu und der Payment-Plattform Stripe[8] floss 2018 das meiste Kapital in Startups aus den Branchen Finanztechnologie (FinTech), Medizintechnologie (MedTech) und Software as a Service (SaaS). Eine Studie von KPMG aus 2018 belegt wiederum, dass 2017 vor allem in Blockchain- und Insurtech-Startups investiert wurde.[9] Allgemein bemerkbar ist jedenfalls, dass branchenunabhängig Nachhaltigkeit und Impact Investments sowie das Investieren in Spin-offs an Bedeutung gewinnen.

2. Investmentformen in Startups

Es gibt vielerlei Gründe, weshalb Startup Investing für Investorinnen und Investoren reizvoll sein kann. Und zweifelsohne auch etliche Gründe, weshalb das Investment in ein Startup für jemanden nicht passend erscheint. So unterschiedlich wie die Persönlichkeiten und die Ziele von Investorinnen und Investoren sind, so unterschiedlich sind auch die Möglichkeiten, an welchen Startups man sich beteiligen kann und in welcher Form. Vor dem Beginn eines Startup Investments sollte daher überlegt werden, was man damit erreichen will – welche monetären und nicht-monetären Ziele man verfolgt – und auf welche Weisen man sich beteiligen kann und will.

2.1. Angel Investments

Angel Investments sind Beteiligungen an Startups durch Personen mit „Smart Money". Das bedeutet: Neben Eigenkapital wird auch aktives Engagement (zB in Form von

7 *Tunguz*, https://tomtunguz.com/hot-sectors-2014/ (15.6.2019).
8 *Tech.eu/Stripe*, https://www.onlinepc.ch/business/branche/fintechs-medtechs-am-beliebtesten-investoren-1709516.html (15.6.2019).
9 *KPMG*, https://computerwelt.at/news/blockchain-und-insurtech-beliebt-bei-investoren/ (15.6.2019).

Branchen-Know-how und Netzwerkkontakten) eingebracht. Abgesehen von der Tatsache, dass klassische Bankkredite ohne ausreichende Eigenkapitalbasis vor allem in der Gründungsphase eines Startups kaum zu bekommen sind (ua aufgrund fehlender Sicherheiten und dem großen Risiko hinsichtlich Markterschließung), schätzen die Startups-Teams an Angel Investments eben auch gerade diesen Mehrwert, den sie durch aktive Investorinnen und Investoren (Business Angels) erhalten.

Einer der Vorteile von Angel Investments liegt für Investorinnen und Investoren zweifelsohne in der hohen Ertragsmöglichkeit. Der potenzielle Zinssatz des Business-Angel-Kapitals ist verhältnismäßig hoch im Vergleich zu anderen Investment- und Anlageformen. Allerdings ist zu bedenken, dass die Ausfallquote junger Startups ebenfalls sehr hoch ist. Die Praxis zeigt: Investitionen in Startups können relativ schnell und einfach verloren gehen. Somit ist es für die Lukrativität von Angel Investments wichtig, durch Exits mit entsprechend hoher Verzinsung aufgefangen zu werden.

Österreichische Business Angels waren mit ihren Geschäften laut einer Umfrage der Austrian Angel Investors Association 2018 durchaus erfolgreich: 12 % erhielten eine Kapitalrendite von mehr als dem 20-Fachen. Nur 4 % der Anlagen erhielten eine Rendite von weniger als dem 1-Fachen.[10] Ein Ergebnis, das natürlich für (potenzielle) Investorinnen und Investoren sehr motivierend ist.

Angel Investments gewinnen in Österreich aber jedenfalls an Bedeutung. Laut dem Austrian Startup Monitor 2018 ist ein deutlicher Anstieg bei der Finanzierung von Startups durch Business Angels zu verzeichnen. Bereits jedes dritte österreichische Startup profitierte von dieser Finanzierungsform. Der Anteil ist gegenüber dem EU Startup Monitor[11] (ESM) 2016 von 21 % auf 33 %, also um mehr als die Hälfte, gestiegen.[12] In Deutschland blieb der Anteil in den letzten beiden Jahren in etwa auf gleichem Niveau. Laut Deutschem Startup Monitor 2018 werden Angel Investments von rund einem Fünftel der befragten deutschen Startups als Kapitalquelle herangezogen.[13]

Als Business Angel zu agieren, kann zeitweise fachlich und emotional durchaus herausfordernd sein und ist manchmal auch sehr zeitintensiv. Die Aneignung von Techniken des Angel Investings (wie zB rechtliche und steuerliche Aspekte von Direktbeteiligungen, Screening, technische und wirtschaftliche Evaluierungen und Bewertungen uvm), der Austausch darüber mit anderen Angel-Investorinnen und -Investoren und die regelmäßige Reflexion von erlernter/erlebter Theorie und Praxis ist jedenfalls ein wichtiger, lehrreicher und hilfreicher Prozess.

2.2. Venture-Capital (VC)-Fondsbeteiligungen

Venture Capital zählt zum Bereich von Private Equity. Es ist außerbörsliches Beteiligungskapital und wird auch als Wagniskapital bezeichnet. Venture-Capital-Gesellschaf-

10 *aaia*, Angel Investing Report 2018 14.
11 Vgl http://startupmonitor.eu/ (30.8.2019).
12 *Austria Wirtschaftsservice et al* (Hrsg/Auftraggeber), Austrian Startup Monitor 2018.
13 *Bundesverband deutscher Startups*, Deutscher Startup Monitor 2018, https://deutscherstartupmonitor.de/ (13.6.2019).

ten investieren nicht nur in etablierte Unternehmen, die weiter wachsen möchten, sondern immer häufiger auch in Startups. Etliche Venture-Capital-Gesellschaften legen ihren Fokus sogar ausschließlich auf Startup-Finanzierungen.

Die Beteiligungsbeträge von VCs sind meist wesentlich höher als jene von Angel Investments. In manchen Fällen ergänzen sich aber Angel und VC Investments. In anderen Fällen ist eine Kooperation wiederum nicht gewünscht und der Ausstieg der Angel-Investorinnen und -Investoren Voraussetzung für den Einstieg eines VC-Fonds in das Startup. In diesem Fall erhalten Angel-Investoren von den einsteigenden VCs idR Angebote für ihre Anteile.

Da es sich beim Einstieg eines VC-Fonds um eine direkte Beteiligung am Eigenkapital handelt, muss das Startup keine Zinsen bezahlen. Das vom VC zur Verfügung gestellte Kapital wird mit Anteilen vergütet, mit denen der VC alle Rechte und Pflichten eines Gesellschafters erhält. Geld wird also erst bei der Veräußerung der Anteile verdient. Weshalb Venture-Capital-Gesellschaften auch zum Ziel haben, Startups bzw ihre Anteile an Startups nach einer bestimmten Zeit (meist innerhalb von zehn bis maximal zwölf Jahren) für den höchstmöglichen Preis zu veräußern. Um dieses Ziel optimal zu verfolgen, werden die Startups vor den Beteiligungsverhandlungen und den Investments meist sehr intensiv und durchaus auch relativ lange via Screening und Due Diligence geprüft. Darüber hinaus wird meist sehr aktiv an der positiven Entwicklung des Geschäfts durch VC-Angestellte mitgearbeitet. So wird das Gründer-/Managementteam des Startups beispielsweise mit technischem und kaufmännischem Know-how/Do-how, Branchenkenntnissen und Kontakten aktiv unterstützt.

Die Geldmittel der VC-Fonds werden Großteils von dritten Investorinnen und Investoren eingebracht, teilweise auch von den Fondsinitiatoren. Der von den Investorinnen und Investoren einzubringende Mindestbetrag liegt meist in einer sechsstelligen Höhe, der aber nicht auf einmal, sondern in vereinbarten Tranchen abgerufen wird und an den VC überwiesen werden muss. Im Unterschied zu Angel-Investoren bringen sich die VC-Investoren selbst aber nicht aktiv in die Startups ein. Sie erhalten vom Fondsmanagement, das für die Verwaltung der Fonds, die Abwicklung des Beteiligungsgeschäfts und für die Betreuung der Investoren zuständig ist, und dafür auch eine Management Fee erhält, regelmäßig Informationen über die Entwicklung ihrer Investments. Finanzielle Rückflüsse an die Investorinnen und Investoren gibt es ab der ersten Beteiligungsveräußerung durch den VC-Fonds.[14]

2.3. Crowdinvesting

Beim Crowdinvesting ist es möglich, Anteile an einem Startup bereits mit einem sehr geringen Betrag zu erwerben. Der Investmentvorgang läuft dabei über eine Internet-Plattform. Der Mindestkapitaleinsatz ist je nach Plattform und Finanzierungsprojekt unterschiedlich, fängt aber teilweise sogar schon im dreistelligen Eurobereich an. Der Maximalbeitrag ist meist limitiert, um eine Übernahme des Unternehmens via Crowd-

14 *Kailer/Weiß*, Gründungsmanagement kompakt[6] 71.

investing auszuschließen. Außerdem erwerben Crowd-Investoren meistens nur stille Beteiligungen bzw geben Nachrangdarlehen, sodass die Entscheidungshoheit beim Gründerteam und den Angel- und VC-Investoren bleibt.

Häufig werden die Begriffe Crowdinvesting und Crowdfunding synonym verwendet. Das ist nicht grundlegend falsch, da Crowdinvesting eine Ausprägung des Crowdfundings ist. Beim klassischen Crowdfunding zählt vor allem die Unterstützung/Vorfinanzierung eines Unternehmens/eines Projekts aus nicht gewinnorientiertem Antrieb, und der Investor erhält als Gegenleistung für den eingezahlten Betrag eine Sachleistung (zB Buch, Eventeinladung, Musterprodukt). Diese Sachleistungen sind vordefiniert und variieren je nach Höhe der Unterstützung. Beim Crowdinvesting liegt das hauptsächliche Ziel der Investoren hingegen auf dem monetären Aspekt, der Rendite. Als Crowd-Investorin und -Investor möchte man am wirtschaftlichen Erfolg eines Startups mitpartizipieren.[15]

Crowdfunding kann durchaus schon in der Pre-Seed-Phase eines Startups erfolgen. Crowdinvesting kommt erst in Frage, wenn die Geschäftstätigkeit bereits etwas weiter fortgeschritten ist. Jedenfalls ist es eine Finanzierungsform, die mit anderen Finanzierungsformen kombiniert werden kann und auch immer häufiger kombiniert wird. Crowdinvesting ist damit prinzipiell keine Konkurrenz zu anderen Wagniskapitalgebern, sondern vielmehr eine Ergänzung bzw Erweiterung der Investment-/Finanzierungsmöglichkeiten in/für Startups.

Crowdinvesting, auch Schwarmfinanzierung genannt, ist noch eine relativ junge Form der gemeinschaftlichen Unternehmensfinanzierung über (Internet-)Plattformen. Sie gewinnt aber weltweit stetig an Bedeutung. Die ersten Plattformen entstanden in der Schweiz 2010 (Investiere),[16] in Deutschland 2011 (Seedmatch und Innovestment)[17] und in Österreich 2012 (1000 × 1000).[18]

Der Markt der Crowdfunding-Plattformen ist sehr heterogen. Die Anbieter unterscheiden sich sowohl durch die Beteiligungsmodelle und Konditionen als auch durch ihre Ausrichtung. So haben einige ihren Fokus zB auf Startups und/oder KMUs, andere auf Branchen bzw Themengebieten (zB Immobilien, Nachhaltigkeit, Gesundheit). Bei den Plattformen mit vertikalem Ansatz werden häufig sehr gezielt zum jeweiligen Thema affine Investorinnen und Investoren bzw Kundinnen und Kunden angesprochen. So verfügen beispielsweise rund 30 % der Investoren auf der Crowdinvesting-Plattform aescuvest – einer Plattform mit Fokus auf Gesundheit – über einen beruflichen Hintergrund in den Branchen Medizin, Medizintechnik oder Pharma. Sie bringen damit natürlich sehr gute Voraussetzungen für die jeweilige Einschätzung des Produktes oder der Dienstleistung mit.[19]

15 *Marc Stahlmann*, Crowdinvesting als Finanzierungsalternative für deutsche Startups 16.

16 Vgl https://www.kmu.admin.ch/kmu/de/home/praktischeswissen/finanzielles/finanzierung/beteiligungsfinanzierung/crowdfunding/crowdinvesting-finanzierung-mit-kalkuel.html (19.6.2019).

17 *Stahlmann*, Crowinvesting als Finanzierungsalternative für deutsche Startups 29 f.

18 Vgl https://www.wko.at/service/unternehmensfuehrung-finanzierung-foerderungen/Crowdfunding_fuer_oesterreichische_Unternehmen.html (19.6.2019).

19 *Diehl/Schwarz*, Angel Investment at its best: Leitfaden für Business Angels II 317.

Für Startups selbst ist Crowdinvesting bzw Crowdfunding neben der Kapitalquelle häufig auch ein Marktforschungstool, um das Interesse für das Unternehmen/das Projekt abzuschätzen. Durch die meist breite Bewerbung im Internet ist es weiters eine beliebte Marketingmaßnahme, um die Bekanntheit zu erhöhen.

2.4. Börsenfinanzierung

Es gibt unterschiedliche Wege, wie ein gewinnbringender Ausstieg aus einer Beteiligung erreicht werden kann. Ein Börsengang (Englisch: Initial Public Offering – IPO) ist einer der angestrebten Wege, auf den meist mehr oder weniger lange hingearbeitet wird. Denn wenn die Anteile des Startups erstmals öffentlich gehandelt werden, ist das für die Gründer und für die Risikokapitalgeber der ersten Stunde oft der lang ersehnte Zahltag. Wenngleich ein Börsengang im DACH-Raum noch immer weit weniger populär ist als im angelsächsischen Raum.

Zweifelsohne: Ein Börsengang ist mit vielen gesetzlichen Vorgaben und daher hohem administrativen Aufwand sowie mit hohen Kosten für das Startup verbunden – auch wenn die EU-weite Prospektverordnung,[20] die seit 21.7.2019 gilt, wesentliche Neuerungen und ebenso Erleichterungen gebracht hat. Allem voran positiv für Startups und KMUs mit einem geringen Emissionsvolumen war das Anheben des Grenzwertes für die Prospektpflicht bei Wertpapieren auf eine Million Euro. Das heißt, bleibt das Gesamtvolumen des öffentlich angebotenen Wertpapieres eines Emittenten im Laufe eines Jahres unter diesem Betrag, muss kein Prospekt erstellt werden. Damit wird der Zugang zum Kapital über die Börse erleichtert, denn die nicht zu unterschätzenden Prospektkosten fallen weg. Die gleichzeitig neu gestaltete Aktionärsrechte-Richtlinie[21] soll aber außerdem die Position der Anleger stärken, die Transparenz erhöhen und die Kommunikation zwischen Unternehmen und Anlegern verbessern.

Mit dem Maßnahmenpaket der Prospektverordnung und der Aktionärsrechte-Richtlinie möchte die EU den Zugang zur Börsenfinanzierung erleichtern und einen weiteren Schritt in Richtung Kapitalmarktunion setzen. Zweifelsohne bietet auch der Investmentweg über die Börse gute Gelegenheiten in junge, erfolgreiche Unternehmen einzusteigen und deren Wachstum mitzufinanzieren. Denn für Startups bedeutet ein IPO: Wenn der Sprung an die Börse erfolgreich abgewickelt wurde, kann meist ausreichend Kapital für eine ordentliche Geschäftsausweitung eingesammelt werden. In Deutschland konnten beispielsweise schon einige Startups erfolgreiche Börsengänge mit entsprechend positiver Weiterentwicklung verzeichnen, zB Trivago, Zalando oder Shop Apotheke.[22]

---

20 Verordnung (EU) 2017/1129 des Europäischen Parlaments und des Rates vom 14. Juni 2017 über den Prospekt, der beim öffentlichen Angebot von Wertpapieren oder bei deren Zulassung zum Handel an einem geregelten Markt zu veröffentlichen ist und zur Aufhebung der Richtlinie 2003/71/EG; https://eur-lex.europa.eu/legal-content/DE/TXT/?uri=CELEX%3A32017R1129 (19.8.2019).

21 Richtlinie (EU) 2017/828 des Europäischen Parlaments und des Rates vom 17. Mai 2017 zur Änderung der Richtlinie 2007/36/EG im Hinblick auf die Förderung der langfristigen Mitwirkung der Aktionäre; https://eur-lex.europa.eu/legal-content/DE/TXT/?uri=CELEX%3A32017L0828 (19.8.2019).

22 Vgl https://www.companisto.com/de/academy/anlageformen-und-strategien/10-startups-die-den-sprung-an-die-boerse-geschafft-haben (24.6.2019).

Es existieren jedoch durchaus auch Beispiele von Startups, die an die Börse gegangen sind und deren Kurse seither abgestürzt sind.[23] Home24 und Rocket Internet sind zwei dieser schon ziemlich etablierten Startups, deren Börsenkurse bis dato weit unter dem Ausgabewert liegen. Einer der Gründe, die laut startups.ch hinter solchen Kursrückschlägen liegen: Private Investoren setzen bei ihren Aktienkäufen auf eine Idee, ein Team oder das Potenzial eines Unternehmens. Der weitaus größere Teil des Börsenhandels wird aber von institutionellen Anlegern betrieben, welche nicht in das Konzept eines Unternehmens investieren, sondern in kurzfristige Kursentwicklungen; sie kaufen und verkaufen mit Aussicht auf Gewinne und Dividenden. Ein Startup ohne ein bereits etabliertes Geschäftsmodell, welches das eigene Wachstum tragen könnte, ist hier am falschen Platz. Denn Stagnation oder Rückschläge eines sich noch findenden Startups werden gnadenlos mit einem fallenden Kurs bestraft. Ein Gang an die Börse ist in den meisten Fällen daher nur erfolgreich, wenn ein Startup bereits ein einigermaßen funktionierendes Geschäftsmodell vorweisen und den Anlegern neues Wachstum nach dem IPO glaubhaft machen kann. Aber selbst dann ist ein kontinuierlicher Kursanstieg nicht fix und nachhaltig gegeben, sondern hängt wie bei allen börsennotierten Unternehmen von unterschiedlichsten Faktoren ab – so beispielsweise natürlich auch vom Zeitpunkt, denn die allgemeine, nationale und internationale wirtschaftliche Stimmung hat meist auch Einfluss auf die Kauf- und Verkaufslust der Investorinnen und Investoren.

3. Beteiligungsverträge und Investorenrechte

3.1. Welche Verträge regeln was? (Vertragswerk)

Handschlagqualität und Vertrauen sind zweifelsohne Eigenschaften von hohem Wert – gerade in der Zusammenarbeit mit Startups. Trotzdem zeigt die Praxis: Gut geführte Vertragsverhandlungen unter professioneller juristischer/betriebswirtschaftlich/mediatorischer Leitung mit Startups und Co-Investoren sind sinnvoll. Sie helfen sowohl den Gründern als auch den Investoren, sich und ihre Einstellungen und Ziele besser kennenzulernen. Verträge helfen dabei, Unangenehmes mitzudenken und auszusprechen, statt zu verdrängen. Bei Gesprächen über die einzelnen Vertragspunkte kommen nämlich viel mehr Glaubensgrundsätze, Zukunftspläne und Ängste zu Tage, als man vermuten würde.

Nach den ersten konkreten Gesprächen ist es hilfreich, die juristischen Agendapunkte in einem **Term Sheet** zusammenzufassen. Da die Wahrnehmungen und die persönlich gemachten Notizen oft von den eigenen Wünschen beeinflusst werden, ist ein abgestimmtes und von allen unterschriebenes Papier als Grundlage für die weiteren Verhandlungen jedenfalls ein Zeitgewinn – gerade für Nicht-Juristen. Denn das Term Sheet wird nicht unbedingt in Vertragssprache verfasst und man muss dabei auch nicht in rechtliche Detaildiskussionen gehen. Außerdem ist ein Term Sheet in der Regel noch unverbindlich. Enthalten sollte es die wesentlichen Bedingungen für eine Beteiligung, die von den Beteiligten zT sehr unterschiedlich wahrgenommen, interpretiert und in Erinnerung behalten werden. Zu diesen Bedingungen zählen vor allem die Pre-Money-

23 Vgl https://www.startups.ch/de/blog/sollten-startups-an-die-boerse-gehen/ (26.6.2019).

Bewertung, der angestrebte Betrag der Finanzierungsrunde und die Firmenanteile, die die Gründer für den Investitionsbetrag der Investoren abtreten möchten – weiters der Prozentanteil, der für etwaige Mitarbeiterbeteiligungen eingeplant werden soll, Vorkaufsrechte, Aufgriffs- und Mitverkaufsrechte. Um die Vertragsverhandlungen abzukürzen, ist es auch sinnvoll, schon in dieser Phase Zustimmungsrechte der Investoren und das laufende Reporting der Gründer auszudiskutieren. Ebenso sinnvoll ist es, sich über die Kostenübernahme, die durch die Beteiligung entstehen, gleich zu Beginn der Verhandlungen zu einigen.

Über den Inhalt des Term Sheets wird in der Regel Stillschweigen vereinbart. Vor einer Offenlegung ist daher die schriftliche Zustimmung aller Beteiligten des Term Sheets einzuholen. Die Verschwiegenheitsverpflichtung und eine Geltungsdauer für das Term Sheet oder gar eine Exklusivitätsfrist sind aber auch schon die wesentlichen Verpflichtungen, die üblicherweise verbindlich durch ein Term Sheet vereinbart werden.

Sind die Investoren nach der Term-Sheet-Erstellung immer noch sicher, investieren zu wollen, und sind auch die Gründerinnen und Gründer von den Investorinnen und Investoren unverändert überzeugt, dann kann man zur Erarbeitung der Verträge übergehen: Oft ein **Beteiligungsvertrag**, ein **Syndikatsvertrag der Gesellschafter** und ein **Gesellschaftsvertrag der Gesellschaft**. Wenn es Patente und andere Intellectual Property (IP) Rechte gibt, dann darf auch zB der **Patentübertragungsvertrag** an die Gesellschaft nicht vergessen werden. Kernstück der zukünftigen Zusammenarbeit zwischen Startup-Gründern und Investoren sind der Gesellschaftsvertrag und der Syndikatsvertrag. Sie regeln im Wesentlichen ähnliche Dinge, aber der Gesellschaftsvertrag ist ein öffentliches Dokument und hat auch bindende Wirkung gegenüber Dritten (zB zukünftigen Investoren). Der Gesellschaftsvertrag ist sozusagen auch die Verfassung des Unternehmens.

Welche Verträge regeln welche Inhalte beim Investieren in Startups?	
Art des Vertrages	**Kurzbeschreibung**
Beteiligungsvertrag	Welche Personen und Gesellschaften beteiligen sich in welcher Höhe und in welchem Zeitablauf an dem Startup.
Gesellschaftsvertrag	Regelt die Organisation der Gesellschaft. Hier sind meist auch Zustimmungsrechte (Vetorechte) der Investoren sowie Vorkaufs-, Aufgriffs- und Mitverkaufsrechte geregelt, damit sie Wirkung auch gegenüber Dritten haben.
Syndikatsvertrag	Welche sonstigen Rechte und Pflichten haben alle Gesellschafter, also die Gründer und die Investoren untereinander.
Patentübertragungsvertrag	In welchem Umfang gehen zB Patente und sonstige Schutzrechte vom Gründer/Erfinder auf die Gesellschaft über, damit diese von der Gesellschaft gehalten werden, an der die Investoren beteiligt sind.

Tab 1: Welche Verträge regeln welche Inhalte beim Investieren in Startups

Auf Startup-Verträge spezialisierte Rechtanwälte gibt es. Diese mit der Vertragserstellung zu beauftragen, erleichtert das Leben sowohl von Investorinnen und Investoren als auch von Gründerinnen und Gründern. Auch wenn man seinem Anwalt des Vertrauens die Erstellung all dieser Verträge natürlich ebenso zutraut – es macht Sinn, zu den Startup-Spezialisten zu gehen. Alleine der Umstand, dass diese mit den meist nicht juristisch versierten Gründerinnen und Gründern und mit den auch nicht immer juristisch versierten Investorinnen und Investoren in leicht verständlicher Sprache und in einem unkomplizierten Habitus kommunizieren können, ist Goldes wert und erspart viel Zeit und Mühe. Die Dauer der Vertragsgespräche wird häufig unterschätzt. Denn auch wenn schon alles fix und fertig durchbesprochen wirkt, geht es bei dem einen oder anderen Vertragspunkt durchaus nochmals ein wenig emotional zu, bevor sich die Parteien endgültig rechtlich binden wollen.

Anschließend werden die Verträge vor dem Notar unterschrieben, einerseits weil dies, wie zB bei der GmbH, für die Gültigkeit notwendig ist, andererseits um die Anmeldung zur Eintragung im Firmenbuch bzw Handelsregister formgültig zu zeichnen. Auch hier hat sich als hilfreich erwiesen, eine Notariatskanzlei zu wählen, die mit Startup Investments vertraut ist. Im Ergebnis sind auf Startups spezialisierte Beraterinnen und Berater meist effizienter und damit kostengünstiger, was gerade bei Startups in der Early-Stage-Phase wichtig ist. Und schließlich ist der Investmentbetrag zu leisten; üblich ist es, die Beteiligung in Form einer Kapitalerhöhung zu gestalten, damit das frische Kapital direkt in das Startup eingezahlt wird und diesem damit zur Verfügung steht.

3.2. Typische Investorenrechte (Kontrollrechte)

Vielen Gründerinnen und Gründern wird erst während der Vertragsverhandlungen bewusst, dass sie sich mit Investorinnen und Investoren keine kostenlosen Berater und Geldgeber ins Boot holen, sondern Personen und Unternehmen, denen umfassende Rechte zustehen und die diese auch einfordern.

Typische Investorenrechte, die für Gründerinnen und Gründern oft emotionale Stolpersteine darstellen, sind zB **zustimmungspflichtige Geschäfte, Reporting-Verpflichtungen, Good-/Bad-Leaver-Regelungen** und **Tag-along/Drag-along-Rechte**.

Bei den **zustimmungspflichtigen Geschäften** spielt die Sorge der Investorinnen und Investoren mit, dass das Gründerteam mit dem nun vorhandenen Geld unüberlegt Investitionen tätigt oder weitere Personen einstellt oder beauftragt – diese Ausgaben können rascher in die Zahlungsunfähigkeit und somit Insolvenz führen, als die Gründerinnen und Gründer glauben. Außerdem sind vor allem jene Investorinnen und Investoren, die in Konzernen tätig sind bzw waren, gewöhnt, dass selbst kleine Beträge vorab mit Gremien abgestimmt werden müssen. Manche Gründerinnen und Gründer fühlen sich dadurch aber in ihrer unternehmerischen Tätigkeit eingeschränkt, überkontrolliert und manchmal sogar fast bevormundet. Vor allem jene Gründerinnen und Gründer, die einen erfolgreichen Start als Einzelkämpfer hingelegt haben und eine Zeit lang frei schalten und walten konnten. Es ist aber nicht nur das Recht von Investorinnen und Investoren, vorab informiert zu werden, wofür das investierte Geld eingesetzt wird –

sondern Diskussionen über finanzielle Maßnahmen bringen häufig auch neue Sichtweisen, bessere Entscheidungsgrundlagen und, durch Erfahrung und Netzwerk der Investoren, sogar oft günstigere Investitionsmöglichkeiten für die Gründerinnen und Gründer.

Die Gründerinnen und Gründer sind das Herz eines Startups – denn Investoren investieren in der Frühphase vor allem in das Gründerteam. Da das Team einen wesentlichen Faktor für das Investment darstellt, ist es daher wichtig, dass die Gründer zumindest für die wichtige Phase des Aufbaus an Bord bleiben und nicht die Möglichkeit haben, auszuscheiden und dem Startup Konkurrenz zu machen. Natürlich muss unterschieden werden, aus welchen Gründen eine Schlüsselperson (meist ein Mitglied des Gründerteams) ausscheidet. Als **Bad Leaver Event** gilt, wenn die Schlüsselperson vor Ablauf der vereinbarten Aufbauphase, der sogenannten **Vestingperiode,** die Gesellschaft ohne wichtigen Grund verlässt oder aufgrund eines wichtigen Anlasses als Organ der Gesellschaft abberufen werden muss. Diese Situation klingt harmloser als sie ist – vor allem in der Early-Stage-Phase. Denn wenn sich das Gründerteam zerstreitet und alles hinwirft oder Gründungsmitglieder für sich entscheiden, dass das Leben als angestellte Person mit geregelten Arbeitszeiten doch bequemer ist, ist das eine große Gefahr für das Startup selbst. Für die Gründerinnen und Gründer sind solche Überlegungen gerade in der häufig euphorisch aufgeladenen Startstimmung oft nicht nachvollziehbar und werden manchmal sogar fast als Beleidigung empfunden. Die Realität und die Erfahrungen zeigen aber, dass diese Teamentwicklungen leider doch häufiger vorkommen als erwartet – auch bei Personen, die sich eng verbunden fühlen, sich schon lange kennen und vermeintlich die gleiche Arbeitsweise und die gleichen Zukunftsvisionen haben. Laut Austrian Startup Monitor 2018 geben 21 % der Gründerinnen und Gründer als Fehler beim Aufbau ihres Startups die falschen Co-Founder an.[24] Demgegenüber gilt als **Good Leaver Event**, wenn eine Gründerin oder ein Gründer zB wegen Krankheit aus dem Startup ausscheiden muss. Eine genaue Regelung, va wie viele Anteile der ausscheidende Founder behalten darf und und wie viele er zu welchen Konditionen abgeben muss, sollte daher bei den Vertragsverhandlungen eine hohe Priorität haben.

Ein **Drag-along-Recht** gibt den Gründerinnen und Gründern die Möglichkeit bei einem Verkauf, an zB einen internationalen Konzern, auch die Minderheitsanteile der Investoren mitzuverkaufen. Umgekehrt müssen die Investoren für diesen Fall abgesichert sein, dass ihre Anteile nicht zu billig verkauft werden oder ihnen andernfalls ein Vetorecht zusteht. Umgekehrt können Investoren mit einem **Tag-along-Recht** ihre Anteile mit jenen des Gründerteams mitverkaufen, dh die Gründer müssen in so einem Fall auch die Investorenanteile mitanbieten und die Investoren sind davor geschützt, dass nur das Gründerteam von einem Exit profitieren kann. Auch bei diesen Rechten gibt es daher vielerlei Diskussionspunkte und Raum für Emotionen.

Vor allem Angel-Investoren erkennen oft erst in dieser Verhandlungsphase, dass sie sich nicht nur mit dem Gründerteam, sondern auch mit den anderen Angel-Investoren sowie VCs abstimmen und einigen müssen – ein nicht immer leichter und oft auch emotionaler Prozess. Bei Startup Investments ist man daher gut beraten, sich dem Inhalt der

---

24 *Austria Wirtschaftsservice et al* (Hrsg/Auftraggeber), Austrian Startup Monitor 2018.

Verträge entsprechend ausgiebig zu widmen. Ohne juristische Kenntnisse ist das allerdings kein leichtes Unterfangen. Juristisch hochwertiger und erfahrener Beistand kann hier eine nachhaltig unterstützende Wirkung haben.

3.3. Steuerliche und rechtliche Strukturierung (Rechtsformen)

Das österreichische Steuerrecht fördert im Gegensatz zu anderen Ländern (zB Großbritannien, Israel) das Investment in Startups kaum. Deutschland bietet im Vergleich dazu schon einige Verbesserungen – wie zB einen steuerfreien Erwerbszuschuss und Exit-Zuschuss, das heißt eine pauschale Erstattung von Steuern auf Gewinne aus einer Anteilsveräußerung oder Verlustvorträge zur Verrechnung mit zukünftigen Gewinnen – hat aber zweifelsohne auch noch Verbesserungspotenzial.[25, 26]

Investorinnen und Investoren haben jedenfalls auch in diesem Bereich etliches zu bedenken. Allen voran steht zu Beginn die Wahl der Rechtsform, mit der Investments erworben und gehalten werden sollen – eben nicht nur aus rechtlichen, sondern auch aus steuerlichen Gründen. Zunächst entscheidend ist, ob eine Kapitalgesellschaft (auch „Körperschaft" genannt, zB GmbH oder AG) gewählt wird, die selbst körperschaftsteuerpflichtig ist,[27] oder ob sich ein Investor für eine Personengesellschaft (zB KG oder OG) entscheidet, die zwar Anteile halten und Rechte erwerben kann, die aber selbst nicht einkommensteuerpflichtig ist, bei der also Gewinne oder Verluste direkt den Gesellschaftern zugerechnet werden (und insofern für die Besteuerung „transparent" ist).[28] Auch das Halten von Beteiligungen im Privatvermögen ist eine denkbare Variante. Neben anderen Kriterien ist für die Entscheidung über die Rechtsform ua auch das geplante Beteiligungsvolumen von Relevanz, denn die Komplexität steigt zweifelsohne mit der Höhe und der Anzahl der Beteiligungen. Auch die Art der Beteiligungen (Angel Investing, Fondbeteiligung, Crowdinvesting, Beteiligung via Börse) kann für die steuerliche und rechtliche Strukturierung durchaus von Relevanz sein, ebenso wie die Rechtsformen und der Hauptstandort der Startups.

Zu den Auswahlkriterien für die Wahl der Rechtsform zählen grundsätzlich: Persönliche Haftung der Gesellschafter bzw beschränkte Haftung bei Kapitalgesellschaften, steuerliche Beurteilung, Geschäftsführungs- und Vertretungsreglungen, Mitbestimmungs- und Informationsrechte, Beteiligung an Gewinn und Verlust, Entnahmemöglichkeiten, Flexibilität, Prüfungs- und Publizitätsbestimmungen, Finanzierungsmöglichkeiten, Arbeitnehmermitbestimmung, Übertragungs- und Umgründungsmöglichkeiten, Unternehmensnachfolge und Erbfolge.[29]

---

25 Vgl https://berlinvalley.com/ey-advertorial-steuern-fuer-gruender/ (26.6.2019).

26 Vgl https://www.business-angels.de/business-angel-gmbh-als-finanzunternehmen/ (26.6.2019).

27 Eine GmbH oder AG ist selbst Steuersubjekt und unterliegt mit ihrem Gewinn der Körperschaftsteuer von 25 %. Schüttet die Körperschaft Dividenden an ihre Gesellschafter aus, so unterliegen diese grundsätzlich der Kapitalertragsteuer von 27,5 % bei natürlichen Personen bzw 25 % bei Körperschaften (sofern nicht der KESt-Abzug zur Gänze unterbleiben kann). Für natürliche Personen bedeutet das durchgerechnet somit eine Steuerbelastung von 45,625 % auf die Gewinne aus einer GmbH.

28 Steuern auf Gewinne werden daher nicht auf Ebene der KG oder OG erhoben, sondern werden direkt dem Gesellschafter zugerechnet, der nach seinem Steuersatz zu versteuern hat: 25 % Körperschaftsteuer bei einer österreichischen GmbH, oder Einkommensteuer je nach Einkommensteuertarif und Progressionsstufe (0 % bis 55 % in Österreich) bei natürlichen Personen.

29 *Kailer/Weiß*, Gründungsmanagement kompakt[6] 144.

Eine professionelle Begleitung der Entscheidung/Strukturierung durch eine in diesem Bereich versierte Anwaltskanzlei und Steuerberatung ist jedenfalls von Vorteil. Neben der rechtlichen Absicherung des eigenen Vermögens und der eigenen Haftung sind bei der Wahl der Rechtsform für eigene Investments auch der Administrationsaufwand und die Kosten zu bedenken. Eine weitere Komponente, ob das Halten von Investments über eine Beteiligungsgesellschaft, über das eigene Betriebsvermögen oder direkt im Privatvermögen sinnvoll ist, stellt die Lebenszyklusphase der Startups dar – so macht es ua durchaus einen Unterschied, ob zB schon Dividenden ausgeschüttet werden, ob ein Exit mit Wertsteigerung bevorsteht, oder ob Work for Equity eingebracht wird.

Die Entscheidung der Rechtsform sollte auch laufend evaluiert werden. Durch das veränderte Beteiligungsportfolio, Adaptionen im Steuerrecht und die sich stetig ändernde (wirtschaftliche, personelle, rechtliche) Situation in Startups kann eine Änderung der Rechtsform durchaus sinnvoll sein. Da Umgründungen zwar möglich sind, aber mit Kosten und va auch Steuern verbunden sein können, sollte die Rechtsformwahl allerdings schon mit einer gewissen vorausschauenden Planung getroffen werden.

4. Laufender Betrieb und Exit

4.1. Geschäftsmodell

Ein Geschäftsmodell (Englisch: Business Model) beschreibt die Funktionsweise eines Unternehmens und die Art und Weise, mit der Gewinne erwirtschaftet werden bzw werden sollen.[30] Die Geschäftsmodelle von Startups zeichnen sich durch Skalierbarkeit aus. Das bedeutet, das Geschäftsmodell ist (rasch) expansionsfähig durch höhere Umsätze, Gewinne, neue Märkte, neue Kunden, Erweiterung der Produkte und Dienstleistungen. Wann und in welcher Form die Expansion als erfolgreich gilt, ist im Startup-Umfeld nicht standardisiert und individuell zu definieren. So gibt es Startups, die zB international populär und bekannt sind, interessante Produkte und Services anbieten, deren Kunden- und Mitarbeiteranzahl innerhalb kurzer Zeit rasch gestiegen sind, die aber noch nie Gewinne geschrieben haben und auch in absehbarer Zeit solche nicht verzeichnen werden – dennoch gelten sie als sehr erfolgreich aufgrund ihrer disruptiven Vision/Kraft, ihrer Kundenanzahl, der erhobenen Datenmengen, ihrer Bekanntheit, ihres Einflusses auf den Markt, ihres Gründers, ihrer Investoren oder ihres sozialen Impacts etc.

Geschäftsmodelle und Businesspläne mit den klassischen Modellen und Zahlen der Old-Economy zu vergleichen, ist sicher nur selten sinnvoll – va in der Early-Stage-Phase. Trotzdem sollte man auch als Early-Stage-Investor Businesspläne von Startups einfordern, hinterfragen und reflektieren, ob sie einem verständlich, nachvollziehbar und vertrauenswürdig erscheinen. Kaufmännische und technische Due Diligence (DD) machen auch schon im kleinen Umfang Sinn – ergänzende Hilfe von Expertinnen und Experten ebenso. Aber auch wenn es sich bei einem Startup um ein sehr interessantes Geschäftsmodell handelt und der Businessplan und die bisherige Tätigkeit einer genauen DD unter Einbindung von Expertenwissen unterzogen wurde, darf man nicht vergessen: Startup Investing bleibt eine Hochrisiko-Beteiligung – aber eine mit interessanten Chancen.

30 Vgl https://www.start-up.ch/business-model-geschaeftsmodell/definition-des-geschaeftsmodells (26.6.2019).

Meist sehr laut bejubelt werden in der Startups-Szene die jeweiligen Finanzierungsrunden. Zweifelsohne sind sie eine Leistung der Gründerinnen und Gründer, denn egal welche Art von Investment: Überzeugungskraft wird gefordert und der administrative sowie zeitliche Aufwand ist meist enorm. Trotzdem sei an dieser Stelle auch erwähnt, dass es Startups und Gründerteams gibt, deren Geschäftsmodelle eigentlich nur aus Finanzierungsrunden bestehen, ohne realistische Chance aus eigener Kraft den Break Even zu schaffen und die notwendige Liquidität zu erwirtschaften. Ein Hauptfokus, der für Investorinnen und Investoren langfristig selten attraktiv und auch nicht wirtschaftlich erfolgreich ist.

Das Storytelling gilt in der Startup-Branche als das A und O zur Gewinnung von Investoren; Gründerteams werden in eigenen Seminaren darauf trainiert. Generell entspricht „Geschichten erzählen“ und „Geschichten hören“ zweifelsohne unserer menschlichen Natur, das zeigt auch unsere gesamte jahrtausendalte Historie – aber gerade potenzielle Investoren sollten versuchen zu ergründen, ob es hinter dem Drehbuch des Storytellings auch tatsächlich ein potenzielles Geschäftsmodell gibt.

Beispiele für **Basis-Leitfragen**,[31] die sich Investoren vor einem Investment daher stellen sollten sind:

- Ist die Produkt- oder Dienstleistungsidee verständlich dargestellt?
- Ist der Kundennutzen klar durchdacht und formuliert?
- Warum ist die Idee im Speziellen für potenzielle Kunden interessanten (USP)?
- Was ist der Wettbewerbsvorteil gegenüber Mitbewerbern?
- Welche Märkte sind für das Unternehmen relevant?
- Welche Kompetenzen hat das Gründerteam?
- Warum macht gerade dieses Gründerteam das Unternehmen erfolgreich (zB spezielles Wissen bzw Branchenerfahrung)?
- Wie hoch ist der geplante Umsatz in den nächsten drei Jahren?
- Wie hoch ist der aktuelle und künftige Kapital- bzw Investitionsbedarf?
- Welche Rendite kann grundsätzlich erzielt werden?

Der laufende Betrieb eines Startups zeigt meist sehr bald, dass es Adaptionen des Geschäftsmodells benötigt – das ist gelebte Praxis. Entsprechende Flexibilität ist daher sowohl von Seiten des Gründungsteams als auch von Seiten der Investoren gefordert, zeichnet aber die Startup-Branche und ihre Zukunftsrelevanz aus.

4.2. Verlust der Beteiligung und Insolvenz

Es gibt für Investoren drei Arten eines unfreiwilligen Exits:

- Im Rahmen eines **vereinbarten Drag-along-Rechtes** – hier allerdings mit Rückfluss des eingesetzten Kapitals und wahrscheinlicher Rendite.
- Im Rahmen einer **Insolvenz des Startups** – in diesem Fall ohne Rückfluss des eingesetzten Kapitals und ohne Rendite. Man wird als Gesellschafter nach allen anderen

31 *Kailer/Weiß*, Gründungsmanagement kompakt[6] 191 ff.

Gläubigern bedient, allerdings – sollte es am Ende der Insolvenz noch etwas zu verteilen geben – meist aufgrund vertraglicher Absprachen (sogenannter Liquidationspräferenzen) vor den Gründern.

- Im Rahmen einer **geplanten Liquidation** – die Gesellschaft wird aufgelöst und (sofern vorhanden) die Liquidationserlöse aufgeteilt. Allerdings kommt es auch hier meist zu Verlusten für den Investor.

Folge- und Brückenfinanzierungen verhindern häufig die Insolvenz und Liquidationen, oftmals verschieben sie diese aber auch nur.

Laut im Juni 2018 von der Statistik Austria veröffentlichter Daten überleben Neugründungen oft nicht länger als fünf Jahre. Die Überlebensraten sinken von Jahr zu Jahr: Von den 2012 neu gegründeten Unternehmen waren ein Jahr später noch 84,5 % am Markt tätig. Die Zweijahresüberlebensrate (von 2012 auf 2014) betrug 70,7 %; nach drei Jahren waren 62,0 % und nach vier Jahren 54,7 % dieser Unternehmenskohorte noch aktiv. Die Fünfjahresüberlebensrate beträgt nur mehr 49,3 %. Somit bestand nur knapp jedes zweite Unternehmen (49,3 %), das 2012 gegründet wurde, auch 2017 noch. Die höchsten Überlebensraten wiesen den Angaben zufolge Betriebe im Energieversorgungssektor (74,5 %) auf, Gründungen in den Bereichen Wasserversorgung und Abfallentsorgung (65,1 %), Herstellung von Waren (62,1 %) sowie Grundstücks- und Wohnungswesen (61,6 %).[32]

Die Untersuchung geht zwar auf diverse Branchen ein, liefert jedoch keine expliziten Daten für das Überleben von Startups. Nach wie vor scheint allerdings die allgemein übliche (Portfolio-)Statistik zu gelten, dass lediglich eines von zehn Startups, in die man investiert, überlebt. Ein entsprechend großes Portfolio ist daher häufig Basis für den Erfolg von Angel- und VC-Investments.

Der US-Analyse-Dienst „CB Insights“ hat in einer Untersuchung 2018[33] die **20 Top-Gründe für das Scheitern von Startups** ermittelt. Dafür wurden über 100 Erfahrungsberichte von gescheiterten Startups herangezogen. Laut CB Insights scheiterten die untersuchten Unternehmen im Schnitt zwanzig Monate nach der letzten Finanzierung und mit einer Kapitalspritze von insgesamt 1,3 Millionen Euro. Mit Abstand der am häufigsten genannte Grund für das Scheitern war: Der Markt für das Produkt fehlt (42 %); gefolgt von den Gründen: Das Geld ging aus (29 %), das falsche Team (23 %), überholt von Konkurrenten (19 %), Preis-/Kostengründe (18 %), schlechtes Produkt (17 %), Bedarf/Fehlen eines Geschäftsmodells (17 %), schlechtes Marketing (14 %), Ignorieren der Kunden (14 %) und falsches Timing für das Produkt sowie Verlust des Fokus und Disharmonie zwischen Team/Investoren (alle drei je 13 %).

---

32 Vgl http://www.statistik.at/web_de/statistiken/wirtschaft/unternehmen_arbeitsstaetten/unternehmensdemografie_ab_2015/index.html (8.7.2019).

33 Vgl https://www.cbinsights.com/research/startup-failure-reasons-top/ (19.8.2019).

4.3. Verkauf der Beteiligung (Exit)

Zeitweise wird bereits beim Einstieg bzw in der Gründungs- oder Wachstumsphase über einen Ausstieg aus dem Startup (Exit) nachgedacht und konzeptionell daran gearbeitet Das erstaunt oft klassische Unternehmerinnen und Unternehmer. Vor allem auch, wenn das Geschäft des Unternehmens gut läuft und das Marktpotenzial noch enorm erscheint, fragen sich viele: „Warum denken Gründer an einen Verkauf und/oder Gesellschafterinnen an den Ausstieg? Reichen ihnen die (potenziellen) Gewinne bzw Dividendenausschüttungen nicht?“

Grundsätzlich hängt dies von der persönlichen Einstellung und der jeweiligen Investmentstrategie ab. Und natürlich kann man seinen Return on Investment auch durch regelmäßige Ausschüttungen realisieren – dies bedarf aber meist einer mittel- bis langfristigen Beteiligung.

Hinter dem Gründen von und dem Investieren in Startups sowie den damit verbundenen ehestmöglichen Exits stehen auch oftmals Geschäftsmodelle. Das relativ rasch freigesetzte Kapital wird dann wiederum in neue erfolgsversprechende Startups investiert, deren Anteile beim nächsten passenden Moment wieder verkauft werden. Die erste Phase des unternehmerischen Wachstums wird genutzt und, wenn der Unternehmenswert entsprechend gestiegen ist, werden die Anteile verkauft.

Beteiligungen an Startups sind allerdings nicht immer leicht zu veräußern – auch wenn medial ein solches Gefühl vermittelt wird. Es reicht nicht, wenn ein Startup ein paar Jahre Aufbauarbeit geleistet und überlebt hat und innerhalb der Community bekannt ist. Das bedeutet noch nicht automatisch, dass das Startup exit-/verkaufsreif ist. Die Übernahme durch große Unternehmen ist selten ein Selbstläufer. Natürlich setzen erfreulicherweise etablierte (Groß-)Unternehmen in vielen Bereichen auf das Know-how und Do-how von Startups – vor allem im Bereich der Forschung und Entwicklung, aber ua auch zur Diversifikation und Erschließung neuer Zielgruppen. Trotzdem bedarf es meist eines Exit-Konzepts, um die eigenen Vorstellungen der Gründer und Investoren festzulegen und zu fixieren, den Prozess professionell durchführen zu können und um für potenzielle Käufer interessant zu werden.

Beim Einstieg von VCs wird der Zeitpunkt des Exits oft sogar schon vor der Investition durch einen Vertrag festgelegt. Neben dem „Wann“, wird meist auch das „Wie“ per Exit Due Dilligence vereinbart, denn für einen Exit gibt es mehrere Strategien. Ein Exit kann ein Unternehmen betreffen, wenn es komplett verkauft wird und alle vorherigen Anteilseigner ausbezahlt werden. Man spricht aber auch von einem Exit eines einzelnen Gesellschafters, wenn dieser seine Geschäftsanteile verkauft und als Investor aussteigt.[34]

34 https://www.gruenderszene.de/lexikon/begriffe/exit (1.7.2019).

Unterschiedliche Exit-Varianten[35]

Art	Kurzbeschreibung	Vorteil für Investoren	Nachteil für Investoren
Trade Sale	Verkauf von Gesellschaftsanteilen (Share Deal) oder Vermögensgegenständen (Asset Deal) an industrielle Käufer oder strategische Partner	Gewünschte Höhe des Unternehmenswertes wird eher bezahlt als in anderen Varianten	Verlust der Eigen-/Selbstständigkeit für die Gründer/das Unternehmen
Merger	Zusammenschluss mit einem anderen Unternehmen (Mitbewerber, Lieferanten, Kunden etc); Anteile der Investoren werden nicht verkauft, sondern man erhält Anteile des gemeinsamen Unternehmens	Synergieeffekte, höherer Unternehmenswert	Kein Geldfluss an die Investoren, größerer Gesellschafterkreis
Secondary	Anteile der Business Angels oder alle Anteile des Unternehmens werden an einen Finanzinvestor, zB VC, veräußert	Verkauf meist unkomplizierter und rascher als ein Trade Sale	Meist geringerer Verkaufspreis als beim Trade Sale
Founder Buyback	Gründer kaufen die Anteile der Angel-Investoren zurück	Rasche und unkomplizierte Transaktion	Preisfindung gestaltet sich oft schwierig und emotional
Management Buyout (MBO)	Das interne Managementteam kauft das Unternehmen	Rasche und unkomplizierte Transaktion	Preisfindung gestaltet sich oft schwierig und emotional
Initial Public Offering (IPO)	Anteile werden über die Börse veräußert	Möglichkeit nur eine Minderheit am Unternehmen zu verkaufen bzw Aktien in mehreren Schritten zu platzieren, und so weiter von zukünftigen Wertsteigerungen des Unternehmens zu profitieren.	Aufwändige und teure Vorbereitung, dem Risiko der Börsenentwicklung ausgesetzt.

Tab 2: Unterschiedliche Exit-Varianten

35 Vgl *Motte*, Angel Investing at its best: Leitfaden für Business Angels II 285 ff.

Für Angel-Investoren ist bei einem Exit auch zu bedenken, ob eine entsprechende Rendite erzielt wird oder zumindest das eingesetzte Kapital zurückfließt. Bei Startups, die schon mehrere Finanzierungsrunden durchgeführt haben, ist das selbst bei einem erfolgreichen Exit für Angel-Investoren nicht sicher gegeben. Gründe dafür sind ua Vereinbarungen wie zB einfache oder sogar mehrfache Liquidationspräferenzen für Investorinnen und Investoren der späteren Finanzierungsrunden. Daher sollte im Vorfeld berechnet werden, welcher Gesellschafter aufgrund der vertraglichen Vereinbarungen welchen Teil der zufließenden Mittel erhält. Denn nur rechtzeitig vor dem Exit kann über diese Punkte eventuell nochmals nachverhandelt werden.

Nachhaltigkeit für Startups: Über eine unterschätzte Synergie

Martin Rohla/Stefan A. Marx

1. Einleitung

Jedes erfolgreiche Unternehmen braucht seine eigene unverwechselbare Geschichte, die es zu dem macht, was es ist. Umso authentischer das Unternehmen diese Geschichte kommuniziert, desto nachhaltiger ist auch die positive Wirkung dieser Geschichte auf die langfristige und nachhaltige Geschäftsentwicklung.

Für eine gute Unternehmerin oder einen guten Unternehmer braucht es zusätzlich einerseits die unternehmerische Spürnase für richtige Investitionen zum richtigen Zeitpunkt, andererseits aber auch das Bewusstsein für gesellschaftliche Verantwortung und respektvollen Umgang mit vorhandenen Ressourcen.

Die Investition in nachhaltige (zur Definition kommen wir noch) Startups erfordert jedoch keine Neuinterpretation unternehmerischer Prinzipien, denn Nachhaltigkeit steht keineswegs in Opposition zur Wirtschaftlichkeit eines Unternehmens. Nachhaltigkeit und Wirtschaftlichkeit verfügen sogar über viele Synergien. Diese bleiben oft ungenutzt, denn wirtschaftlich erfolgreiche und nachhaltige Entwicklung ist nichts Statisches, sondern bedarf ständiger Aktualisierung und Erneuerung der Arbeitskonzepte, sowie feinfühliger Anpassung an neue Entwicklungen durch Entrepreneure und auch Investoren. Es gilt, was für fast alle erfolgreiche Entrepreneurships gilt: Neben einer guten Geschäftsidee ist die Freude an der raschen Entscheidung die wichtigste Eigenschaft des Unternehmers.

Was die Ökologie des Planeten Erde betrifft, wird schon so lange behauptet, es sei fünf vor zwölf, dass wir uns bereits daran gewöhnt haben. Auch wenn die Welt wahrscheinlich morgen doch nicht untergeht, gibt es doch gute Gründe, gerade als an langfristigem Erfolg interessierter Unternehmer, sich allen Aufgaben, die vor der Menschheit liegen mögen, selbstbewusst und zielgerichtet zu stellen.

Der Begriff der Nachhaltigkeit ist auch aufgrund seiner inflationären Verwendung umstritten. Es gibt aber mittlerweile eindeutig einen Trend zur erweiterten politischen Verantwortung von Unternehmen, die dem traditionellen Rollenverständnis als reine Cash-Produzenten für private Interessen widersprechen.[1] Damit verbunden ist eine gesamtgesellschaftlich gesteigerte Aufmerksamkeit für die Geschäftspraktiken von Unternehmen. Außerdem bildet sich seit einiger Zeit eine „Verbraucherdemokratie"[2] in Europa, die sich dadurch auszeichnet, dass sich Konsumentscheidungen zu politischen Entwicklungen in Beziehung setzen lassen. Konsum wird zusehends als politisches Statement aufgefasst und als Mittel der Lebens- und Gesellschaftsgestaltung bewusst zur Anwendung gebracht.

Erfreulicherweise ist es jedoch sehr gut möglich, Mehrwert sowohl für das Unternehmen als auch für die Gesellschaft zu erwirtschaften. Gerade ein Investor im Bereich nachhaltiger Startups kann Teil einer Synergie werden, die wir hier vorstellen wollen.

Dieses Kapitel gliedert sich in zwei Bereiche. Der erste Bereich stellt das Konzept der Nachhaltigkeit im Rahmen von Unternehmen und als Ziel von Investitionen überblicks-

1 *Scherer/Palazzo/Butz*, Die neue politische Rolle von Unternehmen in einer globalisierten Welt. Ein kritischer Überblick über die internationale Forschungslandschaft, in *Aaken/Schreck* (Hrsg), Theorien der Wirtschafts- und Unternehmensethik (2015) 340.

2 *Lamla*, Verbraucherdemokratie. Politische Soziologie der Konsumgesellschaft (2013) 9.

mäßig dar. Der zweite Teil wird mit konkreten Beispielen aus der vielfältigen Erfahrung *Martin Rohlas* die Rolle des Investors in diesem Zusammenhang aufzeigen und nützliche Hinweise für die erfolgreiche Nutzung von Synergien liefern.

2. Investieren in die Zukunft: Über das Prinzip Nachhaltigkeit

2.1. Die drei Säulen der Nachhaltigkeit

Viele Menschen sind, berechtig oder nicht, über die politischen und ökologischen Entwicklungen besorgt. Vor allem die intensive Berichterstattung, zum Beispiel über den Klimawandel, sorgt dafür, dass ökologische Fragen zunehmend in den Alltag dringen und sich auf die Konsumentscheidungen auswirken. Nicht mehr nur die Gebrauchswerte stehen im Vordergrund, sondern zunehmend der Subtext, der durch ein Produkt mitverkauft wird. Die Produkte bestätigen die Kundinnen und Kunden in dem, was sie denken und empfinden. Der Konsum trägt zur Selbstversicherung der Kunden auch dadurch bei, dass er ihnen Zugehörigkeit zu einer Gemeinschaft ermöglicht, die eine Geschichte miteinander teilt. Im Fall des ökologischen Konsums, die Geschichte, dass die individuelle Kaufentscheidung Einfluss auf den Klimawandel hat.

Ein weiterer relevanter Punkt ist die durch soziale Überlegungen angeleitete Kaufentscheidung. Der sich aktuell stärker durchsetzende politische Populismus hat die Tendenz, seine Unterstützerinnen und Unterstützer passiv zu halten, indem er ihren Wählerauftrag als imperatives Mandat versteht, den Volkswillen umzusetzen. Dieser Wille wird aber meist von den populistischen Akteuren erst souffliert.[3] Der dezidiert antipluralistische Diskurs der Populisten nimmt für sich in Anspruch, den wahren Volkswillen korrekt identifizieren zu können und entfaltet sich dadurch bevormundend und entmündigend gegenüber den Individuen. Das widerstrebt vielen und in der Gegenbewegung entwickelt sich eine Haltung, die durch den bewussten Konsum auch politischen Einfluss ausüben will.

Aktuelle politikwissenschaftliche Publikationen sehen in Bezug auf das Phänomen des Populismus einen „Mangel an ökonomischer Reflexion“[4] und schlagen in diesem Zusammenhang eine politische Ökonomie des Populismus vor. Dabei geht der Politikwissenschaftler *Philip Manow* davon aus, dass es Problemkonstellationen ökonomischen Charakters gibt, die das Aufkommen populistischer Bewegungen und deren Ausrichtung beeinflussen.[5] Aber wenn das Unbehagen an der ökonomischen Globalisierung zu einem Aufschwung populistischer Gegenbewegungen führen kann, dann ist es auch möglich, dass sich gegen diese Bewegungen ein Bewusstsein ausbildet, das selbst wieder konsumistisch entscheidet. Wählerinnen und Wähler populistischer Parteien wählen die Geschichte des heldenhaften nationalen Abwehrkampfes gegen die ökonomische Sphäre. Diese hat aber selbst Geschichten im Angebot, und verkauft statt Populismus Fair Trade, offene Grenzen oder Frieden durch Welthandel (wie ihn bereits *Immanuel Kant* angedacht hatte).

3 *Müller*, Was ist Populismus? Ein Essay (2016) 46.
4 *Manow*, Die politische Ökonomie des Populismus (2018) 11.
5 *Manow*, Die politische Ökonomie des Populismus (2018) 15.

Viele Bereiche unseres alltäglichen Lebens sind von diesen Themenkreisen betroffen: Wohnen, Ernährung, Energie, Mobilität. Diese Entwicklungen tragen zur aktuellen Popularität von Nachhaltigkeit bei. Unternehmen sind mehr als Projekte zur Geldgewinnung, sie müssen heute auch eine positive Geschichte erzählen. Es gibt kein Unternehmertum mehr ohne soziale und ökologische Komponenten. Das lässt sich auch aus dem Konsumverhalten der Menschen ablesen.[6]

Wirtschaft, Umwelt und Gesellschaft stehen in vielfältigen Wechselbeziehungen. Bezogen auf den Aspekt der Nachhaltigkeit geht es dabei um die Nutzung von Ressourcen vor allem in der Weise, dass sie dauerhaft erhalten bleiben.

Es gibt drei klassische Kriterien um die Nachhaltigkeit von Investitionen in Startups zu prüfen. Diese drei Säulen der Nachhaltigkeit stehen im Zentrum der Betrachtung, wenn es um die Bewertung eines Startups als nachhaltiges Unternehmen geht. In der folgenden Tabelle sind die inhaltlichen Dimensionen dieser drei Säulen aufgeschlüsselt.

Ökonomisch	Ökologisch	Sozial
Sicherung der menschlichen Existenz	**Erhaltung des gesellschaftlichen Produktivpotentials**	**Bewahrung der Entwicklungs- und Handlungsmöglichkeiten**
Schutz der menschlichen Gesundheit	Nachhaltige Nutzung erneuerbarer Ressourcen	Chancengleichheit im Hinblick auf Bildung, Beruf, Information
Gewährleistung der Grundversorgung	Nachhaltige Nutzung nicht-erneuerbarer Ressourcen	Partizipation an gesellschaftlichen Entscheidungsprozessen
Selbständige Existenzsicherung und der Erwerb von Wohlstand	Nachhaltige Nutzung der Umwelt als Senke (für Emissionen)	Erhaltung des kulturellen Erbes und der kulturellen Vielfalt

Tab. 1: Vgl *Pufé*, Nachhaltigkeit (2017) 104

Diese drei Säulen oder Bewertungsgrundsätze sind mit einer klaren Hierarchie ausgestattet, denn nur der Bereich der Ökonomie garantiert die Unabhängigkeit, die nötig ist, um die anderen beiden Bereiche ausreichend berücksichtigen zu können.

2.2. Nachhaltigkeit als ökonomisches Handlungsprinzip

Der Begriff der Nachhaltigkeit entstand vor 300 Jahren im Bergbau. *Carl von Carlowitz*, der Beauftragte des sächsischen Königs für den Bergbau, erkannte, dass es bei gleichbleibendem Bedarf an Holz für die Aufrechterhaltung des Bergbaus nötig werden würde, die Wälder der Umgebung aufzuforsten und den Verlust an Bäumen auszugleichen, um zu vermeiden, aus entfernten Regionen teureres Holz herbeischaffen zu müssen.

6 *Ullrich*, Philosophen haben die Welt immer nur verschieden interpretiert – verändern Produktdesigner sie auch? in *Drügh/Metz/Weyand* (Hrsg), Warenästhetik. Neue Perspektiven auf Konsum, Kultur und Kunst (2011) 123.

Diese Überlegung macht auch in der modernen Wirtschaft Sinn. Laut der Nachhaltigkeitsexpertin *Iris Pufé* geht es bei Nachhaltigkeit als ökologischem Handlungsprinzip um ein „*ressourcenökonomisches Prinzip, das gewährleistet, ein System in seiner Funktionsweise dauerhaft aufrechtzuerhalten*".[7] Bevölkerungswachstum und Ressourcenerschöpfung zwingen uns dazu, gerade diesbezüglich besonders aufmerksam zu sein. Aber auch die ökonomische Ratio weist in diese Richtung: Die Prognosen von PricewaterhouseCoopers, der International Energy Agency, der OECD und der Weltbank gehen davon aus, dass nachhaltigkeitsbezogene Geschäftsmöglichkeiten auf drei bis zehn Billionen USD jährlich anwachsen können. Also auf einen Anteil von 1,5 % – 4,5 % des Weltbruttosozialproduktes in Sektoren wie Energie, Landwirtschaft, Wasser, Metalle, Gesundheit und Bildung.[8]

Unternehmen sind, wie wir festgestellt haben, verstärkt mit den sozialen und ökologischen Auswirkungen ihres Handelns konfrontiert. Darüber hinaus aber verändert sich auch die Nachfrage nach Produkten und diese koppelt sich immer stärker an ein politisch urteilendes Bewusstsein. Es besteht eine Synergie zwischen der Nachhaltigkeit und dem erwachenden Bewusstsein der Konsumenten. Es kann zum Asset werden, sich für diese Synergie aktiv einzusetzen. Das Thema Nachhaltigkeit entwickelt sich zusehends zu einem potentiellen Erfolgsrezept. Unter anderem, weil sich Firmen davon einen Innovationsschub erwarten.[9] Der Einsatz von Nachhaltigkeitsverantwortlichen beginnt sich international zu rentieren.

Das Rezept ist denkbar simpel: Verringerung der Schadschöpfung (destruktives Pendant zur Wertschöpfung) bei gleichzeitiger Steigerung der Wertschöpfung. Schadschöpfung beinhaltet sozial unerwünschte Auswirkungen des Handelns der Unternehmen wie soziale Ungerechtigkeit. Dabei spielen Begriffe wie Ökoeffizienz und Sozioeffizienz eine zentrale Rolle. Beide sind rückgebunden an die ökonomische Effizienz. Also Ökoeffizienz ist „ökonomisch-ökologische Effizienz" und Sozioeffizienz ist „ökonomisch-soziale Effizienz".[10]

In diesem Fall besonders relevant für die Investitionen in Startups ist das Feld der LOHAS und der Green Economy.

LOHAS (Lifestyle of Health and Sustainability) sind Menschen, die durch ihre Konsumverhalten und die gezielte Auswahl von Produkten Gesundheit und Nachhaltigkeit fördern wollen. Natur- und Outdoor-Urlauber, Kunden von Bioläden und Biosupermärkten mit einem höheren Einkommen, die sich mit Zielen der Slow-Food-Bewegung identifizieren.[11]

Green Economy basiert auf der Erkenntnis, dass die ökologischen Rahmenbedingungen begrenzt sind. Die Umweltauswirkungen von wirtschaftlichen Entscheidungen sollen daher möglichst reduziert werden. Damit wird ein Strukturwandel in den jeweiligen

7 *Pufé*, Nachhaltigkeit[3] (2017) 20.
8 *Pufé*, Nachhaltigkeit[3] (2017) 31.
9 *Pufé*, Nachhaltigkeit[3] (2017) 181.
10 *Pufé*, Nachhaltigkeit[3] (2017) 188.
11 *Pufé*, Nachhaltigkeit[3] (2017) 71 f.

Branchen angestrebt, mit dem Ziel eine Wirtschaftsordnung zu befördern, die *„ökologisch verträglich und ökonomisch erträglich ist"*.[12]

Eine Erweiterung der Green Economy ist die gerade erst aufkommende **Blue Economy**, die über den bewussten Konsum von Produkten hinaus die ganzheitliche Nutzung von Ressourcen und Abfällen in Kaskadensystemen anstrebt, um Arbeitsplätze zu schaffen, Sozialkapital aufzubauen und das Volkseinkommen zu steigern, ohne die Umwelt zu belasten.[13]

In diesem Zusammenhang ist der Begriff der nachhaltigen Wertschöpfungskette sehr wichtig. Diese Kette dient als Modell zur Orientierung für die Unternehmen und ermöglicht die genaue Überprüfung der Unternehmensagenda. Dabei geht es um die Etablierung von Kernkompetenzen. Diese dienen wiederum in der Vermarktung und Platzierung von neuen Produkten oder Produktsystemen als Alleinstellungsmerkmal und als plausibles Argument für die bewusste Entscheidung für das Produkt, das eine schwer nachzuahmende Stärke des Unternehmens darstellt. Dabei reicht es nicht, an einigen wenigen Stellen der Wertschöpfungskette nachhaltige Prinzipien und Verfahren zu etablieren.

Greenwashing etwa bedeutet, dass Nachhaltigkeit nicht im Kerngeschäft des Unternehmens und noch weniger in der gesamten Wertschöpfungskette glaubwürdig und effizient etabliert ist. Ein Unternehmen, dass seine nachhaltigen Methoden auf Kommunikationsstrategien reduziert, die dem Unternehmen ein umweltfreundliches Image verpassen sollen, hängen sich ein grünes Mäntelchen um, sind aber keineswegs nachhaltig.[14] Wenn etwa eine große Burgerkette die Firmenlogofarbe von Rot auf Grün umstellt, um seinen Respekt vor der Umwelt zum Ausdruck zu bringen, dann produziert der Konzern weiterhin unverändert eine so große Menge an Verpackungsmüll, dass dieser Farbwechsel im wahrsten Sinne des Wortes als Greenwashing bezeichnet werden kann.

Die Überprüfbarkeit von Nachhaltigkeit wird daher ua durch Umweltmanagementsysteme, Zertifikate und Gütesiegel möglichst transparent gestaltet.[15]

2.3. Die gesellschaftliche Rolle nachhaltiger Unternehmen und Investitionen in Startups

Seit der Immobilien-, Finanz- und Wirtschaftskrise 2008/2009 gibt es eine Glaubwürdigkeitskrise der Marktwirtschaft. Das Bewusstsein, dass es unkontrollierte Folgen haben kann, wenn völlig darauf verzichtet wird Märkte politisch einzuhegen, ist gewachsen.

Auf Unternehmerseite ist die Lehre daraus ebenfalls mit einem Grundbekenntnis aus der Nachhaltigkeit verbunden: *„Zur nachhaltigen Unternehmensführung bedarf es eines fundierten Basiswissens, konsensualer Orientierungsvorgaben und der persönlichen Überzeugung, nach verantwortlichen Werten zu handeln."*[16]

12 *Pufé*, Nachhaltigkeit³ (2017) 198.
13 *Pufé*, Nachhaltigkeit³ (2017) 199.
14 *Pufé*, Nachhaltigkeit³ (2017) 211.
15 Umweltfreundliche und nachhaltige: EMAs, ISO 14001, ISO 9001. Soziale: ISO 26000, OHSAS 18001, Safety Certificate Contractors, Social Accountability 8000, AccountAbility 1000.
16 *Brüggemann/Brüssel*, Einführung, in *Brüggemann/Brüssel/Härthe* (Hrsg), Nachhaltigkeit in der Unternehmenspraxis. Impulse für Wirtschaft und Politik (2018) 4.

Nachhaltigkeit ist in unserem Leben mittlerweile sehr präsent, auch wenn wir sie nicht immer wahrnehmen. Der Begriff wird verbunden mit Lebensqualität und Gesundheit, mit Wohlbefinden und langfristigen Zielen. Immer öfter taucht er im Zusammenhang mit moderner Unternehmensführung auf.

Klimawandel, Green New Deal oder Schülerstreiks für die Klimarettung sind aktuell sehr präsent. Was dabei oft vergessen wird, ist, dass die Veränderung der Unternehmenskultur nur dort beginnen kann, wo Investoren umdenken. Dabei bleibt die Schwierigkeit auszumachen, was eine konkrete Handlungsanleitung für nachhaltige Investitionen sein kann. Der Begriff der Wirtschaftsethik steht im Raum, sobald über eine derartige Handlungsanleitung nachgedacht wird. Aber in schnell wachsenden Gesellschaften mit sich schnell verändernden Märkten kann der Begriff Verwirrung stiften.

Wenn die Gesellschaft komplizierter wird, werden Lösungen für Probleme natürlich nicht einfacher. Der Begriff der Wirtschaftsethik tritt nach kapitalismuskritischen Filmen wie Wallstreet von *Oliver Stone* ab den 1980er Jahren in den medialen Vordergrund. Ohne aber eine Lösung für das Dilemma zu liefern, dass Ressourcen knapp sind und Bevölkerungen bis auf weiteres wachsen.[17]

Der Soziologe *Niklas Luhmann* beginnt einen Vortrag mit den Worten:

> Ich muß es gleich am Anfang sagen: es ist mir nicht gelungen, herauszubekommen, worüber ich eigentlich reden soll. Die Sache hat einen Namen: Wirtschaftsethik. Und ein Geheimnis, nämlich ihre Regeln. Aber meine Vermutung ist, dass sie zu der Sorte von Erscheinungen gehört wie auch Staatsräson oder die englische Küche, die in der Form eines Geheimnisses auftreten, weil sie geheimhalten müssen, dass sie gar nicht existieren.[18]

Wer über die Moral der Wirtschaft reden will, kann nach *Luhmann* nur mehr über die Weltwirtschaft und mit ihr über die Weltgesellschaft sprechen.[19] Wer über die Weltgesellschaft spricht, spricht über Weltklima, Welthunger, Weltgesundheit. Wer über diese Dinge spricht, landet notwendigerweise bei der Nachhaltigkeit. Eine aktuelle Wirtschaftsethik der Weltgesellschaft bedeutet die Umsetzung von nachhaltigem Investment. Die gesellschaftliche Rolle der Investition in nachhaltige Unternehmen lässt sich ethisch begründen.

Für Unternehmerinnen und Unternehmer müssen realistisches Handeln und gangbare Ansätze im Vordergrund stehen – think global, act local. Die Ansätze für nachhaltiges Investment liegen meistens in der unmittelbaren Umgebung.

---

17 Hier gehen die Meinungen allerdings auseinander: Manche Studien sehen die Weltbevölkerung eher stagnieren, oder gar zurückgehen. https://www.zeit.de/2014/07/szenario-schrumpfende-weltbevoelkerung (Stand 4.6.2019) Andere halten eher das weitere Wachstum für Wahrscheinlich. https://www.n-tv.de/wissen/Weltbevoelkerung-waechst-doch-weiter-article13634856.html (Stand 4.6.2019). Einig sind sich alle Forscher darin, dass das Wachstum mindestens bis 2050 anhält. Die aktuellen Zahlen und die Prognose bis 2100 findet sich hier: https://de.statista.com/statistik/daten/studie/1717/umfrage/prognose-zur-entwicklung-der-welt bevoelkerung/ (Stand 4.6.2019). Für einen genauen Überblick über die unterschiedlichen Studien und Theorien zur Bevölkerungsentwicklung: https://www.bpb.de/izpb/55882/entwicklung-der-weltbevoelkerung?p=all (Stand 4.6.2019).

18 *Luhmann*, Wirtschaftsethik – als Ethik? in *Horster* (Hrsg), Die Moral der Gesellschaft (2008) 196.

19 *Luhmann*, Wirtschaftsethik – als Ethik? in *Horster* (Hrsg), Die Moral der Gesellschaft (2008) 206.

Nachhaltiges Investieren ist also nicht nur wirtschaftlich opportun, es ist auch politisch geboten. Dabei gibt es in der Politik bereits ein Bewusstsein für diese Entwicklung. Die Stadt Wien etwa ist der größte Biobauer der Region. „*Über 860 Hektar Biofläche werden auf drei Stadtgütern bewirtschaftet.*“[20] Das tun auch öffentliche Investoren wie die Stadt Wien nicht ohne ein wirtschaftliches Kalkül. Das Richtige zu tun kann durchaus Vorteile haben.

Im „Sustainability Value Score“, wird die Wirkung von Nachhaltigkeit auf den Umsatz untersucht. Die Studie zeigt anhand einer Untersuchung von über 100 Unternehmen, dass Nachhaltigkeit nicht nur das Image aufpoliert und das Gewissen beruhigt, sondern auch den Umsatz nach oben treibt. Ein nachhaltiges Image hilft dabei durch Abhebung vom Mainstream und Differenzierung, messbar erfolgreicher zu sein.[21]

Es gibt in der EU eine partielle Verpflichtung zur Nachhaltigkeitsberichterstattung für Unternehmen ab 500 Mitarbeitern. Aber auch abseits politischer Regelungen geht der Trend Richtung Nachhaltigkeit. Folgende Synergien sind dabei besonders wichtig:[22]

- **Auftragsakquise:** Zunehmend fordern Auftraggeber Nachweise zu Klimagerechtigkeit und Nachhaltigkeit bei Vergabe von Aufträgen. Klimagerechte Unternehmen sind etwa frei vom Risiko der zukünftigen CO_2-Preisregulierung.
- **Kreditvergabe:** Darüber hinaus besteht die Möglichkeit auf ein besseres Rating bei Kreditinstituten und Investmenthäusern. Positive Bewertung des nachhaltigen Managements hat Einfluss bei der Vergabe von Krediten oder Beteiligungskapital. EU-weit wurde eine 25 % Quote bei den institutionellen Investoren in ethische Unternehmen festgestellt.
- **Produkte:** Eine Kaufentscheidung am Point of Sale (PoS) wird signifikant positiv durch Klimagerechtigkeit konditioniert. Bereits 92 % der Konsumenten achten auf nachhaltige Produkte oder das Image der Unternehmen. Imagerisiken für Produkte auf den Märkten werden durch positives Listing großer Handelsketten und Zertifizierung minimiert. Bereits gegenwärtig verlangen die Retailer nach Fairtrade und ökologisch gerechtem Anbau. Weiters kann die nachhaltige Fertigung mit hochwertigen Materialien und gewissenhafter Erzeugung und die daraus resultierende Langlebigkeit von Produkten, als Mittel zur Kundenbindung und als Preis- und Verkaufsargument dienen.
- **Mitarbeiter:** Fachkräfte orientieren sich bei der Wahl ihres Arbeitsplatzes zunehmend am Image der Arbeitgeber und dieses wird immer öfter auch durch das Thema Nachhaltigkeit bestimmt. Auf Karriere.at finden sich in der Kategorie „nachhaltige Jobs“ 143 Einträge für Wien.[23] Diese Jobs werden mehrheitlich von nachhaltig ausgerichteten Startups angeboten.

20 https://www.wien.info/de/sightseeing/gruenes-wien/nachhaltiges-wien (Stand 15.4.2019).

21 https://www.biesalski-company.com/wp-content/uploads/2017/cms_content/download/Studienband_Sustainability_Value_Score_2016.pdf (Stand 23.5.2019).

22 *Brüssel*, Kernkompetenz Nachhaltigkeit und Corporate Social Responsibility, in *Brüggemann/Brüssel/Härthe* (Hrsg), Nachhaltigkeit in der Unternehmenspraxis. Impulse für Wirtschaft und Politik (2018) 23.

23 https://www.karriere.at/jobs/nachhaltigkeit/wien (Stand 15.4.2019).

2.4. Best Practice Beispiel: St. Charles Apotheke[24]

Wie bereits gezeigt, haben erfolgreiche Unternehmen eine starke Geschichte. Die Geschichte der St. Charles Apotheke beginnt 1886 mit dem Apotheker *Alfred Blumenthal.* Die mehr als 100 Jahre alte Bausubstanz wurde von *Martin Rohla* und seinem Kompagnon *Alexander Ehrmann* vor 14 Jahren umgewandelt und um ein Restaurant, Shops für Ökokosmetik und ein Behandlungszentrum für alternative Heilmethoden ergänzt. Es war das erste Unternehmenskonzept in Österreich, bei dem allein die Nachhaltigkeit im Zentrum der Geschäftsphilosophie stand und war 2007 Finalist bei Entrepreneur of the Year von Ernst & Young. Im Jahr 2008 trat *Rohla* seine Anteile in bestem Einvernehmen an *Ehrmann* ab und fokussierte sich auf andere nachhaltige Projekte.

Der Gesundheitsaspekt wurde um den Nachhaltigkeitsaspekt erweitert und eine große Story um diese Pfeiler herum aufgebaut. Mittlerweile handelt es sich um eine Apothekenwelt, deren Vorteile klar die Grundprinzipien nachhaltiger Unternehmen zum Ausdruck bringen: Lokale und geprüfte Lieferanten sorgen für die Versorgung und positionieren die St. Charles Apotheke im Gegensatz zu Pharmariesen und medizinischem Lobbying. Traditionelle europäische Medizin wird mit Traditioneller Chinesischer Medizin unter einem Dach angeboten. Traditionelle Heilmittel aus der Naturapotheke werden mit modernen Konzepten ergänzt und mit gelungenem Design inszeniert. Diese Apotheke ist in der europäischen Medizin verankert und geht doch weit über sie hinaus.

Sichtbar wird hier auch, dass Nachhaltigkeit zukunftsorientierte Planung beinhalten muss.[25] Zukunftsorientierung kann auch bedeuten, dass die Investitionen auf eine intergenerationale Wirkung ausgerichtet sind. Langfristige Entwicklungen erfordern ein Feingefühl, dass auch die Zeichen der Zeit zu deuten weiß. Gesundheit und Wohlbefinden zusammenzubringen bedeutet für eine Apotheke auch Produkte anzubieten, die eingesetzt werden, bevor Medikamente nötig werden. Gesunde Ernährung und unterstützende Verhaltensweisen ermöglichen einen nachhaltigen Umgang mit dem eigenen Körper und revozieren einen antiken Gedanken: „Die Sorge um sich." Eine Fähigkeit zur Aufmerksamkeit sich selbst gegenüber, die einem die Kraft gibt, auch für andere da zu sein. Das kann als eine soziale Rendite verstanden werden.

Die Apotheke verfügt über einen umfangreichen Internetauftritt, auch um die Stärke ihrer Geschichte sinnvoll darstellen zu können. Ergänzt wird sie durch ein Online-Magazin mit Anregungen und einen Online-Shop. Eine Seite mit Stories („Wie mache ich eine Kräutersalbe?"), sowie einen Social Hub mit Verknüpfungen zu den Sozialen Medien sind Teil der stark auf die Kommunikation mit den Kunden ausgerichteten Konzeption.

---

24 https://saint-charles.eu/wien/ (Stand 29.5.2019).

25 *Brüssel*, Kernkompetenz Nachhaltigkeit und Corporate Social Responsibility, in *Brüggemann/Brüssel/Härthe* (Hrsg), Nachhaltigkeit in der Unternehmenspraxis. Impulse für Wirtschaft und Politik (2018) 14.

3. Prüfung und Verhandlung unter nachhaltigen Bedingungen

3.1. Strenge Rechnung, nachhaltige Investitionen: Due Diligence

Due Diligence bedeutet, die gebotene Sorgfalt bei der Vorfeldüberprüfung eines Vertragsobjekts für den Kauf oder Verkauf einzuhalten. Die Prüfung der Abschlüsse und Risiken und die Analyse der sachlichen und personellen Ressourcen sollen zu einer fundierten Bewertung des Projektes und des unternehmerischen Umfelds des Projektes führen.

Diese Sorgfalt ist umso mehr geboten, wenn es um die Nachhaltigkeit einer zukünftigen Investition geht. Denn hier müssen, wie es der Begriff impliziert, langfristige Ziele ins Auge gefasst werden.

Da die Unternehmensbewertung (Preisfindung) immer zwischen dem Risikoausweis (vorsichtige Wertung von der Käuferseite) und dem Chancenausweis (optimistische Wertung des Verkäufers) liegt, lässt sich letztlich nicht mit Sicherheit sagen, was bei einer Investition herauskommen wird.

Es gibt *„den einen allgemeingültigen Unternehmenswert in der Regel nicht.“*[26] Wert und Investitionssumme müssen anlassbezogen kalkuliert werden. Zentral dafür ist die Ermittlung von Substanzwert und Fortführungswert.

Als Ergebnis dieser Überprüfung wird ein sogenannter Letter of Comfort erstellt, für den die Prüfer verbindlich einstehen. *„Gemeinsam mit einem Businessplan und unter Berücksichtigung von Marktstellung/Marktpotenzial des Unternehmens wird daraus ein Gesamtkonzept entwickelt (‚Equity Story‘), welches als Grundlage für den Börsenprospekt dient, der allen potenziellen Investoren zur Verfügung gestellt wird, und eine wesentliche Voraussetzung für die Börsenzulassung darstellt.“*[27]

Gute Due Diligence wird also von Personen durchgeführt, die von Soft Facts unberührt sind. Das bedeutet, das Startup, in das investiert werden soll, muss von zwei völlig unabhängigen Instanzen geprüft werden. Externe Prüfer für die Ermittlung des näherungsweisen allgemeinen Unternehmenswerts einerseits; und andererseits eine interne Prüfung, die auch die Soft Facts mitberücksichtigt. Diese interne Prüfung wird im Idealfall durch die Investoren durchgeführt und das vor allem im Rahmen persönlicher Gespräche.

3.2. Das persönliche Gespräch

Beim Investment in nachhaltige Startups gilt mehr als bei anderen Bereichen der Unternehmensfinanzierung: „People invest in people“. Die Investition fließt also ebenso sehr in die Menschen, die ihre Idee zu einem Geschäft machen wollen. Daher sind die Kommunikation und der intensive (auch prüfende) Austausch zwischen den beteiligten Menschen unumgänglich. Vieles hängt an dem Impact, der bei den Gesprächen auf allen Seiten entsteht.

26 *Schinnerl*, Erfolgreich in die Selbständigkeit. Von der Geschäftsidee über den Businessplan zur nachhaltigen Unternehmensgründung (2018) 19.

27 Ebd 111.

Ein Impact lässt sich erzielen, wo sich mit einer Intervention etwas verändert. Bei einem Investitions-Gespräch kann der Impact als ein Anstoß verstanden werden, der das Gegenüber anregt – vielleicht zum Denken – und Spuren hinterlässt. Ähnlich ist es auch beim sozialen Impact. Es ist ein Anstoß, der Wirkung in einem bestimmten Radius zeigt, so wie ein Stein kleine Wellen schlägt, wenn er ins Wasser fällt. Der Impact wirkt auf das Umfeld eines Projekts und ermöglicht dadurch auch, neue Gesprächspartner zu finden und neue Möglichkeiten zu eröffnen. Er erhöht auch den Wirkungsradius eines Projektes und generiert Aufmerksamkeit. Das ist gerade für nachhaltige Investments in Startups besonders wichtig, da sie oft an der öffentlichen Wahrnehmung und der öffentlichen Beteiligung wie dem Crowdfunding orientiert sind.

Businesspläne bleiben notwendigerweise zahlenfixiert. Was auch dazu führt, dass Social Entrepreneurs härter abgefragt werden als herkömmliche Unternehmer. Messbarkeit muss vorhanden sein, aber was darüber hinaus entsteht, ist eine andere Frage. Diese beantwortet sich, wenn überhaupt, im persönlichen Gespräch mit den Startup-Unternehmern.

So wie die exakten Unternehmensdaten ist auch der Impact schwer messbar. Es ist im Vorhinein sehr schwierig abzuschätzen, was in Bezug auf den Impact genau mit einer Investition ausgelöst wird. Aber im persönlichen Gespräch kann geklärt werden, ob ein Entrepreneur mit einem Projekt nur seine psychischen Dispositionen verarbeitet, oder ernsthaft eine innovative Idee verfolgt. Ein kurzer Nebensatz, der unklar bleibt, kann da schon sehr aufschlussreich sein. Das persönliche Gespräch ist also für diese Form der Investition unumgänglich – und das erfordert auch soziale Kompetenz von den Investoren.

Kommunikation im Geschäftsleben ist eine eigene Disziplin, die der Kommunikationstheorie entspringt und von der Argumentationstheorie über die Interpretation von Aussagen und Körpersprache alle Bereiche der klugen Gesprächsführung und Verständigung umfasst. Um kurz anzudeuten, worum es bei dieser Kunst geht, seien einige Grundsätze der Kommunikation im Business erwähnt:

- **Ärger kostet Zeit:** Wer alles, was bei den Gesprächen gesagt wird, persönlich nimmt und darüber in Diskussionen gerät, entzieht sich Zeit und Aufmerksamkeit für die wichtigen Teile des Gesprächs. Es sollte gelingen, sich durch eine Idee emotional mitnehmen zu lassen ohne extreme Gefühle damit zu verbinden.
- **Kritik ausdrücken können:** Kritik sollte immer geäußert werden, ohne zu verletzen. Sachliche Kritik ist immer konstruktiv und bringt das gesamte Gespräch weiter.
- **Nein sagen können:** Umso klarer und schneller ein negatives Gespräch abgeschlossen ist, umso niedriger sind die weiteren Kosten an persönlichen Ressourcen.
- **Wertschätzend miteinander umgehen:** Auch bei einem negativen Resultat des Gesprächs oder in Situationen mit einem hierarchischen Gefälle sollte das Gegenüber als vollwertiger Mensch behandelt werden.

Darüber hinaus ist aber die persönliche Erfahrung das wichtigste Hilfsmittel beim persönlichen Gespräch mit Startups. Erfahrung, Intuition, Menschenkenntnis und eine gute Kommunikationsstrategie stehen hier im Mittelpunkt.

Nur das Gespräch zeigt: Die meinen es ernst – oder eben nicht. Der Versuch des Greenwashing wird in dieser Phase sehr schnell sichtbar. Aber darüber hinaus zeigt sich im Gespräch auch, wie gut die Marktkenntnis der Startup-Gründer ist, oder ob die Startup-Gründer First Mover oder bereits die Zweiten oder Dritten sind, die diese Idee lancieren. Ein idealer Partner ist meistens der Second Mover, der die Idee zwar noch frisch nutzen kann, aber bereits als der Erste über verlässlichere Erfahrungen verfügt.

Es ist also sehr relevant, die richtigen Fragen zu stellen und genau auf vermeintliche Kleinigkeiten zu achten. Wichtig ist, dass die Aussagen kongruent und authentisch sind und mit den Ergebnissen des Letter of Comfort übereinstimmen.

Erst wenn die klärenden Gespräche für alle zufriedenstellend laufen, beginnt der Next Step, die konkreten Verhandlungen, ob und zu welchen wirtschaftlichen Rahmenbedingungen ein Investment stattfinden kann. Wichtig dabei ist aber immer die Trennung zwischen Inhaltsebene und Beziehungsebene. Diese basiert auf der möglichst akkuraten Problemidentifikation. Sollte sich herausstellen, dass eine Projektidee zwar brauchbar ist, aber noch nicht ausgereift genug, ist es wichtig möglichst schnell herauszufinden woran das liegt, um ermessen zu können, ob sich eine weitere Beschäftigung noch lohnen kann. Dabei ist ein rasches Auffinden der Problemursachen anstelle der Problemsymptome entscheidend.[28]

Es gilt, sich vor rein emotionalen Entscheidungen in Acht zu nehmen. Nachhaltige Ideen entfalten in ihrer Präsentation oft eine eigene Sogwirkung, bei der die unternehmensrelevanten Themen hinter die „Rettung der Welt“ zurücktreten können. Dabei ist es durchaus in Ordnung, Sympathie für die eine oder andere Idee in die Investitionsentscheidung einfließen zu lassen, aber das Primat der Entscheidung muss der rationale Verstand mit klarem Blick auf die Ergebnisse des Due Diligence Verfahrens treffen.

Die Verhandlungen enden im Sinne der Investorin oder des Investors, wenn es zu einem interessengerechten Ergebnis kommt, die erzielte Einigung fair und umsetzbar ist und sich die Beziehungen zwischen den Verhandlungspartnern während der Verhandlungen gefestigt haben.[29] Wenn sich die Verhandlungen nicht so eindeutig entwickeln, gibt es folgende Möglichkeiten, das eigene Risiko zu minimieren:

- Das Ticket (eingesetztes Eigenkapital) möglichst klein halten und damit das Ausfallsrisiko minimieren („spray and pray“).
- Anstatt zu investieren, ein Netzwerk zur Verfügung stellen. Also einer sympathischen, aber wenig lohnenden Idee eigene Kontakte und Foren zur Verbreitung und weiteren Bearbeitung des Projekts anbieten.
- „Freundliches Absagen“ ist eine Möglichkeit, bestärkende Signale an eine Idee zu senden, die einem sympathisch ist, die aber nicht den Kriterien für eine Investition entsprechen.

---

28 *Hungenberg*, Problemlösung und Kommunikation im Management. Vorgehensweisen und Techniken (2010) 7f.

29 *Bühring-Uhle/Eidenmüller/Nelle*, Verhandlungsmanagement. Analyse – Werkzeuge – Strategien^2 (2017) 12f.

4. Anspruch und Wirklichkeit nachhaltiger Startups

4.1. Ziele und Renditen

Bei der Investition in nachhaltige Startups gilt dieselbe Gewinnerwartung wie bei allen wirtschaftlich einträglichen Investitionen. Aber es gibt einen erweiterten Spielraum bei der Gewinnverwendung. Gewinne können reinvestiert werden, um ein Projekt zu verbessern, um Verfahren und Abläufe effizienter und nachhaltiger zu machen. Es kann aber auch in andere ähnliche Projekte oder Projektfamilien fließen, die das Spektrum der getätigten Investition mittelfristig erweitern und langfristig sichern. Bei der Investition in nachhaltige Startups sind jedenfalls beinahe immer Follow-ups eingeplant und die Expansion und Skalierung sind auch hier ein sehr relevantes Ziel.

4.2. Best Practice Beispiele: Stadtflucht Bergmühle, Swing Kitchen, Habibi und Hawara, die nachhaltige Vorsorgekasse „fair finance" und „goood", der alternative Mobilfunkanbieter

Martin Rohla ist über das Beteiligungsunternehmen „Goodshares“ an vielen verschiedenen nachhaltigen Projekten maßgeblich beteiligt.

Das **Projekt Bergmühle** ist ab dem Jahr 2009 aus dem Erwerb des Hotelrestaurants und der Reitanlage Kronberghof entstanden. Die damalige Kaufmotivation war privat und noch ohne jede Absicht, daraus ein Unternehmen zu gründen. Während des Umbaus konnte Bioackerland erworben werden, und *Martin Rohla* sah die Möglichkeit, die in der Saint Charles Apotheke begonnene Fokussierung auf Nachhaltigkeit auch als Biolandwirt umzusetzen.

Im Jahr 2013 wurde zusätzlich zur Biolandwirtschaft und der Reitanlage die Stadtflucht Bergmühle als Verein für Kochen und Muße im Grünen gegründet. Die Mitgliederanzahl ist auf 600 Mitglieder begrenzt – Nicht-Mitglieder können eintägige „Schnupper-Memberships“ erwerben. Die Philosophie der Stadtflucht soll sicherstellen, dass allen Gästen regionale Bioprodukte von exzellenten Köchen nach dem Motto „Was Du vom Kirchturm aus sehen kannst“ offeriert werden.

Die mit Nachhaltigkeit verbundene Kombination von Glaubwürdigkeit und Qualität spielt auch eine Rolle bei dem **Projekt der Swing Kitchen**, die in schon neun Filialen in Wien, Graz, Berlin und Bern 100 % veganes Fastfood anbietet. 70 % der Kundinnen und Kunden dieser veganen Burger-Küche leben selbst nicht vegan. Frei nach dem Motto: „Iss Gutes und trage dazu bei, die Welt zu verbessern“, hat die Swing Kitchen einen sich ständig aktualisierenden online und offline präsenten Nachhaltigkeitsticker eingerichtet, der sichtbar macht, um wie viel sich der Ressourcenverbrauch durch den Konsum eines veganen Burgers bei der Swing Kitchen im Verhältnis zum Konsum eines herkömmlichen aus Fleisch hergestellten Burgers reduziert.[30]

30 In Bezug auf folgende Werte: Liter Wasser, Kilogramm Getreide, kgCO_2-Äquivalent, m^2 Anbaufläche.

Eine der Grundlagen guter Öffentlichkeitsarbeit ist Vertrauen. *„Scharlatane und Öffentlichkeitsarbeit sind ein Widerspruch in sich“*,[31] wie *Albert Oeckl*, einer der Klassiker der PR-Forschung darlegt. Es ist eine Herausforderung, auch unter dem strengen Blick gut informierter Kunden glaubwürdig zu sein, und der Bereich der Nachhaltigkeit ist diesbezüglich nur dann ein Asset, wenn man ihn tatsächlich ernst nimmt. Vertrauen entsteht über die Zeit. Wer über einen langen Zeitraum transparent und nachvollziehbar Qualität liefert, ist in Bezug auf das Kunden-Vertrauen klar im Vorteil. Dies wird beim **Projekt Habibi & Hawara** sichtbar.

Der primäre Impact dieses Gastronomie-Projekts ist, dass Geflüchtete angestellt wurden und zu Social-Entrepreneurs ausgebildet werden, was auch unter dem Motto „Austrian Oriental Friends & Food Fusion“ als nachhaltiges sozialpolitisches Statement zu verstehen ist. Der zweite Impact ist, dass jeden Tag hunderte Gäste kommen, die dieses Statement ansprechend finden und/oder einfach nur sehr gut essen wollen. Der dritte Impact ist, dass diese Gäste während der Konsumation von nachhaltigen Speisen auch eine soziale Erfahrung machen, da sie wissen, dass sie zu einem großen Teil von Geflüchteten bedient und bekocht werden. Diese ethischen Komponenten wirken mobilisierend und sinnstiftend zugleich und nicht zuletzt positiv auf die Ertragssituation. Im Jahr 2019 eröffnet bereits eine weitere Restaurant-Filiale im Wiener Nordbahnviertel. Eine Produktlinie in Zusammenarbeit mit Billa & Merkur bringt ausgewählte Produkte aus dem Restaurant in den Supermarkt für den Genuss daheim.

Auch abseits der Gastronomie lässt sich Nachhaltigkeit in lukrative Geschäfte umwandeln. **„fair-finance“** ist eine Vorsorgekasse AG, die im Rahmen der „Abfertigung NEU“ als betriebliche Vorsorgekasse die treuhändische Anlage und Verwaltung der vom Arbeitgeber eingezahlten Abfertigungsbeträge übernimmt. Dabei liegt der Fokus dieser Vorsorgekasse auf sozialen, ökologischen und ökonomischen Kriterien im Sinne verantwortungsbewusster und nachhaltiger Entscheidungen, sowie einem fairen partnerschaftlichen Verhältnis mit den Kunden und Mitarbeitern.

Dazu gehört, dass auf individuelle Bedürfnisse der Kunden mittels offener Kommunikation und konkreter Hilfestellung eingegangen wird. Das bedeutet auch, dass in den Verträgen eine unverklausulierte Sprache verwendet und auf Risiken und Nachteile deutlich hingewiesen wird. Das „fair-finance“-System soll aber auch über den Kundenkreis hinaus wirken. Der Anspruch ist, durch professionelle Finanzdienstleistung erwirtschaftetes Geld als soziales Gestaltungsmittel zu nutzen und damit eine nachhaltige Gesellschaftsentwicklung zu fördern.

Auch der nachhaltige Mobilfunkanbieter **„goood“** zielt auf größtmögliche gesellschaftliche Wirkung. 10 % der günstigen monatlichen Grundgebühr gehen an einen guten Zweck nach Wahl des Kunden. Darüber hinaus werden 25 % der Profite in Projekte mit gesellschaftlichem Nutzen investiert. „goood“ kombiniert ein auf Profit ausgerichtetes Geschäftskonzept mit dem „painless giving“-Ansatz. Der Kunde erhält die Möglichkeit, mit seinem Konsum auf die Profitverteilung im Mobilfunkmarkt Einfluss zu nehmen und zugleich sozial, ökologisch und kulturell innovative Konzepte zu unterstützen.

31 *Oeckl*, PR-Praxis. Der Schlüssel zur Öffentlichkeitsarbeit, in *Spiller/Scheurer* (Hrsg), Grundlagentexte Public Relations (2014) 39.

„goood“ ist im Jahr 2019 am CSR Day zu den „51 Most Impactful Global Social Innovators 2019“ gewählt worden. Unter anderem weil es dieses Unternehmen schafft, seine Vermarktungskosten mithilfe langjähriger Erfahrung und einem breiten Netz aus Partnern unter dem im Mobilfunk üblichen Durchschnitt zu halten und somit durch Effizienz für den Kunden Kosten zu sparen. Dabei nützt die Synergie zwischen dem Mobilfunkanbieter und seinen Partnern: „goood“ hilft dabei, Spenden zu generieren und den Hilfsprojekten eine größere Resonanz über die Online-Plattform zu verschaffen. Die Hilfsprojekte wiederum helfen die Idee vom nachhaltigen Mobilfunktarif zu verbreiten.

4.3. Herausforderungen

In Hinblick auf Nachhaltigkeit sind die größten Herausforderungen global, viele wichtige Investitionen allerdings regional und lokal. Herausforderungen liegen nicht nur im aktuellen Bevölkerungswachstum und dem Klimawandel, sondern auch in der digitalen Transformation. Der Mensch verändert sich in der digitalen Kultur, in deren Zentrum Selbstdesign und Selbstentfaltung[32] stehen. Die Art zu investieren sollte diese Veränderung mitvollziehen. Zugleich steht für *Martin Rohla* das Investment in analoge Projekte im Vordergrund. Dort, wo Menschen direkt miteinander interagieren, lässt sich der Gedanke der Nachhaltigkeit leichter für ein Projekt nutzbar machen. Im Zentrum stehen freiwillige auf Selbstregulierung basierende Konsequenzen, die zu Lösungen führen, die einen natürlichen Übergang zum ressourcenschonenden Umgang innerhalb der Marktwirtschaft ermöglichen. Dazu müssen die Investoren beim nachhaltigen Startup besonders gewissenhaft und verantwortlich prüfen. Aber es gibt, wie wir gezeigt haben, auch einige Anreize dazu sich auf diese Projekte einzulassen.

Fest steht jedenfalls: *„Das Verlangen nach preisgerechten, ökologischen und sozialen Vorbildprodukten ist signifikant.“*[33] Die Chance, dass sich ein nachhaltiges Investment vor allem in naher Zukunft lohnen wird, ist also sehr groß.

Was natürlich auch die Begehrlichkeit von großen Konzernen weckt, die mit Eigenmarken und neuen Konzepten in das Nachhaltigkeitsgeschäft einsteigen wollen. Diese Konkurrenz ist eine Herausforderung im Business, auf die es eine klare Antwort gibt, denn wie wir oben festgestellt haben ist die Freude an der raschen Entscheidung die wichtigste Eigenschaft des Unternehmers. Die Arbeitsweise von Konzern-Managern ist dagegen oft an fixe Prozesse und starre Hierarchien angepasst. Das tut in Startups, bei aller Bedeutung organisierten Handelns, per se nicht gut. Umgekehrt ist es aber auch schwierig, Startups erfolgreich in die starren Strukturen des Corporate Business zu integrieren – auch die Partner des European Angels Fund[34] sind sich zum Beispiel darin einig, dass diese Starrheit die positive Entwicklung von Startups erschweren kann. Große Konzerne versuchen tendenziell ihre Prozesse durch zentrale Steuerung zu lenken und

32 *Krömer/Sen*, Elemente der Netzkultur, in *Kemper/Mentzer/Tillmanns* (Hrsg), Wirklichkeit 2.0. Medienkultur im digitalen Zeitalter (2012) 178 f.

33 *Brüssel*, Kernkompetenz Nachhaltigkeit und Corporate Social Responsibility, in *Brüggemann/Brüssel/Härthe* (Hrsg), Nachhaltigkeit in der Unternehmenspraxis. Impulse für Wirtschaft und Politik (2018) 18.

34 Der EAF ist eine Initiative die vom European Investment Fund finanziert wird und Investoren beim Investment in Startups unterstützen soll. https://www.eif.org/what_we_do/equity/eaf/ (Stand 29.5.2019).

innere Differenz zu verringern.[35] Nachhaltige Startups profitieren dagegen von ihrer inneren Differenzierung, dem schnellen Entscheiden und Handeln der Protagonisten und von persönlicher Erfahrung.

Bei aller Empathie und Spontaneität die notwendig sind, um schnelle und gute Entscheidungen zu treffen, gehört es für erfolgreiche Investitionen auch dazu, die Nerven zu behalten und nicht ausreichend durchdachte Ideen effizient auszusortieren. Halbgare und nicht umsetzbare Projekte fressen Zeit sowie Energie und können frustrierend sein. Sie verlangen auch abseits der wirtschaftlichen Analyse einiges an Kompetenz zu ihrer sachgemäßen Beurteilung. Darüber hinaus gibt es auch gute Pläne, die trotzdem im Daily Business versagen, weil etwa ihre öffentliche Kommunikation versagt, oder der Impact und die Mobilisierung nicht wirken. Die Erfahrung zeigt jedenfalls, die beste Strategie, mit dem Unvorhersehbaren umzugehen, ist, auf Irrtümer vorbereitet zu sein und aus Fehlern möglichst schnell und effizient zu lernen.

4.4. Abschließende Anregungen

Bereits *Aristoteles* weiß, dass es tugendhaft ist, Ressourcenschonung einzuüben. Tugend ist für ihn ein Verhalten, das vernünftig auswählt zwischen Extremen und sich dabei für die Mitte entscheidet, bei der es *„kein Zuviel und Zuwenig“*[36] gibt. Ihm geht es mit seiner Lehre der Mitte darum, einen guten Weg zu finden und im Eigeninteresse Maß zu halten. *Aristoteles* hat nachhaltiges Investieren in der heutigen Form nicht angedacht, aber das Konzept der Mitte ist so klug, dass es hier als Motto dienen kann.

Wer im Eigeninteresse Maß halten kann, ist im Bereich des nachhaltigen Investierens eindeutig im Vorteil. Dabei helfen die Kardinaltugenden, die bei *Aischylos* eine ihrer ersten Erwähnungen finden und bei *Platon* systematisiert werden.[37] Tapferkeit, Gerechtigkeit, Bescheidenheit und Klugheit, sind die Eigenschaften, die einen guten Bürger auszeichnen. Diese frühe Tugendlehre ist für die gelungene Haushaltsführung im oikos[38] gedacht, sie hält sich als nützlicher Leitfaden für kluge Unternehmensführung bis zum heutigen Tag.[39] Wobei der Fokus bei nachhaltigen Investitionen heute auf die vorausschauende, umsichtige und lebenskluge Gestaltung des wirtschaftlichen Handelns gerichtet wird.

Diesen vier genannten Kardinaltugenden, die auch für das taktische und strategische Vorgehen des nachhaltigen Investors wichtig sind, korrespondieren mit den göttlichen Tugenden, die als weiteres moralisches Grundgerüst dienen können: Glaube, Liebe und Hoffnung. Diese sind in keiner Weise religiös gemeint, sondern als Glaube daran, dass es in der Macht und dem freien Willen des Menschen liegt, Dinge zum Guten zu wenden, in der Hoffnung darauf, dass es gelingt, dabei vor allem auch die geschäftlich richtigen Entscheidungen mit Empathie (Caritas = Nächstenliebe) zu treffen. Wie zum Beispiel am Projekt Habibi und Hawara sichtbar wird, ist eine nachhaltige Investition in die Zukunft nicht nur klug und lukrativ, sondern durch gelebte Empathie letztlich auch moralisch richtig.

35 *Luhmann*, Die Wirtschaft der Gesellschaft (1994) 328.
36 *Aristoteles*, Nikomachische Ethik (1985) 37.
37 *Schwartz*, Ethik der Griechen (1951) 53.
38 Haus und Wirtschaftsgemeinschaft.
39 *Ruter*, Tugenden eines ehrbaren Aufsichtsrats. Leitlinien für nachhaltiges Erfolgsmanagement (2016) 49 f.

Das Investment in nachhaltige Startups ist durch seine Synergien zwischen den drei korrespondierenden Säulen der Nachhaltigkeit gekennzeichnet. Ökologische Umsicht verbindet sich mit sozialer Kompetenz und ökonomischer Klugheit. Alle drei Sphären ergänzen einander und erbringen oft überraschende, meistens positive Effekte. Um sich vor negativen Überraschungen abzusichern, ist es besonders wichtig, die beiden Seiten dieses Business, die Hard Facts ebenso wie die Soft Facts, sehr gewissenhaft zu beobachten und eine Zusammenschau von beiden zu halten, die ein vollständiges Bild des Projektes zeigen.

Wie am Projekt Bergmühle sichtbar geworden ist, kann selbst Absichtslosigkeit eine funktionierende Geschäftsbasis sein. Nachhaltigkeit hat sehr viel mit einem Lebensgefühl zu tun, das sogar auch nach Genuss strebt und überhaupt erst mit dem Genuss in Verbindung ein gutes Geschäft wird. Es ist ein Luxus, Dinge lustbetont zu machen und doch ein feines Gespür zu haben dafür, dass sich daraus etwas Brauchbares für das Geschäft und die Gesellschaft entwickelt. Aber diese Haltung hat nichts mit Genusssucht, oder gar Sorglosigkeit zu tun. Ganz im Gegenteil: Es verpflichtet dazu, noch strengere Rechnung zu machen.

Nachhaltiges Unternehmertum schließt auch ein, nicht rasch aufzugeben oder locker zu lassen, sondern mit dem ökologisch oder sozial bedeutsamen Ziel vor Augen jederzeit bereit zu sein, mutig neue Pfade zu beschreiten. Mit dem Herzen bei einer Sache zu sein, beinhaltet daran zu glauben, dass dieses Ziel erreichbar ist, die Hoffnung zu haben, dass es umgesetzt werden kann und es mit Empathie anzugehen, aber gleichzeitig klug, tapfer, gerecht und besonnen und mit dem Blick für die Wirtschaftlichkeit des Investments voranzuschreiten.

Nachhaltiges Investieren erfordert vor allem das Bewusstsein für die Herausforderungen unserer Zeit, ein Gewissen und eine ethische Kompetenz, die richtigen Entscheidungen zu treffen. Nur wer sich für diese Art der Investitionen wirklich mit dem Herzen einsetzt, hat eine reale Chance damit zu reüssieren.

Spin-off Investments: Erfolgspotenzial universitätsnaher Gründungen

Magdalena Hauser

1. Grundlagen Spin-off

Heute sind in Österreich nur etwa 12 % aller Ausgründungen als Spin-offs einzuordnen.[1] Man könnte aufgrund dieser relativ geringen Zahl den Eindruck bekommen, dass sich eine intensivere Auseinandersetzung mit dem Thema gar nicht lohnen würde. Die Zahl der Spin-off Investments wächst jedoch stetig und es gibt mehr und mehr Fonds, die sich diesem Teil der Ausgründungen widmen. Dieses Kapitel gibt einen Einblick über Investitionen in Projekte, die sich mit DeepTech beschäftigen oder mit Intellectual Property (IP – geistiges Eigentum) bzw Patenten zu tun haben.

1.1. Begriffsdefinition

Der Begriff Spin-off wird sehr unterschiedlich gebraucht. Auf den kommenden Seiten wird der Begriff Spin-off verwendet, wenn universitätsnahe Ausgründungen gemeint sind.

Grundlage eines Spin-offs bilden meist Erfindungen und Patente, die innerhalb von Universitäten oder anderen Forschungseinrichtungen entstanden sind. Die Gründerinnen und Gründer haben einen universitären Hintergrund und sind oft entweder noch mitten im Studium oder als Mitarbeiter an den Instituten beschäftigt – Masterstudenten bis PhDs, Post-Docs, wissenschaftliche Mitarbeiter, Professoren etc. Spin-offs werden dann gegründet, wenn die Möglichkeit oder Chance besteht, Forschung kommerziell nutzbar zu machen. Obwohl natürlich hinter jeder Gründung das Risiko des Scheiterns steht, kommt bei Grundlagenforschung oder Forschung an disruptiven, neuartigen Technologien zum Marktrisiko noch das Produktrisiko hinzu. Weiterführende Informationen zu den Entwicklungsphasen und den mit diesen verbundenen Risiken eines technologie-/forschungslastigen Spin-offs finden sich ua in der Publikation „The Scale-up Manual" von *Uday Phadke* und *Shailendra Vyakarnam*, die einen sinnvollen Überblick in Bezug auf den Komplexitätsgrad gibt.

Forschung in kommerziell nutzbare Produkte oder Services zu überführen, kann einerseits sehr riskant und zeitaufwändig, andererseits für Forscherinnen und Forscher, beteiligte Institutionen und Investoren sehr lukrativ werden.

1.2. Vergleich: Zahl der Ausgründungen Cambridge (UK)/ Österreich

Um erfolgreiche Ausgründungen zu fördern, braucht es neben einer großen Bandbreite an talentierten Studierenden unterschiedlicher Disziplinen, aufeschlossene Universitäten und Tech Transfer Offices (TTO), etablierte Unternehmen, die mit jungen Startups bzw Spin-offs kooperieren wollen und öffentliche Institutionen, die eine geeignete Infrastruktur zur Verfügung stellen. Die zwei elementaren Säulen Unternehmertum und Forschung müssen dabei Hand in Hand gehen.

Spin-offs werden vor allem als adäquates Mittel für den Wissens- und Technologietransfer von Universität in die Gesellschaft angesehen – sowohl auf strategischer als auch auf

1 *Austria Wirtschaftsservice et al* (Hrsg/Auftraggeber), Austrian Startup Monitor 2018 10.

operativer Ebene. Die Entwicklung der heimischen Spin-offs folgt einem positiven Trend. Dennoch, verglichen mit der Universitätsstadt Cambridge, die hier an der europäischen Spitze liegt, spielen universitäre Ausgründungen in Österreich eher eine Nebenrolle.

Die Universität Cambridge ist einer der anerkanntesten und prestigeträchtigsten Universitäten Englands und führt neben über 30 verschiedenen Colleges, mehr als 100 akademische Institute. Cambridge Enterprise wurde 2006 gegründet und führt die Technologietransfereinheit der Cambridge University, die als 100 % Tochter der Universität organisiert ist. Cambridge Enterprise fungiert dabei als unterstützender Arm bei klassischen Technologietransfer-Fragestellungen und ist in den Bereichen direkter Beteiligungen durch Risikokapital von Spin-offs spezialisiert. Im Zuge dieses klassischen Technologietransfers kam es im Berichtsjahr 2014/15 zu 123 Lizenzvergaben und 159 neuen Patentanmeldungen.

Heute werden mit Unterstützung des nunmehrigen Cambridge Enterprise Seed Funds mit einem Volumen von über 16 Millionen Pfund (über 20 Millionen Euro) laufend Beteiligungen an Spin-offs getätigt, die auf Technologien bzw Forschungsergebnissen der Universität Cambridge basieren.[2]

Der Schlüssel zum Erfolg des Ökosystems Cambridge liegt in der Entwicklung strategischer Geschäftspartnerschaften. Das „Cambridge Phenomenon“, wie die Erfolgsstory heute betitelt wird, begann in den 70er Jahren mit einer kleinen Gruppe Forschern, die es sich als Cambridge Consultants zur Aufgabe gemacht hatte, Forschung kommerziell zu verwerten. So groß der Loslösungsgedanke auch war, die Nähe zur Universität, ihren Talenten und Kontakten ist dabei immer geblieben.

Nach kurzer Zeit gründeten die Cambridge Consultants einen der ersten Technologieparks in Cambridge, in dem sich nach und nach weitere Spin-offs und auch etablierte Unternehmen ansiedelten und regen Austausch pflegten. So konnte bis heute ein Ökosystem entstehen, das weltweit renommierteste Forscher, Unternehmer, Investoren und Mentoren beheimatet.

Ein weiterer grundlegender Baustein des Cambridge-Erfolgs war, neben der Realisierung des Technologieparks, die Implementierung einer Infrastruktur für Spin-offs und deren Stakeholder. Alleine die Universität Cambridge beteiligte sich in den Jahren 2013–2017 an 96 Spin-offs, die sich in den Technologieparks rund um die Universität ansiedelten und damit das Ökosystem am Leben erhielten.

So wurde immer mehr Talent aus der ganzen Welt nach Cambridge gezogen. Auch, weil man wusste: Sollte das eigene Spin-off scheitern, gab es immer die Möglichkeit, bei einem der vielen anderen Spin-offs oder etablierten Unternehmen unterzukommen und bedeutsame – und gut bezahlte – Arbeit zu leisten. Auch die im Vergleich zu vielen anderen Startup Valleys niedrigen Lebenserhaltungskosten machen das Cambridge Phenomenon – oder „Silicon Fen“ – als Standort attraktiv.

2 *University of Cambridge enterprise*, Annual Review 2015, https://www.enterprise.cam.ac.uk/ (7.6.2019).

Das Cambridge-Phenomenon hat mittlerweile über 1.500 Firmen mit ca 67.000 Mitarbeiterinnen und Mitarbeitern hervorgebracht; davon 16 Unicorns – Firmen mit einer Bewertung von über einer Milliarde. 2018 flossen über 215 Millionen Pfund an Funding in Spin-offs aus Cambridge.

Wie sieht die Situation rund um Spin-offs in Österreich aktuell aus? Nun, Österreich hat einen wesentlichen Vorteil gegenüber Cambridge: Das System muss nicht neu erfunden werden. Wir können die jahrzehntelange Erfahrung aus einem der wichtigsten Ökosysteme der Welt für Österreich nutzen.

Im Jahr 2016 wurden in Österreich 23 Spin-offs aus den 22 österreichischen Universitäten hervorgebracht. Um in Zukunft eine höhere Spin-off-Quote erreichen zu können, wurden mithilfe verschiedener Fördereinrichtungen, mit Zuschuss von Investoren und durch Bewusstseinsbildung von politischer Seite einige unterstützende Projekte geschaffen. Neben der finanziellen Unterstützung sind vor allem Mentoring, Coaching und Weiterbildungen wichtige Bausteine, um hochwertige Spin-offs generieren zu können. Durch diverse Förderprogramme erhoffen sich Universitäten, Investoren und Politik in Zukunft eine jährliche Ausgründungsquote von 40–50 Spin-offs.[3]

2. Warum sind Spin-offs für Investoren interessant?

2.1. Spin-off Scouting: Wie kommt man an die besten Projekte?

Die erste Frage, die man sich als Investor stellt, ist immer, wie man an die besten Projekte kommt. Geeignete Deal-Quellen zu finden, kann sich als sehr zeitintensiv und aufwendig herausstellen, weshalb im Folgenden ein Überblick geben wird.

2.1.1. Programme

Programme als Deal-Quellen können ein guter Einstieg in die Welt des Investierens sein. Man sieht nicht nur ab und an wirklich gute Projekte, sondern nutzt die Events auch zum Austausch mit anderen Investoren. Bevor man sich allerdings mit der Vielzahl an Programmen, Pitch Events, Investoren-Veranstaltungen beschäftigt, sollte man sich selbst die Frage stellen, in welcher Entwicklungsphase eines Spin-offs man investieren will. Das sollte es leichter machen, die richtigen Veranstaltungen zu finden.

In diesem Abschnitt werden nicht alle Programme und Events in Österreich aufgelistet, sondern angelehnt an die drei Levels der Entwicklung von Spin-offs in Cambridge einen Überblick und Hilfestellung zur Filterung gegeben.

Level 1: Early-Stage (Pre-Seed) – direkt an der Universität

A+B Zentren (Academia + Business) wie beispielsweise INiTS in Wien oder Startup. Tirol in Tirol sind in der Umgebung von österreichischen Universitäten angesiedelt und unterstützen Forschende, Studierende und wissenschaftliche Mitarbeiterinnen und Mitarbeiter mit universitätsnahen Projekten bei der Umsetzung in wirtschaftliche Unter-

3 *Heles*, Global University Venturing's data review and roundup of funds investing in spinouts and startups, 15.5.2018, https://globaluniversityventuring.com/2013-17-data-review/ (7.6.2019).

nehmen. Sie bieten Programme für verschiedene Stadien der Entwicklung eines Projektes an – von der Ideenfindung über Teambuilding bis zur Investment Readiness. Meist gibt es zum Abschluss dieser Programmen Demo Days, bei denen sich interessierte Investoren die ersten Schritte der Projekte ansehen können. Da sich die Projekte meist noch in einem sehr frühen Stadium befinden, empfiehlt es sich in dieser Phase, gemeinsam mit einem erfahrenen Investor zu investieren. Es sollte auch darauf geachtet werden, ob es im Spin-off Team jemanden gibt, der dieses Projekt wirtschaftlich vorantreibt. Außerdem sollten die potentiellen Anwendungsmöglichkeiten und ihre Markt-Tauglichkeit streng unter die Lupe genommen werden. Immerhin wurden die Technologien oft noch nicht in der Realität getestet oder – seltener – noch nicht einmal patentiert. Grundsätzlich gilt: Je früher investiert wird, desto größer ist das Risiko, aber auch der Anteil, den man am Unternehmen bekommen kann. Für reines Geldinvestment ist die Beteiligung an einem so frühphasigen Projekt meist nicht geeignet.

Level 2 Early-Stage (Seed/Startup) – Inkubatoren/Akzeleratoren/Co-Working Spaces

Projekte, die die erste Phase überlebt haben, finden sich oft in Inkubatoren oder Akzeleratoren mit verschiedenen Schwerpunkten wieder. Das umfangreiche Angebot an Programmen und Zugang zu sonst schwer erreichbaren Netzwerken machen diese Institutionen attraktiv für Startups. Da es auch hier eine Vielzahl an Demo Days und Pitch Events gibt, empfiehlt es sich, solche herauszusuchen, die sich auf den eigenen thematischen Fokus spezialisiert haben. Außerdem lohnt es sich auch, den Blick über die Grenzen zu wagen und sich beispielsweise einen Demo Day in München an der UnternehmerTUM oder im IdeaSpace in Cambridge anzusehen.

Die Projekte werden hier oft schon von einem Team getragen, das, je nach Phase, aus zwei bis zu zehn Personen bestehen kann. Meist wurden bereits erste Proof of Concepts durchgeführt und die Technologie wird außerhalb des Labors, oft bereits mit Kundenfokus, getestet. Unter den Technologie-Projekten nimmt die Branche der Life Science, zu denen etwa Drug Development gehört, eine Sonderposition ein, weil dort aufgrund der sehr starken Regulierung andere Zeitspannen und größere Investmentvolumina vorherrschen.

Level 3 Early Stage/Expansion Stage (First/Second/Third Stage) – Technologieparks

Projekte, die den Markteintritt geschafft haben oder kurz davor sind, bestehen aus Teams, die die Größe von Co-Working Spaces schon übertreffen, zudem oft Produktionsstraßen aufbauen oder Maschinen benötigen und deshalb in größere Räumlichkeiten umsiedeln. Eine Möglichkeit dafür bieten Technologieparks. In Cambridge hat sich die Methode, Startups mit Corporates auf einem Gebiet zu vereinen und gemeinsame Treffpunkte zu schaffen, in den letzten Jahrzehnten mehr als bewährt. Der Austausch zwischen erfahrenen Marktführern und disruptiven neuen Technologien, sowie die Anziehungskraft für neue Mitarbeiter für beide Seiten machen Technologieparks als Standort attraktiv. Gute Beispiele in Österreich sind etwa der Lakeside Park in Kärnten oder die Werkstätte Wattens in Tirol.

Bezüglich Investments darf man hier schon mit Track Records, Marktzahlen und Referenzkunden rechnen. Allerdings werden auch die Bewertungen höher und die Startups bei der Entscheidung, welcher Investor investieren darf, wählerischer.

2.1.2. Tech Transfer Offices

Wie schon erwähnt, spielen Tech Transfer Offices (TTOs) bei der Gründung von Spin-offs eine wesentliche Rolle. Hintergrund der Entstehung von TTOs ist die zielgerichtete Übertragung der Ergebnisse der Grundlagenforschung von Universitäten und Forschungseinrichtungen in die Wirtschaft, unter der Prämisse, das geistige Eigentum zu schützen und entsprechend zu lizenzieren. Bis 2002 galt in Österreich das Professor's Privilege – die IP lag zu 100 % beim Forscher. Aufgrund einer Gesetzesänderung gilt seit 2002 die Universität als Patenthalter sämtlicher Innovationen, die von ihren Angestellten gemacht werden.[4] Dies hat zur Folge, dass der systematische Technology Transfer in Österreich noch verhältnismäßig jung ist und oftmals noch keine Prozessinstitutionalisierung vorliegt.

Hauptaufgaben der TTOs sind die Generierung neuer Finanzierungshilfen durch gesponserte Forschung oder Beratungsmöglichkeiten, Unterstützung in allen Bereichen im Zusammenhang mit Unternehmertum und geistigem Eigentum und Support bei der Gründung sowie Generierung von Lizenzgebühren.[5] Gerade das Thema IP hat einen hohen Stellenwert, wenn es um die Wettbewerbsfähigkeit von technologiebasierten Firmen geht, auch wenn der Prozess der Patentierung und das Management von Patenten eine wesentliche Hürde sein kann.

Auf der anderen Seite hat eine Vielzahl von Studien gezeigt, dass es einen positiven Zusammenhang zwischen der Patentierung von Innovationen und Venture Capital Investments gibt – und Venture Capital ist wesentlich für das Überleben und Wachstum von Startups. Gerade hier sind TTOs sehr wertvoll, weil sie maßgeblich bei Themen zu Patenten, Lizenzen und Spin-offs unterstützen – etwa durch die Offenlegung von Patenten, der wirtschaftlichen Bewertung, Entscheidungen über die geeigneten Vermarktungsstrategien und Unterstützung der Forscher bei der Umsetzung der gewählten Strategie (siehe auch Kapitel 3.2.) Inkubatoren und Science Parks können auf diesem Gebiet ebenfalls unterstützen.[6]

2.1.3. Co-Investoren-Netzwerk

Betrachtet man die Entwicklung dieser Business-Angel-Netzwerke (BAN), lassen sich zwei Trends feststellen: Konsolidierung und interne Aktivierung. Einerseits blieb das

4 *Kelly,* The Technology Transfer Office, 24.05.2012, https://transfer.univie.ac.at/fileadmin/user_upload/d_transfer/Inventions_at_the_University_of_Vienna.pdf (20.06.2019).

5 *OECD Innovation Policy Platform,* Technology Transfer Offices, Juni 2011, http://www.oecd.org/innovation/policyplatform/48136121.pdf, S. 1 (20.06.2019).

6 *Aaboen/Holgersson,* Technology Transfer Offices, Incubators, and Intellectual Property Management (2016) 3, https://www.researchgate.net/publication/320788319_Technology_Transfer_Offices_Incubators_and_Intellectual_Property_Management (20.6.2019).

Wachstum der BAN in den letzten Jahren sehr stabil, andererseits lässt sich eine starke aktive interne Dynamik feststellen: Die Mitgliederzahlen nehmen stetig zu, wohingegen die Netzwerke nur wenige Mitglieder verlieren.[7] Dies lässt auf eine vertrauensvolle und qualitativ hochwertige Netzwerkaktivität rückschließen. Was wiederum mit dem Faktum einhergeht, dass gerade in Österreich Angel-Investoren einen kollaborativen Auftritt bevorzugen. Mehr als die Hälfte der Anleger zieht es vor, im Konsortium zu investieren und eher als Co-Investor und nicht als Lead-Investor aufzutreten (ca 76 % der Investments sind Co-Investments).[8] Auch in dem eigenen Hauser Investment-Unternehmen, dem I.E.C.T. – Hermann Hauser, werden Investments im Co-Investoren-Kreis einem Alleininvestment eher vorgezogen. Co-Investments haben den Vorteil, dass Verantwortlichkeiten aufgeteilt werden können und verschiedene Expertisen und Netzwerke in einem Investment gebündelt werden können.

Vor Eintritt in ein BAN sollte man relevante Kriterien für sich abschätzen: etwa Größe, Vertrauen zu den Mitgliedern, inhaltliche Diversität beziehungsweise Fokussierung auf Industrien. Aber auch die Sichtbarkeit des Netzwerkes, etwa durch Veranstaltungen und Kooperationen, kann ein mögliches Entscheidungskriterium sein.

Generell gibt es über alle Startup-Phasen hinweg Netzwerke. Der Fokus von österreichischen Co-Investoren liegt auf der Pre-Seed- (Idee/Konzept), Seed- (Prototyp) und Early-Startup-Phase (Produkt), wohingegen nur ca. 10 % der Co-Investoren in Startups in der Expansionsphase investieren.[9] Die Größe des Business Angel Marktes in Europa stieg in den letzten Jahren jährlich um fast 10 % und agiert mit einer absoluten Zahl von EUR 7,3 Milliarden als der Hauptaktienmarkt für europäische Startups.[10] Eine Angel-Investition wird definitiv nicht als kurzfristige Investition angesehen, lediglich 0,9 % aller österreichischen Angel-Investoren halten ihre Investition für weniger als drei Jahre in ihrem Portfolio. 76 % planen, ihre Investition für 3–7 Jahre zu halten. Die durchschnittliche Ticketgröße von österreichischen Investoren liegt zwischen EUR 50.000 und 100.000 (ca. 30 % der Investments laufen in diesem Bereich). Die Erfolge der österreichischen Angel-Investoren sprechen für sich: Beeindruckende 12 % der Investoren erzielten mehr als das 20-fache ihrer Kapitalrendite. 50 % aller Angel-Investoren haben mindestens einen erfolgreichen Exit hinter sich. Neben der potentiellen Kapitalrendite und den Ausstiegsmöglichkeiten, sind für österreichische Business Angels, die persönlichen Eigenschaften, wie Engagement und Motivation von Startup Teams als weitere Investitionskriterien ausschlaggebend.[11]

---

7 *European Business Angels Network*, Statistics Compendium European Early Stage Market Statistics, 2017, http://www.eban.org/wp-content/uploads/2018/07/EBAN-Statistics-Compendium-2017.pdf (20.6.2019).

8 *Fassl/Schenk*, Angel Investing Report 2018, 2018, http://aaia.at/wp-content/uploads/2018/12/2018_aaia_angelinvestingreport.pdf (20.6.2019).

9 *Fassl/Schenk*, Angel Investing Report 2018, 2018, http://aaia.at/wp-content/uploads/2018/12/2018_aaia_angelinvestingreport.pdf (20.6.2019).

10 *European Business Angels Network*, Statistics Compendium European Early Stage Market Statistics, 2017, http://www.eban.org/wp-content/uploads/2018/07/EBAN-Statistics-Compendium-2017.pdf (20.6.2019).

11 *Fassl/Schenk*, Angel Investing Report 2018, 2018, http://aaia.at/wp-content/uploads/2018/12/2018_aaia_angelinvestingreport.pdf (20.6.2019).

2.2. Best-Practice-Beispiele aus dem Hermann Hauser Investment Portfolio

Viele Investments im Portfolio von *Hermann Hauser* sind Spin-offs von renommierten Universitäten. Im Folgenden werden einige ausgewählte Startups mit zugrunde liegenden Technologien vorgestellt. Dies sollte nicht als Investment-Empfehlung verstanden werden. Es gilt nämlich immer: Es sollte nur in Branchen investiert werden, die der Investor kennt – oder zumindest ein gewisses Vorwissen hat. Eine Möglichkeit wäre natürlich auch, dass ein Investor gemeinsam mit einem Lead-Investor, der dieses Know-how mitbringt, investiert.

Bei einem österreichischen Investment war genau dies der Fall; Lead-Investoren brachten das Know-how mit, Co-Investoren zogen mit: USound – diese Unternehmen wurde 2014 von den Italienern *Andrea Rusconi-Clerici* und *Ferruccio Bottoni* sowie dem Österreicher *Jörg Schönbacher* gegründet und hat sich seitdem am internationalen Markt im Bereich Unterhaltungstechnik etablieren können.

Das Unternehmen hat seinen Hauptsitz in Graz, in einem europäisch bekannten Cluster der Halbleiterindustrie. Der Hauptinvestor ist *Herbert Gartner*, einer der bekanntesten österreichischen Investoren, mit sehr guter Erfolgsbilanz bei der Unterstützung von High-Tech-Unternehmen.

USound ist eine Fabless Chip Company, die mithilfe der MEMs-Technologie eine neue Art von Lautsprechern für Headsets, Smartphones und Tablets herstellt. Die MEMs-Lautsprecher werden in Österreich gebaut und fassen eine minimale Größe von 6,7 mal 4,7 mal 1,6 mm.[12] USound baut damit die weltweit kleinsten und zugleich stromsparendsten Lautsprecher der Welt. Die Technologie basiert auf einer raffinierten Verwendung von piezoelektrischen Materialien in einer neuartigen Konfiguration, um auf kleinstem Raum eine hohe Klangqualität zu erzielen. Es ist eine sehr elegante Lösung für das Problem der Lautsprecher in Headsets, da das Bedürfnis nach hoher Klangqualität und geringem Platzbedarf in diesem Markt sehr hoch sind.

> **Zitat Hermann Hauser (persönliches Gespräch, 23.5.2019):**
> The reason for the investment was the size of the market, the excellence of the team, the defensibility of a patent protected technology and the good relationship with the lead investor.

2.2.1. Spin-offs im Bereich Artificial Intelligence

Artificial Intelligence (AI) ist mittlerweile für viele kein Fremdbegriff mehr. Unternehmen, die sich mit AI beschäftigen, erleben gerade eine regelrechte Funding-Welle. Auch wenn es sich dabei heute eher um Investments im Narrow-AI-Bereich handelt, das heißt: AI-Systeme, die eng abgesteckte, repetitive Aufgaben automatisieren, wie Bilderkennung oder Textanalyse.

12 *USOUND,* MEMS speakers for a superior audio experience, https://www.usound.com/ (13.6.2019).

Für die Entwicklung eines AI-Ökosystems braucht es bestimmte Rahmenbedingungen. Faktoren, die maßgeblich zum Wachstum von AI in den letzten Jahren beigetragen haben, sind:

- die massive Verbesserung der allgemeinen Rechenleistung,
- hochentwickelte Algorithmen,
- und der Zugang zu einem großen Pool an Daten aus vielen verschiedenen Quellen – beispielsweise Social Media, Betriebsdaten, kommerzielle und öffentliche Daten.

Die nächste Stufe der Entwicklung, Artificial General Intelligence (AGI), beschäftigt sich mit AI, die in der Lage sein wird, Probleme selbstständig zu erkennen und zu lösen. Im „Normal Hype Cycle" befinden wir uns hier gerade im „Peak of Inflated Expectations", das heißt, es wird erwartet, dass diese Technologie in den nächsten Jahren funktionieren wird. Experten sind sich über den Zeitpunkt, wann AGI möglich sein wird, nicht einig. Bei einer Umfrage, durchgeführt von *Martin Ford* für sein Buch „Architects of Intelligence", in welchem Jahr zumindest eine 50-prozentige Chance besteht, das AGI entwickelt werden wird, gab etwa *Ray Kurzweil*, Futurist und Director of Engineering bei Google, das Jahr 2029 an. *Rodney Brooks*, Roboteringenieur und Co-Founder von iRobot, sprach dagegen von 2200. Die restlichen Befragten pendelten sich bei 2100 ein.[13] Das bedeutet, die nächste Ausbaustufe – Conscious AI, welche über ein eigenes Bewusstsein und Emotionen verfügt – liegt noch weit in der Zukunft.

Die nachfolgenden Investitionen aus dem *Hermann Hauser* Portfolio beschäftigen sich einerseits mit der Hardware, die nötig ist, um die Computerpower herzustellen, die bei Deep Learning gefordert wird, andererseits mit der Software und der Entwicklung von Algorithmen zur verbesserten Entscheidungsfindung. Als Investor in diesem Bereich sollte man sich überlegen, wie früh man in ein Forschungsstartup im AI-Feld einsteigt oder ob man Unternehmen mit bereits bewiesenen Use-Cases bevorzugt. Ersteres hat, in einem heute noch völlig ungesättigten Markt, das Potential ganze Branchen zu disruptieren. Um disruptive AI-Technologien zu prüfen, hilft es, sich Benchmarks in der Branche herauszusuchen und wie etwa bei Applied AI in der Predictive Analysis auf Kennzahlen zurückzugreifen. Das kann zum Beispiel im Bereich FinTech/RoboAdvisers die Vorhersagegenauigkeit für den Kurs zB einer Aktie am nächsten Tag sein. Grundsätzlich sollte man bei einem Investment in ein AI-Startup immer zwei Dinge prüfen: Woher kommen die Daten bzw wie sicher sind die angegebenen Datenquellen für die Zukunft; und wie stark ist der angewendete Algorithmus im Vergleich zum Marktstandard. Die weitere Analyse ist dieselbe, wie bei allen Investments: Markt, Team, Technologie.

Betrachtet man die aktuelle Investment-Situation, stellt man fest, dass ca. 12 % der weltweit getätigten Private Equity Investments in AI-Startups stattfinden. International gelten die USA hier immer noch als führend – sowohl in Anzahl als auch in Summe der Investments. Rund 50 % der AI Investments im Jahr 2017 gingen demnach in die USA. China nimmt dahinter Platz zwei ein mit einer Steigerung von nur 3 % im Jahr 2015 auf

13 *Vincent*, This is when AI's top researchers think artificial general intelligence will be achieved, 27.11.2018, https://www.theverge.com/2018/11/27/18114362/ai-artificial-general-intelligence-when-achieved-martin-ford-book (3.7.2019).

36 % in 2017 der globalen privaten AI Investments. 8 % der globalen AI Investments werden an europäische Startups ausgewiesen – davon UK: 55 %; Deutschland: 14 %; Frankreich: 13 %.[14]

2.2.1.1. Graphcore (UK)

Ziel von Graphcore, ein Startup aus Bristol, ist es, den besten Chip für Machine Learning zu produzieren. Die Chips werden IPU (Intelligence Processing Units) genannt. Die IPU der beiden Firmengründer *Nigel Toon* und *Simon Knowles* sollen in der Lage sein, bis zu 100-mal schneller und effizienter zu sein als bisher bestehende Systeme, wie etwa die GPUs des Markt-Riesen Nvidia. Graphcores Chip besteht aus 7.000 Prozessoren und ist der größte Chip der Welt: Ein Inch Seitenlänge enthält ein komplettes Machine Learning Model.[15] Die Taktik, sich auf Branchen wie Automotive, Spracherkennung und Big Data zu fokussieren, ging auf und Graphcore kann sich nach seiner Unternehmensgründung 2016 schon zwei Jahre später als Unicorn bezeichnen.

Zitat Hermann Hauser (persönliches Gespräch, 23.05.2019):

As I was familiar with the team it was possible to put the team together very fast. Simon Knowles the chief architect behind the IPU had left Nvidia earlier and joined Xmos another of our portfolio company. Graphcore then became a Spin-off out from Xmos which hired the Nvidia team of chip design experts. The attraction of the deal was the massive potential market for a processor targeting AI and the knowledge of one of the best silicon design teams in the world with a proven track record in chip design and implementing innovation architectures.

Das beeindruckende an Graphcore ist, dass es das Unternehmen innerhalb kurzer Zeit geschafft hat, 200 Millionen USD bei einer Bewertung von 1,70 Milliarden USD aufzubringen – was für ein Unternehmen in Europa, welches noch keine Einnahmen hat, ungewöhnlich ist. Zu den weiteren Investoren zählen Microsoft und BMW.

2.2.1.2. Prowler.io (UK)

Prowler.io wurde 2016 in Cambridge gegründet und ermöglicht es, Daten so auszuwerten und Algorithmen so anzuwenden, dass fundierte AI-basierte Entscheidungshilfen möglich werden. Prowler ist heute führend in der AI-basierten Entscheidungsfindung.[16]

Prowler verwendet dabei drei Methoden:[17]

- Probabilistische Modellierung,
- Verstärkendes Lernen,
- Spieltheorie.

---

14 *OECD*, Prviate Equity Investment in Artificial Intelligence, 12.2018, https://www.oecd.org/going-digital/ai/private-equity-investment-in-artificial-intelligence.pdf (20.6.2019).

15 *Graphcore*, Our IPU lets Innovators create the next generation of Artificial Intelligence, https://www.graphcore.ai/ (11.6.2019).

16 *PROWLER.io*, The decision company – AI platform for decision-making in a complex, dynamic and uncertain world, https://www.prowler.io/ (13.6.2019).

17 *Amadeus Capital Partners*, backing entrepreneurs to win: We invest in technology. We believe in the entrepreneur. We take high-growth companies global, https://www.amadeuscapital.com/company/prowler/ (13.6.2019).

Probabilistische Modelle berücksichtigen die historischen Informationen, die durch verstärkendes Lernen zu Schlüsselparametern destilliert werden. Die Spieltheorie ist notwendig, um Entscheidungen in Kontext anderer Entscheidungen zu setzen. Prowler löst heute Probleme etwa in der Logistik-Branche oder im Portfoliomanagement im Finanzwesen.

Zitat Hermann Hauser (persönliches Gespräch, 23.5.2019):

For us at Amadeus[18] the attraction of the deal was the CEO who we knew from a successful exit of VocalIQ to Apple. He managed to attract one of the best known professors in the engineering department of Cambridge University who wrote the book on Gaussian processes which are one of the fundamental technologies used by Prowler. The professor, Carl Rasmussen, become chairman and Vishal Chatrath CEO. The pair managed to articulate a vision of AI beyond deep neural networks which inspired the AI community and 100 of the best AI people in the world started joining Prowler.

2.2.2. Synthetic Biology

Die synthetische Biologie ist jene biophysikalische Disziplin, die nach Erklärungen für die Ursprünge des Lebens aus chemischen und physikalischen Grundprinzipien sucht. Als technische Disziplin besteht sie heute, um grundlegende biologische Mechanismen besser zu verstehen und neue Organismen zu entwerfen.[19] Inwieweit ingenieurwissenschaftliche Grundsätze für die Biologie gelten, ist noch offen. Obwohl synthetische Biologie oft als revolutionäre Technologie besprochen wird, haben reale Anwendungen bisher nur begrenzten Erfolg, *„[...] in most cases, they were university lab demonstrations that weren't ready for industrialization"*, so *James Collins*, Professor für Biomedical Engineering der Universität Boston.[20]

Eine Revolution im Bereich der Genmutierung war jedoch die Entdeckung von CRISPR-Cas9 (Clustered Regular Interspaced Short Palindromic Repeats) im Jahr 2012 durch amerikanische Forscher, bei dem eine der Nukleasen (Cas9) die Hauptrolle spielte.[21] Beim CRISPR-Cas9 handelt es sich um eine Methode, die als Art Genschere agiert – viel präziser und günstiger als andere Methoden der Genmanipulation. Ausreichend präzise Tests und Langzeitwirkungen sind jedoch noch ausständig.[22] Es sollte hervorgehoben werden, dass das Forschungsfeld der synthetischen Biologie wesentlich von Vorsicht, Vernunft, Kontrolle und Transparenz geprägt ist. So auch *T. Takala* in seiner Forschung über Finding Hope in Synthetic Biology: *„[...] although the biggest promises of synthetic biology are unlikely to become reality, and the probability of accidents is fairly substantial,*

18 Amadeus Capital Partners ist eine Venture Capital Gesellschaft, die in europäische High-Tech-Unternehmen investiert, die 1997 von *Anne Glover* und *Hermann Hauser* gegründet wurde; https://en.wikipedia.org/wiki/Amadeus_Capital_Partners (22.7.2019).

19 *Bartley/Kim/Medley/Sauro*, 28.3.2017, Synthetic Biology: Engineering Living Systems from Biophysical Principles, https://www.ncbi.nlm.nih.gov/pmc/articles/PMC5376109/ (20.6.2019).

20 *LaMonica*, Why the promise of cheap fuel super bugs fell short, 5.2.2014, https://www.technologyreview.com/s/524011/why-the-promise-of-cheap-fuel-from-super-bugs-fell-short/ (20.6.2019).

21 *Czarnek/Bereta*, The CRISPR-Cas system – from bacterial immunity to genome engineering, 1.9.2016, https://www.ncbi.nlm.nih.gov/pubmed/27594566 (20.6.2019).

22 *Karberg*, Die Axt im Gen-Walde, 16.7.2018, https://www.tagesspiegel.de/wissen/genome-editing-mit-crispr-nicht-immer-praezise-die-axt-im-gen-walde/22806870.html (20.6.2019).

synthetic biology could still be seen to benefit humanity by enhancing our ethical understanding and by offering a boost to world economy."[23]

Verfolgt man die Entwicklung der Investments, wird erwartet, dass der globale Markt für synthetische Biologie von USD 3,57 Milliarden im Jahr 2017 auf USD 8,84 Milliarden im Jahr 2022 wächst, bei einer jährlichen Wachstumsrate von 19,9 % von 2017 bis 2022.[24] Die Mehrheit der Deals geht in den Bereich Healthcare. Seit 2012 gingen die meisten Angebote an Startups, die sich mit therapeutischen Anwendungen beschäftigen. Weitere beliebte Bereiche sind die Automatisierung der DNA-Synthese, Industriechemikalien sowie Fleisch- und Milchprodukte.[25] Branchenkenner und Investoren sind überzeugt davon, dass der Erfolg der synthetischen Biologie genauso wie der in anderen Life-Science-Disziplinen vom Entwicklungsfortschritt neuer oder bestehender Technologien abhängt – wenn also auf gut charakterisierte Werkzeuge wie CRISPR-Cas9 aufgebaut werden kann.[26]

2.2.2.1. Immagina (IT)

Immagina, gegründet 2014 von *Dr.Massimiliano Clamer*, forscht in einem Teilbereich der synthetischen Biologie und beschäftigt sich mit Ribosomen – deren Isolation und Analyse – und hat hierfür verschiedene Kits wie RP RiboLace, RiboMINATI oder RiboNext entwickelt, die in der internationalen Spitzenforschung, darunter die Harvard University, im Bereich RNA Sequencing eingesetzt werden. Ribosomen sind makromolekulare Komplexe in Zellen, an denen Proteine hergestellt werden. Dies geschieht unter dem Einfluss von mRNA oder Boten-RNA, die die in einem Gen auf der DNA liegende Information kopieren und zum Ribosom tragen. Dieser Vorgang führt zur Proteinbiosynthese, da mithilfe der transportierten Information die Basensequenz im Cytoplasma einer Zelle in die Aminosäuresequenz der Polypeptidkette eines Proteins übersetzt wird. Die genauere Untersuchung von RNA wird zukünftig helfen, neue Therapieansätze zu entwickeln.

Vorreiter in diesem Bereich ist die Krebsforschung, die sich beispielsweise mit RNA beschäftigt, um das Tumorwachstum besser zu verstehen. RNA ist ein sich im Wachsen befindender Forschungsbereich, dessen Marktpotenzial momentan kaum ausgeschöpft ist.

> **Zitat Kurt Kofler (persönliches Gespräch, 12.6.2019, siehe Fußnote 26)**
> Immagina hat eine starke wissenschaftliche Basis, der Gründer Massimiliano Clamer hat mich sehr überzeugt. Entscheidend war für mich der Technologie-Plattform-Ansatz: Es wird kein single-target Approach verfolgt, sondern eine Plattform für TranscriptOmics mit mehreren Werkzeugen aufgebaut. Der Technologie-Part ist in unseren Investments sehr wichtig, die Biotech-Branche bietet hier sehr viele Möglichkeiten.

---

23 *Takala,* Finding Hope in Synthetic Biology, 26.4.2019, https://www.ncbi.nlm.nih.gov/pubmed/28361721 (20.6.2019).

24 *MarketsandMarkets,* Syntethic Biology Market by Tool, Technology, Application, Industrial – Global Forecast to 2022, https://www.marketsandmarkets.com/Market-Reports/synthetic-biology-market-889.html?gclid=EAIaIQobChMI5ICY_ZTf4gIVAsAYCh3o-AceEAAYAiAAEgJko_D_BwE (20.6.2019).

25 *CBInsights,* The most active investors in synthetic biology startups, 7.3.2017, https://www.cbinsights.com/research/synthetic-biology-startup-investors/ (20.6.2019).

26 *Kofler,* Persönliches Gespräch in Innsbruck über die Chancen und Herausforderungen im Bereich Synthetic Biology, 12.6.2019.

2.2.3. Spin-off im Bereich Quantum Technology

Quantentechnologien haben neben dem wohl bekanntesten Bereich der Quantencomputer, noch drei weitere Kerntechnologien, die laut *Rainer Blatt*, Direktor des IQOQI (Institut für Quantenoptik und Quanteninformation in Innsbruck), sowie dem Quanten-Manifest der Europäischen Union wohl zuerst kommerzialisierbar werden. Und das noch Jahre bevor wir Quantum Supremacy – die Fähigkeit eines Quantencomputers, Probleme zu lösen, die ein klassischer Computer nicht lösen kann – erreichen. Bei diesen Technologien handelt es sich um Quantenkommunikation, Quantensimulation und Quantensensorik.

Im ersten Feld soll mithilfe von Quantentechnologie eine absolut sichere Datenübertragung ermöglicht werden. Erste Geräte werden schon verkauft, nur die Quantenkommunikation über längere Strecken hinweg ist bis dato noch nicht möglich. Der Zeithorizont bis das Problem der Langstreckenübertragung beziehungsweise der Verstärkung von Quanteninformation gelöst wird, liegt laut *Blatt* bei ca fünf bis zehn Jahren. Bis dahin sollten Quantennetzwerke zwischen großen Städten möglich sein – ein europäisches Internet, welches auf klassische und Quanteninformation baut, braucht laut EU Manifest noch mehr als zehn Jahre.

Ein weiteres großes Anwendungsfeld findet die Quantentechnologie im Bereich der Quantum Chemistry – oder molekulare Quantenmechanik – durch Quantensimulation. Die Möglichkeiten mit einem klassischen Computer Materialeigenschaften zu simulieren sind enden wollend, während mithilfe von Quantensimulation schon jetzt etwa chemische Vorgänge in Pflanzen während der Photosynthese für die Herstellung von Solarpaneele simuliert und imitiert werden können.

Das Gebiet mit der höchsten Wahrscheinlichkeit kurzfristig erfolgreich umsetzbar zu werden, ist die Quantensensorik. Aufbauend auf den bereits bestehenden Messungen der Zeit mit Atomuhren, soll mithilfe dieser Quantentechnologie eine bis daher unerreichbare Präzision in der Zeitmessung möglich sein (16 Stellen hinter dem Komma). Anwendung findet dies zB bei Navigationssystemen oder in der Quanten-Glasfaserkommunikation. Während Quantensensoren für Schwerkraft und Magnetismus bereits kurz vor der Markteinführung stehen, braucht es für den alltäglichen Einsatz in Smartphones wohl noch mehr als zehn Jahre.

Bis zum erfolgreichen Einsatz von Quantencomputern braucht es noch eine Reihe technischer Entwicklungen – und die Entstehung eines Hardware/Software-Ökosystems, wie wir es von klassischen Computern kennen. Momentan arbeiten Universitäten, große Player wie IBM, Microsoft, Google, Intel oder Startups wie D-Wave, Rigetti etc an verschiedenen Arten von Qubits. Bis dato hat sich noch nicht herausgestellt, welche die beste Art von Qubits sein wird. Durch den vermutlichen Beweis des Quantum Supremacy Experiments durch Google scheinen Transmon Qubits die Hardware Plattform der Wahl zu sein (Anmerkung: Zum Zeitpunkt der Bearbeitung dieses Kapitels wurde das versehentlich veröffentlichte Google Paper auf der NASA Website wieder zurückgenommen). Die Auswirkungen auf die Quantencomputer-Welt sind zum Zeitpunkt der Ausgabe des Buches noch nicht vorherzusehen.

2.2.3.1. ParityQC (AT)

Dieses relativ neue Investment setzt auf einen Teilbereich der Quantencomputer. Gegründet 2019 von *Wolfgang Lechner*, widmet sich ParityQC der Entwicklung von Quantencomputer Firmware für Optimierungsaufgaben. Fast jedes Unternehmen ist mit der Optimierung von Prozessen konfrontiert und schon kleine Verbesserungen können entscheidende Wettbewerbsvorteile bringen. Klassische Computer stoßen mit ihren Algorithmen an ihre Grenzen, weshalb der Quantencomputer oftmals eine vielversprechende Lösung darstellt. Bei der Übersetzung von Optimierungsproblemen auf den Quantencomputer sind die Verbindungen der Qbits vom jeweiligen Problem abhängig. Damit müsste für jedes Problem ein eigener Quantenchip hergestellt werden oder die Qbit-Verbindungen wären so komplex, dass sie nicht skalierbar wären. Deshalb wurde von ParityQC die LHZ Quantenarchitektur entwickelt und weltweit patentiert. Bei dieser Architektur sind die physikalischen Wechselwirkungen vom zu lösenden Optimierungsproblem entkoppelt. Das Problem ist daher nicht fest in der Hardware verankert, sondern wird erst mittels Software zugeführt. So kann jedes Optimierungsproblem mit derselben Hardware gelöst werden. Gerade jetzt, wo viele internationale Unternehmen an Quantencomputern arbeiten, hat die LHZ Architektur großes Potenzial einen Standard zu setzen.[27]

Trotz zahlreicher Kaufangebote aus dem Ausland, zog es *Wolfgang Lechner* vor, gemeinsam mit der Universität Innsbruck und dem I.E.C.T. – Hermann Hauser, eine Firma in Österreich mit Sitz in Innsbruck zu gründen und damit hier einen zukunftsweisenden Wirtschaftszweig zu etablieren.

> **Zitat Hermann Hauser (Persönliches Gespräch, 23.5.2019):**
> Wolfgang Lechner is an outstanding researcher, that's why we decided to support him with the Hauser Raspe foundation and explore the potential of his research. Also the University of Innsbruck has a great reputation in the field of quantum physics and the research groups connected with Rainer Blatt and Peter Zoller are one of the best in the world. Regarding the LHZ architecture Wolfgang Lechner managed to work with renowned universities all over the world as well as with global commercial players on exploring the different use cases for it. That's why we see great potential in this spin-out.

3. Welche Grundlagen gilt es bei einem Investment in Spin-offs zu beachten?

Hermann Hauser hat als Venture Capitalist in mehr als 100 Unternehmen investiert, deren Business Model IP-zentriert war. Zu einem guten Teil handelte es sich dabei um universitäre Spin-offs. Wer sich als Investor in diesem Bereich einen Track-Record aufbauen möchte, muss sich mit den Rahmenbedingungen auseinandersetzen, die hinsichtlich Universitäten und dort entstandener IPs existieren. Zu beachten ist, dass die internationale Universitätslandschaft hinsichtlich Aufgriffsrechten an Erfindungen nicht

27 *Lechner*, Houskapreis 2019: Universität Innsbruck – Gewinner in der Kategorie „Universitäre Forschung", https://www.youtube.com/watch?v=1jBDcKEDxI0 (10.6.2019).

einheitlich gestrickt ist. Beispielsweise sind in Österreich alle öffentlichen Universitäten seit dem Universitätsgesetz 2002 angehalten, eigene Verwertungs- bzw Transferstellen einzurichten, um für die Verwertung von Erfindungen Sorge zu tragen.[28]

Trotz nationaler Unterschiede ist es international gesehen üblich, dass universitäre Spin-offs auf Rechte, die gegenüber Universitäten hinsichtlich IPs bestehen, Rücksicht nehmen. Diese Besonderheit müssen auch Investoren bei Termsheet-Verhandlungen mitbedenken. Zentrale Punkte sind der Founder's Share und die IP Strategy. In Abhängigkeit von der Policy der jeweiligen Universität beziehungsweise der Erfahrung des dortigen TTO variieren die Möglichkeiten.

3.1. Founder's Share

Zentral bei jeder Unternehmensgründung ist die Frage, wie die Shares am Unternehmen innerhalb der Co-Founder aufgeteilt werden. Außerdem ist es üblich, Shares für ein Beteiligungsprogramm für Mitarbeiter zu reservieren, da junge Unternehmen meist nicht genug Ressourcen haben, um über das Gehalt notwendige Incentives zu schaffen.[29] Bei Spin-offs ist zusätzlich eine mögliche Beteiligung der jeweiligen Universität für die Überlassung der IPs zu beachten. Das ist kein Muss, denn die Universität kann die IPs auch an das Spin-off lizenzieren. Aus strategischer Sicht ist es allerdings für viele Universitäten mittlerweile gewünscht, an ihren Spin-offs beteiligt zu sein und sich ein Portfolio aufzubauen. Eine weitere Variante wäre eine Beteiligung gepaart mit einer Lizenzgebühr für die IPs.[30]

Als Seed-Investor ist es in dieser frühen Verhandlungsphase wichtig, ein Augenmerk darauf zu legen, dass die Universitäten faire Bedingungen verhandeln. Der Wert eines Unternehmens ist nicht nur von IP, sondern viel mehr noch vom Team abhängig, das gewillt ist, über einen mittel- bis langfristigen Zeitraum hinweg Wert zu schaffen. Daher sollten sich Shares für die Überlassung von IPs oder auch andere Bedingungen wie ein Verwässerungsschutz in einem Rahmen befinden, in dem Founder ihre Motivation beibehalten und zukünftige Investoren weiterhin Interesse zeigen.

3.2. IP Strategy

Intellectual Property wird nicht selten mit Patent gleichgesetzt. Es ist aber tatsächlich ein generischer Begriff, unter dem verschiedene Schutzrechte wie Patente, Marken, eingetragene Designs, Gebrauchsmuster etc subsumiert werden.[31]

Da das Key Asset eines universitären Spin-offs meist eine wissenschaftliche Erfindung ist, gilt in einem ersten Schritt abzuklären, ob IPs wirklich der richtige Weg zur kommerziellen Nutzung sind. Im Software-Bereich ist es beispielsweise Usus, auf Patente zu ver-

28 § 106 Universitätsgesetz 2002.
29 *Imperial Innovations*, A Founder's Guide to spinouts: Your guide to starting a spinout company at the Imperial College London (2017) 44.
30 *Aaboen/Holgersson*, Technology Transfer Offices, Incubators, and Intellectual Property Management, Academy of Management Annual Meeting Proceedings (2016) 7.
31 *WIPO*, WIPO Intellectual Property Handbook: Policy, Law and Use (2004) 3.

zichten, da es sehr kostenintensiv bis unmöglich ist, diese gerichtlich zu verteidigen.[32] Patente können ein in Gründung befindliches Unternehmen schnell finanziell sowie strategisch überfordern.

Universitäre Spin-offs haben den Nachteil, dass Universitäten Rechte an deren Erfindungen haben. Gleichzeitig genießen sie aber auch den Vorteil, dass Universitäten im Rahmen ihrer TTOs diverse Services anbieten und gegebenenfalls auch die Kosten für die Beantragung von IPs tragen können. Aufgrund ihrer Erfahrung hinsichtlich IP-Recherche, Patentmanagement und Vernetzung unterstützen TTOs dabei, strategisch wertvolle Entscheidungen zu treffen.[33]

3.3. Best Practice

In der Diskussion rund um Spin-offs, IPs und TTOs ist festzuhalten, dass die kommerzielle Nutzung von IPs für Universitäten in Form von Beteiligungen an Spin-offs ein eher neues Phänomen ist. Das hat mitunter damit zu tun, dass sich Universitäten als Nährboden für Wissenschaft und nicht als Enabler für erfolgreiche Unternehmensgründungen verstanden haben. Viel gängiger war daher die einfache Lizenzierung von IPs an privatwirtschaftliche Unternehmen.[34] Einige renommierte Universitäten wie etwa das Imperial College London oder die University of Cambridge haben durch ihre langjährige Erfahrung im Bereich IP-Management und Spin-offs konstruktive Policies entwickelt. Auch in Österreich erkennt man das Potenzial von Ausgründungen, wie dies etwa am Beispiel des IST Cube (siehe unten, Punkt 3.3.3.) klar wird. Für Investoren kann es ein wichtiges Argument sein, diese Best-Practice-Beispiele als Benchmark am Verhandlungstisch anzuführen.

3.3.1. Imperial College Founder's Choice

Das Imperial College London wurde 1907 gegründet und ist eine der forschungsstärksten technischen Hochschulen weltweit. Im Jahr 1986 wurde ein TTO gegründet, aus dem 1997 eine 100-prozentige Tochter des Imperial College London namens Imperial Innovations hervorging. Diese Gesellschaft ist seit 2006 am Alternative Investment Market der London Stock Exchange notiert und agiert nach wie vor als TTO für das Imperial College London. Seit dem IPO 2006 hat Imperial Innovations mehr als 160 Millionen Pfund in Portfoliounternehmen investiert.[35] Mit thiakis, RespiVert oder CeresPower sind Imperial Innovations bereits innerhalb der ersten fünf Jahre nach dem IPO erfolgreiche Exits gelungen.[36]

32 *Kamdar/Nazar/Ramieri*, Defend Innovation: How to Fix Our Broken Patent System (2015) 1.

33 *Siegel/Wright*, Intellectual property: the assessment, Oxford Review of Economic Policy 2007, 536.

34 *Aaboen/Holgersson*, Technology Transfer Offices, Incubators, and Intellectual Property Management, Academy of Management Annual Meeting Proceedings (2016) 7.

35 *Imperial Innovations*, Background to the Group, 31.7.2016, https://web.archive.org/web/20160731103858/http://www.imperialinnovations.co.uk/about/background/ (4.6.2019).

36 *Imperial Innovations*, Imperial Innovations Group plc: Creating, building and investing in ground-breaking technology opportunities addressing large international markets, 8.9.2011, http://www.vto.at/wp-content/uploads/2013/10/Innovations-General-Presentation.pdf (4.6.2019).

Seit 2017 bietet Imperial Innovations zwei Varianten, um Forschende bei Ausgründungen zu unterstützen, nämlich einerseits The Founder Driven route und andererseits The Jointly Driven route. Der wesentliche Unterschied zwischen diesen beiden Varianten liegt in den Services, die die Founder von Imperial Innovations beziehen, und in den Shares, die im Gegenzug für diesen Service und die IP-Rechte abgegeben werden.[37] Folgende Tabelle bietet eine Übersicht:

Phasen der Ausgründung	The Jointly Driven route	The Founder Driven route
Firmengründung	Imperial Innovations	Founder oder Imperial Innovations
Support Level	Erweiterter Support bei Business Establishment und Development	Basis Support bei Business Establishment und Development
Investorensuche	Unterstützung durch Imperial Innovations	Keine Unterstützung durch Imperial Innovations
Nach der Gründung	Fortlaufender Support inklusive Board Seat	Imperial Innovations ist Beobachter und bezieht Informationen, kein Board Seat
Equity für Universität	50 % (verhandelbar) bei Gründung, kein Verwässerungsschutz	5 % – 10 %, Verwässerungsschutz laut Vereinbarung

Tab. 1: In Anlehnung an Imperial Innovations, Founders Choice: A guide to your spinout support options at Imperial College London (2017).

Wichtig für Investoren ist zu beachten, dass neben den Unterschieden hinsichtlich Shares – diese belaufen sich bei The Founder Driven route auf 5–10 % und bei The Jointly Driven route auf bis zu 50 % – bei The Founder Driven route ein Verwässerungsschutz für Imperial Innovations besteht. Das bedeutet, dass der Prozentsatz den Imperial Innovations am Spin-off hält, bei jeder Investmentrunde, bei der die Bewertung des Unternehmens unter einem vorab vereinbarten Betrag (der zwischen 3 Millionen Pfund und 15 Millionen Pfund angesetzt wird) liegt, nicht verwässert werden darf. Das heißt, dass nicht nur für neue Investoren neue Shares ausgegeben werden, sondern auch für Imperial Innovations. Die Shares der Founder und Investoren der Vorrunde werden dadurch umso stärker verwässert.[38]

37 *Imperial Innovations*, Founders Choice: A guide to your spinout support options at Imperial College London (2017) 7.

38 *Imperial Innovations*, Founders Choice: A guide to your spinout support options at Imperial College London (2017) 21.

3.3.2. The Computer Laboratory an der University of Cambridge und ihr Golden Share Model

Der Ansatz der so genannten „Golden Shares" des Computer Laboratory der University of Cambridge ist unkompliziert: IPs werden überlassen für 1 % am Unternehmen, wobei dieses eine Prozent nicht verwässert werden darf.[39]

Das erste Startup, das der University of Cambridge sogenannte Golden Shares überlassen hat, war 1248 Ltd. im Jahr 2013. 1248 Ltd. Founder und Serial-Entrepreneur *Pilgrim Beart* verhandelte bei seinem zweiten Startup 18 Monate lang mit zwei Universitäten über IPs. Die neueste Gründung, 1248 Ltd., war nicht einmal ein Spin-off des Computer Laboratory der University of Cambridge, aber die Idee der Golden Shares war für ihn derart zukunftsweisend, dass er beschloss, dieses eine Prozent der Universität zu schenken und somit ein Statement zu setzen.[40]

Auch Hermann Hauser ist ein öffentlicher Verfechter der Golden Shares (persönliches Gespräch 23.05.2019):

Es gibt so viel Diskussionen darüber, was IPs wert sind – endlose Verhandlungen. Am Ende ist wichtig, dass die 1 % unverwässert bleiben. Die eigentliche Idee ist ja, die Anzahl der Spin-offs zu maximieren und nicht die Summen, die Universitäten für IPs bekommen. Mein Argument ist, dass die Universitäten so ohnehin mehr Geld verdienen, da es viel mehr Ausgründungen geben wird.

3.3.3. IST Cube

IST Cube ist ein österreichischer Seed Fund mit Fokus auf Science und Deep Tech Spin-offs. Gegründet wurde IST Cube von IST Austria,[41] einem führenden internationalen Forschungsinstitut für physikalische Wissenschaften, Mathematik, Computerwissenschaft und Biowissenschaften, und einer Tochtergesellschaft von Lansdowne Partners,[42] einem globalen Investment Management Unternehmen.[43] Konstruiert wurde der IST Cube als offenes Anlageinstrument, sodass sich weitere Investoren beteiligen können. Zum Startschuss im Jahr 2017 standen dem Fond fünf Millionen Euro zur Verfügung.[44] Aktuell befinden sich sechs Unternehmen im Portfolio des IST Cube.[45]

Markus Wanko, Managing Director IST Cube, äußert sich zu den Beweggründen hinter der Gründung des Fonds wie folgt: [46]

Spin-offs aus akademischer Forschung sind weltweit ein wesentlicher Treiber von Wachstum und Innovation. Während es in manchen Ländern bereits eine lange Tradition von Ausgründungen aus dem universitären Umfeld gibt, sind die Aktivitäten in Österreich noch jung. Das

39 *Hockaday/Hickson*, Golden Shares and Anti-Dilution Provisions, Juni 2015, https://www.enterprise.cam.ac.uk/wp-content/uploads/2015/12/Golden-Shares-and-Anti-Dilution-Provisions-Jun15.pdf (4.6.2019).

40 *Schwartz*, "Golden Share" model may appeal to Startups, but VCs are likely another story, 27.8.2014, https://techtransfercentral.com/2014/08/27/golden-share-model-may-appeal-to-Startups-but-vcs-are-likely-another-story/ (4.6.2019).

41 *IST Austria*, Auf einen Blick, https://ist.ac.at/de/institut/auf-einen-blick/ (4.6.2019).

42 *Landsdowne Partners*, Austria, https://www.lansdownepartners.com/austria (4.6.2019).

43 *IST Cube*, Investors, https://ist-cube.com/investors/ (4.6.2019).

44 *der brutkasten*, IST CUBE: Neuer 5 Mio Euro-Investmentfonds für Tech-Startups, https://www.derbrutkasten.com/ist-cube-neuer-5-mio-euro-investmentfonds-fuer-tech-startups/ (4.6.2019).

45 *IST Cube*, IST Cube Portfolio Companies, https://ist-cube.com/startups/ (4.6.2019).

46 *Wanko*, E-Mail an *Jasmin Güngör*, 10.6.2019.

bedeutet, dass es zwar eine Vielzahl an guten Ideen gibt, jedoch das Zusammenspiel zwischen Gründerteams, Universitäten und Venturekapitalmarkt noch verbessert werden kann. Noch fehlt es den Forschern an Wissen über Unternehmensentwicklung, Universitäten an standardisierten Prozessen für Ausgründung und Lizenzierung und dem Venturekapitalmarkt an spezialisierten, institutionalisierten Playern. Aus diesem Grund wurde IST Cube gegründet, ein Seed Fund, der sich spezifisch den Bedürfnissen von Gründern aus dem universitären Umfeld widmet und Eigenkapital in Spin-offs investiert. Die Möglichkeit mit technischer und wissenschaftlicher Expertise Geschäftsideen zu evaluieren, wo nötig Zugang zu Forschungsinfrastruktur bereitzustellen und das Netzwerk eines erfahrenen Managementteams zu nutzen, stellen eine Innovation in der österreichischen Startup-Szene dar. Die Gründung von IST Cube wurde vom Institute of Science and Technology Austria, einem führenden internationalen Forschungsinstitut für physikalische Wissenschaften, Mathematik, Computer- und Biowissenschaften, unterstützt. Der Fonds verwaltet die Mittel privater Investoren und steht Spin-offs aller Institutionen zur Verfügung. Das Zusammenbringen von Menschen, Ideen und Kapital mit dem Ziel ein Problem zu lösen ist eine schöne Aufgabe – und dabei mitzuhelfen mit einem Überblick über das Gesamtsystem die österreichische Spin-off Landschaft weiterzuentwickeln freut uns als IST Cube besonders.

4. Erwartungsmanagement für Spin-off Investments

Wie in den vorhergehenden Kapiteln beschrieben, braucht es für ein Investment in ein Spin-off ein gewisses Mindset der Investoren. Spin-off Investments können zeit- und geldintensiv sein und wie alle anderen Startup Investments sind auch sie mit hohem Risiko verbunden. Ein Spin-off-Investor sollte sich, wenn er oder sie neu in der Materie ist, zuerst mit Co-Investoren aus dem Bereich zusammentun, um die Grundlagen zu lernen und zu verstehen, welche IP und Kommerzialisierungsstrategien funktionieren und wo die Stolpersteine liegen können. Auch muss einem klar sein, dass nicht jeder Forscher zum Entrepreneur geboren wurde und hier gegebenenfalls, je nach Phase und Bereitschaft der Gründer, viel Engagement vom Investor an der Business-Front gewünscht wird.

Business Angel – Mindset & Kompetenzen

Markus Ertler

1. Warum wird man Business Angel

Man wird nicht als Business Angel geboren. Und man ist es auch nicht zwangsläufig, wenn man in ein Startup investiert. Man kann es auch nicht automatisch. Es ist im Grunde ein Job, den man lernen muss. Die meisten Business Angels starten ihre Karriere als Angel nach einem geglückten Ausstieg oder Exit in ihrem erlernten „Brotberuf". Nach vielen erfolgreichen Jahren im Geschäftsleben suchen sie ein neues Betätigungsfeld, in dem sie ihre Interessen und vor allem die innere Motivation „Neues mitzugestalten und aufzubauen" einbringen können. Dabei soll der umfassende Erfahrungsschatz, der über viele Jahre – nicht immer freiwillig und oft persönlich sowie wirtschaftlich schmerzhaft – gesammelt wurde, jungen Startup Gründern helfen, einige Fehler nicht zu wiederholen.

Das war auch meine Motivation: Nach 20 Jahren hatte ich meine Firma erfolgreich verkauft, aber mein permanenter Antrieb „etwas Neues, noch nie Dagewesenes aufzubauen, oder anderen dabei zu helfen, etwas anders zu denken als bisher" – dieser Wunsch ist mir als begeisterter Unternehmer geblieben. Ich möchte die Welt gerne ein wenig besser verstehen und besser machen und bin mit meinen Fragen zuweilen lästig. Aber immer steckt dahinter mein Anliegen junge Menschen auf ihrem Weg, erfolgreiche Unternehmer zu werden, zu unterstützen und zu begleiten. Die folgenden Kapitel beschreiben meine subjektive Sicht und Erfahrungen als Business Angel und ich freue mich auf einen spannenden Diskurs mit kritischen Lesern.

1.1. Business Angels sind Investoren, aber nicht umgekehrt

Jeder Mensch investiert ständig in irgendetwas. Wir investieren Zeit, Mühe, Vertrauen, Liebe, etc – und natürlich Geld. All das ist gewissermaßen Energie, die wir in eine bestimmte Richtung lossenden möchten. Diese Kraft investieren wir in Personen, Beziehungen, Kinder, Projekte, Bildung, Aktien, Weltanschauungen, Immobilien, Firmen, Erfindungen und in unsere Zukunft. Warum machen wir das? Weil wir uns etwas erwarten oder erhoffen.

In diesem Sinne haben auch Business Angels und (Finanz-)Investoren einiges gemein. Beide suchen nach lukrativen Investitionsmöglichkeiten für ihr Kapital, beide erwarten sich eine Rendite und nehmen Risiken in Kauf. Die Investition eines Business Angels geht jedoch weit über eine reine Geldinvestition hinaus. Folglich ist seine „Rendite" auch nicht ausschließlich der Vermögenszuwachs beim erfolgreichen Exit eines Startups.

1.2. Was unterscheidet Business Angels von Investoren

Startups sind – wie der Name schon sagt – meist junge Menschen, die am Start und somit am Beginn ihres unternehmerischen Lebens stehen. Sie sind überzeugt und begeistert von ihren Plänen und oft wenig entwickelten Geschäftsideen und sprühen vor Elan und Motivation. Sie sind größtenteils erst seit kurzem aktiv und suchen neben der finanziellen Unterstützung (die von Banken in der Phase kaum erhältlich ist) auch zusätzliches Know-how und Zugang zu Netzwerken im Geschäftsbereich ihrer Idee.

Dies ist die typische Phase, in der der Business Angel in Sinne eines Frühphasen-Investors als erfahrener Unternehmer, Spezialist in seinem Fach und bestens vernetzt ins Spiel kommt.

Anders als reine Finanzinvestoren bringen sich Business Angels auch inhaltlich in das junge Unternehmen ein. Sie stehen den Gründern in schwierigen, unternehmerischen Entscheidungen als Mentor und Coach zur Seite. Oft genügt es als Reflexionsfläche zur Sortierung der Gedanken bereitzustehen. Manchmal ist es aber auch wichtig mit sanftem Druck nachzuhaken und tiefer zu gehen, um das Startup darauf aufmerksam zu machen, dass zB in einem Punkt ein wichtiger Handlungsbedarf besteht. Dabei ist es oft eine Gratwanderung, die Gründer nicht zu bevormunden oder sich zu stark einzubringen. Denn wichtig ist: Die Verantwortung und das Risiko einen Fehler zu machen, muss immer beim Startup bleiben!

Hansi Hansmann, der Protagonist der österreichischen Business-Angel-Szene, formulierte es einmal folgendermaßen (Persönliches Gespräch am 13.3.2018):

> Du musst Dir vorstellen, wenn Du in ein Startup investierst, dann ist das Geld einmal weg, es ist fort! Alles, was danach passiert, kann nur eine Verbesserung sein.

Die Hilfe und Unterstützung des Business Angels für das Startup ist immer nur ein Angebot – nicht mehr, aber auch nicht weniger. (Freilich kann es mitunter durchaus hilfreich sein, dieses Angebot mehrmals zu wiederholen.)

Finanzinvestoren und Business Angels unterscheiden sich zusätzlich auch bei den Renditeerwartungen ihres Investments. Während der Finanzinvestor rein auf die Maximierung seines eingesetzten Kapitals fokussiert ist, könnte man den ROI eines Business Angels philosophisch als Symbiose folgender Aspekte bezeichnen (mehr dazu auch unter Punkt 5 Welches Startup passt zu mir): Altruistisch erfreut er sich an der Möglichkeit, Startupteams mit seiner Erfahrung bei den immensen Herausforderungen des Unternehmertums zu unterstützen und zum Erfolg zu führen.

Egoistisch ist er einerseits interessiert an einer hohen finanziellen Rendite seines risikoreichen Frühphaseninvestments, andererseits ist er begeistert von – und holt sich Kraft aus – der Zusammenarbeit mit jungen Menschen, die für ihre Idee brennen und bereit sind, ihre gesamte Energie der Realisierung ihres Traums zu widmen.

Und der Spaßfaktor dabei ist, an der „edge of ideas" zu sein, an einer Idee teilzuhaben, die vielleicht in wenigen Jahren das Leben von uns allen verändert.

2. Worin investieren Business Angels

Business Angels haben in ihrem Pre Angel Life oft reife Unternehmen geführt und damit auch Erfahrung in der Durchführung einer Due Diligence Prüfung. Diese Unternehmensanalyse von wiederrum reifen Unternehmen, die für eine Beurteilung einer möglichen Akquisition essentiell und unbedingt erforderlich ist, umfasst die penible Durchleuchtung von Kunden- und Lieferantenbeziehungen, Anstellungsverträgen, der Logistik, der IT und Marketing-Aktivitäten und natürlich der Effektivität des Geschäftsmodelles. Damit werden Risiken und Defizite identifiziert und können entsprechend im Entscheidungsprozess berücksichtigt werden.

Von all diesen Informationen ist bei Startups meist nicht viel, bzw im Extremfall gar nichts vorhanden (das Unternehmen steht ja erst am Anfang) oder die vorhandenen Daten besitzen nur wenig Aussagekraft über das Potenzial des jungen Unternehmens. Oft sind nur grob formulierte Geschäftspläne und einfachste Liquiditätsrechnungen vorhanden, mündliche Anstellungsverträge – getragen von Freundschaft und Idealismus mit jedoch großen, ausgeschmückten Visionen – bestimmen die Datenlandschaft. In dieser Phase macht es Sinn, diese Pläne, Verträge und Unterlagen im Detail mit den Gründern zu erörtern und das Team hier erstmals zu „challengen".

Diese Erfahrungen zeigen: Der versierte Business Angel benötigt andere Bewertungskriterien für ein Startup, um eine mögliche Entscheidung für oder gegen das Investment fällen zu können.[1]

2.1. Das Team

Das oberste Gebot der ersten Stunde als Business Angel ist die ehrliche Beantwortung der Frage: „Traue ich dem Gründerteam zu, Probleme, die sie sich heute noch gar nicht vorstellen können und gar nicht zu denken wagen, gemeinsam zu lösen, um ihre Idee und die Weiterentwicklung davon groß zu machen? So wie in der Immobilienbranche der Leitspruch jahrzehntelang – und im Prinzip immer noch – lautet: Der Wert einer Immobilie wird zu 80 % durch drei Faktoren bestimmt: 1. Lage, 2. Lage, 3. Lage! – genauso verhält es sich bei Startups. Der Erfolg eines Startups hängt im Wesentlichen von drei Merkmalen ab: 1. Team, 2. Team und 3. Team! Grundsätzlich gilt: Wer beim Gründerteam kein gutes Bauchgefühl hat, sollte nicht investieren.

Ein persönlicher Exkurs

Vor einigen Jahren investierte ich in ein Onlineportal – der weibliche CEO und die zwei Co-Founder schienen ein perfektes Setup zu bieten. Ich finde gender-gemischte Teams immer attraktiver, da sie Herausforderungen aus unterschiedlichen Blickwinkeln analysieren und bessere Lösungen finden. Zusätzlich hatten die Gründer wunderbar ergänzende, kaum überlappende und für das Vorhaben unbedingt erforderliche Skills. Obendrein sind Dreier-Teams stabiler als kleinere, da sie sich in schwierigen Phasen gegenseitig mitziehen, motivieren und aushelfen können. Die Tatsache, dass einer erst neu zum Team dazugestoßen war und die anderen beiden ihn noch nicht lange oder besonders gut kannten, störte mich zwar, aber alle drei waren topmotiviert, empfanden die Geschäftsidee als persönliche Mission und sprühten vor Tatendrang. Wir Investoren entschieden uns für das Investment und die Reise begann.

Ungefähr zwei Monate nach dem Notariatsakt erhielten wir eine Hiobsbotschaft: Einer der Gründer teilte uns mit, dass er überraschend Vater wird. Er könne nicht mehr für das Startup arbeiten und müsse nun sein Leben neu ausrichten. Glücklicherweise gab es

1 Vgl Investment criteria of Austrian angel investors, http://aaia.at/wp-content/uploads/2018/12/2018_aaia_angelinvestingreport.pdf (5.8.2019).

kluge Vesting-Regeln, die den Wegfall eines Gründers auf Gesellschafterebene sauber regelten. Das Startup wurde aber in der sensiblen Startphase durch den Wegfall einer erfolgsnotwendigen Person hart getroffen. Meine Analyse des Teams hatte in diesem Punkt versagt.

2.2. Die Idee

Ganz oben auf der Liste der Investmentkriterien steht also das Team. An zweiter Stelle folgt als nächster Investmentaspekt die Produktidee. Sie ist offensichtlich grundlegend für den Erfolg eines Startups und in der Fülle an spannenden Ideen, die Business Angels jeden Tag präsentiert bekommen, ist die brillante unter ihnen nicht immer leicht zu identifizieren. Hier hilft es, sich in den Themen zu beschränken und nur Pitches zu sichten, die von der Branche oder dem Geschäftsmodell für ein Investment auch infrage kommen.

Was ist aber wichtiger: Die Idee oder das Team? Diese Diskussion wird gerne zwischen Kreativen und umsetzungsstarken Personen geführt – und jeder reklamiert die Unersetzlichkeit meist für sich. Die Fragestellung ist aber ähnlich zielführend wie die Frage, ob der Samen in der Erde, oder das Wasser, um den Samen zu gießen, entscheidender ist. Ein brillantes Produkt benötigt brillante Umsetzer, um erfolgreich zu sein. Einzig finden sich leider weniger brillante Umsetzer verglichen zu brillanten Ideen. Um noch eine geflügelte Phrase zu bedienen: Ein großartiges Team kann ein mittelmäßiges Produkt erfolgreich machen, ein mittelmäßiges Team zerstört jedes großartige Produkt. Was wiederum unterstreicht, warum das Team für die meisten Business Angels an erster Stelle steht (das hoffentlich aus brillanten Ideengebern und umsetzungsstarken Köpfen besteht).

2.3. Das Business-Modell

Ein ebenso entscheidender Aspekt für das Investment ist die Qualität des Business-Modells. Wie wird aus der Idee ein nachhaltig erfolgreiches Geschäft? In sehr frühen Phasen eines Startups ist das Business-Modell zumeist noch sehr unklar, im Extremfall gar nicht vorhanden. In diesem Fall müssen die Rahmenbedingungen am Markt vielversprechend sein, damit während der folgenden Wachstumsphase ein erfolgsversprechendes Ertragsmodell identifiziert werden kann. Wesentlich dabei ist die vorherrschende Situation am Zielmarkt in Bezug auf Größe, Zielgruppe, Kundenanzahl, Wachstumsraten, Mitbewerber, usw. Ab und zu ergeben sich auch neue, anfangs nicht bedachte Geschäftsmodelle, zum Beispiel wenn die Anzahl der User rasch steigt, können aus der Analyse der gewonnenen Daten neue Ideen für Produkte und Ertragsmodelle abgeleitet werden.

Erfolgreiche Business-Modelle von Startups zielen erfahrungsgemäß auf laufende und langfristige Erträge (beispielsweise Abo-Verträge) im Gegensatz zu Einmalumsätzen ab. Ziel ist es, beim User einen langfristig erheblichen Nutzen durch die Geschäftsidee zu generieren, um somit eine dauerhafte Verbindung zu ihm aufzubauen. Die Königsaufgabe für das Gründerteam ist es, kluge und smarte Modelle zu entwickeln, die einen sich herauskristallisierenden Sweet Spot, also einen optimalen Bereich, am Zielmarkt treffen – und sich das Produkt somit selbst verkauft.

2.4. Das Timing

Der französische Schriftsteller *Victor Hugo*[2] hat die Bedeutung des richtigen Timings bereits Mitte des 19. Jahrhunderts auf den Punkt gebracht: „Nichts auf der Welt ist so mächtig wie eine Idee, deren Zeit gekommen ist." Bringt ein Startup ein Produkt auf den Markt und trifft damit genau den Zeitgeist, so ist das, wie wenn ein Surfer die Welle seines Lebens erwischt. Ist der Surfer noch so ein Meister in seinem Fach, kann er mit all seinem Geschick und seiner Kraft niemals mit nur einer kleinen Welle einen großen Ritt machen oder gar ohne Welle surfen. Genauso ist das bei Startups – wo kein Markt oder auch kein Trend zu einem entstehenden Markt besteht, kann kein Startup mit all seinem Geschick diesen Markt heraufbeschwören. Gegen den Markt zu kämpfen ist daher sinnbefreit.

Beim Wellenreiten kommt es aber nicht nur darauf an, ob es überhaupt eine Welle gibt, sondern auch das Timing ist relevant – wann der Surfer lospaddelt bzw aufsteht, um die sich gerade aufbauende Welle „zu erwischen". Paddelt er zu spät los, wird er den Idealzeitpunkt verfehlen und die Welle geht vorbei, ohne dass er die Energie der Welle für seinen Ritt nutzen konnte. Paddelt er zu früh los, so fährt er in das Wellental, überschlägt sich und es wirft ihn vom Brett.

Startups müssen wie Surfer genau beobachten, in welcher Phase der Markt gerade ist bzw wohin der Markt sich entwickelt. Starten sie zu früh mit ihrer Idee, kann es sein, dass sich noch niemand für ihr Produkt interessiert und sie mental und finanziell nicht lange genug durchhalten können, bis der Markt anspringt. Starten die Startups zu spät, haben andere vielleicht schon ein erfolgreiches Business etabliert und man kann nur noch ein wenig im Fahrwasser mitfahren. Trifft das Startup jedoch mit einem optimal passenden Produkt den idealen Einstieg in den Markt, verlangt es – wie beim Wellenreiten – ein außergewöhnliches Geschick und einen enormen Kraftakt, diese Markt-Welle erfolgreich und damit längst möglich zu reiten.

3. Anforderungen an einen Business Angel

In der Zusammenarbeit mit Startups wird einem Business Angel oft etwas Merkwürdiges abverlangt: Eine gespaltene Seele. Waren viele Business Angels in ihrem vorherigen Berufsleben erfolgreich mit ihren Merkmalen als Individualisten und Macher oder auch Einzelkämpfer und Egoisten, die vor allem auf sich selbst und ihr Gespür gehört haben, müssen sie jetzt beim Gründerteam in die Rolle des Coachs schlüpfen, der unterstützend, jedoch nicht dominierend zur Seite steht, und Entscheidungen akzeptieren, die man selbst in seinem Geschäftsleben eventuell anders getroffen hätte. Für Business Angels kann dies immer wieder zur persönlichen Herausforderung werden.

Als eierlegende Wollmilchsau[3] (also als eine Person, die nur Vorteile hat, alle Bedürfnisse befriedigt und allen Ansprüchen genügt) definiert sich der perfekte Business Angel durch:

2 https://de.wikipedia.org/wiki/Victor_Hugo (5.8.2019).
3 https://de.wikipedia.org/wiki/Eierlegende_Wollmilchsau (5.8.2019).

3.1. Geduld & Nervenstärke

Geduld ist eine Tugend – und nicht jedermanns Sache. Startups entwickeln sich oft nicht so schnell wie erhofft und kaum läuft es einmal gut, taucht eine neue Herausforderung mit dem Potential auf, alles scheitern zu lassen. Business Angels wissen meist aus eigener Berufserfahrung, dass sich der Aufbau eines erfolgreichen Unternehmens, die Entwicklung und Einführung eines erfolgreichen Produktes, die Etablierung von Dienstleistungen und die Gewinnung von Kunden oft komplexer gestaltet als gedacht und alles länger dauert und nicht so leicht abläuft wie (im Excel) geplant. Aber das ewige Wechselspiel zwischen guten und schlechten Nachrichten lässt trotzdem kaum einen Investor kalt.

3.2. Vertrauen

Ein Business Angel benötigt Vertrauen in sich selbst, das richtige Startup mit der richtigen Idee ausgewählt zu haben und vor allem Vertrauen in das Gründerteam. Sonst würde er niemals investieren. Ewig alle Tätigkeiten und Entscheidungen des Gründer- und Managementteams zu kontrollieren, schafft eine nicht erfolgreiche Atmosphäre zwischen Business Angel und dem Startup. Im Umkehrschluss darf dieses Vertrauen aber auch nicht nachhaltig gebrochen werden. Regelmäßige und offene Kommunikation über die diversen Kanäle (Internet, Telefon, persönliche Treffen) sind dafür eine wichtige Basis

3.3. Hilfsbereitschaft

Es klingt banal, aber ein Business Angel sollte hilfsbereit sein. Oft braucht ein Gründer kurzfristig einen Rat oder einen Sparring Partner, um ein Problem zu erörtern, und manchmal braucht er vom Business Angel einfach nur Zeit.

Hier eine persönliche Erfahrung

Einer meiner Gründer rief mich an und sagte, er könne sich nicht zwischen den drei finalen Kandidaten für eine Besetzung entscheiden. „*Alle sind irgendwie super und passen, aber bei jedem finde ich auch weniger gute Punkte*", meinte er. Wir vereinbarten eine gemeinsame Fragerunde mit allen drei Bewerbern. Die Interviews dauerten jeweils 30 Minuten und wir stellten abwechselnd unsere Fragen. Ohne weitere Besprechung zwischen uns wandte sich der Gründer nach dem letzten Kandidaten zu mir und sagte: „*Danke, mir ist jetzt klar wen ich nehmen werde.*" In diesem Fall war es nicht einmal erforderlich einen guten Rat zu geben, es reichte, dass wir zwei Stunden gemeinsam arbeiteten.

3.4. Die „Nicht"-Gier

Die einfache Mathematik sagt, wenn man zu einer niedrigen Bewertung einsteigt, dann führt das im Erfolgsfall zu höheren Erträgen. Unternehmerisch mag es richtig sein, möglichst viele Anteile eines Unternehmens zu einem möglichst geringen Betrag zu übernehmen. Erfahrungsgemäß hat die niedrige Bewertung jedoch weit weniger Einfluss auf den späteren Ertrag als gemeinhin angenommen. Das Risiko, dass ein Startup scheitert ist derart hoch, dass die Bewertung nur einen geringen Einfluss auf die tatsächliche Gewinnhöhe hat. Es gibt jedoch einen wesentlich wichtigeren Punkt, der hier berücksichtigt werden muss: der Anteil der Shares, der bei den Gründern bleibt. Wird dieser bereits in der Anfangsphase zu sehr reduziert, besteht die Gefahr, dass eine A-Runde, also eine Finanzierungsrunde, bei der meist Venture-Capital-Gesellschaften mit sechs- bis siebenstelligen Beträgen in das Startup einsteigen, niemals zustande kommt. Um sich der uneingeschränkten Motivation und Hingabe – und natürlich der Chance auf ein großes Vermögen – der Founder gewiss zu sein, erwarten sich VC-Investoren hier oft, dass noch mindestens 50 % des Startups im Eigentum der Gründer liegen.

3.5. Mut & Menschenkenntnis

In frühen Phasen in eine Idee zu investieren, verlangt eine gehörige Portion Mut. Es ist zu diesem Zeitpunkt vollkommen unsicher, wie die zukünftige Entwicklung aussieht. Dennoch benötigt das junge Unternehmen bereits in der Anfangsphase erhebliche finanzielle Mittel. Die im Pitch und in persönlichen Gesprächen behaupteten Annahmen der Startup-Gründer müssen verifiziert und die darauf basierenden Produktideen und Marktthesen erst realisiert werden. Ob hier eine große Geschäftsidee unser aller Leben verändern wird, steht noch in den Sternen. Zu dieser Ungewissheit kommt noch hinzu, dass es für eine erfolgreiche Entwicklung des Startups, wie bereits erwähnt, echte Unternehmerpersönlichkeiten im Founder Team benötigt. Ob diese Ausnahmemenschen hier am Werk sind, verlangt vom Business Angel viel Erfahrung und Gespür.

3.6. Die unternehmerische Erfahrung

„It's all about Entrepreneurship." Die gesammelte unternehmerische Erfahrung aus dem Pre-Angel-Leben ist eines der wertvollsten Assets, die ein Business Angel seinen Startups zu bieten hat. Dadurch ist er in der Lage, den Gründern in entscheidenden Situationen Unterstützung anzubieten und aus seinem reichhaltigen Schatz an Erfahrungen zu schöpfen und mögliche Lösungen aufzuzeigen. Viel wichtiger als die guten Entscheidungen eines Unternehmers sind die vielen schlechten Lösungsversuche, die der erfahrene Unternehmer schon ausprobiert hat. Jene, die nicht erfolgreich waren oder vielleicht sogar vom „Regen in die Traufe" führten. Diese Erfahrungen sind für Gründerteams besonders wertvoll. Es ist wichtig zu wissen, wie es nicht geht. Wie es geht, muss das Startup ohnehin selbst herausfinden.

In diesem Sinne gibt es zu viele Bücher, die große Erfolgsgeschichten beschreiben, und zu wenige, die über Fehler und Missgeschicke berichten. Die Erfolgsbücher beschreiben lediglich den Weg dieses einen Erfolges, zumeist in einer simplifizierten und erzählerischen Aneinanderreihung von Entscheidungen, die am Schluss zum großen und wunderbaren Ergebnis geführt haben. Jeder Erfolgsweg ist jedoch ausgesprochen individuell und nicht kopierbar und diese Geschichten sind sicherlich eine wunderbare Unterhaltung und Motivation für den Leser, aber auch nicht mehr. Sie helfen nur bedingt als Anleitung bzw Wegbeschreibung den eigenen Erfolgsweg zu finden.

Die wertvollsten Berichte sind jene, die erzählen, wie es nicht geht, woran der Unternehmer gescheitert ist. Wertvoll ist es zu verstehen, woran ein anderer, trotz allen Bemühens, trotz einer besonders guten Idee und/oder tollen Mitstreitern, obwohl alles scheinbar gepasst hat, dann doch gescheitert ist. Wir Menschen lernen durch Nachahmen, Nachdenken und am meisten durch Schmerz bzw das darauf folgende Reflektieren von Fehlern.

4. To-dos eines Business Angels

Wie bereits unter Punkt 1.2 erwähnt, unterscheidet sich das Investment eines Business Angels signifikant von jenem eines reinen Finanzinvestor. Etwas zynisch ausgedrückt kann das Investment eines Business Angels in ein Startup sogar folgendermaßen beschrieben werden: Man investiert sein Geld in ein hochrisikoreiches Unternehmen, verbunden mit beträchtlichem Arbeitsaufwand und unsicherem Ausgang.

Hier eine kurze Beschreibung der Hauptaufgaben eines Business Angels.

4.1. Startup auswählen

Die Auswahl der besten Startups ist entscheidend für den Erfolg – soweit so einfach. Das beste Startup zu erkennen, ist allerdings deutlich schwieriger, als mögliche Mängel an einem Startup zu erkennen. Es macht also Sinn, sich ein Ausschlussverfahren anzueignen, das die Entscheidung für oder gegen ein Startup erleichtert. Daraus ergibt sich die Frage, wie streng man in der Beurteilung sein soll. Hier ist es ratsam, sich für jedes Auswahlkriterium Grenzen festzulegen, die keinesfalls unterschritten werden dürfen, also klare Mindestanforderungen zu definieren.

Beispiel

Beim Bewerten von Vertrauen zwischen Gründern und Investor müssen beide Seiten nach einigen Treffen die junge, gerade entstehende Beziehung mit hohen Noten beurteilen. Ist dies nicht der Fall, ist das ein deutlicher Hinweis zum nächsten Kandidaten weiter zu ziehen, egal wie verlockend das Business-Modell, das Produkt oder andere Merkmale erscheinen.

4.2. Co-Investoren auswählen

Co-Investoren begleiten einen oft ähnlich lange wie die Gründer selbst, sie sind also ebenso mit Bedacht zu berücksichtigen, wenn man erwägt in ein Startup zu investieren. Ein abgeschlossenes Gesellschafterverhältnis schweißt auf lange Zeit zusammen – ob man will oder nicht – und eine Trennung ist oft schwer möglich. Das gegenseitige Vertrauen unter den Investoren spielt dabei genauso wie bei den Gründern eine große Rolle und erleichtert das Zusammenleben in späteren Startup-Lebensphasen.

Neben dem persönlichen Vertrauen sollten folgende Punkte bei der Beurteilung und Auswahl von Co-Investoren (die natürlich auch für Business Angels gelten) berücksichtigt werden.

Erfahrung im Investieren in Startups

Es ist erforderlich, dass alle Geldgeber genau wissen welchem Risiko sie sich aussetzen und welche außergewöhnlichen Höhen und Tiefen sich in kürzester Zeit abwechseln können. Bei einer solchen Hochschaubahn von Emotionen können die Nerven von Gründern und Investoren schnell blank liegen (wie bereits in Punkt 3.1. erwähnt). Nervenstärke ist hier von Vorteil, denn – um es dramatisch auszudrücken – jedes erfolgreiche Startup durchquert bis zum Erfolg erfahrungsgemäß mehrmals das „Tal des Todes“.

Ausreichende finanzielle Ausstattung

Weiters zeichnet sich ein guter Co-Investor dadurch aus, dass er die finanzielle Möglichkeit hat, auch in Folgerunden bei der Finanzierung mitzuziehen. Viele Startups scheitern, weil ihnen der finanzielle „Sprit“ ausgeht, bevor sie den Sweet Spot am Markt treffen. Hier fungieren Business Angels und Co-Investoren oftmals als kurzfristige finanzielle Lebensretter ohne zu großen bürokratischen Aufwand. Als Business Angel sollte man zumindest jenen Betrag, mit dem man in das Startup eingestiegen ist, für weitere Finanzierungsrunden einplanen.

Komplementäre fachliche Expertisen

Letztlich ist die fachliche Expertise des Co-Investors im Tätigkeitsbereich des Startups ein interessanter und wichtiger Hebel für den Erfolg und ein Wettbewerbsvorteil gegenüber anderen Startups im gleichen Marktsegment. Es empfiehlt sich als Startup und als Business Angel dabei darauf zu achten, dass sich die Experten in der Runde eher ergänzen als ersetzen.

4.3. Sorgfältige Vertragserstellung

Das alte Sprichwort „*Wie man sich bettet, so liegt man*“ erklärt am besten, wie wichtig es ist, sich mit der Vertragsgestaltung intensiv auseinanderzusetzen. Generell werden Verträge für den Härtefall gemacht, während Schönwetterperioden sind sie meist obsolet. Auch ist bei Verträgen die Gefahr oft groß, zu harte Verhandlungen als fehlendes Vertrauen zu interpretieren. Die Gratwanderung hier ist nicht einfach und verlangt ein feines Gespür beim Business Angel.

Nicht alles im Vertrag ist von essentieller Bedeutung. Über folgende „unangenehme“ Themen sollte jedoch unbedingt Klarheit und Einigkeit herrschen.

- **Nebentätigkeitsverbot der Gründer:** Es ist ausschlaggebend für den Erfolg, dass sich die Gründer zu 100 % auf die Entwicklung des Startups konzentrieren und nicht von anderen Tätigkeiten abgelenkt oder ermüdet sind. Natürlich sind damit keine Hobbies gemeint, diese können die Kreativität im Business-Leben sehr fördern. Auch ist es gegenüber anderen Gründern unfair, die sich und ihre Zeit voll und ganz dem Startup verschreiben und es erzeugt eine schiefe Balance, wenn einzelne Gründer nebenher noch anderen Tätigkeiten folgen und Einkünfte erwirtschaften. Investoren erwarten von den Gründern hier ein persönliches, volles Kommittment. Schieflagen führen erfahrungsgemäß später zu Problemen.
- **Gründergehälter:** Junge Gründer sind hier eindeutig im Vorteil, sie haben noch geringe Fixkosten, keine Familie zu ernähren oder Kredite für das Eigenheim zu bedienen. Die Gehälter der Gründer sind in Phasen, während der noch keine oder

nur geringe Einnahmen erzielt werden, moderat zu halten. Der Investor möchte, dass seine finanziellen Mittel in Wachstum, bzw in Mitarbeiter, die dieses Wachstum ermöglichen, investiert werden, und nicht in ein gutes Leben der Gründer. Schließlich ist des Unternehmers Lohn die Dividende oder der Exit, aber niemals das Gehalt. Ein zu geringes Gehalt kann für die Gründer aber auch frustrierend sein und damit erfolgsverhindernd wirken. Eine gute Balance ist hier wichtig, zum Beispiel mit einem moderaten Fixum und Prämien, beziehungsweise Gehaltssprüngen, die bei Zielerreichung ausgelöst werden. Sobald es die Gründer geschafft haben, das Startup so erfolgreich zu führen, dass es Cashflow-positiv ist, sollte ihr Gehalt behutsam in die Nähe der Drittüblichkeit klettern.

- **Gründer-Vesting:** Immer wieder passiert es, dass Gründer ein Vesting ihrer eigenen Anteile ablehnen oder nicht bereit sind, den überwiegenden Teil ihrer Anteile zu vesten. Sie argumentieren mit der langen Zeit von zwei oder mehr Jahren, die sie schon in die Firma investierten. Wie schon unter Punkt 2.1. beschrieben, ist die persönliche Entwicklung der Co-Gründer nicht vorhersehbar. Positive und negative Schicksalswendungen bestimmen das Handeln der Menschen und es kann immer wieder sein, dass sich ein Co-Founder vom Unternehmen abwendet. In dieser Krisensituation ist das Startup in existenzieller Gefahr und muss die Lücke, die der Co-Founder hinterlässt, mit ähnlicher Kompetenz und mit größter Leidenschaft und Unternehmergeist füllen. Die neue Person, die diese anspruchsvolle C-Level-Position ausfüllt, kann vom jungen Startup weder marktüblich bezahlt werden, noch findet man oft Menschen mit Unternehmergeist, die für ein Gehalt arbeiten möchten. Unternehmerpersönlichkeiten wollen am Gesamterfolg beteiligt sein und erwarten für ihren vollen Einsatz auch einen fairen Anteil am Unternehmenswert bzw Gewinn. Nur wenn die Gesellschaftsanteile über einen guten und fairen Vesting-Vertrag im Unternehmen verbleiben und gegebenenfalls einer geeigneten Person angeboten werden können, kann ein Startup diese existenzbedrohende Situation erfolgreich meistern.
- **IP-Rechte:** Sowohl Investoren als auch Gründer sind sich bei der Verhandlung einer Kapitalrunde oft einig: Alle Rechte auf Marken, Patente, Texte, Videos etc im Zusammenhang mit dem Startup gehören der Firma. Tatsächlich basiert diese Zusicherung der Gründer oft auf früheren, mündlichen Aussagen, verkürzt formulierten Emails zwischen dem Rechteinhaber und den Gründern oder zu vagen Formulierungen in Erstverträgen und es wurde verabsäumt, diese an den aktuellen Unternehmensstatus anzupassen. Es ist daher äußerst ratsam, in neuen Verträgen unmissverständliche Formulierungen zu implementieren, die die vollständige Abdeckung aller IP-Rechte und deren uneingeschränkte Zugehörigkeit zum Unternehmen festlegen.

Eine persönliche Erfahrung

Eine eher unglückliche Variante erlebte ich, als zwar in den Verträgen formuliert war, dass das Startup alles unternehmen werde die IP-Rechte dem Unternehmen zuzuführen. Später stellte sich heraus, dass der Gründer, der diese Rechte nun für sich beanspruchte, diese Vereinbarung niemals erfüllte. Die Folge ist dann unter Umständen ein jahrelanger Rechtsstreit. Bestehende Mängel müssen daher in der Regelung von IP-Rechten im Zuge der Beteiligung sofort ausgeräumt und behoben werden.

- **Informationsrechte:** Regelmäßige Berichte über den aktuellen Stand von Finanz-, Personal- und Produktentwicklung ist für eine gute Beziehung zwischen Business Angels und Gründern essentiell. Wenn es jedoch zu viele Reporting-Aufgaben für die Gründer gibt, hindert sie das, sich auf die Entwicklung des Geschäfts und des Produkts zu konzentrieren. Es ist daher auf die Erforderlichkeit der Berichtsmenge zu achten. Andererseits bauen unerfahrene Gründer meist gar kein eigenes Reporting auf, wenn dies nicht von den Investoren eingefordert wird. Früher oder später führt dies zu einem Informationsdefizit der Gründer selbst und in weiterer Folge übersehen sie alarmierende Frühzeichen für Fehlentwicklungen im Unternehmen oder können diese gar nicht identifizieren. Daher dient ein gutes Reporting in erster Linie den Gründern selbst. Eine verkürzte Version dieses Reportings ist für Investoren in der Regel absolut ausreichend. Wenn Investoren selbst selten nachfragen, versiegt trotz des ordentlich verbrieften Rechts auf Auskunft der Informationsfluss und die Investoren erhalten – abgesehen von der Bilanz sechs Monate nach Ablauf des Geschäftsjahres – keine weiteren Berichte. Dies passiert häufig in schwierigen Zeiten, auch weil Gründer keine Lust haben, immer nur schlechte Nachrichten zu überbringen. Natürlich kann in dieser Situation der Geschäftsführer über rechtliche Schritte zur Informationsweitergabe gezwungen werden, doch sobald dieser Weg beschritten wird, ist das letzte Stückchen an guter Beziehung, so noch vorhanden, auch noch verloren. Die Vereinbarung von Informationsrechten in Verträgen hat daher weniger den Sinn des gesetzmäßigen Anspruchs auf Information als vielmehr den Nutzen, dass beide Seiten ihre Erwartungshaltung an regelmäßigen Berichten dokumentieren und sie vor Abschluss der Beteiligung darüber vertrauensvoll Einigung finden. Die Pflege und Weiterentwicklung von Informationsrechten und Reportings drückt nicht nur das Interesse, sondern auch eine gegenseitige Wertschätzung aus und hilft der positiven Entwicklung des Startups.
- **Zustimmungspflichtige Geschäfte**: Eine Liste an Handlungen, bei denen Investoren, neben dem Geschäftsführer, mitentscheiden möchten, ist nicht nur ein Zeichen des gegenseitigen Vertrauens, sondern auch eine Absicherung der Investoren gegen Maßnahmen, die das Unternehmen in wirtschaftliche Gefahr bringen können. Neben substanziellen Entscheidungen, bei denen das Unternehmen wesentliche Verbindlichkeiten bzw Risiken eingeht und damit die Mitsprache der Investorengemeinschaft selbstverständlich ist, gibt es weniger offensichtliche Punkte, die ein besonderes Augenmerk verdienen, wie zum Beispiel das Vorrecht der Investorengemeinschaft auf den Vorsitz in der Generalversammlung.

Zwei Beispiele

Die Investoren sind konstruktionsbedingt in der schwächeren Position und versuchen über Regeln ihr Investment zu schützen, beispielsweise, dass gegen ihre Zustimmung kein Kredit aufgenommen werden darf. In einer guten Beziehung sind diese Regeln für beide Seiten verbindlich. Wenn aber – im glücklicherweise seltenen Fall – der Geschäftsführer sich nicht mehr an die Verträge hält und damit das Unternehmen in Gefahr bringt, dann fehlt den Investoren die Möglichkeit unmittelbar und effektiv einzugreifen, um substanziellen Schaden zu verhindern. Der Vorsitz in der Generalversammlung kann in manchen Fällen ein gutes Instrument sein das Schlimmste zu verhindern. Dieses Recht sollten Startups wiederum nur erfahrenen Business Angels zugestehen (siehe Punkt 3. – Anforderungen an einen Business Angel). Ein weiterer

Punkt ist die gemeinsame Verabschiedung des Jahresbudgets bzw des Liquiditätsplans der nächsten Periode. Die Entwicklung einer gemeinsamen Sicht auf das kommende Jahr ist ein unverzichtbares Alignement aller Gesellschafter und die Möglichkeit für Gründer und Investoren, über alle Bereiche des Geschäftsmodelles zu reflektieren. Nicht selten kommt es vor, dass in dieser Besprechung der Gesellschafter im letzten Moment noch wertvolle Überlegungen in die Planung einfließen lässt oder auch strategische Veränderungen gemacht werden. Mit zunehmender Reife des Startups sollte dann ein revolvierender Strategieprozess entwickelt werden, der am Ende in ein Jahresbudget mündet.

4.4. Mehrwert einbringen

Wie bereits mehrmals erwähnt sind Investoren, die neben den finanziellen Mitteln auch inhaltlichen Mehrwert in das Unternehmen einbringen, ein besonderer Erfolgshebel für Startups. Gefragt sind die unternehmerische Expertise und Erfahrung, aber auch der regelmäßige Diskurs über Herausforderungen, die die Gründer gerade zu meistern haben. Erfahrungen bei Be- und Nachbesetzungen von Mitarbeiten oder der Entwicklung der Unternehmenskultur sind genauso wichtig wie die Erörterung von Strategie, Geschäftsplänen, Vertrieb, Möglichkeiten der Expansion, Unterstützung mit ihrem Kontakte-Netzwerk uvm. Laut einer Umfrage[4] der AAIA geben Business Angels den „Strategischen Rat" als häufigste Tätigkeit und Unterstützung für Startups an. Keinen Vorteil bringt es, wenn zum Beispiel ein Co-Investor nichts einbringt und zum reinen Finanzinvestor mutiert, der sich unter Umständen gar nicht mehr mit seinem Investment identifiziert. Zum Problem wird es hingegen auch, wenn Investoren ohne operative Rolle sich übereifrig ins operative Geschäft einmischen und dadurch für Unruhe und erhöhten Reporting Aufwand sorgen. Im Extremfall entwickelt sich eine Schattengeschäftsführung, die Gründer nicht zu Managern sondern zu Erfüllungsgehilfen sozialisiert. So eine Situation sollte unbedingt vermieden werden.

Beispiel

Besonders in den ersten Jahren ist der Aufbau von Liquiditätsplänen für Startups sehr wichtig. Hier kann sich der Business Angel mit seiner Erfahrung perfekt einbringen. Businesspläne sind eine gute Orientierung, welche Möglichkeiten und Fantasien die Gründer in ihrer Produktidee sehen. Der versierte Business Angel erkennt aufgrund der Herleitung der Werte und Zahlen im Businessplan, wie professionell und ausführlich sich das Startup mit den Details von Kosten, Umsatzentwicklungen und Marktchancen auseinandergesetzt hat. Wenig realistisch, aber beispielsweise in vielen Pitchdecks präsentiert, ist der Ansatz, vom Gesamtmarkt ein paar Prozent für sich zu reklamieren und diesen dann über die Jahre wieder prozentmäßig hochzurechnen. Realistischer wäre hier die Herleitung der Umsätze und Kosten ausgehend vom Produktverkauf bzw Personalbedarf samt Maßnahmen für die Erhöhung der Kundenzahlen, die dann mit Preismodellen verknüpft werden und gleich auch Churn-Raten (Abwanderungsquoten)[5] berücksichtigen. Je genauer die wesentlichen Business-Treiber als Parameter abgebildet sind, desto besser kann man in den folgenden Perioden die tatsächlich erreichten Werte eintragen und erkennen, wo im Detail die abweichenden Annahmen getroffen wurden. Mit diesen in Zahlen gefassten Erfahrungen ist wiederum die Vorausschau präziser möglich.

---

4 Angel Investing Report 2018 – Austrian Angel Investors Association (AAIA).

5 Vgl https://de.wikipedia.org/wiki/Abwanderungsquote (5.8.2019).

4.5. Kapitalrunden organisieren

Besondere Hilfe kann der Business Angel unterstützend bei der Organisation von Kapitalrunden einbringen. Mit seinem Netzwerk von anderen Investoren ist er erheblich am Erfolg von Folgefinanzierungen beteiligt. Neue Investoren oder Business Angels sehen es oft als positives und vertrauensbildendes Signal, wenn die Alt-Investoren in der nächsten Finanzierungsrunde ebenfalls mitziehen. Je fortgeschrittener und erfolgreicher das Startup, desto größer werden die Investitionsrunden und mit der Zeit stößt der klassische Business Angel an seine finanziellen Grenzen.

Bei der Zusammenstellung einer Investoren-Runde ist darauf Bedacht zu nehmen, dass die Gruppe der Co-Investoren ihre Aufgabe nicht nur in der finanziellen Leistung definiert, sondern auch bereit ist, das Unternehmen zu unterstützen, zu coachen und zu helfen wo Hilfe benötigt wird. Dass dies geschieht, ohne ins Lenkrad zu greifen, wenn einem der eingeschlagene Weg gerade mal nicht passt, ist eine bereits mehrmals erwähnte Anforderung an den professionellen Business Angel.

4.6. Reißleine ziehen, Betriebsende mitgestalten

Über Erfolge zu berichten ist der weitaus angenehmere und charmantere Teil des Business-Angel-Daseins, jedoch muss auch über den wahrscheinlich häufigsten Fall eines Startup-Szenarios gesprochen werden: Was tun, wenn das Ende naht?

Jeder erfahrene Unternehmer kennt die Situation, in der man nicht mehr weiter weiß, und oft tun sich gerade im letzten Moment Möglichkeiten und Wege auf, mit denen man nie gerechnet hätte. Um diese Wege zu erkennen, ist es freilich erforderlich niemals aufzugeben oder tatenlos dem Ende entgegenzusehen. Etwas scherzhaft sage ich selbst immer wieder, dass wahre Unternehmer selbst noch im freien Fall unzählige Lösungsideen haben.

Wenn nun aber dann doch der Punkt gekommen ist, an dem alle Versuche das Ruder noch einmal herumzureißen gescheitert sind, ist zu evaluieren, ob es nicht Investoren gibt, die das bisher aufgebaute Business – für einen meist nicht riesigen – Pauschalbetrag kaufen wollen. Findet man niemanden, kann eine Fusion mit dem Mitbewerb im In- oder Ausland bei einem passenden Preis eine Variante sein, die für beide Seiten eine gute Lösung ist.

Bei all diesen Überlegungen sollte man darauf achten, dass die Mitarbeiter früh genug über die „ausweglose" Situation informiert sind und ggf Kündigungen ausgesprochen werden. Es ist eine Frage von Fairness, dass sich jeder Mitarbeiter selbst die Frage stellen kann: Glaube ich an das Startup und gehe ich mit ins finanzielle Risiko oder muss ich mir zur Deckung meiner Kosten einen neuen Job suchen? Die Erfahrung zeigt, dass ein Teil der Mitarbeiter das Startup häufig bis zum Schluss mit vollen Kräften unterstützt.

Unerfahrene Gründer übersehen oft, dass der drohende Konkurs nicht erst eintritt, wenn das Konto leer ist. Sie übersehen Kündigungsfristen von Mitarbeitern und Dienstleistungsverträgen, die oft noch mehrere Monate weiterlaufen. Selbst die Schließung des Unternehmen bzw der Notverkauf von Assets kostet noch Geld. Meiner Erfahrung nach wird um das Thema Notverkauf von Assets leider zu wenig – und zu spät – nachgedacht. Er ist oft eine Möglichkeit zur sauberen Schließung der Firma, ohne zu viel verbrannte Erde zu hinterlassen. Und natürlich: Eine von Anfang an gründliche Finanz- und Liquiditätsplanung ist essentiell und lässt die Gründer das drohende Ende des Startups rascher erkennen.

5. Welches Startup passt zu mir

Bevor man als Business Angel tätig wird, sollte man zunächst klären, warum man überhaupt in Startups investieren will. Was interessiert mich an dieser Tätigkeit? Klar ist, dass der Business Angel für sein investiertes Kapital und seine Zeit auch eine Rendite erwartet. Diese Rendite ist klassisch monetär orientiert. Es gibt aber viele andere Möglichkeiten, wie der ROI aussehen kann.

5.1. Weitergabe von Wissen

Die meisten Business Angels möchten ihre umfangreiche unternehmerische Expertise gerne jungen Gründern zur Verfügung stellen. In den vielen Jahren als Unternehmer waren sie oft in schwierigen Situationen und haben viele Herausforderungen mehr oder gelegentlich auch weniger erfolgreich gemeistert. Dieses Wissen an begeisterte, nach Antworten suchende, junge Gründer weiterzugeben, ihnen damit die Flügel zu stärken und ihnen in unternehmerischen Entscheidungen beizustehen, ist für viele Business Angels eine sinnreiche Möglichkeit weiterhin wirksam zu sein. Für junge Gründer ist es ein ungeheurer Wettbewerbsvorteil.

5.2. Am Zenit des Machbaren

Business Angels kommen aus unterschiedlichen Branchen und sind es gewöhnt, in ihrem Fachbereich ganz vorne mitzuspielen oder sogar am Zenit des Machbaren zu stehen. Der Wissensvorsprung ist oftmals ein erfolgskritischer Faktor. Nach dem Ausscheiden aus ihrer operativen Tätigkeit ist ein Startup für Business Angels eine hervorragende Chance, das eigene Wissen zu erweitern, neue Erkenntnisse mit den eigenen Erfahrungen zu verbinden und die eigenen Betrachtungswinkel mit neuen technologischen Erkenntnissen zu erweitern und herauszufordern. Neue Marktgegebenheiten und Business-Modelle fordern den Business Angel, befriedigen seine Neugier und seinen Kenntnisdrang, erzeugen aber auch einen spannenden Diskurs zwischen ihm und dem Startup.

5.3. Gemeinsame Werte

Immer mehr Unternehmer, die eine erfolgreiche Karriere hinter sich gebracht haben, streben danach ihr hart verdientes Geld einem tieferen und nachhaltigeren Sinn zu widmen. Sie suchen Unternehmungen, mit denen sie ihre Werte teilen und die bestrebt sind „den Planeten besser zu machen“. Sie investieren ihr Geld schon lange nicht nur aus monetären Aspekten. Plötzlich verschiebt sich die Diskussion nach dem Pitch immer stärker vom Business-Modell hin zur Mission. Fragen wie „*Warum macht ihr das überhaupt?*“ und „*Was ist eure innere Motivation?*“ kommen in den Gesprächen mit den Gründern über ihr Werteverständnis auf.

Investoren berücksichtigen inzwischen bei ihrer Entscheidung für eine Beteiligung sehr genau, mit welcher Motivation, abseits von Profit, die Ideen und Geschäftsmodelle von Startups realisiert werden. Liegen die treibenden Kräfte der Gründer in gesellschaftlichen Überlegungen beziehungsweise in ökologischen Anliegen, so finden sich zumeist leichter Investoren, die bereit sind an der Entwicklung des Startups teilzunehmen und zu investieren. Fehlen diese Aspekte und bleibt nur noch der Profit in der Mission des Startups übrig, wird sich dieses zunehmend schwertun, eine Finanzierung aus den Kreisen der Business Angels zu finden.

5.4. Unter Gleichgesinnten

Als Business Angel sucht und schätzt man das Umfeld von selbstmotivierten Menschen, die mit großer Leidenschaft und unternehmerischen Spirit versuchen etwas zu bewegen. Der Umgang mit kreativen und talentierten Personen, die mit großem persönlichem Engagement damit beschäftigt sind, ein Startup erfolgreich zu machen, ist für jeden Angel selbst wiederum motivierend und energetisierend. In einer Gruppe von solcherart gleichgesinnten Persönlichkeiten zu sein, befruchtet die Geister von Business Angels und Gründern gleichermaßen.

5.5. Ertragserwartung

Alle Startups starten im Bestreben ganz groß zu werden, ja die Welt zu erobern! In den ambitionierten Plänen steht ganz klar: „*In wenigen Jahren nach dem Start sind wir mehrstellige Millionen wert.*“ Doch der Markt will einfach nicht so mitspielen wie im Businessplan aber klar vorgezeichnet. Trotz aller Änderungen in der Strategie, im Produkt, im Personal, teilweise auch im Gründerteam will sich der Erfolg nicht einstellen und die Ergebnisse erreichen oftmals nur mittelmäßiges Niveau. Zu erfolgreich zum Aufhören, aber auch zu wenig erfolgreich für den großen Durchbruch. Wenn das steile Wachstum trotz vieler Adaptionen nicht gelingen will, ist zum Beispiel das Drehen des Startups weg von Exit hin zu einem langsamen und kleinen Wachstum mit Dividendenaussicht eine ausgezeichnete Möglichkeit, ein gesundes Unternehmen zu entwickeln.

Aus vielen Gesprächen mit Business Angels in den letzten fünf Jahren ergibt sich folgendes Bild: Von zehn Startups überleben fünf nur mit geringer Wahrscheinlichkeit das dritte Jahr. Weitere vier entwickeln sich vielleicht nicht wie echte Raketen, aber erreichen nach einigen Jahren eine stabile wirtschaftliche Position. Und in der gängigen Meinung sollte dann das letzte Startup im Portfolio das gesamte investierte Kapital zurückspielen. Freilich ist dies nur Theorie und es gelingt nur, wenn die Auswahl der zehn Startups besonnen vorgenommen wurde und man zum Zeitpunkt jedes Investments überzeugt war, in eine wirklich große Idee mit herausragendem Marktpotenzial zu investieren. Einfach nur zehn Startups einzusammeln hilft daher leider nicht.

Es gibt keine belastbaren Statistiken, mit wie viel Rendite man als Business Angel rechnen darf. Der Markt ist stark fragmentiert, viele probieren es mit ein oder zwei Startups und ziehen sich dann wieder zurück. Nur wenige Business Angels bauen größere Portfolios mit über 20 Startups auf,[6] was natürlich die Erfolgschancen erhöht. Medial hört und liest man immer wieder von außergewöhnlichen hohen Bewertungen bei Exits oder tollen, zum Beispiel 20-fachen, Multiples. Diese spiegeln nicht das Bild des typisch zu erwartendem Profits wieder. Auch wenn in Gesprächen und Artikeln häufig Zahlen von 20 % bis 25 % Kapitalrendite genannt werden, ist eine allgemeine, seriöse Aussage über regelmäßig erreichbare Renditen schwierig.

5.6. Wirksamkeitsaspekt

Bei der ganzen Diskussion um Erträge, Exits und dem ganzen vielen Geld, das Gründer und Investoren in der Startup-Szene verdienen wollen, kommen in den Publikum magnetisierenden TV-Shows, Pitch-Veranstaltungen und dem Wettbewerb um das heißeste und vielversprechendste Startup, immer öfter neue Töne auf. Töne, die – und in Punkt 5.3. „Gemeinsame Werte" schon erwähnt – beim klassischen Business Angel immer schon mitgeschwungen sind: Das investierte Kapital soll neben der Rendite auch ethischen Ansprüchen genügen und einen positiven Beitrag zu ökologischen und gesellschaftlichen Herausforderungen leisten. In diesem Zusammenhang wird immer öfter vom wirkungsorientiertem Investieren oder Impact Investment gesprochen. Anders als beim Investieren in Unternehmen mit nachhaltigen Zielen, wo negative Aspekte wie zum Beispiel Kinderarbeit, Missachtung von Menschenrechten, Raubbau an natürlichen Ressourcen oder Rüstungsindustrie ausgeschlossen werden, ist das Impact Investment an messbaren, positiven Veränderungen an Gesellschaft und Ökologie orientiert.

Jedes Unternehmen optimiert seine Organisation und sein Handeln nach gesetzten Zielen. Ist das Ziel einzig der Profit, so wird das Unternehmen alles daran setzen, dieses Ziel so gut wie möglich zu erreichen. Um jede Abweichung frühzeitig zu erkennen, hat die Finanzwelt reichhaltige Instrumente erfunden. Ist das Ziel des Unternehmens aber ergänzt mit gesellschaftlichen und ökologischen Zielen – und werden diese ebenso akribisch gemessen – optimiert das Unternehmen sich selbst und all seine Maßnahmen eben auf diese Ziele hin. Der Friedensnobelpreisträger im Jahr 2006 und Begründer des Mikrofinanz-Gedankens *Muhammad Yunus*[7] hat in diesem Sinne das Joint Venture von Grameen und Danone folgendermaßen kommentiert: „*The company's success is judged each year not by the amount of profit generated, but by the number of children who escape malnutrition in that particular year.*"[8]

Die Wirtschaftlichkeit ist für Business Angels sicherlich die Basis ihres Handelns. Sie ist und kann aber nicht der alleinige Sinn des Tuns sein. Wir Menschen streben unentwegt nach Sinn und so suchen auch Business Angels nach Investmentmöglichkeiten, die ihrem investierten Geld Sinn verleihen. Manche Investoren haben im näheren Umfeld

---

6 Angel Investing Report 2018 – Austrian Angel Investors Association (AAIA).

7 https://en.wikipedia.org/wiki/Muhammad_Yunus (31.8.3019).

8 *Muhammad Yunus*, Building Social Business: The New Kind of Capitalism That Serves Humanity's Most Pressing Needs (2011).

schwere Krankheiten von geliebten Menschen miterlebt und orientieren sich daher an Innovationen im medizinischen Bereich, die diese Krankheiten lindern oder gar besiegen sollen.

Wir leben in einer Zeit, in der immer mehr Menschen für ein Unternehmen nicht mehr bloß arbeiten wollen. Sie möchten verstehen, wofür das Unternehmen steht, was sie beabsichtigt zu verändern oder zu verbessern und warum es auf der Welt Sinn macht dies zu tun.

Weitere Informationen zum Thema Impact Management im Kapitel Nachhaltigkeit für Startups. Über eine unterschätzte Synergie.

5.7. Kompatible Mindsets

Nicht jeder kann mit jedem – so schlicht ist es nun mal. Kein noch so verlockendes Investment, keine noch so unwiderstehlich erscheinende, mögliche Rendite rechtfertigt eine Kapitalrunde, wenn die Gründer und die Investoren nicht ein gemeinsames Verständnis über Werte, Ziele und Zusammenarbeit finden. Business Angels investieren neben den schon genannten Aspekten auch, um Spaß und Freude zu haben, um Freude zu erleben, wenn sie jungen Unternehmern helfen können erfolgreich zu sein und um diese Erfolge gemeinsam mit ihnen zu feiern. Das ist aber nur möglich, wenn Gründer und Investoren eine Kompatibilität in ihren Vorstellungen haben – es muss, wie man so schön sagt, die Chemie stimmen.

Werte im Unternehmen sind gewissermaßen das neue Gold in Startups. Ein Wertesystem im Unternehmen zu etablieren, indem sich Gründer und das Team wohlfühlen und Ansporn finden vorwärts zu kommen, ist mittlerweile unentbehrlich geworden. Ohne einen solchen Wertekatalog sammelt man unbeabsichtigt Personen im Unternehmen ein, die in schwierigen Phasen kontraproduktiv werden können.

Neben den Werten ist die Mission des Startups ein zentraler, sinnstiftender Identifikationsaspekt aller Beteiligten. Ist sie gut gewählt, kann sie Gründer, Mitarbeiter und Investoren dazu bringen, sich mit voller Hingabe und Leidenschaft für das Unternehmen einzusetzen.

Damit sind ein robustes Wertesystem, eine emotionalisierende und sinngebende Mission und die passende Chemie die Zutaten, mit denen große Erfolge möglich werden können.

6. Investieren – einzeln oder als Gruppe

Auf der Jagd nach außergewöhnlichen, innovativen und für einen selbst passenden Startups trifft man als Business Angel viele Investoren, die ebenso auf der Suche nach dem für sie spannendsten Startup sind.

6.1. Der Einzelinvestor

Einige dieser Business Angels bevorzugen, ihr Investment lieber alleine zu machen. Das hat den Vorteil, sich mit anderen Investoren nicht abstimmen zu müssen – beispielsweise bei kurzfristig erforderlichen Kapitalnachschüssen. Entscheidungen können schnell und effizient getroffen werden, denn es ist wichtig, den Gründern eine schnelle und klare Guidance geben zu können.

Als Einzelinvestor ist es jedoch erforderlich, über eine sehr gute Kapitalausstattung zu verfügen. Bis das Startup reif und attraktiv genug ist, auch größere Investments von VCs anzuziehen, müssen die ersten Finanzierungsrunden somit von einem Business Angel alleine gestemmt werden. Diese Strategie eignet sich für sehr erfahrene und finanzkräftige Investoren und kommt in der Reinversion selten vor. Oftmals kommen in diesem Fall in den späteren Finanzierungsrunden ein bis zwei weitere erfahrene Business Angels hinzu, der Kreis der Investoren bleibt bis zu einer möglichen A-Runde jedoch sehr klein.

6.2. Das Gruppeninvestment

Eine gute, alternative Möglichkeit in Startups zu investieren, besteht darin, eine gut ausgewählte Gruppe von Investoren zu bündeln und beispielsweise ein Syndikat zu gründen. Wesentlich hierbei ist, dass die Meinungsbildung und interne Abstimmung gut und klar geregelt ist, um später möglichst wenig Zeit bei Entscheidungsfindungen innerhalb der Investoren-Gruppe zu verlieren.

Als sehr hilfreich hat es sich bewährt einen **Lead-Investor** zu definieren, der die Gruppe in der Kommunikation mit den Gründern vertritt, idealerweise ist das der Investor, der auch wesentlich an der Kapitalrunde teilgenommen hat. Ein großer Vorteil einer Gruppe von Investoren liegt auch darin, dass diese gemeinsam über eine größere Finanzkraft verfügt und damit ein größeres Investment in das Startup tätigen kann. Dies erhöht auch das Mitspracherecht, zum Beispiel über einen Beirat.

In späteren Finanzierungsrunden ist diese Pool-Struktur mit einem gemeinsamen Ansprechpartner viel attraktiver verglichen zu einer langen Liste von Einzelinvestoren, die individuell entscheiden und gegebenenfalls wichtige Entscheidungen aus einem Einzelinteresse heraus blockieren können (entscheidend ist hier die rechtliche Organisation des Gruppeninvestments). Für weniger erfahrene Business Angels ist die Teilnahme an einem Syndikat eine gute Möglichkeit, wertvolle Erfahrung zu sammeln.

6.2.1. Das ideale Investorenteam

Optimal sind meist Investorengruppen, die einerseits, ebenso wie Gründerteams, komplementäre persönliche Skills besitzen und andererseits untereinander eine vertrauensvolle gemeinsame Basis pflegen. Es ist für ein Startup zum Beispiel immer vorteilhaft, wenn einer der Investoren sich leidenschaftlich für Finanzthemen interessiert. Startups erhalten damit professionelles Feedback zu Businessplänen oder Controlling Sheets. Ähnlich ist es bei Fragen zu rechtlichen Themen mit Experten im Investorenteam oder je nach Startup-Typ mit anderen Disziplinen, die bei Investoren als ausgeprägter Skill vorhanden sind.

Ein gemeinsames Verständnis der Investoren über ihre Investmentstrategie und eine gute Vertrauensbasis untereinander sind essentielle Bestandteile für ein erfolgreiches

Investment. Fast jedes Startup erlebt neben den Höhen auch sehr schwierige Zeiten. In diesen Phasen profitiert es besonders von einem guten, stabilen und abgestimmten Investoren-Pool.

7. Wie lernt man Business Angel

Wie bereits am Anfang des Kapitels beschrieben, wird niemand als Business Angel geboren. Und da es bisher auch noch keine Möglichkeit zu einem Berufspraktikum gibt, müssen sich Business Angels ihr Wissen leider noch anders aneignen.

7.1. Praxis: Learning by Doing

Als relativ rezenter „Beruf" ist das risikoreiche Investieren in junge Unternehmen mit hochskalierbaren Geschäftsmodellen ein vergleichsweise neues Metier. Das notwendige Wissen um erfolgreiches Angel Investing lässt sich nicht auf der Uni erlernen, selbst internationale Literatur zum Thema ist rar. Aber: Wissen ist Macht und Unwissen kostet Geld! Das stimmt ganz besonders für Business Angels, wie viele schmerzhaft am Anfang ihrer Investorenkarriere erfahren. Investieren ist eine Profession und diese erlernen die meisten Business Angels durch Learning by Doing und Trial and Error. Man investiert, scheitert, erkennt die Fehler, tauscht Erfahrungen aus, kämpft bis zum Schluss, leckt gegebenenfalls seine Wunden, analysiert und investiert wieder.

Als Business Angel taucht man in eine gesamte neue Branche ein und trifft eine Unmenge an interessanten Menschen. In diesem dynamischen Umfeld ist es wichtig, dass Investoren ihre Erfahrungen teilen. Inzwischen haben sich bereits spannende Business-Angel-Netzwerke im deutschsprachigen Raum entwickelt, wie zum Beispiel in Österreich die AAIA – Austrian Angels Investors Association oder I2 – Business Angels Austria, in Deutschland das BAND – Business Angels Network Deutschland oder auch mehrere Vereinigungen in der Schweiz, die auch zunehmend einführende Kurse anbieten.

7.2. Theorie: Ausbildung und Zertifikat

Eine sehr umfassende und aufwendige Aus- und Weiterbildung bietet hingegen zB das Business Angel Institute[9] an. Die 2013 in Österreich gegründete Initiative hat sich sehr früh dem Thema Angel Investing verschrieben und ist damit Vorreiter in Europa. Großes Vorbild ist die US-amerikanische Ewing Marion Kauffman Foundation,[10] die ebenfalls Bildungsangebote für Angel Investments entwickelt hat. Der Stiftungszweck ist die Förderung von Unternehmertum und dazu braucht es eben auch Menschen, die das entsprechende Wissen haben, um ein Risiko eingehen und Kapital zur Verfügung stellen zu können.

Kernstück des Business Angel Institutes ist ein umfassendes Trainingsprogramm, welches den gesamten Lebenszyklus eines Investments durchspielt. Teil A des Programms deckt alle Themen ab, die vor einem Investment eine Rolle spielen. Dazu zählen die Auswahl

9 https://businessangelinstitute.org/ (7.8.2019).
10 https://www.kauffman.org/ (7.8.2019).

der besten Startups, sowie finanzielle und rechtliche Aspekte. In Teil B erfahren die Teilnehmerinnen und Teilnehmer alles über die Post-Investitionsphase, in der die Unterstützung von Portfoliounternehmen, sowie Aktivitäten in der Spätphase wichtig sind.

Wer das Trainingsprogramm durchlaufen hat oder einen sehr umfangreichen Kriterienkatalog erfüllt, kann sich zertifizieren lassen. Gemeinsam mit einem internationalen akademischen Beirat und der Qualitätsakademie incite[11] hat das Business Angel Institute die Zertifizierung Certified Business Angel – CBA entwickelt, die Kompetenzen und Erfahrungen von Risikokapitalgebern zertifiziert und gegenüber Unternehmen transparent macht. Die Prüfung besteht aus einem schriftlichen und einem mündlichen Teil, wobei Wissen und Kenntnisse zur allgemeinen Herangehensweise, Investmentprozess, Dealflow, Dealscreening, Due Diligence, Bewertungsmethoden, Verhandlungsführung, Investmentdokumentation, Unternehmensentwicklung, Folgerunden und Exit-Strategien abgefragt werden.

Der CBA ist auch für erfahrene Business Angels eine gute Gelegenheit, sich (wieder) einmal theoretisch und reflexiv mit dem eigenen Tun auseinanderzusetzen. Mit dem Trainingsprogramm und ISO-Zertifizierung hat das Business Angel Institute auch im Ausland Fuß gefasst und beabsichtigt, als Stiftung sowohl die langfristige und unabhängige wissenschaftliche Tätigkeit, als auch die Weiterbildung für Angel Investing zu fördern.

11 https://www.incite.at/ (7.8.2019).

Gemeinsames Investieren in Startups

Bernhard Lehner/Michael Altrichter

1. Gemeinsam vs einsam: Warum überhaupt gemeinsam investieren?

Um es gleich vorweg klar zu sagen: Das Investieren in Startups in der frühen Phase, der sogenannten Early Stage, ist nichts für schwache Nerven. Die Risiken des Scheiterns sind gerade in den ersten Monaten und Jahren enorm. Wie viele Startups tatsächlich über die Klippe springen, ist allerdings schwierig zu sagen. Die vorhandenen Zahlen sind mit Vorsicht zu genießen; Scheiterquoten von bis zu 90 % schwirren in den Medien[1] herum – Todeskommando Startups, sozusagen.

Diese Horrorzahlen halten wir für stark überzogen. Wir können sie aus unserer eigenen Erfahrung mit über 80 Beteiligungen in den letzten 15 Jahren nicht bestätigen; eine realistische Zahl von Totalausfällen liegt aus unserer Sicht eher bei 20 bis 40 %. Was natürlich immer noch hoch ist – aber das Risiko gehört zum Startup-Leben wie das Amen zum Gebet! Natürlich und wie immer im Leben kommt es sehr stark auf den Kontext an. Grundsätzlich aber gilt: Je besser und professioneller das Umfeld des Startups (angefangen von der Ausbildung über das Coaching der Gründerinnen und Gründer, bis hin zum Netzwerk und dem der Support durch die Business Angels), desto höher die Wahrscheinlichkeit, dass ein Startup erfolgreich sein wird.

Dem hohen Risiko stehen im Idealfall herausragende Renditen eines (im Idealfall) Vielfachen des Anfang-Investments gegenüber. Sozusagen gratis dazu bekommt ein Business Angel einen der spannendsten Jobs – und nichts weniger ist die Tätigkeit als „Business Angel" – der Welt: Immer in Kontakt mit motivierten und extrem talentierten Menschen, immer ganz vorne bei der technologischen Entwicklung, immer gefordert und mit Neuem konfrontiert, immer im Wissen, die Welt ein Stück weit zu gestalten. Es gibt nichts Besseres!

Business Angel kann man natürlich auch als One-Man- oder One-Woman-Show sein. Es gibt aber viele Gründe, warum es Sinn macht, gemeinsam und in der Gruppe in Startups zu investieren.

1.1. Geteiltes Leid ist halbes Leid

Per Definition haben Startups ein unsicheres Geschäftsmodell, können dafür allerdings potenziell extrem schnell skalieren. In anderen Worten: Die Wahrscheinlichkeit des Totalausfalls eines Investments in ein Startup ist hoch. Aber auch im besten Fall, nämlich einer sehr positiven Entwicklung des jungen Unternehmens, gibt es immer genügend Gründe für schlaflose Business-Angel-Nächte. Denn der Startup „Rollercoaster", also die unvermeidliche Berg- und Talfahrt auf der Suche nach dem richtigen Product Market Fit und damit der Bestätigung, dass man das richtige Produkt für die richtige Zielgruppe (manchmal auch die richtige Zielgruppe für das existierende Produkt) gefunden hat, ist eine Realität in jedem Startup.

Auf den Punkt gebracht: Wer sich auf das Abenteuer „Being Business Angel" einlässt, dem schadet es nicht, mit der Gelassenheit eines buddhistischen Mönches ausgestattet

1 https://www.manager-magazin.de/lifestyle/artikel/start-up-szene-new-work-arbeitswelt-ist-oft-eine-schoene-neue-scheinwelt-a-1264963-2.html (29.8.2019).

zu sein. Aber auch in diesem Fall ist es schön, sich immer und jederzeit an Personen wenden zu können, die genau das Gleiche wie man selbst durchmachen, die wissen, wovon man redet und die immer ein offenes Ohr haben, weil sie im gleichen Boot sitzen: die Co-Investoren.

1.2. Auch Business Angels müssen lernen

Business Angel zu sein, lernt man in der Regel nicht im Rahmen einer Ausbildung. Man liest vielleicht ein paar Bücher und folgt den Blogs und Podcasts von erfolgreichen Investorinnen und Investoren. Am besten und schnellsten lernt man aber vom persönlichen Austausch mit Business Angels, die dieser Tätigkeit schon länger nachgehen. Auch wenn generell ein sehr hohes Level an Offenheit in der Startup-Szene herrscht, so ist es doch noch einmal etwas anderes, sich mit erfahrenen, erfolgreichen Business Angels gemeinsam an einer Firma zu beteiligen. Es gibt keine bessere Lernkurve, als gemeinsam in Board Meetings die strategischen und operativen Optionen eines Startups zu diskutieren und bereits wenige Wochen später die Ergebnisse der gefällten Entscheidungen zu sehen. Gemeinsam zu investieren bedeutet immer auch, von anderen und gemeinsam zu lernen.

1.3. Todeskommando Startup?

Ja, Startups scheitern. „Fail fast“ gilt in der Gründerszene sogar als positive Eigenschaft. Da das Scheitern als absolut realistische Option der innovativen Geschäftstätigkeit erkannt wird, gilt es, schnell zu handeln, wenn es schon notwendig ist. Schließlich spart dies Zeit, Nerven und vor allem Geld – und es macht den Weg frei zum Starten des nächsten Startups, in welches dann alle Learnings einfließen können.

Es gibt viele Gründe für das hohe Risiko von Early Stage Startups. Das Produkt oder Service, das verkauft werden soll, ist nur in einer rudimentären und in den Grundzügen erkennbaren Version vorhanden, dem Minimum Viable Product – und gar nicht selten auch noch gar nicht wirklich, sondern nur als Screenshot in einem Pitch-Deck. Wird es das Team schaffen, das Produkt auf dem notwendigen Niveau und in der adäquaten Qualität überhaupt zu entwickeln? Sind alle technischen Annahmen richtig und kann das Produkt überhaupt wie geplant gebaut werden? Ist das Team schnell genug oder gibt es irgendwo auf der Welt einen Mitbewerber, der besser finanziert ist und schlagkräftiger arbeitet? Und es gibt immer mehrere davon, auch wenn es nicht sofort erkennbar ist! Passt das Gründerteam so gut zusammen, dass es nicht nur alle strategischen und operativ notwendigen Fähigkeiten für die frühe Phase einbringen kann, sondern dass es auch keinen **Founders Clash**, also Streit unter den Gründern, gibt? Letzterer ist übrigens das für den Business Angel unangenehmste Problem, weil er nicht nur einer der häufigsten Gründe des Scheiterns von Startups ist, sondern man ihn auch nur sehr schwierig vorhersehen kann und, wenn einmal eingetreten, die Möglichkeiten der Korrektur nur sehr eingeschränkt sind. Startups versetzen die Gründer in eine Extremsituation. Viele Gründer sind dieser außergewöhnlichen Belastung nicht gewachsen, geben auf oder begegnen der hohen Stressbelastung in einer Weise, die für die Mitgründer nicht tragbar ist.

1.4. Geld: Es muss (fast) immer mehr sein

Es gibt ein geflügeltes Wort unter Business Angels: Für eine realistische Einschätzung des Zeit- und Kapitalbedarfs, den ein Gründerteam für die Entwicklung eines Softwareproduktes einplant, sollte die angenommene Zahl immer mit zwei multipliziert werden, um der Realität näher zu kommen. Sobald Hardware Teil des Geschäftsmodells ist, ist ein Multiplikator von drei oder vier angebracht. Aus eigener Erfahrung können wir diese „Realitäts-Multiplikatoren" absolut bestätigen. So viele Fragen sind zu Beginn offen und werden von unerfahrenen Gründerinnen und Gründern notorisch falsch eingeschätzt. Üblicherweise sind auch die Kosten für Marketing von den Gründern zu niedrig, die Wachstumskurven dagegen zu optimistisch geschätzt. Damit geht in fast jedem Startup in der Early Stage Phase irgendwann die Finanzierungsschere auf.

Damit ergibt sich ein kritischer Moment im Startup-Leben. Wenn jetzt nicht schnell und unkompliziert frisches Kapital in das Unternehmen nachgeschossen wird, dann ist der unternehmerische Spaß auch gleich wieder vorbei. Bridge Financing braucht jedes Startup; verzögerte Geldflüsse aus Förderungen, längere Verhandlungen mit den Investorinnen und Investoren der nächsten Finanzierungsrunde, aus dem Ruder gelaufene Produktentwicklungszeiten und noch vieles mehr können unerwartete Liquiditätslöcher in das „Börserl" des Startups reißen.

In diesem Fall sind die Business Angels gefragt. Denn frei nach dem Motto „mitgefangen, mitgehangen" ist es die Aufgabe insbesondere der Business Angels der ersten Stunde, in diesen schwierigen Zeiten Committment zu zeigen – und zu zahlen. Doch natürlich hat nicht jeder Business Angel die tiefen Taschen, Bridging für seine Startups zu jedem Zeitpunkt, in beliebiger Höhe aufbringen zu können. In diesem Fall ist es sehr wertvoll, sich auch auf Co-Investoren verlassen zu können, die einspringen oder einen höheren Anteil an einer anstehenden Bridging-Runde übernehmen können. Je mehr Business Angels an Bord sind, desto größer wird auch das Netzwerk an potenziellen Neu-Investoren, die im Fall der Fälle an Bord geholt werden können. Das funktioniert natürlich am besten, wenn ein gut strukturiertes Business-Angel-Netzwerk mit hoher Reichweite und entsprechender technischen Infrastruktur zur schnellen Abwicklung von Finanzierungsrunden vorhanden ist – so wie etwa im Fall von Conda.BLACK[2] aus dem startup300-Ecosystem.

1.5. Business Angel ist ein Beruf

Wenn man es ernst meint (und anders sollte man sich dem Thema nicht nähern), dann ist Business Angel ein Beruf. Schon das Investment in nur ein Startup zieht einen wahren Rattenschwanz an zeitlichen Verpflichtungen mit sich. Anfangs muss man sich in das Thema des Projektes einarbeiten, man muss die Gründerinnen und Gründer näher kennenlernen und versuchen zu verstehen, ob sie alle notwendigen Kriterien eines potenziell erfolgreichen Gründerteams erfüllen. Der Beteiligungsvertrag muss verhandelt werden. Nach dem Notartermin gilt es, das Startup innerhalb des Netzwerkes dorthin zu empfehlen, wo es gerade Hilfe benötigt; die Investoren-Updates müssen

2 https://black.conda.at/invest/ (28.8.2019).

gelesen, verstanden und erwidert werden; regelmäßige Board-Meetings bedeuten nicht nur Anwesenheitszeit, sondern auch Vorbereitung und in der Regel eine Reihe von To-dos, die in solchen Treffen auch für Business Angels entstehen. Kurz: Selbst wenn man nur ein Investment hat, ist die Betätigung als Business Angel mehr als ein Hobby.

So richtig herausfordernd wird es, wenn man mehrere Investments tätigt. Synergien gibt es zwar, aber sie sind überschaubar. Jedes neue Investment bedeutet in der Regel neuen Zeitaufwand. Da mehrere Investments aber schon alleine aufgrund der zu empfehlenden Risikostreuung absolut Sinn ergeben, ist schnell ein signifikanter Zeitaufwand notwendig. Kann man auf eine zweistellige Zahl an Beteiligungen verweisen, dann ist der Schritt zum Vollzeitjob als Business Angel nicht mehr fern.

Das Investieren in einer gut organisierten Gruppe bringt spürbare Entlastung der persönlichen Ressourcen. Insbesondere, wenn es im Hintergrund noch Business-Angel-Infrastruktur in Form eines Netzwerkes, einer Business-Angel-Plattform oder eines Business-Angel-Clubs gibt, erleichtert dies den Job als Business Angel ungemein.

1.6. Netzwerk & Know-how: es kann nicht genug geben

Die Bedürfnisse eines Startups und seiner Gründer sind umfassend, sowohl was das Verlangen nach Know-how und Erfahrung, aber auch belastbare Kontakte zu einem bestehenden Netzwerk betrifft.

Die Erfahrung zeigt, dass es von beidem nicht genug geben kann. Es ist zwar besser als nichts, wenn man als einzelner Business Angel den Gründerinnen und Gründern zur Seite steht und unterstützt. Aber jede Einzelperson, egal wie erfahren, erfolgreich und gut vernetzt sie auch ist, hat Grenzen. Ganz abgesehen vom eingeschränkten Fokus, den eine individuelle und subjektive Sicht zwangsläufig mit sich bringt. Je mehr Personen Interesse am Erfolg eines Startups haben, desto besser. Je mehr Türen sich öffnen lassen durch die Vermittlung der eigenen Gesellschafter, desto schneller wird ein Startup erfolgreich sein, und desto weniger wahrscheinlich wird es auch, bei wichtigen Business-Development-Kontakten von der Tür gewiesen zu werden.

1.7. Mehr Optionen beim Exit

Der Erfolg eines Unternehmens, zumindest aus kaufmännischer Sicht, ist sehr einfach definiert. Wenn am Ende des Jahres mehr Euros verdient sind, als ausgegeben werden, dann hat man alles richtig gemacht.

Bei Startups, die in die Entwicklung des Produktes, in den Aufbau des Teams und in den Markt investieren müssen, ist von einem positiven Ertrag in der Regel nicht die Rede. Wann ist ein Startup dann erfolgreich? Aus der Sicht des Business Angels ist das Erreichen des Break Evens eines Startups auch nicht unbedingt das Ziel. Denn dies heißt noch lange nicht, dass der Business Angel sein finanzielles und zeitliches Investment mit entsprechender Rendite zu diesem Zeitpunkt auch zurückbekommt. Ganz im Gegenteil: Einer der schlimmsten Momente im Leben eines Business Angels ist es, wenn er erkennt, dass er sein hart verdientes Geld in ein Unternehmen investiert hat, welches zwar keine

Verluste mehr erwirtschaftet, aber auch kein signifikantes weiteres Wachstum produzieren kann und darüber hinaus auch wenig strategisch spannende Assets entwickelt hat – für den Business Angel ein „Walking Dead"-Erlebnis. Das Unternehmen ist wie ein Zombie, das nicht sterben darf, aber auch nicht mehr leben kann.

Ein Exit ist nur dann möglich, wenn es für die Geschäftsanteile auch einen Interessenten gibt, der sie zu einem entsprechenden Preis übernehmen möchte. Häufig handelt es sich dabei um ein hohes strategisches Interesse des potenziellen Käufers, entweder am Geschäftsmodell an sich, am Gründerteam, am Produkt, an den Kunden des Startups – oder natürlich an einer Kombination aus all diesen Faktoren. Ein wirtschaftlicher Erfolg in Form eines positiven Ergebnisses am Ende eines Geschäftsjahres ist zu diesem Zeitpunkt gar nicht zwangsweise notwendig (auch wenn es natürlich einen sehr positiven Einfluss auf den erzielbaren Preis haben kann). Erfolg aus Sicht des Business Angels bedeutet, seine Anteile auch wieder verkaufen zu können und dabei eine Rendite zu erzielen.

Ist man als Business Angel gemeinsam mit anderen erfolgreichen Unternehmen und Unternehmern an Bord eines Startups, erhöht das signifikant die Wahrscheinlichkeit, Anteile auch einmal früher als im Falle eines klassischen Exits verkaufen zu können. Im Rahmen sogenannter Secondary Deals gibt es – das entsprechende Netzwerk vorausgesetzt – immer häufiger die Möglichkeit, Anteile an Unternehmen oder Personen auch unabhängig von Kapitalrunden zu verkaufen. Somit lässt sich die üblicherweise sehr lange Zeit von rund fünf bis sieben Jahren, die es üblicherweise bis zur Veräußerung von Unternehmensanteilen des Investors dauern kann, deutlich reduzieren.

2. Nicht alle sind gleich: Hierarchie und Investoren-Typen

Wenn eine Gruppe von Personen in ein Startup investiert, dann sind die Rollen unterschiedlich verteilt. Investoren haben unterschiedliche Interessenslagen. Sie verfügen über einen oft ganz unterschiedlichen Erfahrungsschatz und haben Zugang zu meist recht unterschiedlichen Netzwerken. Gerade diese Heterogenität unter den Business Angels ist ja auch oft die große Stärke von Syndikaten – vorausgesetzt, es wird professionell und effizient genutzt. Die besten Gründer beherrschen diese Kunst, aus ihren Business Angels das Maximum herauszuholen. Ansonsten stellt beispielsweise eine zusätzliche Struktur, wie etwa ein Business Angel Club (siehe Kapitel 6/*Fassl*: Better together: Warum Angel-Investoren sich vernetzen (müssen)) das Framework zur Verfügung, um maximale Effizienz zu garantieren.

Die Investoren-Typologie, die wir im Folgenden herausarbeiten, basiert nicht auf einer wissenschaftlichen Herangehensweise. Durch dieses Clustering werden aber die typischen Rollen unter Investoren deutlich dargestellt und somit besser verständlich.

2.1. Der Lead-Investor

Er – leider viel seltener sie – ist der „primus/prima inter pares". In vielen Fällen ist der Lead-Investor derjenige, der auch den ersten Kontakt zu einem Startup hat. Er verhandelt in der Regel die Bedingungen des Investments (die „Deal Terms") und koordiniert die Ergebnisse mit den anderen Investoren. Oft ist es auch der Lead-Investor, der den verhältnismäßig größten Anteil im Rahmen einer Kapitalerhöhung erhält. Natürlich trägt er damit auch das größte finanzielle Risiko, weil er natürlich „skin in the game", also investiertes Kapital, hat. Der Lead-Investor ist derjenige, der die meisten schlaflosen Nächte hat, wenn es einmal nicht so gut läuft, und der am härtesten arbeitet, wenn Probleme auftreten. Meistens ist es der Lead-Investor, über den auch die intensivste Kommunikation zwischen Gründern und Business Angels läuft – vor allem bei strategischen Themen wie der Planung weiterer Finanzierungsrunden. Entsprechend laufen oft auch Initiativen zum Finden von Follow-on-Investoren über den Lead-Investor. Auf den Punkt gebracht: Er hat zum einen die größte finanzielle Upside, übernimmt aber auch die umfassendsten Arbeitspakete und hat das größte finanzielle Risiko.

Lead-Investoren müssen nicht immer natürliche Personen sein. Durch die Entwicklung von Business-Angel-Netzwerken und Crowdinvesting-Plattformen können auch diese viele Funktionen eines Lead-Investors übernehmen. Vor allem hinsichtlich des großen Netzwerk-Zugangs, der operativen Kapazitäten und der vergleichsweise großen finanziellen Möglichkeiten wird diese Form des Investierens immer beliebter.

Noch ein Wort zum sogenannten Sweat Equity. In den letzten Jahren war oft zu beobachten, dass der Lead-Investor für seinen Einsatz auch mit Unternehmensanteilen ausgestattet wurde, für die er kein finanzielles Investment getätigt hatte. Obwohl diese Praxis grundsätzlich verständlich und nachvollziehbar ist, geht der Trend mittlerweile davon wieder weg, hauptsächlich deshalb, weil die Nachvollziehbarkeit der Leistungserbringung für beide Seiten in der Praxis enorm schwierig ist und immer wieder zu Missverständnissen führte.

2.2. Der Finanzinvestor

Der Finanzinvestor ist hauptsächlich an einem möglichst großen Return on Investment (ROI) interessiert. Er geht in kein Investment, in dem er nicht einen möglichen dreifach-, fünffach- oder zehnfach-Multiple auf sein Investment erkennen kann. Schon die Auswahl seiner Investments erfolgt mit einem Fokus auf eine möglichst hohe Skalierbarkeit des Business-Modells.

Enorm wichtig für den Finanzinvestor ist auch eine möglichst gute Exit-Möglichkeit für seine Anteile. Er liebt also Hype-Themen und hohe Marktdynamiken, die etablierte Unternehmen dazu treiben, durch Zukäufe von Startups das eigene Geschäftsmodell mit Innovationen und digitalen Produkten zu stärken – wie dies etwa auch bei der Übernahme eines der bekanntesten Startups in Österreichs, Runtastic,[3] durch Adidas der Fall war.[4]

Durch seine geradlinige und klar kommunizierte Interessenslage ist der Finanzinvestor ein potenziell positiver Teil einer Business-Angel-Gruppe. Er sorgt dafür, dass das Thema „Growth" nicht zu kurz kommt und dass immer eine hohe Geschwindigkeit, insbeson-

3 https://www.runtastic.com/de/ (29.8.2019).

4 https://www.adidas-group.com/de/medien/newsarchiv/pressemitteilungen/2015/adidas-gruppe-erwirbt-runtastic/ (29.8.2019).

dere beim Time to Market, herrscht. Natürlich kommt es auf die richtige Mischung an; zu viel Finanzinvestoren-Mentalität kann sich negativ beispielsweise auf die Qualität der Produktentwicklung auswirken oder kann strategische Entscheidungen zu Gunsten des potenziellen „Quick Wins" ungünstig beeinflussen.

2.3. Der „Adabei"-Investor

Das ist der Investor, den eigentlich niemand im Cap Table haben möchte. Er liebt den Startup-Lifestyle und genießt es, dabei zu sein. Natürlich investiert er auch, aber nur in den kleinstmöglichen Beträgen, die bei der jeweiligen Kapitalerhöhung möglich sind. Er übernimmt nur ungern Verantwortung und investiert wenig Zeit in seine Beteiligungen. Im Grunde ist es ihm nicht so wichtig, dass das Startup top performt; es reicht ihm, das Gefühl zu haben, gebraucht zu werden. Bei Pitch-Veranstaltungen sind die „Adabei"-Investorinnen und Investoren häufig zu sehen; hier können sie das Bad in der Menge genießen und sich dem Gefühl hingeben, Teil einer innovativen Elite zu sein.

2.4. Der strategische Investor

Der Stratege sieht den Wert seines Investments nicht nur in der möglichen finanziellen Upside beim Exit, sondern am Zugang zum Startup ganz grundsätzlich. Er interessiert sich für das Business-Modell oder für das Marktsegment, an dem das Team arbeitet. Oft ist es auch das Produkt, welches das Interesse des strategischen Business Angels erregt. Es kann auch sein, dass ein Startup eine thematisch perfekte Ergänzung zum existierenden Portfolio eines Investors bildet. Häufig ist der strategische Investor selbst erfolgreicher Unternehmer. Er möchte etwas für sein eigenes Kerngeschäft lernen, oder sieht das anfangs privat getätigte Investment als potenzielles M&A-Target für sein Unternehmen.

Ein strategischer Investor kann ein Startup voranbringen, weil er Marktzugänge und enormes Know-how einbringen kann. Er kann ein potenzieller Exit-Kandidat und insbesondere auch ein möglicher Exit-Kanal für andere Business Angels sein.

2.5. Der operative Investor

Der operative Investor ist im Grunde seines Herzens eigentlich ein Gründer. Oft hat er das Kapitel „Gründung" in seinem Leben bereits mehr oder weniger erfolgreich hinter sich gebracht. Gegebenenfalls ist er auch seit vielen Jahren erfolgreich im Management eines Unternehmens und sehnt sich danach, wieder „Hands on" zu arbeiten und Dinge schnell voranzubringen. Der operative Investor hat umfassendes Know-how, wie ein Startup funktionieren sollte, oder über das Marktsegment in dem sich ein Startup bewegt – und teilt sein Wissen auch gerne.

Der operative Investor ist grundsätzlich eine Bereicherung im Cap Table. Jedoch wandelt sein Engagement auf einem schmalen Grat und droht, manchmal zu einer Belastung für die Gründer und das Startup zu werden. Die goldene Formel für den Erfolg ist es, den Gründern genügend Freiheit dort zu lassen, wo sie ihren eigenen Weg finden müssen, und sich dort einzubringen, wo aus eigener Kraft für die Gründer kein Weiterkommen ist. Gelingt dies, ist der operative Investor ein toller Business Angel.

3. Kein „Deal" ohne „Flow": Wie kommt man zu seinem Startup-Dealflow?

Das Investieren in Startups hat Parallelen zum Immobiliengeschäft. Haben Sie sich nicht auch schon einmal gefragt, wie es kommt, dass die Immobilien mit den wirklich guten Renditen und den perfekten Lagen meistens schon weg sind? Die Antwort ist, dass die besten Projekte meist nicht über die Immobilien-Inserate in den Zeitungen und Online-Plattformen vergeben werden. Das ist oft nur mehr Resteverwertung. Die besten Deals bekommen die Investorinnen und Investoren, die Teil des Netzwerkes sind. Sie haben, neben ihrem besseren Know-how, vor allem den informellen Wissensvorsprung, den es braucht, um die Golden Nuggets schon frühzeitig aufzuspüren. Darüber hinaus haben nur die echten Expertinnen und Experten die Reputation, um von den besten Projekten auch proaktiv angesprochen zu werden. Schließlich erhöhen die „richtigen" Investoren den Erfolg eines Projektes enorm und ziehen ihrerseits andere, unerfahrene Investoren an.

Im Startup-Business ist es ganz genauso. Man muss sich einen guten Ruf als Investor erarbeiten und bewahren, um an die wirklich guten Projekte heranzukommen. Gute Gründerinnen und Gründer sind wählerisch. Sie wissen ganz genau, dass sie in ihrem Cap Table nur maximal eine Handvoll, handverlesene Personen aufnehmen können. Dazu folgendes Rechenbeispiel: Laut dem Austrian Startup Monitor[5] werden jährlich in Österreich nicht mehr als rund 220 Startups neu gegründet. Das sind nicht viele. Nehmen wir an, dass rund die Hälfte das Potenzial zum Star haben. Dann sind das nur 110 Startups, die jedes Jahr unter den besten Business Angels wählen können. Selbst wenn jedes dieser Startups in der ersten Finanzierungsrunde drei Business Angels nehmen würde, würde das bedeuten, dass es lediglich 330 Investitionsmöglichkeiten jährlich in heimische Startups gibt. Mit anderen Worten: um die spannendsten Startups herrscht ein durchaus reges Gedränge!

Wie also schafft man es, zu den besten Startups Zugang zu bekommen?

3.1. Business-Angel-Netzwerk

Die Vorteile eines Business-Angel-Netzwerkes, wie zum Beispiel in Österreich die Austrian Angel Investment Association[6] oder Conda.BLACK[7], sind vielfältig. Eine ihrer wichtigsten Funktionen für den einzelnen Business Angel ist, hier Kontakt zu einem besseren Dealflow zu bekommen, als dies sonst möglich ist. Darüber hinaus kann man sich hier in Business-Angel-Syndikaten organisieren und bekommt so Zugang zu Investments mit anderen, teils viel erfahreneren Business Angels. Business-Angel-Netzwerke veranstalten immer wieder Pitch Events, bei der Startups um Investments werben. Aber auch die Themen Weiterbildung und Vernetzung kommen nicht zu kurz.

5 http://austrianstartupmonitor.at (28.8.2019).
6 https://aaia.at/ (28.8.2019).
7 https://conda.black/welcome/ (28.8.2019).

3.2. Business Angel Investment Club

Im Vergleich zum reinen Business-Angel-Netzwerk unterscheidet sich der Investment Club dadurch, dass er zusätzlich zu den Funktionen des Clubs, Services rund um das Thema „Investieren" anbietet. Im Falle von Conda.BLACK zum Beispiel bedeutet dies, dass Mitglieder des Clubs tatsächlich über eine Plattform in Startups investieren können – quasi per Mausklick. Die Rolle des Lead-Investors übernimmt dabei entweder ein erfahrener Business Angel oder ein Venture-Capital-Fonds, der sich auf Investments in frühen Phasen spezialisiert hat.

3.3. Member im Innovation Hub werden

Innovation Hubs wie der Talent Garden (aktuell mit rund 25 Hubs in acht europäischen Ländern vertreten)[8], die Factory Berlin[9], die factory300[10] in der Linzer Tabakfabrik, oder Microcity[11] im schweizerischen Neuchâtel betreiben Hubs mit Communities, die sich aus Startups, Gründerinnen und Gründern, Einzelunternehmern und innovativen Corporates zusammensetzen. Oft werden sie von speziellen Programmen zur gezielten Förderung von Startups und Corporate Innovation eingerahmt. Über „Memberships" bekommt man Zugang zu diesen Innovationssystemen, in denen es ein Leichtes ist, in Kontakt mit den richtigen Startups zu kommen.

3.4. Crowdinvesting-Plattformen

Crowdinvesting-Plattformen wie es in Österreich zum Beispiel die Conda[12] ist, bieten die Möglichkeit, sich auch mit recht kleinen Geldbeträgen in der Höhe von bereits wenigen hundert Euro an innovativen Unternehmen beteiligen zu können. Viele Crowdinvesting-Plattformen konzentrieren sich mittlerweile auf die Finanzierung von Immobilien-Projekten; Conda hingegen fokussiert verstärkt auf den Markt für Startup- und Innovationsprojekte. Anders als bei klassischen Business Angels Deals erwirbt der Investor beim Crowdinvesting keine Firmenanteile, sondern gewährt dem Unternehmen ein Darlehen und bekommt im Gegenzug eine entsprechende Verzinsung angeboten. Eine Ausnahme ist hier wiederum Conda.BLACK: Auf dieser Plattform, die Mitgliedern vorbehalten ist, werden die Investments als Equity-Investments strukturiert.

3.5. Co-Investieren mit erfahreneren Business Angels

Einer der wichtigsten Tipps für Einsteiger: Hören Sie sich im Bekanntenkreis um! Irgendwer kennt immer irgendwen; es ist daher gar nicht unwahrscheinlich im persönlichen Netzwerk jemanden zu finden, der bereits als Business Angel tätig ist. Das ist ein idealer Einstieg! Oftmals ergibt sich aus solchen Kontakten sogar die Möglichkeit für das erste Co-Investment.

---

8 https://vienna.talentgarden.org/de/ (28.8.2019).

9 https://factoryberlin.com/ (30.8.2019).

10 https://factory300.at/ (29.8.2019).

11 https://www.microcity.ch/en (30.8.2019).

12 https://www.conda.at/ueber-crowdinvesting/ (29.8.2019).

Viele Business Angels strukturieren ihre Beteiligungen in eigenen Investment-Gesellschaften. Manchmal ergibt sich auch die Möglichkeit, sich an solchen Beteiligungs-Vehikeln einzukaufen. Damit bekommt man – ein gut sortiertes Portfolio vorausgesetzt – die Möglichkeit, sein Kapital mit einem Investment auf mehrere Startups zu streuen und profitiert vom üblicherweise guten Zugang erfahrener Business Angels zu neuen Investment Opportunities.

3.6. Investieren in einen Venture-Capital-Fonds

Gute Venture-Capital-Fonds haben einen guten Dealflow. Gleichzeitig sind sie professionell verwaltet, haben eine klare und transparente Investment-Strategie und legen höchsten Wert auf möglichst gute Renditen. Insofern ist es eine Option, in einen Fonds zu investieren, der sich auf Early Stage Startup Investments spezialisiert hat.

Nachteile einer solchen Strategie ist, dass man natürlich sehr weit vom „echten" Startup-Leben entfernt bleibt. Über die Fortschritte der Startups erfährt man nur über die regelmäßigen Updates, die von Fonds an ihre Investoren geschickt werden oder trifft die Gründer hin und wieder bei eigens für diesen Zweck organisierten Veranstaltungen. Und selbstverständlich kostet die professionelle Struktur eines solchen Fonds Geld, welches im Endeffekt das netto investierte Kapital senkt.

In Österreich gibt es derzeit leider nur eine ganz kleine Zahl von auf hohem Niveau gemanagten und auf das Investieren in Startups spezialisierte Fonds. Wollen Sie investieren, gilt es, die Augen offen zu halten, da Fonds ja auch nur eine gewisse Zeit „raisen", also Kapital einwerben.

3.7. Zugang zu Startups über die Börse[13]

Seit Jänner 2019 hat sich in Österreich eine weitere Möglichkeit ergeben in Startups zu investieren: Über den Aktienmarkt. Das Listing der startup300 AG[14] an der Wiener Börse war der Start dieses neuen Marktes. startup300 ist seinerseits selbst an Venture-Capital-Fonds beteiligt und investiert auch direkt in Startups. Mit Conda.BLACK betreibt die startup300-Tochter Conda einen Business Angel Club, der den Dealflow verwaltet und Investments von Business Angels organisiert, syndiziert und abwickelt. startup300 erwirtschaftet außerdem operative Umsätze durch Beratung, den Betrieb von Innovation Hubs wie die factory300 und die Strada del Startup in der Tabakfabrik Linz und durch Events.

Mit dem Erwerb solcher Aktien können Investoren daher nicht nur an der Entwicklung von Startups, sondern an der digitalen Transformation der Wirtschaft ganz grundsätzlich partizipieren.

13 Siehe auch Kapitel 9/Wendecker: Der einfache Kapitalmarkteinstieg für Startups und KMUs an der Wiener Börse.

14 https://startup300.at/ (28.8.2019).

4. Reporting, Entscheidungsfindung & Co.

Jeder Business Angel möchte von seinem Startup über den Fortschritt, über Erfolge und Misserfolge informiert werden. Ein regelmäßiges Reporting ist auch eine wichtige Kommunikationsachse, die zwischen Investoren und Startups gespannt wird, und die eine wichtige Kontinuität sicherstellt. Bewährt hat sich ein monatliches Reporting via E-Mail oder, noch viel besser, mittels eines Online-Tools wie etwa investory.io.[15] Die Software minimiert den Reporting-Aufwand für die Gründerinnen und Gründer enorm und garantiert andererseits den Investoren ein hohes Maß an Transparenz. Welche Kennzahlen reportet werden, ist pauschal nicht zu beantworten. Selbstverständlicher Teil des Reportings müssen aktuelle Finanzzahlen (beispielsweise Gewinn- und Verlustrechnung, Kontostand, die aktuelle Burn Rate, also der monatliche Fehlbetrag etc) ebenso sein wie die wichtigsten Updates zur Entwicklung der relevanten Business-Kennzahlen (etwa Daily/Weekly/Monthly, Active User, Customer Akquisition, Costs, Retention Rate, Churn Rate oder Customer Lifetime Value) und ein kurzer Blick auf die wichtigsten Erfolge sowie die aktuell größten Herausforderungen muss möglich sein.

Absolut zu empfehlen sind regelmäßige Board Meetings (die inhaltlich über die regelmäßigen und auch gesetzlich verpflichteten Generalversammlungen hinausgehen), in denen sich die Gründerteams mit den Investorenteams über die wichtigsten Themen beraten können. Ein Meeting in physischer Form wäre erste Wahl, ist das nicht möglich, sind Telefonkonferenzen oder Video-Calls eine Alternative. Wichtige strategische Entscheidungen werden üblicherweise in diesen Board Meetings besprochen.

Darüber hinaus werden gute Gründerteams natürlich versuchen, bei spezifischen Themen, wann immer es notwendig ist, auch individuelle Unterstützung von Business Angels zu bekommen.

Der Lead-Investor hat natürlich auch beim Thema Reporting und Entscheidungsfindung eine ganz wichtige Rolle. In der Regel ist er es, der den intensivsten und häufigsten Kontakt mit dem Startup pflegt oder bei dem der erste Hilferuf einlangt, wenn einmal Schwierigkeiten auftauchen sollten.

5. Insolvenz: Geld weg, Reputation weg, alles im Eimer?

Wenn ein Startup scheitert, dann ist das nie angenehm. Nicht für die Investoren, deren Geld und zeitlicher Einsatz sich in Luft auflösen – und schon gar nicht für die Gründer. Neben dem wirtschaftlichen Verlust verwandeln sich auch der Einsatz unzähliger Arbeitsstunden und die Hoffnung, etwas Großartiges zu schaffen, in Schall und Rauch. Dazu kommt die im deutschsprachigen Europa nach wie vor mit einer Insolvenz verbundene Stigmatisierung – einer faktisch wirtschaftlichen und einer gesellschaftlichen. Während in anderen Kulturen das „Scheitern" immer auch mit Lernen und mit der Energie, es versucht zu haben, verknüpft wird, kämpfen bei uns erfolglose Unternehmer mit Blacklisting bei der Kreditvergabe auf viele Jahre, während die „Freunde" aus den erfolgreichen Jahren bei Anrufen nicht mehr abheben. Eine Kultur des Scheiterns ist bei uns nicht vorhanden.

15 https://investory.io/ (28.8.2019).

Dabei muss man mit dem Begriff vorsichtig umgehen. Ein Scheitern ist immer das, was es ist: Ein Misserfolg. Er ist damit nicht erstrebenswert. Kein Rennfahrer fliegt gerne aus der Kurve, aber er nimmt den Unfall als Option auf dem Weg zum Herausfinden der maximal möglichen Geschwindigkeit in Kauf. Wenn *Nelson Mandela*[16] sagte: *„Ich verliere nie. Ich gewinne – oder ich lerne“*, dann referenzierte er genau auf diese Geisteshaltung. Er sagte dabei aber nicht, dass er gerne verliert. Eine Kultur des Scheiterns darf also nicht zu einer Entschuldigung für Erfolglosigkeit werden.

Den richtigen Zeitpunkt zu finden, an dem man ein Scheitern akzeptiert, ist schwierig. Zum einen muss man in der Rolle des Business Angels natürlich sorgsam mit der Entscheidung umgehen, ab welchem Zeitpunkt man ein Startup für nicht mehr zukunftsfähig hält. Letztlich sollte diese Entscheidung dem Gründerteam überlassen werden. Zum anderen machen aber auch Zombies keinen Sinn, die durch künstliche Liquiditätszuschüsse, fern eines potenziell funktionierenden Business-Modells, aufrechterhalten werden.

In der Praxis ist auf dem Weg zum Misserfolg oft ein Prozess zu beobachten, der sich über einen längeren Zeitraum und im Dialog zwischen den Gründern und den Business Angels entfaltet. Beim Investment in ein Startup sollten sich Founder und Investoren auch auf einen Milestone-Katalog geeinigt haben. Spätestens bei der nächsten Finanzierungsrunde wird man einen kritischen Blick auf positiv erledigte Punkte werfen – und sich darüber unterhalten, warum auch etwas nicht erreicht wurde. Wenn die Erklärungen schlüssig sind oder die Milestones – beispielsweise aufgrund von Strategieänderungen – gar keinen Sinn mehr machen, werden Business Angels – genügend Liquidität vorausgesetzt – in der Regel weiter investieren. Vielleicht nicht immer alle, aber zumindest einige aus dem Gesellschafterkreis. Aber natürlich sollten schon hier die ersten leisen Alarmglocken schrillen. Eine offene und aufeinander abgestimmte Strategie in den vorhergehenden Investitionsrunden vorausgesetzt, gibt es immer relevante Ursachen, warum Investoren nicht weiter investieren wollen. Gefragt sind in solchen Situationen alle Gesellschafter, um spätestens jetzt wirklich hundertprozentige Klarheit über die weitere Entwicklung des Startups herzustellen. Ein besonderes Augenmerk sollte man auch auf die neuen Dynamiken legen, die in solchen Situationen immer entstehen. Denn nicht nur verschieben sich die Gesellschaftsverhältnisse, sondern natürlich werden die Gesellschafter, die nicht weiter finanzieren, auch ein schlechteres Standing gegenüber Investoren haben, die weiter ihre finanzielle Unterstützung zeigen.

Wenn sich das Verfehlen von Zielen wiederholt, kommt zwangsläufig der Zeitpunkt, an dem es aus dem bestehenden Investorenkreis kein Geld mehr gibt. Ist das Vertrauen und die Unterstützung aus dem Kreis der Erstunterstützer einmal so weit im Keller, dann hilft nur die Suche nach Kapital von neuen Investoren. Wenn diese Situation eingetreten ist, ist Feuer am Dach – der Break Even ist natürlich noch weit entfernt, das Liquiditäts-Delta geht täglich weiter auf. Dazu kommt, dass jeder neue Investor spätestens während des Verhandlungsprozesses die schlechte Stimmung unter den Altgesellschaftern erkennt.

16 https://de.wikipedia.org/wiki/Nelson_Mandela (30.8.2019).

Wir haben noch nie erlebt, dass Business Angels ein Startup in schwierigen Zeiten absichtlich in die Insolvenz schicken. Meistens wird weiter unterstützt, bis es die eigene Liquidität einfach nicht mehr zulässt. Häufig werden sogar auf die eigenen Investments Verluste bis hin zum Totalausfall in Kauf genommen, um den Gründerinnen und Gründern ein Weiterführen der Gesellschaft, beispielsweise durch einen Verkauf des Unternehmens an einen Interessenten bei gleichzeitiger Entschuldung, zu ermöglichen. Auch der Verkauf von Assets an der Gesellschaft, um die gemeinsamen Verluste in erträglichen Grenzen zu halten, ist zu beobachten.

Die drohende Stigmatisierung ist sicher einer der Gründe, warum alles getan wird, um ein Unternehmen noch zu retten – auch auf Kosten des eigenen Investments. Viele Business Angels akzeptieren lieber finanzielle Verluste, als ihren Namen neben einem in der Zeitung veröffentlichten Konkurs zu sehen.

Wünschenswert wäre hier ein professionellerer Zugang, denn ein Aufrechterhalten des Unternehmens, dessen Business-Modell sich bereits als unrealistisch zu erweisen beginnt, macht für niemanden Sinn. Ein Neustart unter Berücksichtigung der Learnings aus dem gescheiterten Projekt wäre sicherlich besser.

6. Jetzt gibt's Kohle: Zeit für den Exit!

Es ist der Höhepunkt eines jeden Business-Angel-Lebens: Der Exit! Beim Exit bekommt man die Möglichkeit, die gehaltenen Anteile des Unternehmens zu verkaufen. Käufer sind in der Regel Strategen (also Unternehmen, die sich durch den Kauf von Unternehmen unterschiedliche strategische Vorteile erwarten). In Österreich und Deutschland sehr selten, erfolgen in Ländern mit aktiveren Kapitalmärkten Exits häufig durch IPOs, also Börsengänge. 24 IPOs listete das Branchenmagazin Techcrunch beispielsweise alleine im ersten Halbjahr 2019 in den USA auf.[17] Zum Vergleich: In Österreich waren es drei IPOs (Marinomed Biotech AG, Frequentis AG, Addiko Bank AG) sowie einige Listings ohne Kapitalerhöhung (zB startup300 AG).[18] Folgt man dabei der Definition des Startups, dann war es strenggenommen mit Marinomed sogar nur ein echter Startup-IPO – allerdings eines Unternehmens, das bereits 13 Jahre am Markt ist. Insgesamt ist es eine leicht verbesserte Situation als in den vergangenen Jahren, aber im Vergleich zu besser entwickelten Startup-Ländern mit einer besseren Kapitalmarktsituation natürlich noch äußerst überschaubar.

Eine weitere, wenn auch seltene Möglichkeit ist es, seine Anteile an einen anderen Business Angel (ein sogenannter Secondary Deal) oder an neue Investoren zu verkaufen.

Exit-Möglichkeiten ergeben sich manchmal überraschend und quasi aus dem Nichts, können aber auch durch einen strategischen Prozess mit üblicherweise professioneller Begleitung eines guten M&A-Dienstleisters durch die Gesellschafter des Startups angestoßen werden.

Wie auch immer der Prozess läuft, der zur Möglichkeit für den Exit führt: Wenn die Harmonie zwischen den Gründern und den Business Angels und auch zwischen den

17 https://news.crunchbase.com/news/heres-who-has-gone-public-in-2019-so-far/ (29.8.2019).
18 https://www.wienerborse.at/emittenten/aktien/neunotierungen/neunotierungen-2019/ (29.8.2019).

Investoren untereinander intakt ist, wird auch die Entscheidung für einen kompletten oder teilweisen Unternehmensverkauf harmonisch verlaufen. Auch hier gilt: Syndizierte Investoren können hier von den vielfältigen Erfahrungen der anderen Investoren profitieren. Aber natürlich gibt es auch hier Regeln, die im Worst Case ein Sicherheitsnetz bilden können. Wichtig sind in diesem Fall gut überlegte Mitverkaufsrechte und -pflichten in den Beteiligungsverträgen.

7. Mehr Menschen, mehr Konflikte?

Konflikte unter den Investorinnen und Investoren kommen eigentlich relativ selten vor. In der Regel kittet die Motivation, gemeinsam ein Unternehmen möglichst erfolgreich zu machen, mögliche Konfliktherde. Das beste Mittel hier Probleme zu vermeiden, ist eine sehr hohe Transparenz in der Motivation und den persönlichen Zielen bei einem gemeinsamen Investment. Aufzupassen gilt es bei Konstellationen wie Treuhandschaften, Genussrechten oder ähnlichem. Sie sind zwar durchaus üblich (etwa um einen möglichst sauberen Cap Table mit möglichst wenigen Gesellschaftern sicherzustellen), erhöhen aber natürlich auch die Komplexität und die Kommunikationsanforderungen untereinander.

Gute Beteiligungsverträge sind eine wichtige Basis, um Missverständnisse und damit Konflikte zu vermeiden. Gehen Sie zu Rechtsberatern, die eine gute Reputation bei der Begleitung von Startup-Deals haben. Hier zu sparen kann später teuer werden! Wenn Sie Ihre Investments über professionelle Strukturen wie etwa Venture-Capital-Fonds oder Business Angel Clubs machen, ist eine professionelle Begleitung sowieso garantiert.

Wo Menschen zusammenarbeiten, entstehen Konflikte. Kommt dazu noch Stress, erhöht das die Reibung zusätzlich. Die Gründerinnen und Gründer von Startups mit ihren unsicheren Geschäftsmodellen, ihrer Minimum-Viable-Product-Philosophie und der Finanzierung von Milestone zu Milestone befinden sich de facto in einem permanenten Ausnahmezustand. Dies führt beinahe zwangsläufig zu Situationen, in denen es zu Reibereien in den Teams kommen kann. Darauf muss man sich als Business Angel einstellen. Der Founders Clash, also der Streit unter den Gründern, ist eine der häufigsten Ursachen, wenn Startups scheitern. Das wichtigste Mittel, um ihn zu verhindern, ist beim Investieren ein großes Augenmerk auf ein möglichst harmonisches Gründerteam zu legen. Neben der Frage, ob die Gründer das Know-how für ihr Startup mitbringen, muss man immer beobachten, ob die Chemie im Gründerteam stimmt. Es gibt positive Indikatoren, etwa, ob die Gründer schon zuvor erfolgreich miteinander gearbeitet haben. Auch die Reputation der einzelnen Personen und ihren bisherigen Karriereweg sollte man sich ansehen und gegebenenfalls mit ehemaligen Wegbegleitern über die Erfahrungen mit den entsprechenden Personen reden. Spannende Dynamiken ergeben sich auch immer wieder bei Familienkonstellationen, wenn etwa Vater und Sohn oder Pärchen im Gründerteam sind. Das kann sehr gut funktionieren – oder auch total nach hinten losgehen. Auf jeden Fall sollte man hier besonders aufmerksam sein.

Im Falle eines Founders Clash oder beim Auseinanderbrechen des Gründerteams aus anderen Gründen – etwa, weil ein Gründer, aus welchen Gründen immer, nicht mehr weitermachen will – sind die Business Angels extrem gefordert. In der Regel wird man versuchen, die aufgetretenen Risse zu kitten und die Gründer wieder zur gemeinsamen Arbeit zu bewegen. Kommt man in den persönlichen Gesprächen nicht weiter, setzen viele Business Angels auch auf professionelle Hilfe, etwa in Form von Mediation. Hilft das alles nichts, dann kann man nur den Schaden begrenzen und versuchen, zügig und schnell das Ausscheiden des oder der Gründer zu regeln. Auch hier legen gute Beteiligungsverträge mit klaren Good- und Bad- Leaver-Klauseln eine wichtige Grundlage für den Erfolg.

Leider ist das Beurteilen der passenden Gründer-Konstellation keine exakte Wissenschaft. Es gibt Business Angels, die es zu wahrer Meisterschaft bei der psychologischen Einschätzung von Gründerteams gebracht haben und bei denen der Founders Clash entsprechend selten passiert. Mit ihnen gemeinsam zu investieren und von ihren Erfahrungen zu lernen, kann vor allem für unerfahrene Investorinnen und Investoren sehr hilfreich sein.

Better together: Warum Angel-Investoren sich vernetzen (müssen)

Lisa-Marie Fassl

1. Einleitung

„Better together: Warum Angel-Investoren sich vernetzen (müssen)" – der Titel dieses Kapitels lässt es bereits vermuten: Angel-Investoren sind erfolgreicher, wenn sie sich mit anderen Investoren austauschen, ihr Wissen teilen oder sogar gemeinsam in Startups investieren. Wie auch in anderen Bereichen, führt auch bei Angel Investment die „Wisdom of the crowd" und die Verbindung von persönlichen Netzwerken oftmals zu schnelleren Lern- und Wachstumseffekten, besseren Investmentscheidungen und – auch dieser Faktor sollte nicht unterschätzt werden – mehr Spaß am Investieren.

In diesem Kapitel wird aufgezeigt, welche Rolle Angel-Netzwerke und deren unterschiedliche Ausprägungen in der Karriere von Angel-Investoren spielen können (und sollten), wie und warum Angel-Netzwerke entstehen und welche Angebote Mitglieder erwarten. In diesem Zusammenhang werden auch Praxistipps für die Gründung sowie die Struktur und das Management von Angel-Netzwerken dargestellt. Die Bedeutung von international agierenden Netzwerken in einer immer vernetzteren Welt wird ebenso behandelt, wie die abschließende Frage aller Fragen: Sollten Sie Teil eines Angel-Netzwerks werden und wenn ja, von welchem?

Das Wichtigste vorweg: Egal in welcher Phase der Angel-Karriere sich Investoren befinden, Angel-Netzwerke können immer einen Mehrwert bieten. Essentiell hierfür sind aber immer der persönliche Fit zwischen dem Netzwerk, dessen Mitgliedern und dem Investor. Und um die Erwartungen realistisch zu halten: Bei allen Benefits, die diese Netzwerke mit sich bringen, bedeuten sie auch gleichzeitig – und vor allem wenn man einem neuen Netzwerk beitritt – Commitment und ein essentielles, aber jedenfalls rentables Investment: Zeit!

2. Netzwerke für Investoren

2.1. Warum Angel-Netzwerke entstehen

Mit der zunehmenden Reife und dem Wachstum von Startup-Ökosystemen geht in der Regel auch eine entsprechende Entwicklung auf Seite der Investorinnen und Investoren einher: Umso stärker sich die Startup Szene professionalisiert und organisiert, umso wichtiger wird es auch für Investoren ihr Wissen zu teilen, sich untereinander zu vernetzen und die Rahmenbedingungen für Investitionen in Jungunternehmen zu verbessern.

Diese Entwicklung zeigt sich sowohl auf europäischer als auch auf österreichischer Ebene. In Europa hat sich die Zahl der Angel Netzwerke rasant entwickelt. Im Jahr 1999 wurden europaweit 66 aktive Angel-Netzwerke gezählt, bis sich diese Zahl im Jahr 2017 mehr als versiebenfacht (vgl dazu Abbildung 1).[1]

1 Vgl Europäisches Angel Netzwerk EBAN, 20th Anniversary Booklet.

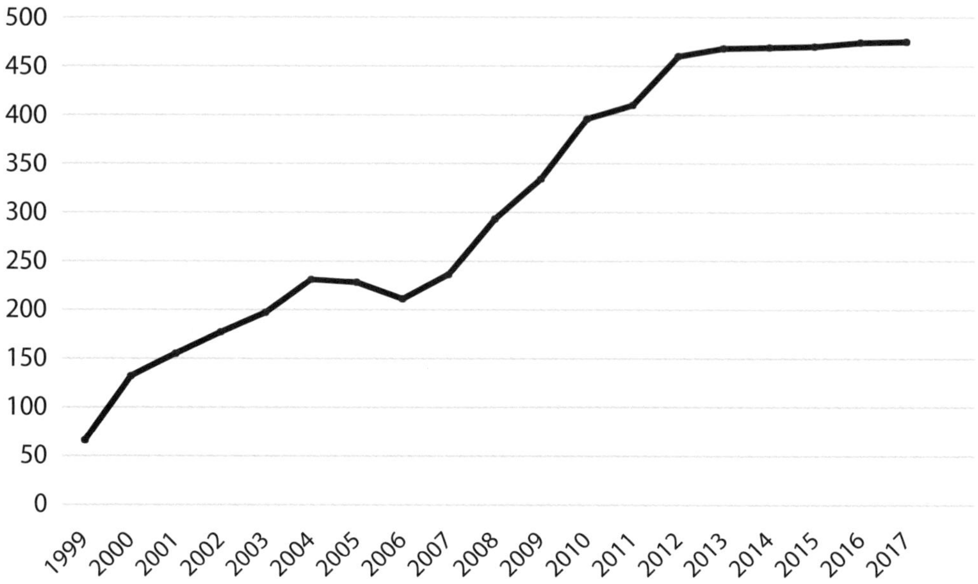

Abb 1: Entwicklung der Anzahl der Angel Netzwerke in Europa zwischen 1999 und 2017 (Quelle: EBAN, 20th Anniversary Booklet)

In Österreich zeigt sich ein ähnliches Bild mit rund zehn Angel-Netzwerken bzw Angel Groups (siehe dazu nachfolgend 2.2.), die in den rund zehn vergangenen Jahren entstanden sind. Diese grenzen sich durch teils sehr regionale Aktivitäten oder den Aufbau des Netzwerks voneinander ab.

Die Entstehung von Angel-Netzwerken lässt sich auf zwei Hauptmotive zurückführen:

- **Private Initiativen zur Vernetzung hinsichtlich Wissensaustausch und Dealflow Sharing**
  Die Mehrheit der Angel-Netzwerke in Europa bzw international geht auf private Initiativen von Personen zurück, die bereits selbst als Angel-Investoren aktiv sind und die sich gemeinsam mit anderen zu einer Gruppe bzw einem Netzwerk zusammenschließen. Die Motivation dahinter liegt vor allem darin, einen Rahmen zu schaffen, in dem sich die Mitglieder des Netzwerkes untereinander, in einem vertrauensvollen Rahmen austauschen und Erfahrungen teilen können. Vor allem der Austausch hinsichtlich komplexer rechtlicher Fragestellungen sowie bei der Lösung von Konflikten mit dem Gründungsteam werden in solchen Netzwerken regelmäßig thematisiert. Darüber hinaus ergibt sich vor allem für Virgin Angels die Möglichkeit von solchen Netzwerken zu profitieren, da sie sich über Angel-Netzwerke schnell mit anderen Investorinnen und Investoren vernetzen können und Zugang zu spannenden Beteiligungsmöglichkeiten bekommen.
- **Staatliche Initiativen zur Anregung der privaten Investitionstätigkeit**
  Um junge Unternehmen entlang ihres gesamten Lebenszyklus zu finanzieren (siehe dazu Abschnitt 3.), sind in der Regel unterschiedliche Akteure als Kapitalgeber not-

wendig. Vor allem in der Frühphase -- die sich durch hohes Risiko und keine bis sehr niedrige Umsätze kennzeichnet – braucht es Investoren, die mit diesen Charakteristika umgehen können. Staatliche Mittel, bspw in Form von Zuschüssen oder Garantien, sind in der Regel noch vor bzw parallel zur Finanzierung durch Angel-Investoren eine wichtige Kapitalquelle. Um hier Synergien zwischen den Finanzierungsformen zu schaffen und diese gegenseitig zu hebeln, liegt es auch im Interesse von öffentlichen Organisationen (in Österreich sind dies bspw die Austria Wirtschaftsservice GmbH oder die Forschungsförderungsgesellschaft) einen aktiven Angel-Investment-Markt zu fördern und damit ein etwaiges Marktversagen auszugleichen. Daher wurden in den vergangenen Jahren auch staatliche Angel-Netzwerke initiiert, die vor allem die Vermittlung von Beteiligungsmöglichkeiten im Fokus ihrer Aktivitäten haben. Ein weiteres staatliches Instrument zur Aktivierung von privatem Risikokapital sind Business Angel Fonds (vgl dazu 2.2.4.)

2.2. Arten von Angel-Netzwerken

Unter dem Sammelbegriff Angel-Netzwerk werden unterschiedliche Arten von Angel-Gruppierungen zusammengefasst. Diese lassen sich anhand folgender Merkmale unterscheiden:

- **Regionalität**
  Viele Angel-Netzwerke und -Gruppen haben einen stark regionalen bzw nationalen Fokus. Entsprechend lassen sich in unterschiedlichen Bundesländern auch häufig kleinere Gruppierungen von Angel-Investoren finden, die nicht nur aus monetären Aspekten in junge Unternehmen investieren wollen, sondern auch die Förderung der Region als Motivation sehen. Da Angel Investments oft eine intensive Mitarbeit erfordern (auch deshalb spricht man bei Angel Investments von Smart Money) und eine regelmäßige Kommunikation zwischen Investor und Unternehmern notwendig ist, ist ein regionaler Fokus nachvollziehbar.
- **Zielsetzung des Netzwerks**
  Unterschiedliche Arten von Angel-Netzwerken verfolgen oft unterschiedliche Zielsetzungen. In der Praxis lässt sich beobachten, dass vor allem kleinere Netzwerke einen starken und oftmals alleinigen Fokus auf den Dealflow legen: Die Suche von attraktiven Beteiligungsmöglichkeiten für die Mitglieder des Netzwerks und die Begleitung des Investmentprozesses gehören hier zu den Kernaktivtäten. Größere Netzwerke, die oftmals überregional oder auf nationaler Ebene agieren, versuchen in der Regel ihr Angebot breiter zu halten und stellen ihren Mitgliedern neben Beteiligungsmöglichkeiten auch unterschiedliche Ressourcen (wie bspw Vorlagen für Beteiligungsverträge) zur Verfügung. Oft werden hier auch übergeordnete Ziele wie bspw die Vertretung der Interessen von Angel-Investoren oder Capacity Building, verfolgt.
- **Exklusivität**
  In Anlehnung an die Zielsetzung des Netzwerks gestaltet sich die Möglichkeit der Teilnahme oder der Mitgliedschaft darin als unterschiedlich schwierig. Gerade kleine Netzwerke neigen dazu, die mit ihrer Größe einhergehende Exklusivität bewahren zu

wollen, weshalb die Teilnahme nur für ausgewählte Personen möglich ist. Oftmals erfolgt hier die Einladung in das Netzwerk durch die Initiatoren selbst (man spricht in diesem Zusammenhang auch oft von Angel Clubs). Auch größere Netzwerke weisen in der Regel unterschiedliche Aufnahmekriterien auf, die in der Regel über finanzielle Aspekte hinausgehen. Dazu gehört bspw die Erfahrung, die potentielle Mitglieder mitbringen oder das bereits vorhandene Netzwerk.
Nachfolgend werden unterschiedliche Ausprägungen bzw Arten von Angel-Netzwerken vorgestellt.

2.2.1. Angel Groups/Clubs

Angel Groups, die vor allem im US-amerikanischen Raum oder in Großbritannien sehr verbreitet sind, sind ein Zusammenschluss von mehreren Angel-Investoren. In der Regel operieren diese Organisationen ohne offiziellen rechtlichen Rahmen und sind daher keine eigenständigen juristischen Personen. Vielmehr verstehen sich diese Angel Groups als Kollektiv an Gleichgesinnten, die sich in einem informellen Rahmen austauschen, gemeinsam Beteiligungsmöglichkeiten evaluieren, allerdings auf individueller Basis Investitionsentscheidungen treffen. Die inhaltlichen Vorteile der Teilnahme an Angel Groups finden sich vor allem im direkten Zusammenhang mit dem Dealflow-Prozess. Ergänzend dazu bieten Angel Groups einen „emotionalen" Mehrwert: Durch die enge Verbundenheit der Mitglieder und das daraus entstehende Vertrauen steigt oft das subjektive Sicherheitsgefühl in der Auswahl der Beteiligungsmöglichkeiten. Die Diskussion in der Gruppe, eine gemeinsame Due Diligence und in der Folge oftmals gemeinsame Investments führen dazu, dass das mit Startup-Beteiligungen einhergehende Risiko abgeschwächter wahrgenommen wird.

In einigen Fällen sind aus diesen losen Gruppierungen eigenständige Investmentvehikel entstanden, die – geführt von erfahrenen Angel-Investoren, auch „Lead-Investoren" genannt – Deals evaluieren, strukturieren und den Mitgliedern der Gruppe exklusiv die Möglichkeit eines Co-Investments in der jeweiligen Finanzierungsrunde bieten. Sowohl für Lead- als auch Co-Investoren ergeben sich durch eine solche Konstellation unterschiedliche Vorteile (siehe Tab. 1):

Vorteile für Lead-Investoren	Vorteile für Co-Investoren
Zugang zu Co-Investoren und damit zu zusätzlichem Kapital	Partizipation an attraktiven Beteiligungsmöglichkeiten
Erschließung von neuen Netzwerken	Zusammenarbeit mit erfahrenen Investoren
Erweiterung des potentiellen Dealflows	Möglichkeit, von anderen Investoren zu lernen
(Monetäre) Incentivierung für die Rolle als Lead-Investor	Potentieller Aufbau eines attraktiven Portfolios

Tab 1: Vorteile für Lead- und Co-Investoren in Angel Clubs (Quelle: eigene Darstellung)

2.2.2. Klassische Angel-Netzwerke

Im Gegensatz zu Angel Groups sind klassische Angel-Netzwerke, die in der Regel sowohl auf regionaler als auch nationaler Ebene zu finden sind, oftmals als eigene Rechtskörper organisiert. Sowohl im deutschsprachigen Raum als auch international werden diese Netzwerke in den meisten Fällen als Non-Profit-Organisation gegründet. Obwohl zwischen klassischen Angel-Netzwerken und den dargestellten Angel Groups einige Ähnlichkeiten festzustellen sind, lassen sich diese beiden Netzwerk-Arten anhand ihrer Aktivitäten differenzieren: Bei klassischen Angel-Netzwerken liegt der Fokus des Angebots in der Regel nicht nur auf dem Dealflow sondern auch verstärkt in Capacity-Building (Ausbildung)-Maßnahmen. Darüber hinaus agieren viele klassische Netzwerke als Sprachrohr für die von ihnen vertretenen Mitglieder, bzw oftmals auch für die gesamte Angel–Investoren-Szene. Das Aufgabenspektrum erweitert sich daher um die Schaffung von Awareness für das Thema Angel Investing und die damit verbundene Aktivierung von potentiellen Investorinnen und Investoren, sowie die Vertretung der Interessen der Mitglieder des Netzwerks.

Mit dem erweiterten Aufgabenspektrum einhergehend, weisen klassische Angel-Netzwerke in der Regel eine größere Anzahl an Mitgliedern auf als Angel Groups. In der Praxis zeigt sich, dass für die operative Umsetzung eines solchen Netzwerkes und die Servicierung der Mitglieder oft professionelle Managementteams eingesetzt werden, die das Tagesgeschäft des Netzwerkes führen. Eine übersichtliche Darstellung der Unterschiede dieser beiden Arten von Netzwerken findet sich in Tabelle 2.

Auch wenn viele dieser Netzwerke auf private Initiativen zurückzuführen sind und bspw von aktiven Investoren gegründet werden, die sich eine Plattform zur Vernetzung mit potentiellen Co-Investoren wünschen (hier kann in einigen Fällen auch eine Evolution von einer Angel Group zu einem klassischen Netzwerk beobachtet werden), gibt es auch quer über Europa hinweg einige Beispiele für Angel-Netzwerke, die von der öffentlichen Hand initiiert wurden. Dies lässt sich vor allem in Märkten bzw zu Zeitpunkten beobachten, in denen nur eine eingeschränkte Angel-Investing-Aktivität vorhanden ist. Durch die Errichtung solcher Netzwerke – die sowohl auf nationaler als auch regionaler Ebene zu finden sind – soll Kapital für die Frühphasenfinanzierung von Unternehmen aktiviert und damit ein funktionierender Kapitalmarkt geschaffen werden.

Merkmal	Angel Groups/Clubs	Klassische Angel-Netzwerke
Größe	unter 50 Mitglieder	über 50 Mitglieder
Aktivitäten	Fokus auf Dealflow	Dealflow, Capacity Building, Awareness Schaffung, Interessensvertretung
Management	Management durch Initiator des Netzwerks	Management durch professionelles Managementteam
Initiator	Privat, oftmals durch Lead-Investor	Privat oder staatlich
Finanzierung	Mitgliedsbeiträge, Incentivierung durch Gewinnbeteiligung (Carry)	Mitgliedsbeiträge, Veranstaltungen, öffentliche Mittel

Tab 2: Merkmale von Angel Groups/Clubs und klassischen Angel Netzwerken (Quelle: eigene Darstellung)

2.2.3. Dachverbände

Je nach Größe des Marktes haben sich in einzelnen Ländern unterschiedlich viele Angel-Netzwerke bzw Angel Groups entwickelt. Um diesen eine Vernetzungs-Plattform zu bieten, die Interessen der dahinterstehenden Mitglieder einheitlich zu vertreten sowie Synergien zwischen den Netzwerken zu schaffen, lässt sich vor allem in entwickelten Märkten die Entstehung von Dachverbänden beobachten. Diese übernehmen viele der bereits in Punkt 2.2.2. genannten Aufgaben, die auch individuelle Netzwerke wahrnehmen. Die Hauptfunktion eines Dachverbandes lässt sich aber klar als Sprachrohr gegenüber Politik und Öffentlichkeit definieren. Für die Ausübung dieser Funktion nutzen viele Verbände umfassendes Datenmaterial, das oftmals selbst erhoben wird.

Ergänzend zu vielen nationalen Dachverbänden, haben sich auch länderübergreifende Organisationen entwickelt. Dazu zählt in Europa bspw EBAN[2] (The European Trade Association for Business Angels, Seed Funds and Early Stage Market Players), oder in Afrika ABAN[3] (African Business Angel Network). Die Mitglieder dieser Netzwerke sind sowohl klassische Angel-Netzwerke als auch Angel Groups aus unterschiedlichen Ländern, die sich über die Landesgrenzen hinaus vernetzen und damit einen innerkontinentalen Austausch fördern wollen. Neben dieser Cross-Border-Vernetzung sind diese Dachverbände oftmals Initiatoren und Begleiter von neu gegründeten Netzwerken in weniger entwickelten Märkten.

2.2.4. Angel-Investoren und Fonds

Im idealtypischen Finanzierungslebenszyklus eines Startups folgt nach der Finanzierung durch Angel-Investoren die Finanzierung durch Venture-Capital-Fonds (VCs; detaillierte Informationen zu diesen Fonds finden sich in Kapitel 7/*Keiper-Knorr*, *Wöss*: VC Investing: Bedeutung, Hintergründe, Risiken & Chancen. In vielen Fällen folgen diese Finanzierungsarten jedoch nicht sequentiell aufeinander, sondern vielmehr parallel. Um dies aktiv zu fördern und die Vorteile beider Arten miteinander zu kombinieren, haben sich unterschiedliche Co-Investmentmodelle zwischen Angel-Investoren und Fonds entwickelt. Diese werden oftmals aktiv von VC Fonds aufgesetzt. Zwei Beispiele für unterschiedlich stark ausgeprägte Modelle werden nachfolgend dargestellt:

Preferred-Co-Investor-Modell: Ein sehr einfaches und relativ loses Modell für Co-Investments zwischen Angel-Investoren und VC-Fonds ist das Preferred-Co-Investor-Modell. In diesem Modell werden die Limited Partner des VC-Fonds (LPs) – jene Investoren, die auch in den Fonds selbst investiert haben – dazu eingeladen, gemeinsam mit dem Fonds direkt in das Startup zu investieren. Dies bedeutet, dass der VC seinen LPs exklusiv die Möglichkeit bietet, an spannenden Deals zu partizipieren, die bereits den Evaluierungsprozess sowie die Due Diligence des Fonds durchlaufen haben. Die Vorteile dieses Modells für Angel-Investoren sind einerseits der Zugang zu Beteiligungsmöglichkeiten, die sie alleine potentiell nicht finden würden, sowie andererseits die Verkürzung der Due Diligence.

2 Vgl www.eban.org (30.8.2019).
3 Vgl www.abanangels.org (30.8.2019).

Angel-Partner-Modell: Das Gegenteil des relativ losen Preferred-Co-Investor-Modells ist das Angel-Partner-Modell. In diesem sind der klassische VC und die involvierten Angel-Investoren eng miteinander verbunden, da Investments ausschließlich gemeinsam getätigt werden. Das bedeutet, dass bei jedem Investment des Fonds mindestens ein Angel-Partner co-investieren muss. Die Auswahl der Investments ist in der Regel ebenfalls eng verwoben: Die Evaluierung der Unternehmen sowie die darauffolgende Due Diligence erfolgen meist in einem gemeinsamen Prozess. Für dieses Modell ist die Auswahl der Angel-Partner entscheidend, weshalb diese in der Regel bereits sehr viel Erfahrung und ein vorhandenes Beteiligungsportfolio mitbringen.

Die beiden vorgestellten Modelle sind nicht zu verwechseln mit Business Angel Fonds, die nichts mit der Vernetzung von Venture-Capital-Fonds und Angel-Investoren zu tun haben.

2.2.5. Business-Angel-Fonds

Business-Angel-Fonds (BAF) sind Initiativen der öffentlichen Hand, die das Ziel verfolgen das vorhandene Kapital für die Frühphasenfinanzierung von Startups zu hebeln. Diese BAFs werden in der Regel durch Mittel des Europäischen Investment Fonds (EIF) gespeist und auf nationaler Ebene verwaltet. Ergänzend zu staatlich initiierten Angel-Netzwerken sollen auch BAFs dazu beitragen, die Finanzierung von jungen Unternehmen attraktiver zu machen und mehr vermögende Personen zu Angel Investments anzuregen.

BAFs agieren als Co-Investoren mit individuellen Angel-Investoren. Das bedeutet, dass BAFs – im Gegensatz zu Venture-Capital-Fonds – nie eigenständig in Unternehmen investieren, sondern immer nur bereits zugesagtes, privates Kapital verdoppelt werden kann. Der Vorteil für Angel-Investoren und ihre Startups liegt damit darin, dass deutlich mehr Kapital zu vorteilhaften Konditionen akquiriert werden kann. Um sich für Co-Investments mit einem BAF zu qualifizieren, müssen interessierte Angel-Investoren und die von ihnen zu finanzierenden Unternehmen bestimmte Kriterien erfüllen. Dazu gehören in der Regel ua die Höhe des investierten Kapitals, die Branche des Unternehmens oder der Track Record des Angel-Investors.

2.3. Aufbau von Angel-Netzwerken

Je nach Größe und Art des Angel-Netzwerks, kann der Aufbau unterschiedlich komplex sein. Bei kleinen Netzwerken oder Angel Groups wird das Netzwerk in der Regel von den Initiatoren (oftmals erfahrene Angel-Investoren) geleitet. Größere Netzwerke bauen in der Regel mehrschichtige Strukturen auf, um das Netzwerk operativ zu führen. Diese besteht in vielen Fällen aus den folgenden Organen:

Vorstand: Der Vorstand eines Angel-Netzwerks setzt sich oft aus den Initiatoren des Netzwerks sowie anderen ausgewählten Angel-Investoren zusammen. Inhaltich sollten diese Personen unterschiedliche Themengebiete abdecken und Verantwortung für ausgewählte Aufgabenbereiche übernehmen. Die Funktionsperiode der Vorstandsmitglieder hängt von der rechtlichen Ausgestaltung des Netzwerks ab, der Tätigkeitsbereich erstreckt sich vor allem auf strategische Themen sowie Repräsentations- und Netzwerkaktivitäten. In der Regel üben Vorstandsmitglieder – gerade bei klassischen Netzwerken, die als Vereine organisiert sind – ihre Funktion ehrenamtlich aus.

Managementteam: Als operative Unterstützung für den Vorstand engagieren vor allem etablierte Angel-Netzwerke häufig entgeltlich tätige Managementteams, die das Tagesgeschäft abwickeln. Je nach Finanzierungssituation und Serviceleistungen besteht das mehrköpfige Team im Idealfall aus der Geschäftsführung, Dealflow-Managern, Marketingverantwortlichen und Eventmanagern.

Committees: Um die Mitglieder des Netzwerks einzubinden und das vorhandene Wissen sowie das zur Verfügung stehende Netzwerke zu nutzen, installieren einige Angel-Netzwerke sogenannte Committees. Dies sind Gruppen von ausgewählten Mitgliedern, die zur Beratung in speziellen Themenbereichen zusammenkommen und oftmals vom Vorstand zur Mitarbeit eingeladen werden. Typische Themengebiete für diese Committees können bspw rechtliche oder steuerliche Rahmenbedingungen sowie insbesondere deren Verbesserung sein. Gerade bei Netzwerken, die eine Funktion als Interessensvertretung wahrnehmen, kann die Errichtung dieser Committees beobachtet werden.

2.4. Finanzierung von Angel-Netzwerken

Wie bereits dargestellt, können sich der Umfang der Aktivitäten und die Angebote von Angel-Netzwerken stark unterscheiden. Dies steht in direktem Zusammenhang mit der Finanzierungssituation, wobei hier oftmals ein klassisches Chicken-Egg-Problem beobachtet werden kann: Einerseits fehlen für die professionelle Aufsetzung des Netzwerks und die Betreuung der Aktivitäten die notwendigen Ressourcen. Andererseits können keine zusätzlichen Ressourcen akquiriert werden, weil die Angebote des Netzwerks nicht attraktiv genug sind. Um diese Situation zu lösen, haben sich in der Praxis folgende Finanzierungsquellen für Angel-Netzwerke etabliert:

Mitgliedsbeiträge: Für die Teilnahme am Angel-Netzwerk und den damit verbundenen Zugang zu relevanten Co-Investoren, Dealflow, Know-how sowie den weiteren Leistungen des Netzwerks leisten Mitglieder jährliche Beiträge. Diese variieren teilweise stark zwischen einzelnen Netzwerken und sind von den Angeboten und der Exklusivität des Netzwerks abhängig.

Veranstaltungen: Ergänzend zu den Mitgliedsbeiträgen und den damit verbundenen Leistungen organisieren viele Netzwerke unterschiedliche Veranstaltungen, die als zusätzliche Einnahmequelle genutzt werden. Hier lässt sich oft eine differenzierte Pricing-Strategie für Mitglieder und Externe beobachten.

Staatliche Mittel: Um wie bereits beschrieben den frühphasigen Kapitalmarkt zu stärken, liegt die Förderung von bewusstseinsbildenden Maßnahmen und die Aktivierung von zusätzlichen Angel-Investoren im Interesse der öffentlichen Hand. Daher werden viele Angel-Netzwerke durch staatliche Förderungen subventioniert.

Sponsoring: Vor allem in Zusammenhang mit Veranstaltungen oder Projekten arbeiten viele Angel-Netzwerke mit ausgewählten Partnern zusammen, die die Netzwerke in Form von Sponsoring unterstützen. Hierbei muss von Seite des Angel-Netzwerks sichergestellt sein, dass die Sponsoren zum Netzwerk passen und einen Mehrwert für die Mitglieder stiften – und sie das Netzwerk nicht ausschließlich zur Präsentation der eigenen Leistungen nutzen.

2.5. Typische Angebote von Angel-Netzwerken

Abhängig von der Art des Netzwerks (vgl. dazu oben Punkt 2.2.), können sich die Angebote entsprechend unterscheiden. Nachfolgend wird überblicksmäßig eine Auswahl von potentiellen Services dargestellt, die in der Regel in diesem Umfang vor allem von klassischen Angel-Netzwerken angeboten werden.

2.5.1. Capacity Building

Gerade für Investoren, die am Anfang ihrer Angel-Investoren-Karriere stehen (vgl dazu 3.3.1.), sind Capacity-Building-Initiativen – darunter werden ua Workshops oder Vorträge verstanden – von hoher Relevanz. Sie stellen eine optimale Möglichkeit zum Erlernen des Handwerks von Angel-Investoren dar und geben vielen Investoren zusätzlich das notwendige Vertrauen, gut auf ihr erstes Startup-Investment vorbereitet zu sein. Typische Themen, die im Rahmen solcher Capacity Building Maßnahmen behandelt werden, sind: Steuerliche und rechtliche Grundlagen (bspw. Term Sheets), Portfoliomanagement, Evaluierung von Beteiligungsmöglichkeiten sowie die Bewertung von Startups.

Da diese Angebote in der Regel in kleinen, interaktiven Settings abgehalten werden, ergibt sich der zusätzliche Mehrwert der intensiven Vernetzung mit Peers. Daraus können wiederum spannende Co-Investment Möglichkeiten oder andere Formen eines zukünftigen Austauschs oder einer Zusammenarbeit entstehen.

2.5.2. Vernetzung mit anderen Investoren

Zentraler Mehrwert und Grundgedanke eines Angel-Netzwerks ist die Vernetzung mit anderen Investoren und daraus resultierend die Möglichkeit, Zugang zu spannenden Beteiligungsmöglichkeiten zu erhalten und potenzielle Co-Investoren persönlich kennenzulernen. Wie bereits in den vorherigen Kapiteln beschrieben, ist diese Intention auch der Ausgangspunkt vieler Angel-Netzwerke.

2.5.3. Dealflow

Zielsetzung jedes Investors sollte es sein, ein möglichst attraktives Beteiligungsportfolio aufzubauen. Um dieses zu erreichen, ist der Zugang zu relevantem Dealflow essentiell. Bei einigen Investorinnen und Investoren passiert der Einstieg in das Business-Angel-Dasein oft unbeabsichtigt: Aus dem persönlichen Umfeld ergibt sich eine Investmentmöglichkeit, die das Interesse an dieser Asset Class zum ersten Mal weckt. Oftmals ergeben sich in der Folge auch weitere Beteiligungsmöglichkeiten aus dem individuellen Netzwerk. Gerade Investoren, die ihr Portfolio diversifizieren und Zugang zu Unternehmen in unterschiedlichen Branchen erhalten wollen, stoßen hierbei naturgemäß relativ bald an Grenzen. Die Möglichkeit strukturiert zu Dealflows zu kommen, wird daher relevant.

Innerhalb von Angel-Netzwerken bieten sich zwei Varianten, um diesen zu erhalten:

- **Aktiver Dealfow**
  Je nach Gestaltung des Netzwerks, kann dieses eine unterschiedlich aktive Rolle in der Vernetzung von Startups und Investoren einnehmen. Einige Netzwerke verstehen sich als Vermittler zwischen diesen beiden Zielgruppen und spezialisieren sich genau auf diese Funktion (vgl. dazu auch die unterschiedlichen Arten von Netzwerken in Punkt 2.2.2.). Die Vernetzung kann hierbei auf unterschiedliche Art und Weise erfolgen, von Pitching-Veranstaltungen bis zu eigens entwickelten Software-Lösungen. Im Gegensatz zum passiven Dealflow, ist das Angel-Netzwerk hier ein aktiver Akteur in der Vernetzung.
- **Passiver Dealflow**
  Neben der aktiven Vermittlung bietet sich auch auf passivem/informellen Weg die Möglichkeit, im Rahmen der Mitgliedschaft in einem Angel-Netzwerk, einen strukturierten Dealflow aufzubauen. Hierbei ist das Angel-Netzwerk nicht direkt an der Vermittlung beteiligt, vielmehr entsteht durch den Beziehungsaufbau zwischen den Mitgliedern ein direkter Austausch – ohne aktives Zutun durch das Netzwerk. In vielen Fällen kommt dieser Variante sogar eine höhere Relevanz zu, wie beispielsweise eine Befragung unter den Mitgliedern der Austrian Angel Investors Association 2016 gezeigt hat.

2.5.4. Events

Einen elementaren Teil der Arbeit von vor allem klassischen Angel-Netzwerken stellt die Organisation von Events dar. Die Ausgestaltung dieser kann sich klarerweise stark unterscheiden, in der Regel lässt sich aber zwischen members-only und offenen Veranstaltungen (die gleichzeitig wiederum zur Generierung neuer Mitglieder für das Netzwerk dienen) differenzieren. Diese Events stellen ein wichtiges Instrument zur Erfüllung der Ziele bzw Angebote von Angel-Netzwerken dar.

2.5.5. Markt & Branchen-Daten

Ergänzend zu den Capacity-Building-Angeboten, ist für die Mitglieder von Angel-Netzwerken auch der Zugang zu regionalem sowie globalem Wissen und zu nationalen sowie internationalen Daten relevant, um gute Investitionsentscheidungen zu treffen. Hierbei ist vor allem das Verständnis von Branchen und Trends wichtig. Angel-Netzwerke treten hier als Wissenspool auf und nehmen oft die Aufgabe wahr, Daten und Informationen zu erheben bzw zu recherchieren und an ihre Mitglieder weiterzugeben.

2.5.6. Reisen

Um neue Märkte kennenzulernen, internationale Verbindungen aufzubauen sowie gleichzeitig interessante Dealflow-Möglichkeiten zu erschließen, veranstalten einige Angel-Netzwerke Reisen für ihre Mitglieder. Neben dem bereits genannten, ist auch hier wiederum die intensive Vernetzung zwischen den Teilnehmerinnen und Teilnehmern ein weiterer Mehrwert, der sich vor allem langfristig zeigen kann.

2.5.7. Weitere Benefits

Da die Mitglieder von Angel-Netzwerken für viele unterschiedliche Organisationen eine spannende Zielgruppe darstellen, erhalten sie oftmals ua Vergünstigungen bei Konferenzen, Einladungen zu informellen Events, Discounts für Tools etc.

3. Business Angel Lifecycle Concept (BALC)

Gerade für klassische Angel-Netzwerke, die eine größere Anzahl von Mitgliedern in unterschiedlichen Phasen ihres persönlichen Investoren-Lebenszyklus vereinen, ist es essentiell, die Bedürfnisse der unterschiedlichen Zielgruppen zu kennen und zu verstehen. Um genau dies zu erreichen und entsprechende Angebote zu entwickeln, wurde 2017 von der Austrian Angel Investors Association (aaia) das Business Angel Lifecycle Concept (BALC) entwickelt. Dieses wird nachfolgend dargestellt.

3.1. Der Mehrwert des BALC

Aufgrund der oftmals gegebenen Heterogenität der Mitglieder, die sich nicht nur anhand der unterschiedlichen Erfahrungslevels, sondern bspw auch an unterschiedlichen Industrieschwerpunkten zeigt, laufen Angel-Netzwerke Gefahr, ihre Angebote an den Wünschen und Bedürfnissen ihrer Mitglieder vorbei zu entwickeln. Ähnlich wie bei Startups, stellt sich auch hier die Frage nach dem Product Market Fit.[4]

Um diesen zu erreichen, können anhand des BALC die Aktivitäten und Angebote der Netzwerke mit den Bedürfnissen (Needs) der Mitglieder in der jeweiligen **Phase ihres Investoren-Lebenszyklus** gematched werden. Das BALC-Modell ist für jede Art von Angel-Netzwerk anwendbar und soll ein Tool zur Strategieentwicklung des Netzwerks darstellen.

3.2. Die Vorbereitung für die Anwendung des BALC

Vor der Implementierung des BALC ist es notwendig, möglichst viele Daten über die Mitglieder des Netzwerks zu sammeln. In diesem Zusammenhang ist es essentiell die zu erhebenden Daten genau zu definieren, da sie nicht nur die Grundlage für die Erhebung, sondern auch für die Anwendung des BALC darstellen. Weiters ist die Auswahl eines geeigneten Tools zur Datenerhebung wesentlich, da naturgemäß eine möglichst hohe Rücklaufquote erreicht werden soll, um valide Informationen zu erhalten. Diese beiden Schritte stehen wiederum in engem Zusammenhang mit dem verwendeten CRM-Tool.[5]

---

4 Der Begriff Product-Market Fit wurde ursprünglich von dem Unternehmer, Softwareentwickler und Super Angel Investor Marc Andreessen/AH Capital Management, LLC geprägt: Es bedeutet, in einem guten Markt mit einem Produkt zu sein, das diesen Markt befriedigen kann. https://en.wikipedia.org/wiki/Product/market_fit (15.8.2019).

5 Customer-Relationship-Management (CRM): https://de.wikipedia.org/wiki/Customer-Relationship-Management (14.8.2019).

In der Vorbereitung für die Anwendung des Business Angel Lifecycle Concepts, sind zusammengefasst folgende Maßnahmen notwendig:

- **Design des Datensatzes**
  Der wichtigste Schritt in der Vorbereitung für BALC ist die Definition des Datensatzes. Hier soll definiert werden, welche Informationen von den Mitgliedern erhoben werden sollen und wie groß die Stichprobe sein muss, um daraus gültige Schlüsse abzuleiten. Die relevantesten Kriterien – die auch die Grundlage für die BALC darstellen – sind die Erfahrung des Investors sowie die Portfoliogröße. Weitere Kriterien können im Sinne der weiteren Verwendung ebenfalls erhoben werden. Naheliegend sind hier bspw die bevorzugten Investmentphasen und Industrieschwerpunkte.
- **Auswahl des Erhebungstools**
  Im nächsten Schritt muss ein passendes Tool zur Erhebung der Daten ausgewählt werden. Kriterien hierzu sind auf der einen Seite der definierte Datensatz und die damit verbundene Art der Befragung. Andererseits muss – mit dem Ziel einer möglichst hohen Antwortquote – ein Tool gewählt werden, das einfach zu nutzen sowie effizient in der Abwicklung und Analyse ist. Neben einer persönlichen Befragung bieten sich hier digitale Tools (wie bspw Survey Monkey[6] oder Typeform[7]) an. Bei der Nutzung von digitalen Tools sollte die Verknüpfung mit bereits genutzten oder zukünftig zu nutzenden Programmen (wie bspw einer CRM-Software) als Auswahlkriterium bedacht werden. Weiter gilt es, die DSGVO zu berücksichtigen.
- **Erhebung der Daten**
  Wie bereits erwähnt, ist es notwendig, eine möglichst umfassende Stichprobe zu erstellen – im Idealfall kann die Gesamtheit der Mitglieder befragt werden. Bei der Nutzung von digitalen Tools können für die Verbreitung der Befragung interne Kommunikationskanäle, wie bspw Mitglieder-Newsletter, geschlossene Gruppen oder entsprechende Email-Verteiler, genutzt werden. Im Fall von persönlichen Befragungen empfiehlt es sich, Mitgliederveranstaltungen zu diesem Zweck zu nutzen. Es sollte bedacht werden, dass die Erhebung einer relevanten Stichprobe mehrere Wochen in Anspruch nehmen kann.
- **Auswertung der Daten**
  Je nach dem gewählten Erhebungstool kann die Auswertung der erhobenen Daten mehr oder weniger automatisiert erfolgen. Unabhängig von BALC können und sollten die Daten auch für weitere Anwendungsfälle genutzt werden, da zuverlässige Daten zum Thema Angel Investing auch bspw für Aktivitäten im Bereich der Interessensvertretung von hoher Relevanz sind.
- **Anwendung von BALC**
  Nach der Analyse der erhobenen Daten zeigt sich in der Regel ein klares Bild der Charakteristika der Netzwerk-Mitglieder. Wie in Punkt 1 festgehalten, sind für die weitere Anwendung des BALC besonders die Erfahrung sowie die Portfoliogrößen relevant. Die konkrete Anwendung des BALC wird nachfolgend dargestellt.

6 https://www.surveymonkey.com/ (15.8.2019).
7 https://www.typeform.com/ (15.8.2019).

3.3. Die Phasen des BALC

Das Ziel des Business Angel Lifecycle Concepts ist es, die Mitglieder von Angel-Netzwerken anhand ihrer Lebensphase in vier Kategorien einzuteilen und entsprechend dieser Lebensphase mehrwertschaffende Leistungen für diese anzubieten. Sobald daher die Daten der Netzwerk-Mitglieder ausgewertet sind, kann die Kategorisierung anhand der vier Standard-Lebensphasen des BALC erfolgen:

- Virgin Angel
- Co-Investor
- Lead-Investor
- Super Angel

Die genaue Definition der einzelnen Kategorien ist von der Gestaltung des Netzwerks abhängig und kann daher je nach Netzwerk variieren und selbst vorgenommen werden. Auch die quantitative Verteilung der Mitglieder auf die Kategorien kann sich von Netzwerk zu Netzwerk stark unterscheiden. In klassischen Angel-Netzwerken in mittelreifen bis reifen Märkten (gemessen bspw an Anzahl der erfolgreichen Exits in zwei- bis dreistelliger Millionenhöhe, Anzahl der aktiven Angel-Investoren oder Wachstumsrate der größten Angel-Netzwerke) werden sich allerdings in der Regel deutlich mehr Virgin Angels und Co-Investoren als Lead-Investoren und Super Angels finden. Nachfolgend werden einige idealtypische Kategorien und Definitionen dargestellt.

3.3.1. Virgin Angels

Virgin Angels sind Angel-Investoren, die am Anfang ihrer Karriere stehen und noch keine bis wenige Erfahrungen im Bereich des Angel Investing haben. Typisches Motiv für den Start als Angel-Investor ist die Suche nach spannenden Investitionsmöglichkeiten als Ergänzung zu klassischen, weniger risikointensiven Anlageformen. Damit einher geht oft der Wunsch, mit unerfahrenen, oft jungen Gründungsteams intensiv zusammenzuarbeiten und sie in der Frühphase ihrer unternehmerischen Tätigkeit auf inhaltlicher und persönlicher Ebene zu begleiten.

Die Portfoliogröße von Virgin Angels liegt in der Regel zwischen null und drei Beteiligungen. Diesen Investoren fehlen oft private Netzwerke, über die sie zu attraktiven Beteiligungsmöglichkeiten gelangen würden. Gleichzeitig ist in dieser Frühphase des Investoren-Lebenszyklus eine erhöhte Risikoaversion zu beobachten, die sich vor allem dadurch zeigt, dass der Schritt bis zur Realisierung der ersten Beteiligung deutlich länger dauert als die Zeitspanne zwischen den Investments von erfahreneren Investoren.

Die größten Bedürfnisse dieser Gruppe sind daher:

- Aufbau von und Zugang zu relevantem Know-how
- Vernetzung und Austausch mit erfahrenen Investorinnen und Investoren
- Mentoring durch erfahrene Investoren
- Zugang zu relevantem Dealflow & Co-Investmentmöglichkeiten

3.3.2. Co-Investoren

Die nächste Stufe im Lebenszyklus von Angel-Investoren bilden die sogenannten Co-Investoren. Dies sind Angel-Investoren, die bereits einige Erfahrungen in ihrer Investoren-Karriere gesammelt haben und nun das Ziel verfolgen, ein umfassendes Beteiligungsportfolio aufzubauen. In der Regel umfassen die Portfolios dieser Gruppe zwischen vier und zwölf Beteiligungen, zwischen denen sich oft Ähnlichkeiten oder Synergien finden lassen. Daher wird bei der Analyse der Portfolios oftmals eine erste Portfoliostrategie erkennbar. Gleichzeitig strebt diese Gruppe danach, ihr Wissen zu vertiefen, aus negativen Erfahrungen zu lernen und ein aktives Portfoliomanagement zu betreiben.

Für Co-Investoren zeigen sich daher vor allem folgende Needs:

- Zugang zu phasenrelevantem Know-how
- Austausch mit anderen Co-Investoren oder Investoren in späteren Lebenszyklusphasen
- Zugang zu relevantem Dealflow & Co-Investmentmöglichkeiten
- Entwicklung einer Portfoliostrategie
- Informationen zu zukunftsträchtigen Themen sowie Marktdaten

3.3.3. Lead-Investoren

Mit durchschnittlich mehr als zwölf Beteiligungen im Portfolio bilden Lead-Investoren die nächste Gruppe des BALC-Modells. Diese Investoren zeichnen sich nicht nur durch ein quantitativ umfassenderes Portfolio aus, sondern vor allem durch die Funktion, die sie in der Arbeit mit ihren Unternehmen und vor allem im Umgang mit anderen (Co-)Investoren einnehmen: Lead-Investoren sind oftmals diejenigen, die ein Angel-Syndikat oder eine formlosere Gruppierung von Angel-Investoren anführen (siehe dazu auch Kapitel 5/ *Lehner, Altrichter*: Gemeinsames Investieren in Startups). Sie übernehmen damit die Funktion eines Sprachrohrs bzw eines Vermittlers zwischen dem finanzierten Startup und den weiteren Investoren: Für das Startup wird der Lead-Investor zum ersten Ansprechpartner auf Investorenseite, für die Investoren übernimmt der Lead-Investor die Aufgabe der „Interessensvertretung". Durch diese Strukturierung ergeben sich für alle Beteiligten Vorteile, die vor allem in einer klaren Aufteilung der Rollen und Erwartungen liegen. Für Startups ist die Kommunikation mit dem Investoren-Kollektiv klar geregelt, für die weiteren Investoren entsteht der Vorteil, mit erfahrenen Investoren mitinvestieren zu können und damit vom Know-how der Lead-Investoren zu profitieren (was besonders für Virgin Angels attraktiv sein kann).

Lead-Investoren fällt in dieser Konstellation in der Regel ein erhöhter Aufwand zu, der nicht nur in der intensiven Kommunikation mit Startups und Investoren, sondern vor allem im aktiven Beteiligungsmanagement liegt: Die Erwartungshaltung an Lead-Investoren ist es, sich aktiv in die Entwicklung des Startups einzubringen und bspw die Suche nach Anschlussfinanzierung zu unterstützen. Für diesen Mehraufwand werden Lead-Investoren oftmals durch die weiteren Investoren incentiviert (bspw im Exitfall).

Durch die aktive Rolle, die Lead-Investoren einnehmen, entstehen in dieser Gruppe umfassende Bedürfnisse und Interessen:

- Zugang zu (Co-)Investoren
- Vernetzung mit Anschlussfinanzierern (wie bspw VC-Fonds)
- Vernetzung mit strategischen Investoren
- Zugang zu etablierten Unternehmen, die potentielle Kunden der Startups sind

Aus Perspektive eines Angel-Netzwerks sind Lead-Investoren aus zwei Gründen besonders interessant und relevant: Einerseits sind sie ein wichtiger Anknüpfungs- und potentieller Einstiegspunkt für neue, unerfahrene Mitglieder. Andererseits erfüllen sie eine weitere wichtige Funktion in einem funktionierenden, heterogenen Netzwerk – sie bringen sich aktiv ein und geben ihr Wissen und ihre Erfahrungen weiter, bspw in Form von Vorträgen.

3.3.4. Super Angels

Super Angels sind naturgemäß die kleinste Gruppe innerhalb von Angel-Netzwerken: Sie sind oftmals selbst erfahrene Unternehmer, die bereits seit mehreren Jahren als Angel-Investoren aktiv sind und ein entsprechend großes Portfolio, von meist mehr als 25 Beteiligungen, aufgebaut sowie mehrfache Exit-Erfahrung haben. Darüber hinaus sind sie bei mehreren dieser Beteiligungen als Lead-Investor aktiv. Diese Personen sind oft, wenig überraschend, full-time Angels und investieren ihre gesamte verfügbare Zeit in die Begleitung ihrer Startups.

Da diese Zielgruppe bereits einen hohen Erfahrungsschatz hat, zieht sie aus den oben genannten Angeboten den geringsten Mehrwert. Da sie aber ein essentieller Bestandteil eines Angel-Netzwerks sind, sollten entsprechende Maßnahmen zur Bindung dieser Personen an das Netzwerk ergriffen werden. Dies ist oftmals nur durch die aktive Einbindung oder durch Aktivitäten auf einer übergeordneten Ebene möglich. Zusammengefasst stehen folgende Themen im Fokus dieser Zielgruppe:

- Entwicklung eines aktiven und international bekannten Startup-Ökosystems
- Verbesserung der Rahmenbedingungen für Angel Investments
- Giving back: Teilen der gemachten Erfahrungen mit neuen Investoren
- Zugang zu (neuen) Co- und Anschluss-Investoren
- Kennenlernen neuer Märkte

4. Mehrwert von Angel-Netzwerken anhand von BALC

In den vorhergehenden Seiten wurden der theoretische Hintergrund sowie Praxistipps zum Aufbau von Angel-Netzwerken aufgezeigt. Nachfolgend soll nun die Perspektive von potentiellen Mitgliedern eines Angel-Netzwerks in den Vordergrund rücken und die Frage behandelt werden, warum und wann die Mitgliedschaft in einem (oder mehreren) solcher Netzwerke sinnvoll ist.

4.1. Motive für die Teilnahme an Angel-Netzwerken

Wiederum abhängig vom Aufbau und den Angeboten der Netzwerke, nennen die aktiven und potentiellen Mitglieder unterschiedliche Motive für ihre Mitgliedschaft. Nachfolgende Grafik stellt die Hauptmotive für die Mitgliedschaft in der Austrian Angel Investors Association dar:

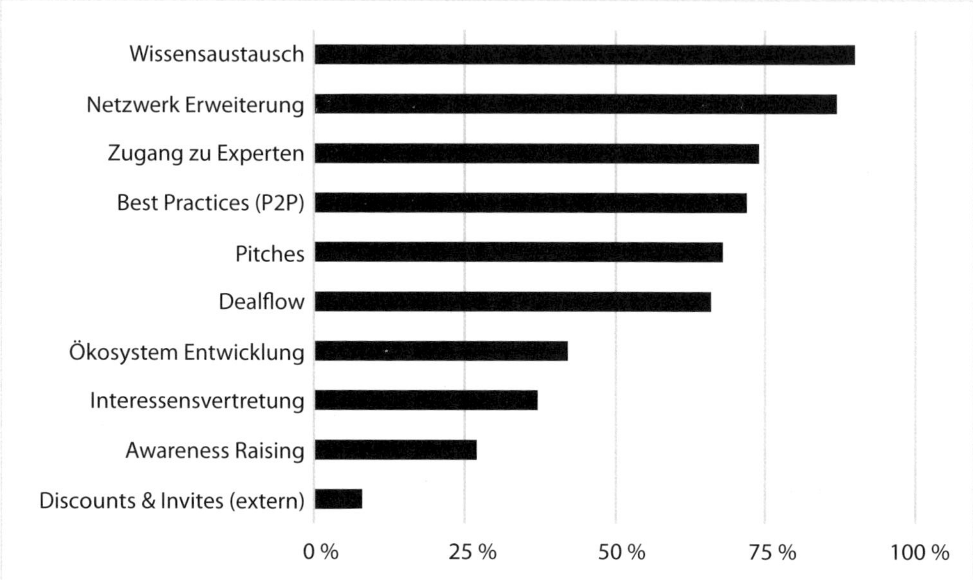

Abb 2: Motive für die Mitgliedschaft in einem klassischen Angel Netzwerk (Quelle: aaia, Mitgliederumfrage 2016)

Nachfolgend werden vier Motive näher diskutiert.

4.1.1. Deep Dive in das Ökosystem

Für viele angehende Angel-Investoren – die klassischerweise selbst Unternehmen aufgebaut haben oder leitende Managementpositionen innehatten – hat es meist nur wenige Anknüpfungspunkte mit der Startup Szene gegeben. Entsprechend wichtig ist es, einen Überblick über das lokale oder nationale Startup Ökosystem zu gewinnen. Angel-Netzwerke stellen hier einen optimalen Einstieg für neue Investoren sicher: Als wichtiger Teil von funktionierenden Startup-Ökosystemen sind Angel-Netzwerke im Idealfall mit unterschiedlichen Stakeholdern eng vernetzt. Dazu gehören:

- Startup-nahe Organisationen und Dachverbände (bspw Bundesverband Deutscher Startups oder AustrianStartups)
- Inkubatoren
- Acceleratoren
- VC-Fonds
- Öffentliche Organisationen wie bspw. Förderstellen
- Politische Organisationen, Interessensvertretungen und relevante Ministerien
- Internationale Investorennetzwerke

Viele (klassische) Angel-Netzwerke verstehen sich in diesem Zusammenhang als One-Stop-Shop für ihre Mitglieder und vernetzen in Form von Veranstaltungen oder auf individueller Basis mit Stakeholdern.

4.1.2. Co-Investment-Möglichkeiten

Auch wenn bereits mehrfach erwähnt, soll an dieser Stelle nochmals betont werden, dass einer – bzw oftmals sogar **der** – zentrale Mehrwert der Mitgliedschaft in einem Angel-Netzwerk im Zugang zu Co-Investment-Möglichkeiten liegt. Dieser Mehrwert ist entlang des gesamten Lebenszyklus als Investor relevant. Auch wenn viele Angel-Netzwerke aktive Dealflow-Strukturen betreiben, ist es vor allem der passive Dealflow (der über andere Mitglieder generiert wird) von besonderer Relevanz. Um Zugang zu diesem zu erhalten und für sich selbst spannende Beteiligungsmöglichkeiten zu erschließen, ist wiederum eine aktive Teilnahme am Netzwerk notwendig (vgl dazu Punkt 4.1.4.).

4.1.3. Erfahrungsaustausch & Know-how

Neben klassischen Weiterbildungsangeboten (in Punkt 2.5.1. als Capacity Building beschrieben), schafft vor allem der informelle Austausch zwischen den Netzwerk-Mitgliedern einen wichtigen Mehrwert. Hierbei stehen jedoch keineswegs nur die Best Practices im Vordergrund. Aufgrund des hohen Grades an gegenseitigem Vertrauen und dem geschlossenen Setting nehmen viele Investoren die Möglichkeit wahr, offen über ihre Erfahrungen zu sprechen und dabei auch jene zu teilen, die weniger erfolgreich waren: Egal ob Konflikte im Gründerteam, Streitigkeiten mit Co-Investoren oder gescheiterte Unternehmen. Gerade aus diesen realen Erfahrungsberichten können besonders viele Learnings und Tipps gezogen werden.

4.1.4. Anschlussfinanzierung & Zugang zu Venture Capital

Vor allem für jene Investorinnen und Investoren, die sich in einer späteren Phase ihres Lebenszyklus befinden, ist der Zugang zu Anschlussfinanzierungsmöglichkeiten und Venture Capital besonders relevant. In Hinblick auf die weitere Karriere als Angel-Investor, sollte jedoch bereits früh die Möglichkeit zur Vernetzung mit diesen späterphasigen Investorengruppen genutzt werden.

Angel-Netzwerke haben in diesem Zusammenhang vor allem die Aufgabe, ein Knotenpunkt zu sein und ihre Mitglieder mit dieser Art von Kapitalgebern zu vernetzen. In diesem Zusammenhang kommt den Netzwerken daher auch im Sinne eines funktionierenden Kapitalmarkts eine wichtige Funktion zu.

4.2. Persönliches Commitment

Egal wie umfangreich die Angebote von Angel-Netzwerken sind, es liegt jeweils am Investor selbst, den größtmöglichen Mehrwert daraus zu ziehen. Gerade als neues Mitglied ist es essentiell, regelmäßig an den Veranstaltungen teilzunehmen und sich so individuell mit den anderen Investoren zu vernetzen. Nur so können wertvolle Beziehungen aufgebaut, Co-Investment-Möglichkeiten erschlossen und Zugang zu Erfahrungen und Wissen geschaffen werden. Wie in vielen Bereichen gilt auch im Kontext von Angel Investments: It's a people business. Sich persönlich einzubringen, Vertrauen aufzubauen und jene Personen zu identifizieren, mit denen man zusammenarbeiten möchte, ist das Um und Auf.

Um den Einstieg in das Netzwerk zu erleichtern, sollten folgende Schritte berücksichtigt werden:

- Überblick über die Angebote des Netzwerks schaffen und sicherstellen, zu allen Zugang zu haben
- Regelmäßige Teilnahme an Veranstaltungen
- Aktives Networking mit anderen Netzwerk-Mitgliedern
- Vereinbarung von individuellen Terminen mit fünf bis sieben Mitgliedern
- Vernetzung mit ausgewählten Stakeholdern (siehe Punkt 4.1.1.) durch das Angel-Netzwerk
- Aktive Nutzung von Newsletter-Services oder E-Mail-Verteilern des Netzwerks
- Teilnahme an Capacity-Building-Angeboten (vgl. dazu Punkt 2.5.1.)
- Teilnahme an Reisen oder anderen Formaten in Klein-Gruppen

5. Auswahl von Angel-Netzwerken

Nach der Diskussion der Vorteile einer Mitgliedschaft in einem Angel-Netzwerk wird in diesem Kapitel nun dargestellt, anhand welcher Kriterien die Auswahl eines Netzwerks erfolgen sollte bzw ob die Mitgliedschaft überhaupt einen individuellen Mehrwert stiftet.

5.1. Die Frage nach dem „why"

Vor vielen Investments in Startups und der damit einhergehenden Due Diligence wird dem Gründungsteam die Frage nach dem „why" gestellt: Was ist die Motivation zur Gründung? Warum wollen sie genau dieses Problem lösen?

Auch wenn die Mitgliedschaft in einem Angel-Netzwerk ein weit weniger langfristiges Investment ist (in der Regel ist sie spätestens innerhalb eines Kalenderjahres kündbar), sollte vorab gut geprüft werden, was dieses „why" im eigenen Fall ist und warum man eine Mitgliedschaft anstrebt. Denn auch wenn die dafür entstehenden monetären Kosten normalerweise überschaubar sind, kostet die Mitgliedschaft eine weit wichtigere Ressource: Zeit.

Am Beginn der Suche nach einem passenden Angel-Netzwerk sollte daher folgende Frage stehen: **In welcher Phase von BALC befinde ich mich und was möchte ich mit einer Mitgliedschaft erreichen?**

Motive für die Mitgliedschaft in einem Netzwerk und Benefits, die Netzwerke schaffen können, finden sich in Punkt 4.1.

5.1.1. Das persönliche Profil

Um im nächsten Schritt unterschiedliche Netzwerke evaluieren und eine Entscheidung für eine Mitgliedschaft treffen zu können, ist es wichtig, vorab sein persönliches Profil als Investor zu definieren. Dazu sollten insbesondere die folgenden Kriterien für sich selbst definiert werden:

- **Mindset:** Warum möchte ich in Startups investieren? Sind mir die Risiken solcher Investments bewusst?
- **Portfoliostrategie:** Wie viele Investments möchte ich machen? Soll ein umfassendes Portfolio aufgebaut werden und möchte ich mich entsprechend langfristig an die finanzierten Unternehmen binden?
- **Rolle:** Wie aktiv möchte ich meine Beteiligungen managen? Möchte ich zusammen mit anderen investieren?
- **Branchen:** In welche Branchen möchte ich investieren? Wo kann ich mit meinem Wissen und Netzwerk einen Beitrag leisten?
- **Investment Size:** Wie viel Geld kann und will ich pro Beteiligung bzw insgesamt in Startups investieren?
- **Persönliches Netzwerk:** Gibt es in meinem persönlichen Netzwerk bereits spannende Beteiligungsmöglichkeiten?
- **Angel-Netzwerke:** Netzwerke ich gerne aktiv? Habe ich die zeitlichen Ressourcen, um mich in ein Angel-Netzwerk einzubringen und die Vorteile zu nutzen?

Wenn diese beiden letzten Fragen mit ja beantwortet wurden, kann im nächsten Schritt die Auswahl eines konkreten Angel-Netzwerkes erfolgen.

5.1.2. Evaluierung von Angel-Netzwerken

Bei der Auswahl von Angel-Netzwerken ist es wichtig, einen entsprechenden Fit zwischen dem persönlichen Profil und den Angeboten sowie den weiteren Mitgliedern des Netzwerks sicherzustellen. Nur so kann für beide Seiten – Angel-Investor und Netzwerk – ein größtmöglicher Mehrwert erzeugt werden. Die drei wichtigsten Elemente in der Evaluierung sind die Charakteristika des Netzwerks, die Serviceleistungen sowie die bereits bestehenden Mitglieder.

5.1.2.1. Charakteristika

Ähnlich des oben dargestellten persönlichen Profils (vgl dazu Punkt 5.1.1.), können auch Angel-Netzwerke anhand einiger einfacher Kriterien analysiert werden. Diese können beispielsweise sein:

- **Art des Netzwerks**
  Wie bereits zu Beginn dieses Kapitels zum Thema Angel-Netzwerke erläutert, können sich Angel-Netzwerke inhaltlich stark voneinander unterscheiden. Abhängig vom persönlichen Profil kommen in der Regel nicht alle Varianten der Netzwerke in Frage. Für Virgin Angels ist es beispielsweise sinnvoll, sich vor allem in jenen Netzwerken zu engagieren, die einen starken Fokus auf Capacity Building und Co-Investment-Initiativen haben.

- **Größe des Netzwerks**
  Die Größe eines Netzwerks bestimmt sich einerseits durch die Art des Netzwerks, andererseits auch sehr stark durch den geographischen Fokus sowie die Exklusivität. Sowohl kleine als auch große Netzwerke können unterschiedliche Vorteile mit sich bringen: Für kleine, exklusive Netzwerke spricht die Möglichkeit, sich schnell mit anderen Investoren zu vernetzen und Vertrauen aufzubauen. Für größere Netzwerke spricht die Heterogenität, die sich vor allem im umfangreichen Dealflow zeigt.
- **Schwerpunktthemen**
  Umso entwickelter der Markt ist, umso spezifischer werden in der Regel die Angebote. Gleiches lässt sich auch quer über Europa hinweg bei Angel-Netzwerken beobachten. So entstehen verstärkt Netzwerke, die sich auf bestimmte Schwerpunktthemen bzw Gruppen fokussieren. Ein Beispiel hierfür sind – oftmals in Zusammenhang mit Acceleratoren oder Inkubatoren stehende – Netzwerke mit Industrie-/Branchenschwerpunkten sowie Netzwerke für weibliche Investoren.

5.1.2.2. Serviceleistungen

Das Leistungsangebot von Angel-Netzwerken kann vielfältig sein (vgl dazu Punkt 2.5.). Welche Angebote den größten, individuellen Mehrwert schaffen, ist auch hier wiederum ganz stark vom persönlichen Profil abhängig. Eine kritische Auseinandersetzung mit den eigenen Bedürfnissen und eine entsprechende Evaluierung der Netzwerke in dieser Hinsicht sind daher essentiell.

In diesem Zusammenhang ist es außerdem wichtig, auch eine längerfristige Perspektive in die Evaluierung einzubringen und zu überprüfen, ob die Mitgliedschaft in einem Netzwerk auch über einen längeren Zeitraum hinweg sinnvoll ist. Hier empfiehlt es sich, die unterschiedlichen Phasen des BALC zu betrachten und die Serviceleistungen der Netzwerke entlang dieses Modells zu beurteilen.

5.1.2.3. Mitglieder

Ergänzend zu den Charakteristika des Netzwerks und den angebotenen Serviceleistungen ist die Evaluierung der bestehenden Mitglieder ein wichtiges Beurteilungskriterium im Selektionsprozess. Dies ist besonders wichtig, weil die Teilnahme an einem Angel-Netzwerk nur dann sinnvoll ist, wenn das Netzwerk aktiv genutzt wird – was deutlich leichter zu realisieren ist, wenn man sich im Netzwerk wohl fühlt. Unter diesem Aspekt sollten folgende Punkte berücksichtigt werden:

- **Auswahlprozess**
  Anhand des Auswahlprozesses zeigt sich in der Regel relativ deutlich, worauf innerhalb des Netzwerks Wert gelegt und welches Mindset vertreten wird: Wie intensiv werden die potentiellen Mitglieder überprüft? Welche Informationen werden abgefragt? Was ist die Motivation (das „why“) der Betreiber des Netzwerks? Wie ist die Stimmung im Netzwerk?
- **Evaluierung bestehender Mitglieder**
  Viele Angel-Netzwerke präsentieren ihre Mitglieder sehr transparent auf Websites oder Ähnlichem. Auch über persönliche Netzwerke oder Plattformen, wie bspw

LinkedIn, lässt sich in der Regel sehr schnell herausfinden, welche Personen Teil eines Angel-Netzwerks sind. Anhand dieser Mitgliederanalyse lässt sich ebenfalls ableiten, ob es einen Fit zwischen dem eigenen Profil und Mindset sowie jenem des Netzwerks und der bestehenden Mitglieder gibt.

- **Gespräche mit bestehenden Mitgliedern**
  Den umfangreichsten und authentischsten Eindruck erhält man in Gesprächen mit bereits aktiven Mitgliedern. In diesen lässt sich die Zufriedenheit sowie der tatsächliche Mehrwert und die Stärke des Netzwerks am realistischen feststellen. Gleichzeitig können diese bestehenden Mitglieder oftmals eine Empfehlung aussprechen und so den Eintritt in ein geschlossenes Netzwerk erleichtern.

5.1.2.4. Abschließende Bemerkungen

Auch wenn sich der Fit zwischen dem persönlichen Profil und den Netzwerken am Papier oftmals sehr einfach feststellen lassen, machen in der Praxis normalerweise deutlich softere Kriterien schlussendlich die Entscheidung für die Mitgliedschaft in einem Netzwerk aus. Hier spielt – ähnlich zu einem Investment in ein Startup – vor allem das Bauchgefühl eine wichtige Rolle: Fühle ich mich in dem Netzwerk wohl? Finde ich die anderen Mitglieder interessant und tausche ich mich gerne mit ihnen aus? Bereichert mich das Netzwerk auf inhaltlicher und persönlicher Eben? Kann und will ich Zeit in das Netzwerk investieren?

6. Internationale Vernetzung

Der vorletzte Abschnitt dieses Kapitels widmet sich der internationalen Vernetzung, für die Angel-Netzwerke eine wichtige Rolle spielen können. Hier wird zunächst die Frage beantwortet, warum eine internationale Vernetzung mit anderen Investorinnen und Investoren wichtig ist. Anschließend werden konkrete Anknüpfungspunkte zur Nutzung in der Praxis aufgezeigt.

6.1. Der Nutzen einer internationalen Vernetzung

Gerade in kleinen Märkten – und verglichen mit innovativen globalen Playern wie den USA oder China trifft dies auf jedes europäische Land zu – sind die Möglichkeiten für (Co-)Investments begrenzt. Daher ist es wichtig, über die Grenzen des eigenen Landes hinauszublicken und die Vorteile unterschiedlicher Länder zu nutzen. Dazu gehören Industrieschwerpunkte (wie bspw die Gaming-Industrie in Finnland) oder der Zugang zu Talenten (wie bspw Software Developer in Südosteuropa). Im Kern lässt sich der Mehrwert von internationalen Netzwerken in die nachfolgend aufgelisteten Bereiche einteilen.

6.1.1. Erweiterung des Dealflows

Ähnlich zur lokalen oder nationalen Ebene, stellt auch die Vernetzung mit überregionalen oder international agierenden Investoren eine wichtige Dealflow-Quelle dar. Gerade in Ländern mit weniger reifen Startup-Ökosystemen finden sich viele motivierte Gründer, die mit ihrem Startup relevante Probleme lösen wollen/könnten, allerdings aufgrund von weniger entwickelten Kapitalmärkten kaum Zugang zu Eigenkapital haben.

Aus dieser Situation ergibt sich der Vorteil, dass die Bewertungen in diesen Märkten deutlich unter bspw jenen im deutschsprachigen Raum liegen. Gleichzeitig ist die Bereitschaft hoch, internationales Kapital aufzunehmen und dafür ggf auch den Standort entsprechend zu verlegen. Ansiedlungsagenturen, Inkubatoren etc, begleiten diesen Prozess in der Regel und helfen dabei, alle aufkommenden Hürden zu überwinden.

Ein vielversprechender Ansatz für solche Cross-Border Investments sind Co-Investment-Modelle, bei denen sich im jeweiligen Heimatland des Startups ein Lead-Investor findet, der Co-Investoren aus anderen Ländern in das Investment holt. Zur Realisierung dieses Modells sind entsprechend starke, oftmals über einen längeren Zeitraum gewachsene Beziehungen notwendig.

6.1.2. Zugang zu neuen Märkten

Neben einer neuen Dealflow-Quelle bringt die internationale Vernetzung auch für bestehende Portfoliounternehmen des Investors einen klaren Vorteil mit sich: Über diese Kontakte können neue Märkte erschlossen und so für die Internationalisierung der Unternehmen genutzt werden. Gerade bei skalierbaren Geschäftsmodellen ist schnelles Wachstum essentiell, weshalb bspw das bereits dargestellte Cross-Border-Co-Investment-Modell eine attraktive Möglichkeit hierfür darstellt.

6.1.3. Möglichkeiten zur Anschlussfinanzierung

Ein weiterer Vorteil, der sich vor allem für bereits bestehende Beteiligungen bietet, ist die Vernetzung mit Anschlussfinanzierern (bspw VC- oder PE-Fonds). In vielen Ländern in Europa lassen sich bei Finanzierungsrunden ab der Series A oft Schwierigkeiten beobachten: Aufgrund nicht vollständig funktionierender Kapitalmärkte für Startups oder Neugründungen fehlen passende Eigenkapitalgeber, weshalb viele Startups dazu gezwungen sind, ihren Standort dorthin zu verlagern, wo ein entsprechendes Angebot herrscht.

Um dieser Entwicklung vorzubeugen, sind Angel-Investoren angehalten, sich früh mit potentiellen Anschlussfinanzierern zu vernetzen und ihren Startups damit entsprechende Möglichkeiten zu bieten. Relevante Kapitalgeber für diese größeren Finanzierungsrunden finden sich bspw in Deutschland, Großbritannien, Frankreich oder Nordeuropa.

6.2. Die Probleme mit Cross-Border-Aktivitäten

Auch wenn die internationale Vernetzung mit Investoren und die daraus entstehenden Möglichkeiten viele Vorteile mit sich bringen, liegen gerade in Europa einige Nachteile auf der Hand: Aufgrund der Souveränität der einzelnen Staaten sind Investorinnen und Investoren mit vielen unterschiedlichen Rechts- und Steuersystemen konfrontiert. In Kombination mit bürokratischen Anforderungen, potentieller politischer Instabilität und unterschiedlichen Sprachen, entstehen hier leider zu oft abschreckende Hürden und hohe Opportunitätskosten.

Ergänzt werden diese Hindernisse durch einen weiteren essentiellen Faktor: Unterschiedliche Kulturen, die die Zusammenarbeit zwischen Startups und Investoren erschweren. Wie bereits dargestellt, können gezielte Cross-Border-Modelle hier Abhilfe schaffen. Die Unterstützung bzw der Aufbau solcher Modelle ist der Kern der Aktivitäten vieler überregionaler Angel-Netzwerke.

6.3. Internationale Angel-Netzwerke

Viele international oder zumindest überregional agierende Angel-Netzwerke haben es sich zum Ziel gesetzt, Investoren aktiv über Grenzen hinweg zu vernetzen und gemeinsame Investments zu ermöglichen. In Europa ist hier vor allem EBAN mit mehr als 450 Mitgliedern (die wiederum Angel-Netzwerke sind), aktiv.

In diesen Netzwerken werden unterschiedliche Maßnahmen ergriffen, um Cross-Border-Aktivitäten zu erleichtern und die Vorteile eines europäischen Binnenmarktes zu nutzen. Dazu gehören bspw regelmäßige Veranstaltungen, die für jeden interessierten Investor zugänglich sind, oder der Zugang zu digitalen Ressourcen, die das Daily Business von Investoren erleichtern sollen. Entsprechend der Zielsetzung der Stimulierung von Cross-Border-Aktivitäten setzt sich diese Art von Netzwerk oftmals auch stark auf politischer Ebene ein und sucht aktiv den Dialog mit Regierungen.

Aus Perspektive eines Investors mit dem Wunsch sich international zu vernetzen, ist es ein sinnvoller und effizienter Schritt, innerhalb des eigenen, lokalen Angel-Netzwerks nach internationalen Kontakten zu fragen. Oft haben diese Netzwerke ein viel größeres Netzwerk als es den eigenen Mitgliedern bewusst ist, und über welches sich in der Regel schnell Kontakte aufbauen lassen: Entweder zu anderen national agierenden Angel-Netzwerken oder direkt zu individuellen Investoren. Darüber hinaus empfiehlt sich die Teilnahme an Veranstaltungen mit internationalem Publikum.

7. Beispiele für Netzwerke

Nachfolgend werden jeweils für Deutschland, Österreich und die Schweiz beispielhaft Angel-Netzwerke dargestellt, die Angel-Investoren aus sämtlichen Phasen des BALC ansprechen und damit einen direkten Einstieg in die jeweiligen Angel Communities ermöglichen.

- **Deutschland**
  - *Business Angels Netzwerk Deutschland (BAND)*: www.business-angels.de
    BAND ist ein Dachverband von zahlreichen deutschen und auch schweizer Angel-Netzwerken sowie Inkubatoren und VC-Fonds. Die Organisation ist eine optimale Anlaufstelle, um sich einen Überblick über die deutsche Investmentszene zu verschaffen und passende Anknüpfungspunkte in der jeweiligen Region zu finden.
- **Deutschland und Österreich**
  - *primeCROWD*: https://www.prime-crowd.com/at bzw https://www.prime-crowd.com/de
    Das 2015 in Wien gegründete private Startup-Investoren-Netzwerk ist seit 2019 mit einem eigenen Büro in München nun auch in Deutschland aktiv. Das Netz-

werk umfasst rund 1.000 Investoren und vereint schrittweise Startups, Investoren, Corporates, Inkubatoren bis hin zu Accelerators. Neben dem Vernetzen übernehmen sie auch die administrative Abwicklung von Investitionsrunden.

- **Österreich**
  - *aws i2 Business Angels*: www.i2.aws.at
    Das staatlich initiierte Business-Angel-Netzwerk ist Teil der Austria Wirtschaftsservice GmbH, die darüber hinaus auch öffentliche Förderungen, Zuschüsse und Garantien für Unternehmen zur Verfügung stellt. i2 hat über 350 Mitglieder und konzentriert seine Aktivitäten vor allem auf Dealflow-Services und auf die Vernetzung von Startups und Angel-Investoren.
  - *Austrian Angel Investors Association (aaia)*: www.aaia.at
    Österreichs führendes Netzwerk für Angel-Investoren hat über 200 Mitglieder (Privatpersonen, VC- & CVC-Fonds) und bietet neben regelmäßigen Netzwerkveranstaltungen für Mitglieder auch umfassende Capacity-Building-Maßnahmen an. Unterlagen und Informationen zum Thema Angel Investment, relevante Kontakte zu Stakeholdern des Startup-Ökosystems sowie der Zugang zu relevantem Dealflow, komplettieren das Angebot.
  - *I.E.C.T Capital Partners*: www.iect.at/capital_partners
    Neben unterschiedlichen Angeboten für Entrepreneure investiert die Unternehmensgruppe rund um *Hermann Hauser* auch selbst in Startups. Im Zuge dieser Aktivität wurden die Capital Partners ins Leben gerufen: Ein Angel Club, dessen Mitglieder mit dem erfahrenen Angel-Investor *Hermann Hauser* co-investieren können.
  - *Next Floor*: www.next-floor.at
    Dieses Investorennetzwerk mit Sitz in Salzburg legt den Fokus seiner Aktivitäten auf die Organisation von regelmäßigen Veranstaltungen, in deren Rahmen-Beteiligungsmöglichkeiten präsentiert werden. Next Floor setzt einen inhaltlichen Schwerpunkt auf die Bereiche Tourismus (hier wird gleichzeitig ein international aktiver Akzelerator betrieben), MedTech, Healthcare und Social Impact.
- **Schweiz**
  - *btov*: www.btov.vc
    Der 2002 in der Schweiz gegründete VC-Fonds mit einem umfassenden Portfolio an Technologiestartups und mehreren Standorten bietet ausgewählten Angel-Investoren die Möglichkeit für Co-Investments. Das „Private Investors Network“ des Fonds hat 250 Mitglieder und erfordert eine Mindest-Ticketgröße von 50.000 Euro.
  - *Business Angels Switzerland*: www.businessangels.ch
    Das private Angel-Netzwerk hat über 100 Mitglieder und teilt sich auf zwei Gruppen (in Zürich und Lausanne) auf. Die Mitglieder des Netzwerks sind ausschließlich Privatpersonen, die mehrmals jährlich zu Dinner-Meetings zusammenkommen. Im Zuge dieser Meetings werden Beteiligungsmöglichkeiten präsentiert und diskutiert. Fokus des Netzwerks sind somit die Dealflow-Vermittlung und die aktive Vernetzung der Mitglieder.
  - *Swiss ICT Investors Club (SICTIC)*: www.sictic.ch
    SICTIC ist ein schnell wachsendes Angel-Netzwerk mit Sitz in Lausanne und Zürich, das rund 300 Mitglieder hat. Das Netzwerk versteht sich als Matchmaking-Plattform zwischen Investoren und Startups und bietet diesen Service sowohl digital als auch in Form von Veranstaltungen an.

VC Investing: Bedeutung, Hintergründe, Risiken & Chancen

Daniel Keiper-Knorr/Nina Wöss

1. Einleitung

„Forschung ist die Verwandlung von Geld in Wissen. Innovation ist die Verwandlung von Wissen in Geld.“[1] Für Forschung braucht es Förderungen. Für Innovation braucht es Venture Capital. Innovation bedeutet technologische Weiterentwicklung und, daraus resultierend, Wirtschaftswachstum. Ein Hebel, um Innovation zu fördern, ist die Finanzierung junger Unternehmen (Startups) durch Venture-Capital-Fonds. Diese investieren, unter hohem Risiko und mit großer Unsicherheit, früh in junge Unternehmen und geben ihnen dadurch die Möglichkeit, neue Produkte und Dienstleistungen auf den Markt zu bringen.

Kapitalgeber wie Banken oder andere Kreditinstitute beteiligen sich in dieser frühen Phase noch nicht an den Unternehmen, da die Gefahr von Ausfällen zu hoch ist. An dieser Stelle kommt Venture Capital ins Spiel, dazu zählen in erster Linie VC-Fonds, im weiteren Sinne auch Business Angels, Akzeleratoren, staatliche Investmentfonds und Crowdinvestoren.

Venture Capital zählt zu Private Equity, was bedeutet, dass es sich um außerbörsliches Beteiligungskapital handelt. Dieses in einem Venture-Capital-Fonds gesammelte Kapital wird schließlich in junge Unternehmen, Startups, investiert. Doch nicht nur finanziell sind Venture-Capital-Gesellschaften an den Startups beteiligt. Sie liefern darüber hinaus Mehrwert, indem sie Know-how und Unterstützung zur Verfügung stellen sowie ihre Kontakte und ihr Netzwerk freigeben.

Der Ausgang eines VC-Investments, der Erfolg oder Verlust, sind praktisch unmöglich einzuschätzen, weshalb man Venture Capital auch als Wagnis- und Risikokapital bezeichnet. Damit Kapitalgeber bereit sind, dieses hohe Risiko einzugehen, erwarten sie sich im Gegenzug eine besonders hohe Rendite. Diese hohe Rendite wird mit dem späteren Verkauf, Exit, des Unternehmens oder durch einen Börsengang erzielt.

Es gibt verschiedene Möglichkeiten, wie Venture-Capital-Investoren ihr Geld zur Verfügung stellen können, die häufigste Form sind Eigenkapitalbeteiligungen.

2. Venture-Capital-Fonds: Struktur, Setup, Business-Modell

2.1. Wie funktioniert ein VC-Fonds?

Ein Venture-Capital-Fonds besteht in der Regel aus einer Managementgesellschaft/General Partners (GPs) und Limited Partners (LPs). In deutschen und österreichischen VC-Gesellschaften sind es typischerweise GmbH & Co KG, wobei der Manager die GmbH also den Komplementär stellt und die Investoren die Kommanditisten sind.

Die Managementgesellschaft erhält die Managementgebühr („management fee“) und verwendet diese, um die Gemeinkosten für den laufenden Betrieb zu zahlen, darunter fallen vor allem Gehälter der Mitarbeiterinnen und Mitarbeiter, Miete, Marketing und Reisekosten. Die Höhe der Managementgebühr beläuft sich in der Regel auf rund 2 % des verwalteten Vermögens pro Jahr.

1 Vgl *Alfred Oberholz*, https://gutezitate.com/autor/alfred-oberholz (23.8.2019).

Limited Partners (LPs) sind die Investoren, die Kapital in den Venture-Capital-Fonds investieren. Meistens sind LPs institutionelle Anleger, wie zum Beispiel Pensionsfonds, Versicherungsunternehmen, Stiftungen, Family Offices und vermögende Privatpersonen. Limited Partners haben in der Regel kein Mitspracherecht über einzelne Entscheidungen der Managementgesellschaft und der General Partner, wie beispielsweise Investmententscheidungen. Zwischen den LPs und der Managementgesellschaft existieren ein Gesellschaftsvertrag und Anlagerichtlinien, in denen festgehalten wird, in welche Arten von Unternehmen (Phase, Sektoren, Geografie, usw) investiert wird.

General Partners (GPs) arbeiten für die Managementgesellschaft. Sie sammeln Geld ein, verwalten den Fonds, treffen Investmententscheidungen und unterstützen Portfoliounternehmen.

Sie erhalten üblicherweise erst dann die Gewinnbeteiligung, wenn den Limited Partners ihr Kapitaleinsatz zumindest einmal zurückbezahlt wurde. Diese Gewinnbeteiligung liegt im Branchenschnitt bei 20 %.

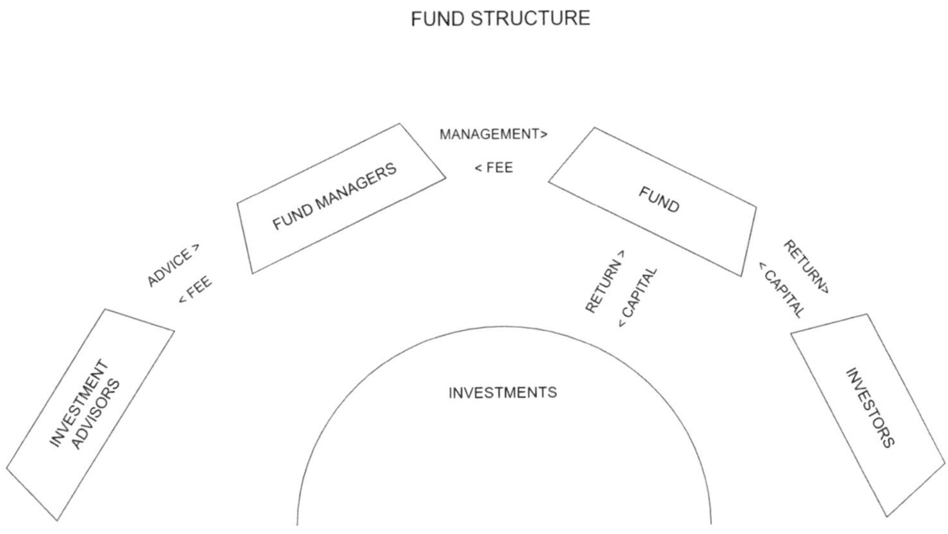

Abb 1: Venture Capital Fonds – Struktur

Hierarchie in einem VC-Fonds

Das Investment Team eines VC-Fonds, das für die Managementgesellschaft arbeitet, setzt sich aus verschiedenen Rollen zusammen:

Partner: Das Hauptziel eines Partners ist es, den Wert des Portfolios zu maximieren. Meistens verfügt diese Person über detailliertes Know-how in Bezug auf einen spezifischen Sektor und/oder, generell, in Bezug auf Venture Capital. Er leitet den Investmentprozess (Auswahl der Startups, Due Diligence etc) und entscheidet schlussendlich, welcher Deal gemacht wird. Nach dem initialen Investment ist er der Hauptansprechpartner für das Gründerteam und unterstützt in der Strategieentwicklung, bei der

Akquise von Investoren bei nachfolgenden Finanzierungsrunden, Anbahnung von Partnerschaften und auch oft als Beiratsmitglied. Je nach Venture-Capital-Fonds und der Vorerfahrung des Partners können diese Tätigkeiten unterschiedlich gewichtet sein. Um Partner bei einem VC-Fonds zu werden, sind üblicherweise fünf bis sieben Jahre an Branchenerfahrung erforderlich. Darüber hinaus kommt es häufig vor, dass erfolgreiche Gründer nach dem Verkauf ihrer Unternehmen auf die Investmentseite wechseln.

Principal: Er unterstützt die Partner bei der Auswahl und der Betreuung des Portfolios. Der Principal bereitet die Entscheidungen für Deals vor, indem er die Gründer trifft und evaluiert, die Verhandlungen begleitet und die Due Diligence, unterstützt von Associates, vorantreibt. Die Position Principal ist üblicherweise mit einer Branchenerfahrung von drei bis fünf Jahren verbunden.

Associate: Auch Associates sind vor allem damit beauftragt, die Partner zu unterstützen und den Wert des Portfolios auszubauen. Ihr Tätigkeitsbereich umfasst die Deal-Flow-Generierung, Markt- und Trendanalysen, sowie die Unterstützung von Principals und Partnern bei der Due Diligence und Betreuung der Portfoliounternehmen. Diese Position erfordert eins bis drei Jahre an Vorerfahrung.

2.2. Aufgaben eines Venture-Capital-Fonds

Die Kerntätigkeiten des Investment Teams können in folgende Felder unterteilt werden:

- Deal-Flow-Generierung und Screening
- Due Diligence
- Investments tätigen
- Betreuung und gewinnbringende Verwertung des Portfolios

Die Generierung von Deal Flow, also das Ermitteln von Startups, die für ein Investment des Fonds in Frage kommen, findet aktiv und passiv statt. Passiv bedeutet, dass der Investor von Startups, die sich auf der Suche nach Kapital befinden, angesprochen wird. Dies erfolgt üblicherweise online (Website, E-Mail). Eine weitere Möglichkeit sind Veranstaltungen (Konferenzen, Pitch Events, Meetups, uÄ), bei denen Gründer und Investoren aufeinandertreffen. Des Weiteren identifizieren Associates und Principals, aufbauend auf Investment-Fokus, Marktanalysen und Trends, potentielle Investments und sprechen diese gezielt an. Über all diese Kanäle hinweg spielt das Netzwerk aller Beteiligten, auf Investoren- sowie auf Gründerseite, eine wichtige Rolle.

Tritt ein Gründer mit einem Investor in Kontakt, übermittelt er üblicherweise ein Pitch Deck, das Informationen zur Vision, Produkt, Markt, Team, Kapitalbedarf und weitere Basisinformationen enthält. Darauf aufbauend beginnt nun innerhalb des Investment Teams das Screening, also die erste Beurteilung der Geschäftsidee. Dies inkludiert eine grobe Einschätzung des Markts und Marktpotentials, eine Konkurrenzanalyse und Evaluierung des Produkts, bzw der Idee. Verläuft dies positiv, folgt meist ein Telefonat und im nächsten Schritt ein persönliches Treffen.

Sind beide Parteien an einer Zusammenarbeit interessiert, starten die Due-Diligence-Phase sowie die Verhandlungen der Konditionen, unter denen investiert wird. Die Due

Diligence fällt, abhängig von der Reife des Unternehmens, mehr oder weniger intensiv aus. Besonders bei sehr jungen Unternehmen gibt es noch sehr wenige Datenpunkte, die geprüft werden können. Beispielhaft können jedoch Patente und andere Intellectual-Property-Rechte, Finanzen (Jahresabschlüsse) und bestehende Verträge (Dienstnehmer, Kunden, Zulieferer) genannt werden.

Meist gibt es innerhalb des Fonds ein bis zwei Personen, die als Ansprechpartner für das Gründerteam agieren und den Investmentprozess treiben. Die Abstimmung mit dem restlichen Team des Fonds obliegt ebenfalls diesen Personen. Darüber hinaus existiert in vielen Fällen ein Investment Committee, das dem Investment zustimmen oder es auch ablehnen kann. Die Zusammensetzung dieses Investment Teams sowie die detaillierten Prozesse variieren jedoch von Investor zu Investor.

Sind diese Schritte erfolgreich absolviert, erfolgt das Investment. Als Benchmark kann gesagt werden, dass ein Venture-Capital-Fonds in rund 1 % – wenn nicht sogar noch weniger – der Startups, die er prüft, tatsächlich investiert.

Dann folgt die langfristige Aufgabe der Betreuung des Portfolios. Auch hier kann festgehalten werden, dass Umfang und Intensität von Fonds zu Fonds variieren und darüber hinaus auch von der Phase des Startups abhängen. Das beinhaltet unter anderem folgende Tätigkeiten: Begleitung und Input bei strategischen Fragestellungen, aktive Mitgliedschaft im Beirat des Unternehmens (sofern vorhanden), Unterstützung bei der Zusammenstellung zukünftiger Finanzierungsrunden, die Zurverfügungstellung eines branchenrelevanten Netzwerkes, Input bei der Definition von Prozessen, Corporate Development, Business Development und vieles mehr.

2.3. Investmentverhalten eines VC-Fonds

Wir beschreiben in diesem Kapitel das Investmentverhalten von VC-Fonds und erklären danach einige VC-typische Phänomene. Im Anschluss betrachten wir die Performance der Asset-Klasse VC und stellen ihren volkswirtschaftlichen Nutzen dar. Des Weiteren beschreiben wir, wie man als Privatinvestor in VC-Fonds investieren kann und warum das ein guter Einstieg ins Startup Investing ist. Abschließend stellen wir noch ein paar unkonventionelle Überlegungen zum Thema VC Investing an. Sofern nicht anders angegeben, betrachten wir dabei sogenannte Frühphasen-Fonds, also Fonds, die in der Gründungsphase und in den ersten Jahren des Bestehens der Startups investieren – lange bevor diese in die Gewinnzone eintreten.

2.3.1. Investmentverhalten

Das Investmentverhalten eines VC-Fonds definiert sich anhand folgender Merkmale:

- Entwicklung und Verfolgung von Investment-Thesen und der entsprechenden Portfolio-Konstruktion
- Eingehen von hohem Risiko
- Beschränkung auf Minderheitsinvestments
- Harte Auslese (vor der Beteiligung und auch dann im Portfolio) und nur ausgewählte Anschlussfinanzierungen

- Zeitlich beschränkte Beteiligungsdauer
- Hohe Performance-Erwartung
- VC-Bewertungsmethode
- Aktive Mitwirkung am Management der Beteiligungen

Entwicklung von Investmentthesen

VC-Fonds investieren entlang der Investment-Richtlinien, die sie mit ihren LPs vereinbart haben. Diese Investment-Richtlinien legen den Rahmen und den Umfang der Investments des Fonds fest und orientieren sich meist an bestimmten Investment-Thesen, die der Manager für den Fonds entwickelt. Diese Thesen unterscheiden sich idR nach folgenden Kriterien:

- Geographie (zB DACH, West-Europa, CEE, gesamt Europa, USA, Welt etc)
- Phase (zB Vorgründungsphase, Gründungsphase, Frühphase, Wachstumsphase etc)
- Branchen/Industrien/Technologien (zB IT, Biotech, Life Science, Clean-Energy etc)

Oft entwickeln VC-Fonds Investmentthesen, die mehrere Arten von Kriterien enthalten. Speedinvest ist zB ein „paneuropäischer Frühphasen VC-Fonds für IT Startups". Eine Gemeinsamkeit jedoch, die sich im Investmentverhalten aller VC-Fonds wiederfindet, ist die, dass VC-Fonds explizit Unternehmen mit hohem Risiko suchen, die unter dem Einsatz von (großen) Kapitalbeträgen zu raschem und steilem Wachstum geführt werden und es dabei ganz bewusst in Kauf nehmen, über mehrere Jahre zum Teil sehr hohe Verluste zu machen.

Das Entwickeln einer Investmentthese ist für einen VC-Fonds in mehrfacher Hinsicht von Bedeutung:

Er kann damit sein Profil in der Gründerszene schärfen, was ihm zu besserem Deal Flow verhilft. Und guter Deal Flow ist die zentrale Voraussetzung für ein gutes Portfolio, denn ein VC-Fonds kann nur in die Startups investieren, die er auch kennenlernt. Das ist einer der zentralen Unterschiede zwischen Private Equity und Public Equity. Bei Private Equity – und insbesondere in VC – findet nämlich immer eine zweifache Selektion statt. Denn das Startup und der Fonds müssen sich für das Investment entscheiden. Bei Fonds, die in Public (oder Listed) Equity investieren, entscheidet einzig der Fonds Manager, ob er eine Aktie kauft oder verkauft. Das heißt, je besser die Reputation eines VC-Fonds in der Gründerszene ist, umso eher wird dieser VC-Fonds ein Startup von einem Investment überzeugen können.

Weiters kann er sein Profil in der LP-Gemeinde und in der VC-Industrie schärfen, das ihm beim Fundraising hilft. Und Fundraising ist eine weitere Voraussetzung für das Funktionieren des Geschäftsmodells eines VC-Fonds. Der VC Manager benötigt eine stabile und expandierbare LP-Basis, um auch in Zukunft neue Fonds einwerben zu können. Und zugleich benötigt der VC Manager gute Beziehungen zu anderen VCs, die in späterer Phase in sein Portfolio investieren, um dort die Liquidität für das weitere Wachstum sicherzustellen.

Und nicht zuletzt kann er sich als attraktiver Arbeitgeber positionieren, wodurch die Expertise in seinem Team weiter steigt, was sich wiederum positiv auf die oberen beiden Punkte auswirkt.

Aus dem oben beschriebenen Investmentprofil (hohes Risiko, große Kapitalbeträge, rasches Wachstum, Inkaufnahme von anfangs großen Verlusten) ergibt sich aber auch, dass nicht jedes Startup für ein VC Investment in Frage kommt und umgekehrt VC-Kapital auch nicht für jedes Startup das richtige Finanzierungsmittel ist.

VC-Kapital macht nur für Startups Sinn, die sich mit dem Suchprofil von VC-Fonds identifizieren können. Startups, die organisch wachsen wollen - was per se auch ein völlig legitimer Plan ist - passen hier allerdings nicht dazu und diese Startups sind besser beraten, sich alternative Finanzierungsquellen zu suchen (zB Family Offices, Stiftungen, Business Angels etc).

VC-Fonds müssen hohes Risiko eingehen

Die deutsche Übersetzung des Begriffs „Venture" ist laut Langenscheidt „Wagnis, Risiko, Spekulationsobjekt, spekulatives Unternehmen" und weitere ähnliche Begriffe.

Gemäß der Annahme, dass hohes Risiko mit hohen Returns einhergeht - oder besser einhergehen sollte – sucht ein VC-Fonds also ganz gezielt das unternehmerische Risiko. Sein Ziel ist es, eine dem hohen Risiko und der Illiquidität der Anlageklasse Venture Capital (VC ist eine Unterkategorie von Private Equity) angemessene Rendite zu erzielen oder zu übertreffen. In der VC-Industrie haben sich 20 % bis 30 % jährliche Rendite als Ziel etabliert. Bei der typischen zehnjährigen Laufzeit eines VC-Fonds ergibt das immerhin eine Verfünffachung bis Verzehnfachung des Kapitaleinsatzes.[2]

Um dieses ambitionierte Ziel zu erreichen, muss ein VC-Fonds eine entsprechende Investitionsstrategie verfolgen. Je nachdem in welcher Phase des Lebenszyklus der Startups ein VC-Fonds investiert, wird er ein entsprechend breites oder ein entsprechend konzentriertes Portfolio aufbauen. Je früher der Fonds investiert, umso mehr Risiko (= erwartete Ausfälle im Portfolio) nimmt er in Kauf und umso breiter wird daher das Portfolio gestreut sein, das er aufbaut. Je später er investiert, umso konzentrierter wird das Portfolio sein.

Von entscheidender Bedeutung für den Erfolg des VC-Fonds ist es, in die „richtigen" Startups, dh in die erfolgreichen und dynamisch wachsenden Startups, zu investieren. Und sobald sich abzeichnet, dass das Geschäftsmodell erfolgreich ist, muss der Fonds bei weiteren Finanzierungsrunden entschlossen nachinvestieren können, um möglichst lange seinen Anteil am Unternehmen zu wahren. Oft wird dabei die nächste Finanzierungsrunde vorweggenommen. Das bedeutet, es wird etwas früher investiert, als es der Kapitalbedarf des Unternehmens erfordern würde. Durch dieses Vorwegnehmen der nächsten Finanzierungsrunde kann ein VC-Fonds zu deutlich günstigeren Konditionen investieren, als es möglich wäre, wenn das Startup bereits mehr Belege für das Funktionieren des Geschäftsmodells erbracht hat. Dabei ist es wesentlich, diese positiven Entwicklungen frühzeitig an oft nur schwachen Signalen zu erkennen, wie:

- Steigende Nutzungszahlen
- Beschleunigung von Wachstumsraten

2 *Swildens/Yee*, The Venture Capital Risk and Return Matrix, 7.2.2017, http://www.industryventures.com/2017/02/07/the-venture-capital-risk-and-return-matrix/ (13.6.2019).

- Steigende Auftragssummen
- Längere Kundenbehaltedauer
- Verkürzung von Saleszyklen
- Sinkende Kundengewinnungskosten
- Verkürzte Paybackzeiträume oder
- Fallende Kündigungsraten

Umgekehrt gilt es aber auch, negative Entwicklungen möglichst früh an ebenso schwachen Signalen zu erkennen, um entweder rechtzeitig gegenzusteuern oder die Entscheidung zu treffen, ein Investment abzuschreiben und nicht mehr weiter zu investieren. Denn auch ein VC-Fonds muss mit seinen Ressourcen wirtschaftlich umgehen. Und seine Ressourcen sind in erster Linie das Kapital, das ihm seine LPs zur Verfügung stellen, aber auch die Ressourcen seiner Manager und Mitarbeiter. Und diese Ressourcen muss der VC-Fonds auf die aussichtsreichsten Beteiligungen konzentrieren.

Minderheitsinvestments

Eines der wichtigsten Merkmale eines VC Investments ist, dass ein VC-Fonds immer nur Minderheiten zwischen 10 % und 30 %, meistens zwischen 15 % bis 25 % an den von ihm finanzierten Unternehmen erwirbt. Das ist ein wesentlicher Unterschied zu anderen Private Equity Investments wie zB Later Stage, Buyout und Special Situations (das sind meistens Einmalereignisse wie zB Restrukturierungen, In- bzw Außerkrafttreten von Regularien oder auch Unternehmensverkäufe zur Nachfolgeregelung) usw, bei denen typischerweise eine kontrollierende Mehrheit am Unternehmen erworben wird. Das Beschränken auf Minderheiten ist wichtig, damit die Gründerinnen und Gründer des Startups so lange wie möglich den größten Anteil halten und somit den größten wirtschaftlichen Anteil am Erfolg des Unternehmens haben. Die Position der Gründer und des aktiven Managements im Gesellschafterspiegel muss so lange wie möglich verteidigt werden. Denn die Gründer sollen in erster Linie durch die Aussicht auf eine große Steigerung des Unternehmenswertes motiviert sein. Dieses Incentive wird am besten über einen hohen Anteil am Unternehmen erreicht – und wichtig: Durch diese Incentive-Struktur werden auch die Interessen der Gründer und des VC-Fonds aneinander angeglichen, was eine wichtige Voraussetzung ist, um späteren Interessenkonflikten vorzubeugen.

Als Faustregel kann gelten, dass nach der Series-A-Finanzierung, die typischerweise ein bis drei Jahre nach der ersten Finanzierungsrunde stattfindet, die Gründer noch die absolute Mehrheit der Anteile halten sollten. Es gibt sogar VC-Fonds, die dies als Muss-Kriterium in der Beurteilung eines Investments verlangen.

Der manchmal beobachtete Ansatz von Business Angels, mindestens 25 % plus eine Stimme – also eine sogenannte „qualifizierte Minderheit" zu kaufen, könnte hier wenig zielführend, ja sogar kontraproduktiv sein, da er die Chancen auf einen späteren Einstieg eines VC-Fonds empfindlich schmälern kann. Erheblich sinnvoller ist es, sich wichtige Minderheitenrechte im Beteiligungsvertrag zu sichern.

Performance-Erwartung eines VC-Fonds an ein Startup

Wie oben bereits dargelegt, ist es die zentrale Aufgabe eines VC-Fonds, eine dem sehr hohen Risiko der Anlageklasse angemessene Rendite für seine Kapitalgeber zu erwirtschaften. Und da es in der Anlage-Klasse VC naturgemäß zu vielen Ausfällen im Portfolio kommen wird, muss jedes einzelne Investment dahingehend geprüft werden, ob es zumindest im Zeitpunkt des Investments die Chancen hat, einen hohen Ertrag für den Fonds zu erzielen.

Daher investieren VC-Fonds auch vorzugsweise in Startups, die in großen globalen Märkten mit einem jährlichen Volumen in den Milliarden agieren und die zudem noch schnell wachsen (zB über 5 % jährliches Wachstum). Darüber hinaus erwartet ein VC-Fonds von einem Startup, dass es einen solchen Markt mit disruptiven Produkten und Technologien neu gestaltet. Nur wenn diese Voraussetzungen gegeben sind, kann realistischer Weise erwartet werden, dass das Startup in kurzer Zeit – denn ein VC-Fonds muss idR nach spätestens zehn Jahren sein Investment realisieren! – die für einen VC-Fonds notwendige Wertsteigerung erreichen kann.

Wenn man nun weiß, dass VC-Fonds immer nur Minderheitsanteile halten und zugleich nur einen kleinen Teil ihres Fondsvermögens (meist weniger als 5 %) in ein einzelnes Startup investieren, dann ahnt man, dass die Erwartungen an das Wachstum und die Wertsteigerung der einzelnen Investments im Portfolio sehr hoch sind.

VC-Fonds erwarten üblicherweise, dass ein Investment entweder:

- sich in kurzer Zeit (bis drei Jahre) im Wert verzehnfacht, um überhaupt auf den „VC-Pfad“ zu bleiben und für weitere Anschlussfinanzierungen in Frage zu kommen

oder

- über die gesamte Haltedauer (meist drei bis acht Jahre) die Hälfte des Fondskapitals oder sogar das ganze Kapital des Fonds über einen Verkauf der Beteiligung zurückzahlen kann.

Deshalb kommt auch nur ein sehr kleiner Teil der Unternehmen, die sich bei einem VC-Fonds um eine Finanzierung bewerben, für ein Investment in Frage. Oft kommt nur 1 %, wenn nicht sogar weniger, aller Startups, die ein VC-Fonds analysiert, für ein Investment in Frage.

Harte Auslese und nur ausgewählte Anschlussfinanzierungen

Ein VC-Fonds stellt einem Startup in einem ersten Investment Liquidität für einen begrenzten Zeitraum, typischerweise für zwölf bis achtzehn Monate, zur Verfügung. Während dieser Zeit wird die Entwicklung des Startups durch monatliches Reporting und meist quartalsweise Board Meetings überwacht. Gegen Ende dieser ersten zwölf bis achtzehn Monate stellt sich dann meist die Frage der Anschlussfinanzierung.

Nur wenn das Startup den Erwartungen des VC-Fonds entspricht, kann sich der Gründer Hoffnung auf ein weiteres Investment des Fonds machen. Die Entscheidung, ein Startup weiterhin zu finanzieren oder ihm die Finanzierung zu verweigern, gehört zweifellos zu den schwersten Entscheidungen eines VC-Fonds. Gleichzeitig ist sie auch eine der wichtigsten - wenn nicht überhaupt die wichtigste Entscheidung über den Erfolg des Fonds. Denn der Erfolg eines VC-Fonds wird in einigen wenigen - oftmals sogar einzelnen - Startups getragen. Erfolgreiche VC-Fonds haben zumindest einen sogenannten „**outlier**" (einen massiven positiven Ausreißer) im Portfolio.

Die untenstehende Grafik zeigt die Verteilung der Return Multiples im Portfolio des ersten Fonds des kanadischen VC Managers Version One. Nach sieben Jahren stehen neun Firmen bei Multiples zwischen 0 und 0,2 - fast die Hälfte des Portfolios ist also angeschrieben. Acht Firmen stehen bei Multiples zwischen 0,9 und 2,9 - sie haben sich zwar überwiegend positiv entwickelt, erfüllen die Erwartungen eines VCs aber (noch) nicht. Und nur drei Firmen stehen beim 5,8-Fachen des Einsatzes oder besser. Aber die beste Firma steht beim 48-Fachen des Einsatzes. Auf dieser einen Firma ruht die Hoffnung von Version One, die erwartete Rendite des Fonds zu erzielen. Diese Verteilung ist durchaus typisch für die Performance-Verteilung in einem Frühphasen VC-Portfolio.

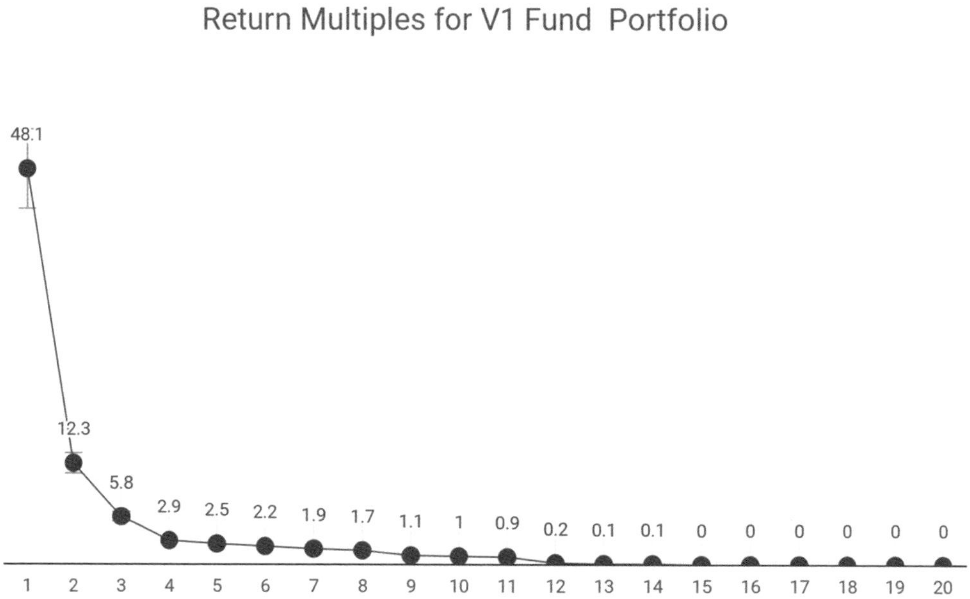

Abb 2: Return Multiples

Zeitlich beschränkte Beteiligungsdauer

VC-Fonds sind „Gesellschafter auf Zeit". Das heißt, sie werden in der Regel nur bis zu zehn Jahre (max zwölf Jahre) an einem Startup beteiligt sein wollen, weil VC-Fonds selbst meist auf zehn Jahre (plus meist zwei Jahre Verlängerungsoption) angelegt sind.

In dieser Zeit sind die ersten drei bis fünf Jahre dem Portfolioaufbau und die zweiten fünf bis acht Jahre der Portfolioentwicklung und -verwertung gewidmet. Spätestens nach Ablauf dieser zehn Jahre muss ein VC-Fonds seine Beteiligungen verwerten, um wiederum seinen Investoren ihr Kapital – im Idealfall mit dem Risiko angemessener

Rendite – zurückzuzahlen. Mit einem VC-Fonds zu arbeiten, heißt für ein Startup also, dass es sich darauf einstellen muss, dass der VC-Fonds seine Beteiligung auch wieder veräußern wird – also einen sogenannten „Exit" macht. Und dieses Recht wird sich der VC-Fonds auch in dem Beteiligungsvertrag zusichern lassen. Ein Startup muss sich dessen bewusst sein.

Nun heißt „Exit" aber nicht zwingend, dass das ganze Startup verkauft werden muss, wenn der VC-Fonds aussteigen will. Die Alternative dazu sind sogenannte „Secondary transactions", in denen einzelne Investoren, meist Business Angels oder VC-Fonds, die sehr früh eingestiegen sind, verkaufen, ohne dass dabei alle Geschäftsanteile des Startups verkauft werden müssen. Hin und wieder verkaufen auch die Gründerinnen und Gründer in geringem Umfang Anteile. Als Käufer treten meist andere VC-Fonds, die eine später-phasige Investment-Strategie verfolgen, auf.

Die Bewertung von Startups nach der VC-Methode[3]

Auch hier ist zu unterscheiden, ob ein VC-Fonds in der sehr frühen Phase investiert, in der wenig oder gar oftmals keine Zahlen des Startups vorliegen, oder ob er erst in einer späteren Phase investiert.

In der frühen Phase wird die Bewertung dabei vorrangig auf qualitative Kriterien wie

- Qualität des Teams,
- Größe und Wachstumsraten des Marktes und
- Vorhandensein und Dynamik der zugrunde liegenden Megatrends gestützt.

Aber auch taktische Überlegungen wie das Vermeiden einer zu starken Verwässerung der Gründer spielen dabei eine Rolle. Und nicht zuletzt natürlich der vom Startup ermittelte Kapitalbedarf zur Erreichung der im Business Plan formulierten Ziele.

Bei Investments in späteren Phasen werden freilich auch quantitative Bewertungsmethoden herangezogen.

Kaum jedoch verlässt sich der VC-Fonds dabei nur auf eine einzige Methode, sondern es werden die Ergebnisse mehrerer Methoden zueinander in Bezug gesetzt und dann mit einer Peer Group oder auch mit ähnlichen Unternehmen in den Public Markets verglichen. Wichtig zu wissen ist auch, dass VC-Fonds immer in die Zukunft gerichtete Bewertungen anstellen und selten bis nie Leistungen der Vergangenheit wie zB eingebrachte Arbeitsstunden, Sachleistungen oder Eigenkapitalleistungen der Gründer in Betracht ziehen.

Um die für den VC-Fonds „richtige", dh, die maximal zahlbare Bewertung zu finden, wendet er die sogenannte „**Venture-Capital-Methode**" an, bei der erwartete zukünftige Erlöse aus dem Exit in die Gegenwart abgezinst werden. Zuerst werden dabei Key Financials bis zum geplanten Exit geplant und ein Multiplikator ermittelt. Danach wird der erwartete Exit-Erlös durch Multiplikation einer Referenz-Größe (zB Umsatz, Gewinn etc) und mit der Renditeanforderung der VC-Fonds in die Gegenwart abgezinst. Zur

3 *Swoboda*-Brachvogel, 18.1.2019, Die Bewertung von Start-ups und Wachstumsunternehmen, https://insights.controller-institut.at/die-bewertung-von-start-ups-und-wachstumsunternehmen/ (13.6.2019).

Erinnerung: Frühphasenfonds haben wegen des höheren Ausfallsrisikos höhere Renditeerwartungen als Spätphasenfonds. Somit erhält man den gegenwärtig maximal zahlbaren Preis.[4]

Rechenbeispiel:

- Geplanter Umsatz in fünf Jahren: EUR 5 Mio bei einem EBIT von EUR 1,25 Mio (25 %)
- In der Branche üblicher Multiplikator: Umsatz 2,5x bzw EBIT 10x
- Erwartete Rendite des Investors 25 % pa
- Benötigtes Investment: EUR 500k
  - Erwarteter Verkauf- bzw Exiterlös in fünf Jahren: EUR 12,5 Mio (10x EBIT bzw 2,5x Umsatz)
  - Zukünftiger Wert des Investments (EUR 500k bei jährlicher Rendite von 25 %): EUR 1,525 Mio (EUR 500k × 25 % p.a.)
  - Höhe der Beteiligung: ca 12 % (1,525 × 100 / 12,5)

Die Bewertung des Unternehmens liegt damit vor Einstieg des Investors (**Pre-Money**) bei EUR 3,596 Mio

3.596k = [(12.500k – 1.525k)/1,25^5]

(errechnet aus künftigem Verkaufserlös minus künftigem Wert des Investments, abgezinst für fünf Jahre mit je 25 %) bzw nach Einstieg (**Post-Money**) bei einer Bewertung von EUR 4,096 Mio (errechnet aus [12.500/1,25^5] oder einfacher aus [EUR 3.596k + EUR 500k]).

Die folgende Tabelle veranschaulicht die jährlichen Renditeerwartungen von VC-Fonds an ihre Investments je nach Phase des Unternehmenslebenszyklus, in dem sich das Investment befindet. Mit dem folgenden Zinssatz wird der zukünftige Exiterlös auf die Gegenwart abgezinst, wodurch sich der maximal zahlbare Preis errechnet.

Angesetzte Rendite von Venture Capitalists	
Lebenszyklus	**Erwartete Rendite**
Startup	50 %–70 %
First Stage	40 %–60 %
Second Stage	35 %–50 %
IPO	25 %–35 %

Tab 1: Angesetzte Rendite von Venture Capitalists

Der erwartete Exiterlös errechnet sich aus dem möglichen Zahlungsstrom aus dem Investment an den VC-Fonds, typischerweise erzielt durch einen Verkauf der Beteiligung via einem sogenannten Trade-Sale oder einen IPO plus dem Erlös aus dem Alternativ-Szenario einer Insolvenz.

Die folgende Tabelle stellt die Entwicklung über drei Jahre dar. Zur Vereinfachung wird in diesem Beispiel ein gleichbleibender Exiterlös von 100 angenommen. Die Insolvenzwahrscheinlichkeit (p) wird ebenso als konstant über die ersten drei Jahre (t) angenommen.

4 *Klumpp*, Unternehmensbewertung: Venture Capital Methode, 3.2.2019, https://www.tech-corporatefinance.de/blog/allgemein/unternehmensbewertung-venture-capital-methode/ (13.6.2019) und CFO aktuell, November 2018, Marion Swoboda-Brachvogel 228-231.

Berechnung risikoadjustierter Cashflows	1	2	3
Erwarteter Free Cashflow	100	100	100
Insolvenzwahrscheinlichkeit p (14,1 % pa)	14,1 %	14,1 %	14,1 %
Kumulierte Überlebenswahrscheinlichkeit (1-p)^t	85,9 %	73,8 %	63,4 %
Angepasster erwarteter Free Cashflow	85,9	73,8	63,4
Berücksichtigung des Liquidationswerts	1	2	3
Erwarteter Liquidationswert	10	10	10
Kumulierte Insolvenzwahrscheinlichkeit (100 % minus kumulierte Überlebenswahrscheinlichkeit)	14,1 %	26,2 %	36,6 %
Angepasster erwarteter Liquidationswert	1,4	2,6	3,7
Summe aus angepasstem, erwartetem Cashflow und erwartetem Liquidationswert	87,3	76,4	67,1

Tab 2: Berechnung risikoadjustierter Cashflows

Diese folgende Tabelle veranschaulicht die unterschiedlichen Erwartungen und Annahmen, die verschiedene VC-Fonds (Early Stage vs Growth Stage) an ihre Investments haben, in Abhängigkeit der Phase, in die die verschiedenen VC-Fonds investieren.

Ein typischer Startup-VC-Fonds rechnet dabei mit über 65 % Ausfällen im Portfolio. Daher ist die Erwartung an die erfolgreichen Startups im Portfolio, dass sie sich in acht Jahren zumindest verzehnfachen, damit der VC-Fonds die von ihm erwartete jährliche Rendite von 30 % und mehr erzielen kann. Im Vergleich dazu erwarten Later-Stage-Fonds und Fonds, die noch später investieren, deutlich geringere jährliche Renditen, weil sie auch mit einer deutlich geringeren Ausfallsquote (unter 30 %) im Portfolio rechnen.

Investment Typ	Ziel Net IRR %	Ziel Net Multiple	Haltedauer	Loss Rate/ Risk Level
Startup Company	30 %	10x+	8 Jahre	Very High (>65 %)
Early Stage VC Fonds	20 %+	3x	10-12+ Jahre	Medium (30 %)
Later Stage Company	20 %	3x	6 Jahre	Medium (30 %)
Growth Stage VC Fonds	12-18 %	1.5-2x	10-12+ Jahre	Low (<30 %)

Tab 3: Erwartungen und Annahmen an Investments

Aktive Mitwirkung

In der frühen Phase des hohen Risikos wird der VC-Fonds nicht nur versuchen, seine Investments durch die üblichen Kontrollrechte zu überwachen, sondern er wird auch versuchen, durch aktive Mitwirkung deren Wert zu steigern. Dazu vereinbaren der VC-

Fonds und das Startup einerseits weitreichende Minderheitsrechte. Diese gehen weit über die Wahrnehmung der üblichen Eigentümerinteressen wie Mitgliedschaft im Board und den damit verbundenen Informations- und Kontrollrechten hinaus und schließen Zustimmungspflichten zu sehr vielen Geschäftsfällen mit ein wie zB Einstellung und Kündigung von Mitarbeitern, das Eingehen von Dauerschuldverhältnissen wie zB Mietverträgen aber auch einzelne größere Investitionen.

Manche Fonds (zB Project-A, First Round Capital, Andreessen Horowitz, aber auch Speedinvest) bieten ihren Portfoliounternehmen aber darüber hinaus auch aktive Mithilfe im operativen Geschäft an. Insbesondere in den Bereichen Business Development & Sales, Fundraising und HR können sich VC-Fonds mit den Experten in ihren Teams und deren Netzwerken wertsteigernd einbringen. Diese operative Einbindung des VC-Fonds hat nichts mit Mikromanagement zu tun, sondern ist für beide Seiten sehr sinnvoll. Das Startup bekommt Zugriff auf erfahrene Ressourcen und der VC-Fonds bekommt einen sehr tiefen Einblick in das Startup und kann dadurch eine informierte Entscheidung über die Anschlussinvestition treffen - dies letztlich zum Nutzen seiner Investoren. Durch diesen tiefen Einblick kann der VC-Fonds dem Unternehmer helfen, die schwachen Signale richtig zu deuten und frühzeitig strategisch richtige Entscheidungen zu treffen.

2.3.2. VC-typische Phänomene

Hier beschreiben wir selektiv fünf wichtige VC-typische Phänomene, auf die man als Investor in einem VC-Fonds achten sollte und die es zu verstehen gilt:

- Den „Fund Returner”
- Den „Babe Ruth Effect”
- Den „J-Curve Effect”
- Den „Power-Law Effect”
- Die Erfolgs- und Ausfallsquoten

Der „Fund Returner"

Wie oben schon erwähnt, muss ein VC-Fonds im Moment der Entscheidung über ein Investment in ein Startup der Überzeugung sein, dass dieses Investment den ganzen Fonds einmal zurückzahlen kann - also ein sogenannter „Fund-Returner“ werden kann. Es liegt auf der Hand, dass je größer ein VC-Fonds ist, auch die potentiellen Outcomes der einzelnen Investments umso größer sein müssen. Daher kann ein VC-Fonds auch nicht in jedes Startup investieren, so relevant, so plausibel oder naheliegend das Geschäftsmodell des Startups auch sein mag. Ein VC-Fonds darf nur in Startups investieren, die die Metriken seines eigenen Geschäftsmodells, das er wiederum seinen Investoren versprochen hat, funktionieren lassen. Als Faustregel kann gelten, dass ein Startup entweder das im Moment der Investitionsentscheidung plausible Potential aufweisen muss, dass es innerhalb von drei Jahren seinen Wert verzehnfachen kann, oder über eine längere Frist von fünf bis acht Jahren den gesamten Fonds zurückzahlen kann.

Als Orientierung dafür, welches Wachstum ein VC-Fonds von einem Startup erwartet, kann die sogenannte „T2D3-Regel" (= „triple in the first 2 years and double in the following 3 years") dienen, die einen Wachstumspfad eines Startups zu einer Ver-72-fachung innerhalb der ersten fünf Jahre ab dem Investment beschreibt.[5]

T2T3: Triple X 2, Double X 3						
	Year 1	Year 2	Year 3	Year 4	Year 5	Year 6
ARR[6] EoY (M$)	1	3	9	18	36	72
Growth (Wachstum)		X3	X3	X2	X2	X2

Tab 4: T2D3-Regel

Swinging for the fences – der „Babe Ruth Effect"

Aus diesem Zwang, positive Ausreißer zu produzieren, ergibt sich das auf den ersten Blick vielleicht paradox erscheinende Phänomen, dass die erfolgreichsten VC-Fonds nicht nur die größten Erfolge im Portfolio haben, sondern auch die größten Verluste.

In der Umgangssprache der VC-Industrie wird dieses Phänomen als der sogenannte „Babe Ruth Effect" bezeichnet, benannt nach dem US-amerikanischen Baseballspieler *George Herman „Babe". Ruth* aus den 20er- und 30er Jahren des 20. Jahrhunderts, der dafür bekannt war, dass er bei jedem Ball versucht hat, einen Home Run zu schlagen. Das Resultat waren sehr viele Fehlschläge, aber eben auch die meisten Home Runs seiner Ära. Sein Karriererekord von 714 Home-Runs hat fast 50 Jahre lang gehalten.[7]

Man sieht in der folgenden Grafik, dass VC-Fonds die zwischen drei- und fünffache Returns für ihre Investoren erzielen, auch mehr Geld in Investments verlieren als VC-Fonds, die nur ein- bis dreichfache Returns für ihre Investoren erzielen. Das Risiko, das zu den Ausfällen führt, wird also durch die Überrendite, die mit den sehr erfolgreichen Portfoliofirmen (den Home Runs) erzielt wird, mehr als kompensiert.

5 *Schwedland*, Building the Billion Dollar SaaS Unicorn: CEO Guide, 8.4.2015, https://www.slideshare.net/KellySchwedland/building-the-billion-dollar-saas-unicorn-ceo-guide (13.6.2019).

6 ARR = Annual recurring revenue.

7 *Dixon*, The Babe Ruth Effect in Venture Capital, 7.6.2015, http://cdixon.org/2015/06/07/the-babe-ruth-effect-in-venture-capital/ (13.6.2019).

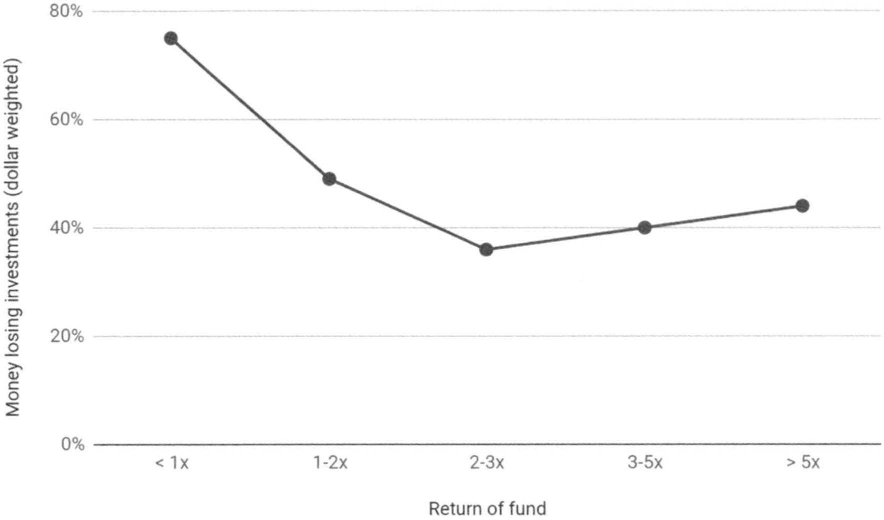

Abb 3: Return of fund

Der „J-Curve"-Effekt

Als J-Curve-Effekt wird das Phänomen bezeichnet, dass man als Investor in einem VC-Fonds in den ersten Jahren durch die laufenden Einzahlungen in den Fonds in der Verlustzone sein wird und man erst in die Gewinnzone kommt, wenn die Rückflüsse die früheren Einzahlungen überkompensieren. Und da der Verlauf der Kurve der summierten Ein- und Auszahlungen über die Zeit ein „J" beschreibt, heißt es J-Curve. Dieser Eintritt in die Gewinnzone erfolgt manchmal etwa um die Hälfte der Laufzeit - meist aber erst im letzten Drittel der Laufzeit. VC ist also nicht für die Ungeduldigen.

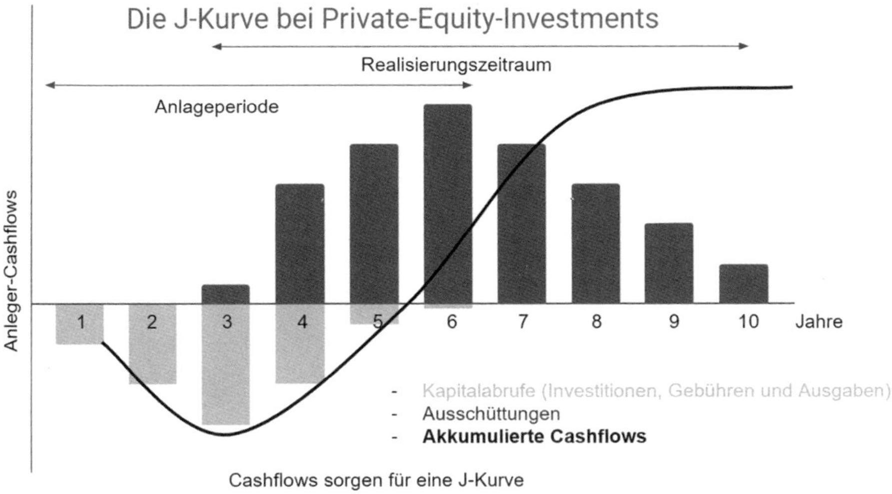

Abb 4: Die J-Kurve bei Private-Equity-Investments

Der „Power Law"-Effekt

Der Power-Law-Effekt beschreibt die Tatsache, dass es in einem VC-Portfolio trotz sorgfältiger Auswahl und intensiver Pflege und Unterstützung der Portfolio-Firmen zu sehr vielen Ausfällen kommen wird und dass der gesamte Ertrag am Ende von einigen wenigen - manchmal sogar nur einem einzigen Portfolio-Unternehmen getragen wird. Diese Erfolge können dann aber so groß werden (siehe die oben beschriebenen Home Runs), dass der gesamte Fonds einen guten Ertrag erwirtschaftet. Die untenstehende anonymisierte Abbildung beschreibt als Beispiel die Wertsteigerungen in einem Portfolio eines Speedinvest-Fonds.

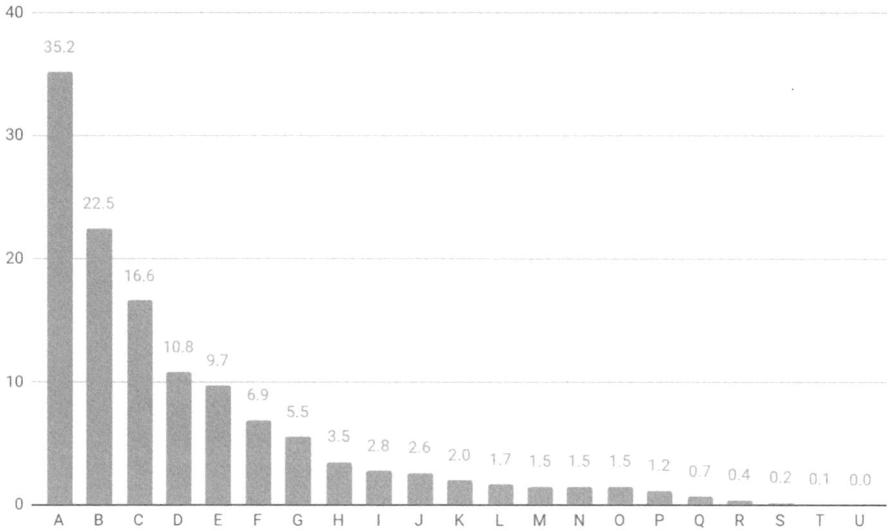

Abb 5: Portfolio Multiples

Erfolgs- und Ausfallquoten

Das auf Startups spezialisierte US-amerikanische Beratungs- und Analyseunternehmen CB Insights hat dazu ca 1.100 Startups in den USA untersucht, die zwischen 2008 und 2010 ihre erste Finanzierung von VC-Fonds erhalten haben. Nur die Hälfte dieser Startups konnte eine zweite Finanzierungsrunde erreichen. Eine vierte Finanzierungsrunde schafften gar nur 15 % der Startups und nur 1 % der Startups erreichten den Status eines sogenannten „Unicorn" - eine Bewertung von über USD 1 Milliarde. Jedoch immerhin 13 Startups konnten einen Exit mit einer Bewertung von über USD 500 Millionen erreichen.[8]

In den zehn Jahren der Betrachtung, von 2008 bis 2018, sind 748 Startups (circa 67 %) aller 1.119 in der Studie erfassten Startups gescheitert, oder haben den „VC-Pfad" verlassen. Das bedeutet, sie gehen im negativen Fall entweder pleite, oder sie schaffen es im positiven Fall auf einen organischen Wachstumspfad. Letzteres ist für die Gründerinnen und Gründer immer noch ein Erfolg und eine absolut respektable, unternehmerische

8 *CBInsights,* Venture Capital Funnel Shows Odds Of Becoming A Unicorn Are About 1%, 6.9.2018, https://www.cbinsights.com/research/venture-capital-funnel-2/ (13.6.2019).

Leistung. Aber es erfüllt eben nicht die Wachstumserwartungen der VC-Fonds, weshalb sie keine weiteren Finanzierungsrunden abschließen konnten. 341 Startups (ca 30 %) schaffen einen erfolgreichen Exit und nur zwölf Startups (ca 1 %) schaffen es letztlich zum Unicorn.

Der schmale Grat des Erfolges wird umso deutlicher, wenn man weiß, dass nur ca 1 % aller Startups überhaupt eine Finanzierung von einem VC-Fonds erhalten. Mit anderen Worten: nur 0,01 % aller Startups, die sich um eine VC-Finanzierung bemühen, schaffen es, ein Unternehmen von globaler Bedeutung zu werden, das dann mit mehr als USD 1 Milliarde bewertet wird.

Auf dem Weg zu dieser Milliarden-Bewertung werden die Anteile des Gründers durch mehrere Finanzierungen zwar auf ca ein Sechstel verwässert. Aber ein Sechstel von USD 1 Milliarde sind immerhin noch USD 166 Millionen. Und das ist für die Gründer immer noch ein sog „life-changing liquidity event".

2.3.3. Performance der Assetklasse VC

Der englische VC-Fonds Atomico hat in der 2018er Ausgabe seines jährlich erscheinenden Report „State of European Tech" ermittelt, dass in den vergangenen 15 Jahren die gesamte Asset-Klasse Venture Capital in den USA eine Rendite zwischen 7 % und 17 % pa und in Europa zwischen 7 % und sogar 25 % erzielen konnte.

Aus europäischer Sicht insbesondere erfreulich ist die Tatsache, dass europäische VC-Fonds in den letzten drei Jahren eine deutliche Performance-Steigerung erzielen konnten und den jahrelangen Performance-Rückstand auf die US-Fonds nicht nur wettmachen konnten, sondern die US-Fonds auch überholen konnten.

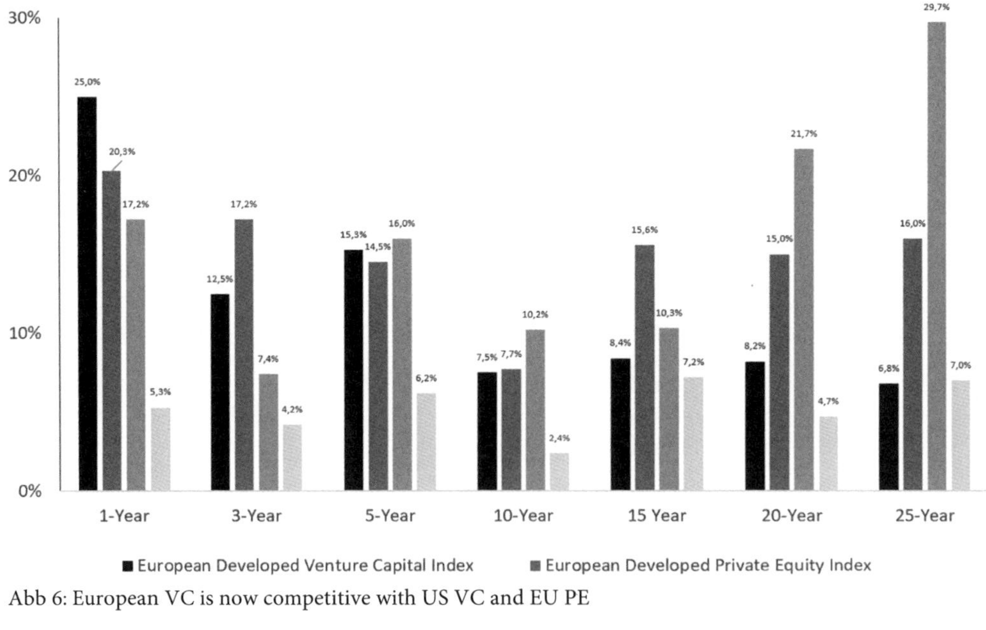

Abb 6: European VC is now competitive with US VC and EU PE

2.3.4. Volkswirtschaftliche Bedeutung von VC

Nach der mikroökonomischen Betrachtung des Geschäftes der VC-Fonds wollen wir im folgenden Kapitel nun die makroökonomischen Auswirkungen von VC betrachten.

Kurz zusammengefasst: Der positive Einfluss von VC auf Wirtschaft und Gesellschaft kann gar nicht deutlich genug betont werden!

Das Beratungsunternehmen Roland Berger hat in der 2018 erschienenen Studie „Venture Capital: Treibstoff für Innovationen, Wachstum und Wettbewerbsfähigkeit"[9] nachgewiesen, dass VC zahlreiche nachhaltig positive Effekte auf eine Volkswirtschaft haben.

Durch VC werden jungen innovativen Unternehmen die notwendigen finanziellen Mittel für deren Wachstum bereitgestellt. Startups machen oft jahrelang keine Gewinne und haben kaum Anlagevermögen, wodurch sie für eine Kreditfinanzierung nicht in Frage kommen. In dieser Zeit kann den Startups nur mit langfristig orientiertem, risikofähigem und risikobereitem Eigenkapital geholfen werden, das dann auch mit entsprechend hoher Rendite belohnt wird. Und sind die solcherart finanzierten Unternehmen einmal in der Gewinnzone angekommen, können Startups enorme Werte schaffen und davon profitieren zahlreiche Anspruchsgruppen einer Volkswirtschaft.[10]

Die Unternehmer, die das größte Risiko aller Teilnehmer auf sich nehmen, können es zu beträchtlichem Wohlstand bringen. Die Mitarbeiter haben durch Mitarbeiterbeteiligungsmodelle unmittelbar teil am Erfolg der Startups. Das Pensionssystem profitiert durch langfristig überdurchschnittliche Erträge - sofern die Pensionskassen in VC investieren. Der Staat profitiert durch steigende Steuereinnahmen aus Lohnsteuer und Einkommensteuer. Die Gesellschaft profitiert als Ganzes, da VC wie ein Katalysator auf die Erneuerung der Wirtschaft wirken, wodurch der Strukturwandel in Richtung Digitalisierung von Wirtschaft und Gesellschaft besser bewältigt wird.

Wagniskapitalgeber gehen ein hohes Risiko ein, da sie in neu gegründete Unternehmen investieren, die noch keine Gewinne erzielen. Damit diesem Risiko die Chance auf eine angemessene Rendite gegenübersteht, müssen VC-Investoren die von ihnen finanzierten Unternehmen sehr sorgfältig auswählen. Weil sie aus Eigeninteresse diejenigen neu gegründeten Unternehmen mit dem höchsten Potenzial auswählen, sorgen sie für eine effiziente Ressourcenallokation. Wagniskapital fließt in Neugründungen, die angesichts begrenzter Ressourcen die besten Wachstumsaussichten haben. Venture Capital treibt so die Produktivität und die Wettbewerbsfähigkeit der gesamten Volkswirtschaft an.

Studien zeigen, dass durch Venture Capital finanzierte Unternehmen deutlich schneller wachsen als vergleichbare Firmen – was Umsätze und Gewinne angeht, aber auch hinsichtlich der Mitarbeiterzahlen. Überdies fließt Venture Capital vor allem in Unternehmen mit digitalen und forschungsintensiven Geschäftsmodellen. Dadurch fördert Venture Capital Innovationen und die Erschließung neuer Märkte. In den USA wurden einer

---

9 https://www.rolandberger.com/de/Media/Treibstoff-Venture-Capital-Wie-Deutschland-Innovation-und-Wachstum-beschleunige.html (10.11.2019)

10 *Fuest*, Deutschland braucht mehr Risikokapital, um im Wettbewerb der Technologiestandorte mitzuhalten, 14.6.2018, https://www.rolandberger.com/de/Publications/Venture-Capital-Treibstoff-f%C3%BCr-Innovationen-Wachstum-und-Wettbewerbsf%C3%A4higkeit.html (13.6.2019).

Studie der Universität Stanford zufolge 17 % aller börsennotierten Unternehmen in ihrer Gründungsphase durch Venture Capital finanziert. Die Ausgaben für Forschung und Entwicklung dieser Unternehmen machen 44 % der F&E-Ausgaben aller börsennotierten Unternehmen in den USA aus. Dies verdeutlicht, dass Venture Capital vornehmlich in Unternehmen mit innovativen Geschäftsmodellen fließt. Diese Innovationen eröffnen Kunden neue Möglichkeiten, erschließen neue Märkte, schaffen zukunftsfähige Arbeitsplätze, stärken die Wettbewerbsfähigkeit und sichern Wohlstand.[11]

Digitale Teilhabe: Vom Wachstum durch Wagniskapital profitieren viele

Vom Aufstieg dieser Venture-Capital-finanzierten Unternehmen profitieren zahlreiche gesellschaftliche Gruppen: zunächst die Konsumenten in Form neuer und besserer Produkte und Dienstleistungen. Darüber hinaus können breite Bevölkerungsschichten über ihre Altersvorsorge an der digitalen Dividende teilhaben. Wenn Versicherungen und Pensionskassen das Geld ihrer Kunden auch in Venture-Capital-Fonds investieren, profitieren die Anleger von den Renditen, die durch Wagniskapital erwirtschaftet werden. Eine weitere Teilhabemöglichkeit eröffnet sich den Mitarbeiterinnen und Mitarbeitern der innovativen Unternehmen, die Anteile an ihrem Arbeitgeber erwerben können. Dies ist nicht nur ein bei Startups weit verbreitetes Instrument für Motivation und Identifikation mit dem Arbeitgeber. Aufgrund des rasanten Wachstums und Wertzuwachses konnten frühe Anteilseigner der erfolgreichen Technologieunternehmen ihr Investment vervielfachen. Auch private Kleinanleger, die nicht in VCs investieren, können sich über Crowdinvesting-Plattformen an jungen innovativen Startups beteiligen und auf diesem Weg zur gesellschaftlichen Teilhabe an der digitalen Transformation beitragen (siehe auch Kapitel 8/*Horak*, *Pöltner*: Power of the Crowd – Crowdfunding & -investing, Initial Coin Offerings und Security Token). Gründerinnen und Gründern ohne Vermögenshintergrund ermöglicht Wagniskapital, dass sie ihre Geschäftsidee dem Markt aussetzen können, dies erhöht somit die Chancengerechtigkeit in unserer Gesellschaft. Denn: Entscheidend für Wagniskapitalinvestoren ist nicht die persönliche Herkunft der Gründerin oder des Gründers, sondern ihre Idee und ihre Erfolgsaussichten. VC-Investitionen lohnen sich für Investoren nur, wenn die finanzierten Unternehmen hohes Wachstumspotenzial haben. Umgekehrt betrachtet heißt dies, dass häufig Unternehmen mit digitalen Geschäftsmodellen durch VC-Geber finanziert werden – denn in der digitalen Welt können Geschäftsmodelle besonders schnell skaliert und einer hohen Zahl potenzieller Kunden zugänglich gemacht werden. Deshalb kann die Beteiligung der Bürger an VC-Fonds beispielsweise über ihre Altersvorsorge dafür sorgen, breite Bevölkerungsschichten an den Gewinnen der Digitalisierung teilhaben zu lassen.[12]

2.3.5. Wie kann man als Privatinvestor in einen VC-Fonds investieren und warum ist das ein guter Start ins Startup Investing?

Prinzipiell ist es jedem Privatinvestor möglich, in einen VC-Fonds zu investieren. Zumindest ist es in Österreich nicht a priori ausgeschlossen. Vorausgesetzt jedoch man erfüllt die gesetzlichen Vorgaben. Und eine wesentliche Vorgabe ist es, dass man wenigstens EUR 100.000 investieren muss und sich schriftlich zu einem professionellen

11 *Born/Fuest/Krys*, Venture Capital: Treibstoff für Innovationen, Wachstum und Wettbewerbsfähigkeit (2018) 13.
12 *Berger*, Venture Capital: Treibstoff für Innovationen, Wachstum und Wettbewerbsfähigkeit (2018) 15.

Investor erklärt. Das finanzielle Exposure ist also kaum größer als beim Kauf einer Anlegerwohnung, jedoch sollte das Investment in einen VC-Fonds keinesfalls mit Kredit finanziert werden und man muss sich bewusst sein, dass man auf zehn Jahre gebunden ist und man über sein Investment nur sehr eingeschränkt verfügen kann. Das ist eine lange Zeit.

Zum Vergleich: In Österreich werden Ehen im Schnitt nach 10,7 Jahren geschieden. Ein VC Investment will also ebenso gut überlegt werden.

Auch darf man erst spät in der Haltedauer mit Auszahlungen rechnen. Und auch ein Totalverlust ist nicht ausgeschlossen - Venture bedeutet Wagnis.

Ein Investment in einen VC-Fonds muss also in Einklang mit der Risikofähigkeit und der Risikotoleranz des Investors stehen und darf nur einen kleinen Teil des Portfolios umfassen. Aber die möglichen Renditen entsprechen diesem Risiko und daher sollte VC für jedes dafür in Frage kommende Portfolio in Betracht gezogen werden.

Als Einstieg in das Startup Investing ist der Weg via einem VC-Fonds für einen Privatinvestor sicherlich ein richtiger Weg, denn erstens wird das Investment professionell gemanagt - das kostet zwar Gebühren, befreit den privaten Investor aber von der Arbeit, die mit dem Scouting, Sourcing, Screening und dem Management der Beteiligungen verbunden ist. Und diese Aufgaben erfordern entsprechend Kapazität, Ausbildung und Erfahrung. Und zweitens wird das Einzelrisiko eines Direktinvestments in ein Startup durch den Portfolio-Effekt eliminiert oder zumindest abgeschwächt.

Folgende Grafik veranschaulicht die Wahrscheinlichkeit des Vorhandenseins eines positiven Ausreißers - eines „Fund Returners" - in Abhängigkeit des Portfolioumfanges. Ab 50 Firmen im Portfolio haben gute VC-Fonds eine über 90 % Wahrscheinlichkeit, dass sich eine ihrer Beteiligungen zu einem sogenannten„Einhorn“ entwickelt.

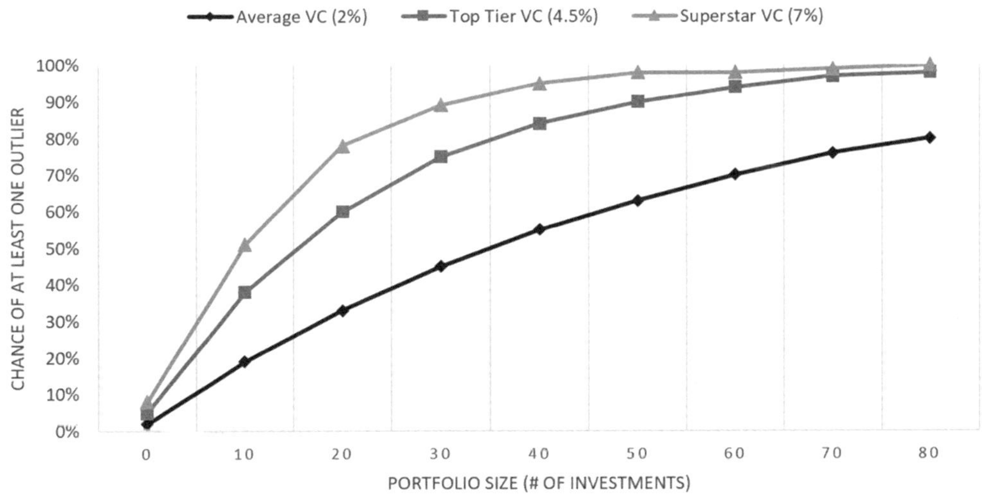

Abb 7: Wahrscheinlichkeit eines positiven Ausreißers

2.3.6. Unkonventionelle – aber durchaus ernst gemeinte – Betrachtungen von VC

Abschließend werfen wir noch zwei unkonventionelle – aber durchaus ernst gemeinte - Blicke auf das Thema VC Investing, die dem Verständnis der Materie helfen können.

VC vs Lottospielen

Betrachtung 1: „*VC ist 100.000-mal besser als Lotto spielen*"

Im Zusammenhang mit VC wird oft von „Wetten" gesprochen: Man wettet auf Startups und eines von zehn Investments geht auf und neun gehen daneben. Und dieses eine muss die gesamte Performance erzielen.

Wie vergleicht sich diese Erfolgsaussicht nun mit des Österreichers liebstem Wettspiel, dem wöchentlichen Lotto „6 aus 45"? Beim Lotto „6 aus 45" liegt die Wahrscheinlichkeit, alle sechs Zahlen richtig zu haben, bei 1 zu ca 8,15 Millionen - oder bei nur 0,0000123 %. Das ist etwa gleich groß, wie die Chance vom Blitz getroffen zu werden.[13]

In diesem Kapitel haben wir bereits beschrieben, dass etwa eines aus 10.000 Startups, die sich um eine VC-Finanzierung bemühen, ein wirklich großer Erfolg mit einer Bewertung von über USD 1 Milliarde werden kann. Die statistische Unicorn-Chance liegt also bei 0,01 %.[14] Ein Startup zu gründen und zum Unicorn zu führen, ist also schon 1.000-mal aussichtsreicher als Lotto zu spielen. Einschränkung: Die zeitliche Komponente, dass es etliche Jahre dauern kann, bis das erste Startup zum Erfolg wird, darf man dabei allerdings nicht außer Acht lassen.

Und wenn man nun alle 75 Startups der CB-Insights-Studie in Betracht zieht, die einen Exit mit mehr als USD 100 Millionen Bewertung erreicht haben, dann steigt die Chance gegen 1 %. VC Investing ist also fast 100.000-mal aussichtsreicher als Lotto zu spielen. Und neben einem USD 100 Millionen Exit sieht selbst der größte bisher ausgespielte österreichische Jackpot aus dem Jahr 2018 mit knapp USD 15 Millionen richtig bescheiden aus.

Auch aus volkswirtschaftlichem Blickwinkel eröffnet der Vergleich mit dem Lottospiel spannende Erkenntnisse: Im österreichischen Lotto „6 aus 45" werden ca 6,6 Millionen Tipps pro Runde gespielt. Bei 104 Runden und EUR 1,2 pro Tipp ergibt das ein Volumen von EUR 824 Millionen, die jedes Jahr ge- bzw verspielt werden. Jährlich könnte damit - alleine in Österreich! - also ein VC-Fonds mit über EUR 800 Millionen Kapital ausgestattet werden, und dass bei 100.000-fach höherer Gewinnchance als im Lotto.[15]

Damit wäre Österreich schlagartig führend in Europa mit allen positiven gesellschaftlichen und wirtschaftlichen Auswirkungen, die wir weiter oben beschrieben haben. Mit den gleichen Vorsichtsmaßnahmen versehen wie Alterskontrolle, verantwortungsvolles

---

13 *Standard*, Wie groß sind die Chancen auf einen Lottosechser, 21.11.18, https://www.derstandard.at/story/2000091816310/wie-gross-sind-die-chancen-auf-einen-lottosechser (13.6.2019).

14 *Elena*, WELCHE LOTTERIE HAT DIE BESTEN GEWINNCHANCEN? 10.4.2019, https://www.lottoland.com/magazin/welche-lotterie-hat-die-besten-gewinnchancen.html (13.6.2019).

15 *Fohringer*, 25 Jahre Lotto "6 aus 45": Das große Glück in Zahlen, 6.9.2017, https://diepresse.com/home/panorama/oesterreich/691083/25-Jahre-Lotto-6-aus-45_Das-grosse-Glueck-in-Zahlen (13.6.2019).

Spielen etc könnte der Vertrieb dieses „Volks-VC-Fonds" sogar über dieselben Kanäle erfolgen wie für das Lotto (online, ja sogar über die Trafiken). Die technischen Möglichkeiten wären jedenfalls gegeben.

VC vs Forstwirtschaft

Betrachtung 2: „*VC ist wie Forstwirtschaft im Zeitraffer*"

Wesentlich über den Erfolg im VC-Geschäft entscheidet letztlich, wie gut man das Risiko und die Verlustwahrscheinlichkeiten managen kann. Und hier unterscheidet sich VC nicht von anderen Wirtschaftszweigen. Große Analogien bestehen etwa zur Land- und Forstwirtschaft.

In der Forstwirtschaft bringt man 1.000 Setzlinge pro Hektar aus und macht dann nach 70 Jahren intensiver Pflege des Biotops, bewussten Ausforstens und natürlicher Auslese, begleitet von natürlichen Einflüssen höherer Gewalt (zB Windwurf, Dürre, Lawinen etc), den Ertrag mit etwa 100 Bäumen. Analog dazu verhält es sich mit VC-Fonds. Nur dauert es in VC eben nicht 70 Jahre, sondern nur sieben Jahre, um mit 10 % des anfänglichen Portfolios den gesamten Ertrag zu erwirtschaften.

Der Vergleich zur Forstwirtschaft zeigt sehr gut, dass man im VC-Geschäft trotz sorgfältigster Auswahl der Investments und trotz intensivster Pflege des Portfolios jederzeit Verluste in Kauf nehmen, ja sogar einplanen muss. Da Ereignisse eintreten können, die gänzlich außerhalb des eigenen Einflussbereiches liegen, zB Regulierung (Datenschutzverordnung) oder technische und wirtschaftliche Neuerungen (zB die Einführung des iPhones und der damit verbundenen App-Ökonomie). Aber selbst unter Einkalkulation dieser Verluste kann VC sehr gute Renditen liefern. Und wenn diese Verluste ausbleiben, dann können die Renditen eines VC-Fonds sogar außerordentlich gut werden.

3. VC-Fonds-Landschaft in DACH

Der Report „Startup & Venture Capital Landscape in DACH 2018" stellt folgende Stärken und Schwächen für die Region DACH fest:[16]

- **Stärken**:
  - **Talente**: Dank top-gerankter Universitäten (beispielsweise Ludwig-Maximilians-Universität, Technische Universität München, Medizin-Universität Wien, Universität Wien, ETH Lausanne und ETH Zürich) verfügt die DACH-Region über einen konstanten Zuwachs von Talenten in verschiedenen Disziplinen (Naturwissenschaften, Wirtschaft etc), die einerseits selbst potentielle zukünftige Gründerinnen und Gründer sind und andererseits hochattraktive Mitarbeiter für Startups darstellen.
  - **Verfügbarkeit von Entwicklern**: Im globalen Vergleich verfügt Europa über eine hohe Anzahl an qualifizierten Entwicklern. Hier sticht besonders Deutschland

16 *Ockenfels*, Startup & Venture Capital Landscape in DACH 2018, https://medium.com/speedinvest/state-of-the-startup-venture-capital-landscape-in-dach-2018-edition-e0193abe26bd (24.6.2019).

hervor, das, gefolgt von England und Frankreich, die meisten Entwickler beheimatet. Als Hubs gelten hier Köln, Frankfurt am Main und Berlin.[17]

- **Attraktive Lebensbedingungen**: Städte wie München, Wien und Zürich punkten mit ihrer hohen Lebensqualität, während Berlin mit niedrigen Lebenshaltungskosten lockt.
- **Geografie**: Deutschland, Österreich und die Schweiz liegen im Herzen Kontinentaleuropas und erleichtern so Reisen (in Europa und darüber hinaus), sowie digitale, internationale Zusammenarbeit (Zeitzonen).
- **Wirtschaftsleistung & lokaler Markt**: Die drei Länder vereinen mit einer Gesamtbevölkerung von mehr als 100 Millionen Menschen eine beträchtliche Wirtschaftsleistung, insbesondere Deutschland, das vielfach als wirtschaftlicher Motor Europas bezeichnet wird. Dies wirkt sich in Form von attraktiven lokalen Märkten (Größe, Kaufkraft, gemeinsame Sprache), Möglichkeiten zur Zusammenarbeit mit (börsennotierten) Unternehmen und eines florierenden Arbeitsmarktes positiv auf Startups und Investoren aus.
- **Verfügbarkeit von Kapital**: Früh-phasigen-Startups, auf der Suche nach einer Pre-Seed- oder Seed-Runde, bieten sich zahlreiche Möglichkeiten. Diese umfassen ein sehr gut entwickeltes Ökosystem an Business Angels, Fördergebern und Venture-Capital-Investoren. Reifere Startups, die bereits ihre Series-A-Runde aufstellen möchten, finden vor allem in Berlin ein umfangreiches Netzwerk an VC-Fonds vor, die in dieser Phase investieren. Je reifer und größer Startups werden, desto schwieriger wird es, Geldgeber im DACH-Raum zu finden. Darüber hinaus kann festgehalten werden, dass renommierte internationale Venture-Capital-Fonds (beispielsweise Accel, Atomico, Battery Ventures, Index Ventures, New Enterprise Associates: NEA, SoftBank Capital) verstärkt nach Investmentmöglichkeiten in der DACH-Region Ausschau halten. Das Pro-Kopf-VC-Investment 2017 zeigt, dass die DACH-Region noch einiges aufzuholen hat. Israel[18] führt die Rangordnung an, mit USD 304, gefolgt von den USA mit USD 250. Die Schweiz kommt auf Platz 5 mit USD 113 pro Kopf, weiter dahinter Österreich mit USD 42 und Deutschland mit lediglich USD 38. Somit liegt der DACH-Durchschnitt bei USD 64.

- **Schwächen**:
  - **Strukturelle Unterschiede innerhalb des DACH-Markts**: Der Markt wird einerseits durch die Sprache geeint, zeichnet sich aber auch durch zahlreiche Unterschiede (Gesetze, Steuern, Zugang zum Markt, kulturelle Unterschiede uä) aus.
  - **Fragmentierung des Startup-Ökosystems**: Es kann aus heutiger Sicht nicht von einem „DACH-Ökosystem" gesprochen werden. Im Moment erfolgt eine Konzentration von Startups und Geldgebern auf einige wenige Hotspots wie Berlin, Zug und Zürich.
  - **Finanzierung in späteren Phasen:** Während die Verfügbarkeit von Kapital für Früh-phasige-Investitionen als Plus gerechnet werden kann, besteht in der DACH-Region bei Später-phasigen-Investitionen (ab Series B, Volumen im

17 *ATOMICO*, The State of European Tech 2018, https://2018.stateofeuropeantech.com/chapter/tech-european-economy/article/smiles-almost-all-around-european-tech/ (14.6.2019).

18 Vgl https://medium.com/speedinvest/state-of-the-startup-venture-capital-landscape-in-dach-2018-edition-e0193abe26bd (30.8.2019).

zweistelligen Millionenbereich und darüber) Aufholbedarf. Hier fehlt es in allen drei Ländern an Investoren und die Region ist auf internationale Geldgeber angewiesen.

- **Kultur des Unternehmertums**: Der DACH-Raum verfügt im Vergleich mit anderen Märkten (USA, England) über ein niedrigeres Niveau an Neugründungen. Dies wird unter anderem auf kulturelle Gegebenheiten (Risikotoleranz) zurückgeführt.
- **Brain drain**: Das Abwandern von Talenten (Gründer, Entwickler, hochqualifizierte Mitarbeiter) ins Ausland aufgrund der oben genannten Faktoren.

4. Jüngste Entwicklungen in der VC Industry

Nicht nur bei Startups, auch innerhalb der Venture-Capital-Industrie, ist Innovation gefordert. Und so ist es auch nicht verwunderlich, dass, einmal mehr ausgehend von den USA, der Heimat des Risikokapitals, auch in dieser Branche spürbare Veränderungen stattfinden. Aktuell können hier zwei internationale Trends identifiziert werden: **Vertikalisierung** und **Skalierung**.[19]

Historisch betrachtet haben Venture-Capital-Unternehmen meist einen Fonds aufgelegt, diesen investiert, und dann in weiterer Folge den nächsten Fonds aufgestellt, um weiter zu investieren. Das heißt, dass zu einem Zeitpunkt immer nur ein Fonds und ein Team, mit einer bestimmten Ausrichtung (Phase, Industrie, Geografie) aktiv investierte.

Innerhalb der vergangenen fünf Jahre ist die Entwicklung der Vertikalisierung zu beobachten. Das bedeutet, dass ein Venture-Capital-Unternehmen mehrere Fonds gleichzeitig lanciert. Diese Fonds haben eine unterschiedliche Ausrichtung in ihrem Investmentverhalten (Phase, Industrie, Geografie), werden meist von unterschiedlichen Teams geführt und mitunter auch von unterschiedlichen Investoren (Limited Partners) gespeist. Als Beispiel dafür können Andreessen Horowitz[20] und Lightspeed Venture Partners[21] aus den USA, aber auch Speedinvest[22] in Europa genannt werden.

Eine Vertikalisierung ermöglicht ein klareres Profil in der Kommunikation mit Gründern und soll so dazu beitragen die Qualität und Quantität der Startups, die für ein Investment des entsprechenden Fonds infrage kommen, zu steigern. Darüber hinaus erleichtert es dem Investment Team, am Markt als Experten und dadurch als bevorzugte Partner für ausgewählte Themen aufzutreten. Ebenfalls attraktiv ist das Modell für Investoren (Limited Partners), die ihr Kapital in bestimmte Branchen investieren möchten.

Die Venture-Branche ist stark fragmentiert, allein im Silicon Valley gibt es mehr als 200 Venture-Capital-Fonds[23]. Sowohl in den USA als auch global steigt die Anzahl der

19 *Asel*, The changing nature of venture capital, 25.6.2019, https://techcrunch.com/2019/06/25/1828292/ (13.6.2019).
20 Clark, A16z ushers in new fund strategy with $2.75B, 1.5.2019, https://techcrunch.com/2019/05/01/a16z-ushers-in-new-fund-strategy-with-2-75b/ (13.6.2019).
21 *Park*, Lightspeed Venture Partners Closes on $1.8 Billion of Committed Capital, 10.7.2018, https://www.businesswire.com/news/home/20180710005346/en/Lightspeed-Venture-Partners-Closes-1.8-Billion-Committed (13.6.2019).
22 *Steinschaden*, Speedinvest: Der nächste Fokus-Fonds wird bis zu 50 Mio. Euro in Industrie-Startups stecken, 19.10.2018, https://www.trendingtopics.at/speedinvest-i/ (13.6.2019).
23 *Springmeyer* Law, http www://.calstartuplawfirm.com/venture-groups.html (13.6.2019)

Fonds sowie das verfügbare Kapital.[24] Mittelfristig ist eine Konsolidierung der Branche, wie etwa bei Investmentbanken und Private Equity-Firmen vorstellbar.

Der Trend der Skalierung bezieht sich auf die Zusammensetzung der Teams, die der Fonds beschäftigt. Im klassischen Venture-Modell beschränkt sich das Team, abhängig von der Größe des Fonds, auf eine Handvoll Partner (der bis fünf) und einige Principals, Associates und Analysts. Dieses Kernteam, welches für die Investments verantwortlich ist, wird in neuen Modellen um eine ähnliche Anzahl von operativen Mitarbeiterinnen und Mitarbeitern erweitert. Diese Mitarbeiter stellen ihre Leistungen und ihr Wissen in den Bereichen Talentakquise, Vertrieb, Marketing und Business Development dem Portfolio zur Verfügung. Es kommt auch vor, dass die Anzahl der Mitarbeiter, die sich der Unterstützung der Startup-Entwicklung widmen, die Größe des Investmentteams übersteigt. Als Beispiel dafür können Andreessen Horowitz, Firstround Capital (beide USA)[25], Project A Ventures sowie Speedinvest (beide Europa) genannt werden.

Der Hintergrund für diese Entwicklung ist die Annahme, dass Venture-Capital-Fonds ihren Portfolio-Unternehmen durch diese Unterstützung, besonders in der frühen Phase, einen Wettbewerbsvorteil und rasches Unternehmenswachstum ermöglichen. Dies erfolgt durch den Zugriff auf Experten, Ressourcen und Netzwerke, die die Startups unter anderen Umständen nicht nutzen könnten. Die auf diese Weise erfolgte Wertsicherung- und Steigerung der einzelnen Startups soll wiederum der Entwicklung des Gesamtportfolios des VCs zugutekommen.

Diese und weitere Entwicklungen werden die Natur von Risikokapital verändern. Venture Capital ist keine Branche mehr, in der einige wenige Partner im Elfenbeinturm Entscheidungen über das Bestehen und die Entwicklung von Unternehmen fällen. Die Gründer stehen im Mittelpunkt der Bemühungen der Fonds. Kommunikation auf Augenhöhe, Zugänglichkeit und Kollaboration entwickeln sich zum Branchenstandard.

24 *Rowley*, Q4 2018 Closes Out A Record Year For The Global VC Market, 7.1.2019, https://news.crunchbase.com/news/q4-2018-closes-out-a-record-year-for-the-global-vc-market/ (13.6.2019).

25 *Hansen*, How VCs Deploy Operating Talent To Build Better Startups, 26.12.2012, https://www.forbes.com/sites/drewhansen/2012/12/26/how-vcs-deploy-operating-talent-to-build-better-startups/#6f8a564536ef (13.6.2019).

Power of the Crowd – Crowdfunding & -investing, Initial Coin Offerings und Security Token

Daniel Horak/Paul Pöltner

1. Einführung

Schon immer haben sich Menschen damit beschäftig, wie sie gemeinsam Projekte umsetzen können. Projekte, die einen derart großen Umfang haben, dass einzelne Personen diese alleine nicht mehr umsetzen können. Dies kann sowohl kleine Projekte umfassen, die lediglich in einer Wohnstraße etwas verändern möchten, aber auch Großprojekte, wie den Bau öffentlicher Infrastrukturprojekte.

Ein bekanntes Beispiel aus der Vergangenheit ist etwa der Bau der Freiheitsstatue in New York. Die Statue selbst war ein Geschenk des französischen Volkes an die Vereinigten Staaten von Amerika. Den Sockel und den Aufbau sollten die Amerikaner jedoch selbst finanzieren. Aufgrund der schwierigen Wirtschaftslage konnte der Staat den Bau aber nicht finanzieren, weshalb die Bevölkerung zur Teilnahme am Bau eingeladen wurde. Es wurde im Durchschnitt USD 1 gespendet, was heute ca USD 20 entspricht.[1]

In der Geschichte gibt es viele weitere solcher Beispiele. Das Phänomen, dass Menschen zusammenarbeiten und gemeinsam etwas aufbauen und finanzieren, ist nichts Neues. Was sich verändert hat, ist die Geschwindigkeit, in der Finanzierungen umgesetzt werden können, welche Kanäle und Medien dafür genutzt werden können und welcher Aufwand dafür betrieben werden muss. Denn die Komplexität der rechtlichen Vorschriften, die dafür eingehalten werden müssen, steigt ständig.

Die wesentliche Entwicklung in diesem Zusammenhang stellt das Internet dar. Das Internet ermöglicht es, dass Menschen auf der ganzen Welt einfach zusammenarbeiten können – es hat die Basis geschaffen, dass Menschen auf technisch kurzem Weg gemeinsam etwas umsetzen können und die Kommunikationskosten entscheidend reduziert. Aufbauend auf dem Internet hat es wesentliche Entwicklungen in zwei Richtungen gegeben. Zum einen das Web 2.0 oder auch das Social Web genannt. Menschen haben gelernt im Social Web miteinander zu kommunizieren, sich auszutauschen und das Social Web in das tägliche Leben zu integrieren. Menschen verbringen heutzutage viel Zeit im Social Web und teilen ihre Erfahrungen des täglichen Lebens. Wenn man früher mit seinen Freunden gesprochen hat, hat man weniger als hundert Menschen mit seinen Geschichten erreicht. Wenn man heute eine Story im Internet postet, dann erreicht man zum Teil mehrere hundert bis tausend Menschen, und all das mit nur einem Klick.

Anwendungen im Social Web, die einen wesentlichen Beitrag für die Vernetzung leisten, sind zum Beispiel Facebook, LinkedIn, Twitter und Instagram. Neben den Aktivitäten der einzelnen User, ermöglicht das Social Web aber auch Werbung sehr gezielt an Personen zu richten, die aufgrund ihrer Neigungen für ein bestimmtes Thema Interesse haben. Damit kann Werbung sehr zielgerichtet eingesetzt werden und die Kosten für die Sichtbarkeit bei der relevanten Zielgruppe reduziert werden.

1 Vgl https://www.faz.net/aktuell/rhein-main/crowdfunding-sammler-im-netz-12164810.html (23.8.2019).

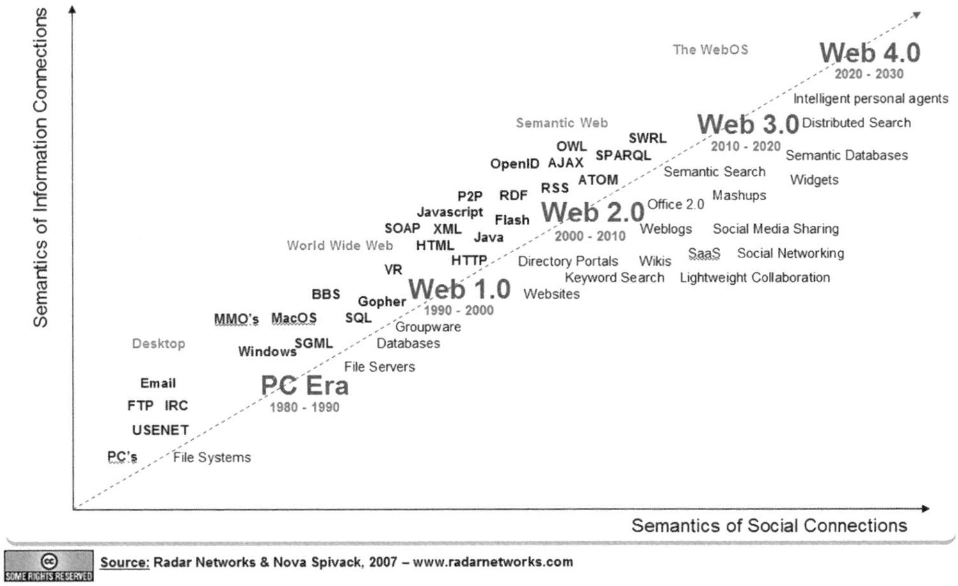

Abb 1: Entwicklung des Internets (Quelle: Radar Networks & Nova Spivack, https://novaspivack.typepad.com/nova_spivacks_weblog/2007/02/steps_towards_a.html [27.7.2019])

In der obigen Abbildung wird die Entwicklung des Internets überblicksmäßig dargestellt. Die Grafik ist zwar schon zehn Jahre alt, zeigt aber den Ausgangspunkt für diese Entwicklungen. Durch das Social Web oder Web 2.0 kann die Geschwindigkeit in der Zusammenarbeit wesentlich reduziert werden und die Reichweite in der eigenen Kommunikation stark erweitert werden. Unter dem effektiven Einsatz des Social Webs werden Beiträge im Internet schneller geteilt und können sich „viral", also durch die Interaktion der Personen mit einem Beitrag, verbreiten. Gleichzeitig muss keine eigene technische Infrastruktur aufgebaut werden. Alles kann verwendet werden, und jeder kann es sofort nutzen.

Gleichzeitig ist der Aufwand, um diese Reichweite zu erreichen, entscheidend gesunken. Wie oben beschrieben, kann jeder einen Blogbeitrag oder einen Eintrag in einem Social Web gestalten. Es müssen keine teuren Briefe verschickt werden oder auf der Straße Zettel verteilt werden. Wenn ich Personen aus Amerika ansprechen möchte, dann muss ich nicht nach Amerika fliegen, um das zu tun – sondern ich kann einfach die Zielgruppe bei der Einstellung der Werbung festlegen.

Neben den technischen Entwicklungen, die eine Umsetzung von Crowdfunding/Crowdinvesting vereinfachen, hat sich gleichzeitig die sozialpolitische und ökonomische Komplexität erhöht. Die Gesellschaft, in der wir leben, ist geprägt von einer Vielzahl von Gesetzen, die es nicht einfach ermöglichen hinauszugehen und Geld einzusammeln. Die Komplexität dafür erhöht sich jährlich durch neue Gesetze, Steuerregelungen und internationale Vereinbarungen. Den Anforderungen neuer Gesetze etwa zum Datenschutz oder zur Bekämpfung von Geldwäsche in Europa kann nur durch eine noch stärkere Automatisierung entsprochen werden. Andernfalls wären die Kosten und der Aufwand für die Umsetzung zu hoch. Im letzten Abschnitt dieses Kapitels wird auf die aktuellen neuen Aktivitäten eingegangen.

Es zeigen sich aber auch relevante gesellschaftliche Tendenzen hin zu mehr Partizipation und Selbstbestimmtheit und einer damit verbundenen Reduktion von Intermediären – technische Weiterentwicklungen wie die Blockchain-Technologie stoßen hier Türen in neue Dimensionen auf. Crowdfunding bzw Crowdinvesting sind das aktuelle Ergebnis der Entwicklungen hin zu einer Gesellschaft, die große Projekte gemeinsam umsetzen möchte und hierfür zusammenarbeitet.

2. Die Entwicklung von Crowdfunding/Crowdinvesting

Crowdfunding/Crowdinvesting sind keine neuen Formen der Finanzierung, sondern wurden durch das Internet auf eine neue Ebene geführt, die eine internationale Vernetzung und Finanzierung von Projekten ermöglicht.

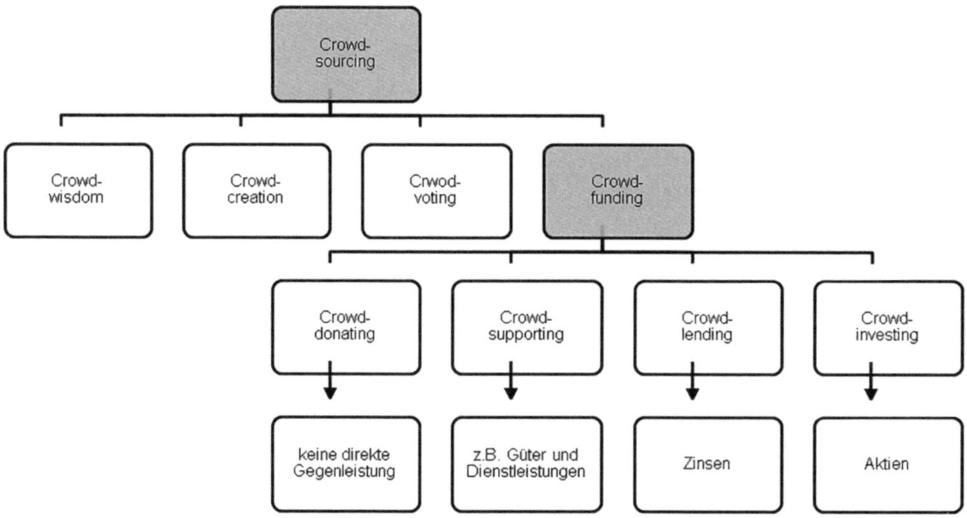

Abb 2: Crowdsourcing und Crowdfunding[2]

Crowdfunding ist als Teilgebiet von Crowdsourcing zu sehen. Crowdsourcing beschäftigt sich damit, wie Personen über das Internet gemeinsam Prozesse umsetzen. Das reicht von „Crowdvoting", bei dem über bestimmte Fragen abgestimmt wird, über Crowdcreation, wo Werke gemeinsam umgesetzt werden, bis hin zur Open Innovation, bei der gemeinsam Forschungs- und Innovationsprojekte umgesetzt werden. Es gibt Entwicklungen, die belegen, dass eine diversifizierte Gruppe bestimmte Probleme besser

2 Vgl https://commons.wikimedia.org/wiki/File:Begriffs%C3%BCbersicht_Crowdsourcing_und_Crowdfunding.png (27.7.2019).

lösen kann als eine kleine Gruppe an Experten.[3] Mittels Crowdsourcing kann dieses Potential gehoben werden und es hat auch zu einem Umdenken bei Unternehmen geführt. Unternehmen haben sich mehr und mehr geöffnet und damit einen aktiven Austausch mit der Community gesucht. Gerade durch diese Öffnung der Unternehmen war es ihnen möglich, sich schneller weiterentwickeln zu können.

Crowdfunding, als ein Unterbereich von Crowdsourcing, beschäftigt sich damit, wie Menschen gemeinsam Projekte und Vorhaben finanzieren können. Überzeichnet liefert Crowdsourcing die Idee und Crowdfunding die Finanzierung dafür.

Innerhalb von Crowdfunding können wiederum verschiedene Formen unterschieden werden. Die Unterscheidung der verschiedenen Formen von Crowdfunding richtet sich dabei primär danach, was der „Funder" – also die Person, die das Geld gibt – als Gegenleistung für den Geldbeitrag bekommt. Die vier Hauptformen sind donation-based, reward-based, lending-based und equity-based Crowdfunding Alle Teilbereiche haben jedenfalls gemein, dass die Finanzierung durch eine Vielzahl kleiner Beiträge von einer großen Anzahl von Menschen aufgebracht wird.

Bei **donation-based Crowdfunding**, oder auch spendenbasiertes Crowdfunding genannt, bekommt die Person, die einen Geldbeitrag leistet, keine wesentliche Gegenleistung. Es geht darum einen sozialen Zweck zu erfüllen und damit für einen Dritten etwas zu erreichen.

Beim **reward-based Crowdfunding** handelt es sich um eine Form der Produktvorfinanzierung. Es wird oftmals ein Produkt präsentiert, das aber noch nicht am Markt vorhanden ist. Erst mit der Finanzierung wird das Produkt fertig entwickelt, produziert und an die Unterstützer versendet.

Equity-based und **lending-based Crowdfunding** haben gemeinsam, dass die Person am Ende wieder eine Rückzahlung bzw Rendite in Form von Geld erwartet. Durch die Rückzahlung in Geld ergeben sich rechtlich und regulatorisch ganz andere Anforderungen als bei donation-based oder reward-based Crowdfunding. Equity-based und lending-based Crowdfunding werden gemeinsam auch als **Crowdinvesting** bezeichnet.

Im weiteren Verlauf dieses Kapitels beschäftigen wir uns primär mit dem Thema Crowdinvesting.

3. Der Alternativfinanzierungsmarkt im Überblick

Die Entwicklung des Marktes für Crowdfunding und -investing war in den letzten Jahren mehr als dynamisch. Lange Zeit gab es weder einheitliche Aufzeichnungen auf nationaler bzw internationaler Ebene, noch Studien, welche sich mit diesem rasch wachsenden Markt auseinandersetzten. Mit steigender Bedeutung dieser Finanzierungsform, trat jedoch auch hier eine stetige Professionalisierung ein und es etablierte sich als Sammel-

3 *Henry William Chesbrough*, Open Innovation: The New Imperative for Creating And Profiting from Technology (2003) 43 ff.

begriff für diese neu geschaffene Branche die Bezeichnung Alternativfinanzierungsmarkt. Dies umfasst eine Vielzahl an unterschiedlichen Finanzierungsformen und wurde stark durch die aktive Forschungsarbeit der Judge Business School der University of Cambridge geprägt – diese veröffentlicht mittlerweile in regelmäßigen Abständen Studien zum Alternativfinanzierungsmarkt in Europa sowie diversen anderen Regionen. Mittlerweile zählt der Report zum Standardwerk der Branche und umfasst die Daten von knapp 300 Plattformen. Nachfolgend werden die wichtigsten Erkenntnisse aus der zuletzt veröffentlichten Studie „Shifting Paradigms – The 4th European Alternative Finance Benchmarking Report", welche die Zahlen aus dem Jahr 2017 umfasst,[4] wiedergegeben:

2017 wuchs das Volumen des Alternativfinanzierungsmarktes um 36 % von EUR 7,67 Mrd auf EUR 10,44 Mrd (siehe Abb 3) – wobei hier UK mit rund 68 % den Löwenanteil in diesem Markt ausmacht.

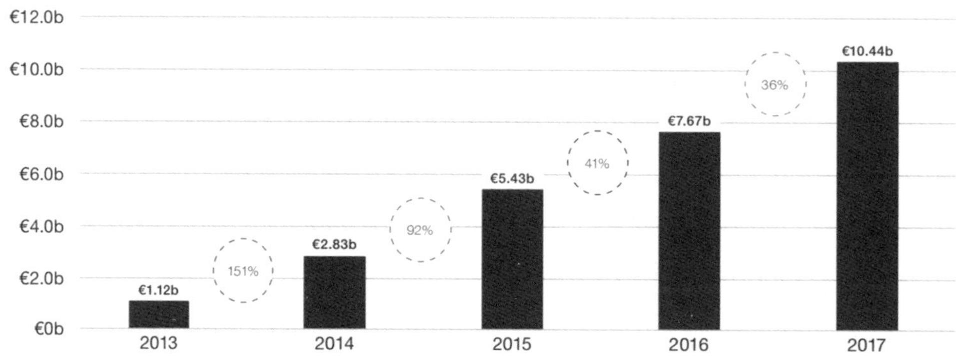

Abb 3: Entwicklung des Gesamtvolumens im Europäischen Alternativfinanzierungsmarkt (Quelle: *University of Cambridge, Judge Business School*, Shifting Paradigms [Fig 1] 22.)

Die Zahlen zeigen, dass dieser Markt seit Jahren stetig wächst und dadurch natürlich auch im etablierten Kapitalmarkt immer größere Bedeutung erhält – im internationalen Vergleich besteht aber in Europa nach wie vor gehöriger Aufholbedarf (wie Abb 4 zeigt).

4 *University of Cambridge, Judge Business School*, Shifting Paradigms – The 4th European Alternative Finance Benchmarking Report, http://jbs.cam.ac.uk/faculty-research/centres/alternative-finance/publications/shifting-paradigms/#.XWP9dC1XZdg (23.8.2019).

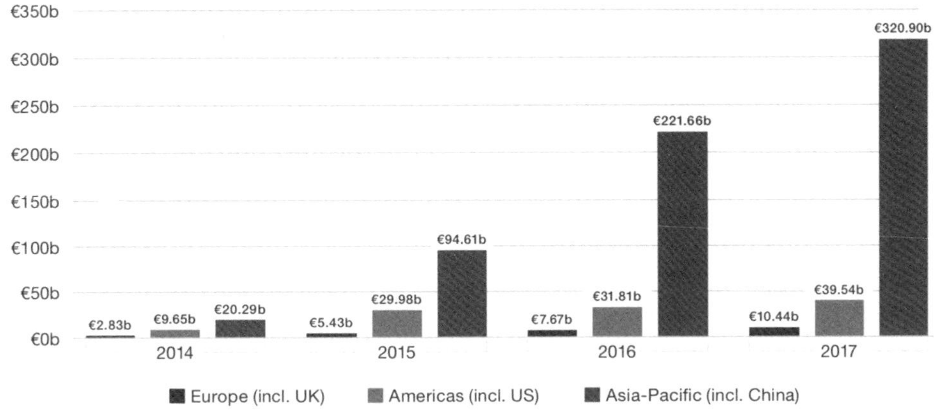

Abb 4: Entwicklung der Märkte im internationalen Vergleich (Quelle: *University of Cambridge, Judge Business School*, Shifting Paradigms [Fig 3] 23.)

Beleuchtet man die europäische Komponente etwas detaillierter, so zeigen die Daten, dass neben UK auch Frankreich und Deutschland großen Anteil am Markt haben, in Relation zur Größe des Landes jedoch die Niederlande hier mit großem Volumen auftrumpfen kann. Österreich war 2017 mit rund EUR 33 Mio eher im hinteren Feld der Statistik zu finden (siehe Abb 5).

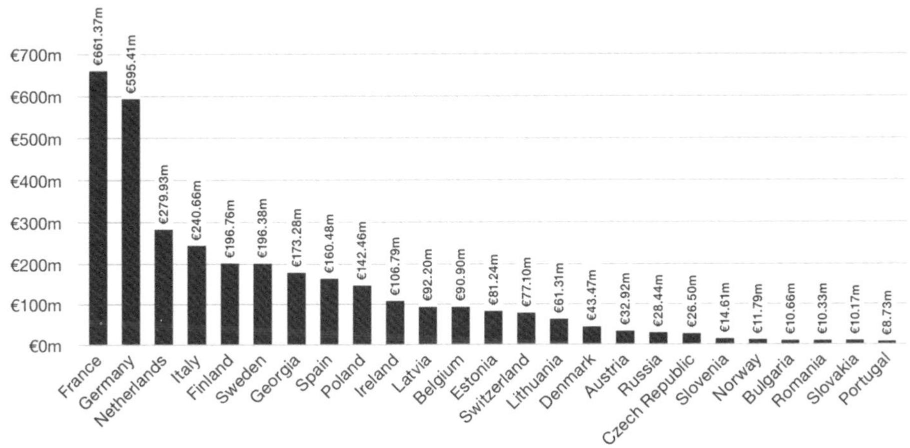

Abb 5: Übersicht der Marktvolumina Nach Land aus dem Jahr 2017 (Quelle: *University of Cambridge, Judge Business School*, Shifting Paradigms [Fig 7] 27.)

Wie erwähnt, umfasst der Report eine Vielzahl von unterschiedlichen Alternativfinanzierungsformen, es soll daher hier besonders auf die Entwicklungen im Crowdfunding und -investing (siehe Abb 6) eingegangen werden – hier zeigt sich, dass klassisches Crowdfunding von 2016 auf 2017 eher stagnierte – jedoch mit Immobilien-Crowdinvesting eine komplett neue Anlageform im Markt erschienen ist, welche besonders in den letzten Jahren stetig an Zuspruch gewonnen hat. Es bleibt abzuwarten, wie dieser Trend sich fortsetzt.

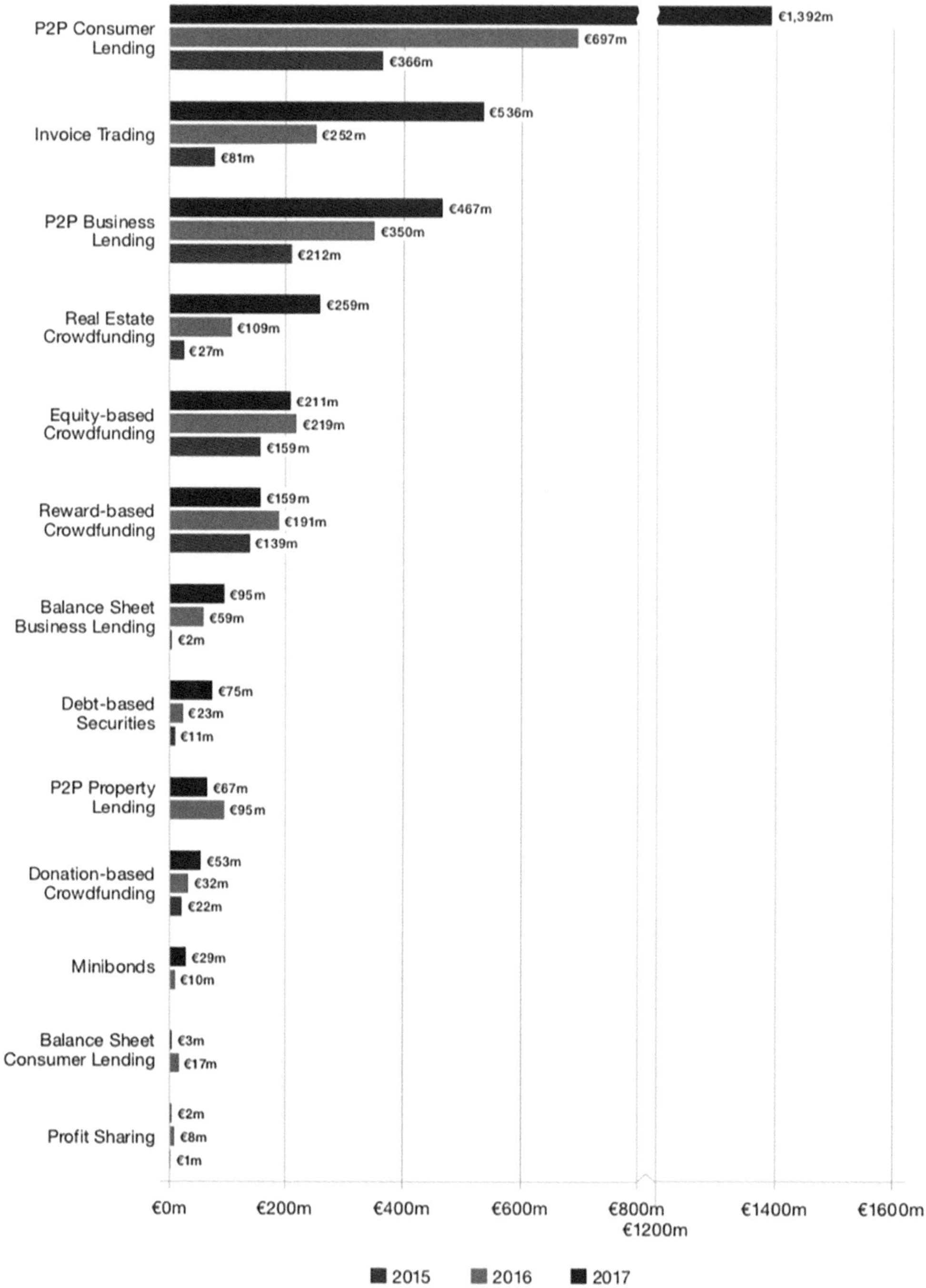

Abb. 6: Verteilung der Volumina nach unterschiedlichen Alternativfinanzierungsarten von 2015 – 2017 (Quelle: *University of Cambridge, Judge Business School*, Shifting Paradigms [Fig 11] 33.)

Nichtsdestotrotz zeigen die Zahlen eindrucksvoll, wie hoch der Bedarf an neuen Finanzierungs- bzw Anlageformen mittlerweile im europäischen Kontext ist. Verglichen mit dem etablierten Kapitalmarkt muss man jedoch auch hier aktuell noch von einer Nische sprechen, welche aber besonders im Bereich Risikokapital stetig an Bedeutung gewinnt.

4. Crowdinvesting – die neue Form der Unternehmensfinanzierung

In Österreich ist Crowdinvesting etwa Ende 2012 bzw Anfang 2013 entstanden. Es hat zum Ziel eine zusätzliche Form der Unternehmensfinanzierung bzw Investmentform darzustellen, die es Unternehmen ermöglicht (innovative) Unternehmensprojekte umzusetzen. Damit sollen neue Arbeitsplätze geschaffen werden und der Weg für die zukünftige positive Entwicklung von österreichischen Unternehmen geebnet werden.

Zu Beginn wurde Crowdinvesting in Österreich primär als Finanzierungsform für junge Unternehmen genutzt. Gemeinsam mit Business Angels werden in der frühen Phase die ersten Schritte der Unternehmensentwicklung vorfinanziert, damit spätere weitere Finanzierungsquellen genutzt werden können. Betrachtet man die unterschiedlichen Lebensphasen eines Unternehmens von der Forschung in der Pre-Seed- und Seed-Phase über die Startup-, bis hin zur Expansionsphase, stellen in der Pre-Seed- und Seed-Phase die Förderungen den größten Teil der Finanzierung dar. In der Expansionsphase, dh, wenn es bereits einen Markt gibt, in dem sich das Unternehmen etabliert hat und Umsätze erzielt werden, fangen Kreditfinanzierungsinstrumente langsam an zu greifen. In der Startup-Phase hat es an Finanzierung gefehlt, die an die Bedürfnisse von Startups angepasst wurden.

Seit 2013 hat sich Crowdinvesting in Österreich stark weiterentwickelt. War zu Beginn noch eine Grenze von EUR 100.000 pro Unternehmen aufgrund der Prospektpflicht gegeben, so wurde im Jahr 2014 diese Grenze auf EUR 250.000 erhöht.

Im Jahr 2015 wurde ein eigenes Gesetz – das Alternativfinanzierungsgesetz – in Österreich als eines der ersten Länder in Europa umgesetzt. Damit können seit diesem Zeitpunkt bis zu EUR 1.500.000 (bzw seit der Novelle des Gesetzes im Jahr 2018 sogar EUR 2.000.000) an Kapital über Crowdinvesting pro Unternehmen finanziert werden. Bei der Finanzierung über Crowdinvesting ist die Prospektgrenze immer relevant, weil die Erstellung eines Prospektes mit erheblichen Kosten verbunden ist, und folglich die Kosten zu hoch wären, um betriebswirtschaftlich argumentieren zu können, dass diese Finanzierungsform genutzt werden kann.

Durch diese Entwicklungen hat sich das Instrument Crowdinvesting hin zu einem Tool entwickelt, das nicht mehr nur von Startups oder jungen Unternehmen genutzt wird, sondern auch von etablierten Unternehmen, die innovative Projekte finanzieren möchten. Sowohl Klein- und Mittelbetriebe als auch Immobilienunternehmen nutzen diese Finanzierungsquelle heutzutage für die Finanzierung der nächsten Schritte. Für Unternehmen mit einem Kapitalbedarf von über EUR 2 Mio wurde ein Prospekt „light" geschaffen. Wie der Name zeigt, handelt es sich hierbei um eine vereinfachte Version des Kapitalmarktprospektes – dieser ist bist zu einem Volumen von EUR 5 Mio nutzbar, darüber hinaus ist ein vollständiger Prospekt zu erstellen.

In der Zwischenzeit gibt es eine Vielzahl an Plattformen in Österreich, die für unterschiedliche Formen des Crowdinvestings genutzt werden können und sich neben Startups auch etwa um KMUs oder Immobilienprojekte kümmern – nachfolgend ein Auszug:

Österreichische Crowdinvesting Plattformen (Auszug)	
www.1000x1000.at	spezialisiert auf Innovationsprojekte und Gründungsvorhaben
www.area2Invest.com	spezialisiert auf Startups, KMUs, Immobilien und Spezialprojekte
www.conda.eu	spezialisiert auf Startups, KMUs, Immobilien und Tourismusprojekte
www.crowd4climate.org	spezialisiert auf Klimaschutzprojekte in Entwicklungsländern
www.crowd4energy.com	spezialisiert auf Energieprojekte
www.dagobertinvest.at	spezialisiert auf etablierte Unternehmen
www.dasertragreich.at	Crowdinvesting für österreichische KMU
www.evercrowd.com	spezialisiert auf Crowdinvesting und Crowdfunding
www.finnest.com	spezialisiert auf erfolgreiche mittelständische Unternehmen
www.firstcap.eu	Crowdinvesting für Finanzierung von Startups und KMUs
www.greenrocket.com	spezialisiert auf Startups im Bereich Nachhaltigkeit
www.homerocket.com	spezialisiert auf Immobilienprojekte
www.lionrocket.com	spezialisiert auf etablierte Unternehmen
www.regionalfunding.at	spezialisiert auf regionale Projekte in Niederösterreich
www.rendity.com	spezialisiert auf Immobilienprojekte

Tab 1: Auszug österreichischer Plattformen[5]

Crowdinvesting ist aber mehr als nur Kapital. Mit Crowdinvesting soll eine Community aufgebaut werden, die langfristig mit dem Unternehmen zusammenarbeitet. Für Crowdinvesting muss sehr viel Energie und Zeit in den Aufbau einer Community gesteckt werden, damit das Unternehmen die Reichweite für die Finanzierung seines Projektes erreicht. Diese Community hat gezeigt, dass sie an das Unternehmen glaubt, und sie

5 Vgl https://www.wko.at/service/unternehmensfuehrung-finanzierung-foerderungen/Crowdfunding_fuer_oesterreichische_Unternehmen.html (23.8.2019).

möchte in weiterer Folge Informationen vom Unternehmen und von dessen Entwicklungen haben. Diese Community ist ein großes „Asset" für das Unternehmen, sie möchte aber auch in der weiteren Entwicklung entsprechend eingebunden werden.

Crowdinvesting ist damit eine Finanzierungsform für Unternehmen, die ihren Finanzierungsmix um eine weitere Finanzierungsform erweitern möchten. Mit Crowdinvesting können unterschiedlichste Unternehmen mit bis zu EUR 2 Mio (in Österreich) finanziert werden. Jedoch muss die Einbindung der Community und die Interaktion über das Internet als ein wesentlicher Bestandteil mitbetrachtet werden.

Möchte ein Unternehmen hingegen nicht in die Öffentlichkeit treten, oder kann es über die Entwicklung nicht kommunizieren, so ist Crowdinvesting nicht das richtige Instrument für dieses Unternehmen.

5. Crowdfunding vs Crowdinvesting

Mit Crowdfunding haben sich insgesamt drei neue Finanzierungsformen für Unternehmen herauskristallisiert. Auf donation-based Crowdfunding wird hier nicht näher eingegangen, weil Unternehmen meistens keine Spenden akquirieren, sondern dafür eine Gegenleistung von ihren Unterstützern erwartet wird.

Im ersten Schritt soll der Unterschied zwischen reward-based Crowdfunding und Crowdinvesting (lending-/equity-based) betrachtet werden.

Bei reward-based Crowdfunding bekommt der „Funder" nach der erfolgreichen Finanzierung ein entsprechendes Produkt zugeschickt bzw ein adäquates Dankeschön für seine Unterstützung. Beispiele für reward-based Crowdfunding-Plattformen sind zum Beispiel Kickstarter, Indigogo oder Startnext. Das Unternehmen verkauft über reward-based Crowdfunding ein Produkt, das es meistens noch nicht gibt und erst entwickelt werden muss. Der „Funder" geht damit ein Risiko ein, weil er nicht weiß, ob das Produkt tatsächlich geliefert werden kann. Für dieses Risiko möchte der „Funder" das Produkt billiger kaufen. Das neu zu entwickelnde Produkt wird daher zu einem günstigen Preis auf der Crowdfunding Plattform angeboten.

Der große Vorteil dieser Finanzierungform ist, dass das Unternehmen keine Anteile am Unternehmen hergeben muss. Und es wird tatsächlich bereits Umsatz generiert. Crowdfunding stellt sich damit als eine innovative Form des Vertriebes dar, bei dem „First Mover" abgeholt werden können. Es kann früh Feedback zum Produkt eingesammelt werden und es gibt dem Unternehmen die notwendige Zeit, um das Produkt zu entwickeln. Auf der anderen Seite muss ein Produkt geliefert werden, das noch nicht entwickelt wurde und das zu einem günstigen Preis verkauft wurde. Das Unternehmen muss sich daher im Vorfeld überlegen, ob mit dem günstigen Preis überhaupt die Materialkosten gedeckt werden können und wie die Entwicklung finanziert werden soll. Jeder wünscht sich eine Crowdfunding-Kampagne, die durch die Decke geht und bei der mehrere Millionen eingesammelt werden. Aber gerade diese Unternehmen haben die Herausforderung, dass das Produkt für eine gewisse Anzahl an Personen geplant wurde. Verzehn- oder verhundertfachen sich die geplanten Verkaufszahlen, muss auf einmal eine ganz andere Produktionsform entwickelt werden. Es werden vielleicht andere Produktionsverfahren benötigt, die im ersten Schritt kostenintensiver sind und länger in der Umsetzung dauern. Einige Unternehmen, die via reward-based Crowdfunding Geld eingesammelt haben, haben daher danach eine weitere Finanzierungsrunde benötigt, um überhaupt das Produkt fertig entwickeln zu können.

Bei Crowdinvesting hat der „Funder“ nach der erfolgreichen Finanzierung Anspruch auf Geld vom Unternehmen. In Österreich hat sich als Finanzierungsform bei vielen Plattformen das „qualifiziert nachrangige Darlehen“ durchgesetzt, gleich danach kommt das Genussrecht. Wie man schnell erkennen kann, gibt es damit keine klare Zuteilung zu „equity“ und „lending“-based Crowdfunding, weil es stark auf die Ausgestaltung der Verträge ankommt. Reine lending-based Plattformen wären in Österreich nur über eine Bank möglich, weil für die Entgegennahme von Einlagen eine Bankkonzession benötigt wird. Auf der anderen Seite, reines Equity in Form von Aktienanteilen und GmbH-Anteilen ist schwierig. Bei GmbH-Anteilen müssten die „Funder“ aufgrund der notwendigen Form (Notariatsakt) zum Notar gehen, was bei 500 beteiligten Personen oder mehr an einem Unternehmen durchaus zu logistischen Schwierigkeiten führen kann. Bei AG-Anteilen wiederum muss die Zeichnung Aktien auf Papier erfolgen. Daher haben sich im Crowdinvesting die Beteiligungsformen der Nachrangdarlehen und des Substanzgenussrechts durchgesetzt.

Der Vorteil von Crowdinvesting besteht darin, dass das Unternehmen Kapital für die Umsetzung der Unternehmensziele bekommt. Es müssen keine Materialkosten finanziert werden. Darüber hinaus werden im Durchschnitt auch größere Finanzierungen umgesetzt als beim Crowdfunding. Der Nachteil der Finanzierungsform ist, dass das Unternehmen das Geld wieder zurückzahlen muss. Es muss sich daher frühzeitig überlegen, wie eine Rückzahlung erfolgen kann. Es kann zwar – aufgrund der Nachrangigkeit – nicht in Insolvenz geschickt werden, jedoch verschlechtern sich in den meisten Verträgen die Bedingungen für das Unternehmen entscheidend, wenn keine Rückzahlung erfolgt.

Beide Instrumente, Crowdfunding und Crowdinvesting, haben ihre Vor- und Nachteile. Der Schlüssel des Erfolges in der Nutzung liegt darin, die richtigen Finanzierungsformen zum richtigen Zeitpunkt zu nutzen. Eine Kombination von Crowdfunding und Crowdinvesting kann dem Unternehmen insgesamt viele Vorteile bringen. Mit beiden Instrumenten wird eine Community aufgebaut, die das Unternehmen und das Produkt begleiten möchten und auch gleichzeitig weitere Informationen vom Unternehmen haben möchten. Mit nachgelagerten Kampagnen kann die bestehende Community wiederum aktiviert werden, und gleichzeitig ist es eine gute Möglichkeit, wieder umfänglich über das Unternehmen zu kommunizieren.

Ob daher zuerst eine Crowdfunding-Kampagne und danach eine Crowdinvesting-Kampagne umgesetzt werden soll oder umgekehrt, hängt stark vom Unternehmen ab. Beide gleichzeitig durchzuführen, ist nicht ratsam. Die Umsetzung einer Kampagne ist mit Aufwand verbunden. Wie oben beschrieben sind beide Formen der Finanzierung unterschiedlich aufgebaut, wodurch die Kommunikation anders umgesetzt wird. Werden beide Formen gleichzeitig durchgeführt, besteht die große Gefahr, dass die „Funder“ nicht mehr verstehen, was sie eigentlich bekommen und das Unternehmen nicht mehr den notwendigen Fokus hat, um die Kampagne erfolgreich umzusetzen.

6. Die Umsetzung einer Crowdinvesting-Kampagne

Natürlich ist jede Kampagne für ein Unternehmen unterschiedlich und es muss auf die besonderen Bedürfnisse der eigenen Community eingegangen werden, jedoch haben sich einige Gemeinsamkeiten herauskristallisiert, die anhand folgender Schritte näher betrachtet werden: Einreichung, Vorbereitung, Vorphase, Kampagne, Abschluss, Begleitung, Rückzahlung.

Bevor eine Kampagne gestartet wird, sollten sich ein Unternehmen über die Vor- und Nachteile bewusst sein. Als Vorteil kann mit einer erfolgreichen Kampagne neben einer großen Reichweite für das Unternehmen auch eine große Aufmerksamkeit für das jeweilige Produkt erzielt werden. Es kann meistens eine größere Reichweite bzw Aufmerksamkeit erzielt werden, als über klassische Marketingaktivitäten.

Durch den Aufbau der Reichweite stehen die Unternehmen im Austausch mit ihrer Community. Es gibt damit direktes Feedback, das für das Unternehmen gut genutzt werden kann. Zusätzlich besteht ein oft persönlicher Kontakt zu den Kundinnen und Kunden. Crowdinvesting ist ein guter Anfangspunkt, um in diesen Diskurs zu gehen. Als größten Vorteil besteht mit Crowdinvesting der Aufbau einer loyalen Kundenbasis, die sich für das Unternehmen interessiert. Gerade in der laufenden Begleitung nach der Crowdinvesting-Kampagne ist dies ein wichtiger Punkt.

Als Nachteil sollte sich das Unternehmen bewusst sein, dass es in der Öffentlichkeit steht. Wenn das Unternehmen nicht (umfassend) kommunizieren möchte, dann ist Crowdinvesting nicht das richtige Instrument. Dies betrifft die Phase der Kampagne selbst, aber auch die Phase nach der Kampagne. Als weiterer wichtiger Punkt ist zu beachten, dass es eine Community hat, die die Aktivitäten des Unternehmens genau begleitet. Die aufgebaute Community muss daher vom Unternehmen über die Laufzeit der Finanzierung serviciert werden.

Dass der Funder Geld mit Crowdinvesting verdienen möchte, steht außer Frage, aber es gibt daneben auch nicht monetäre Beweggründe. Der Funder möchte sehen, wie sich das Unternehmen entwickelt und daran teilhaben. Während der Kampagne werden daher oft Incentives oder Prämien angeboten, die Produkte des Unternehmens darstellen. Diese Erwartungshaltung endet nicht mit dem Ablauf der Kampagne. Wenn sich das Unternehmen dessen bewusst ist, dann baut es eine lebende und aktive Community auf, die das Unternehmen begleitet.

Der nachfolgend skizzierte Prozess orientiert sich an den bisherigen Erfahrungen und der Vorgehensweise der Crowdinvesting-Plattform CONDA (www.conda.at).

6.1. Einreichung

Die erste Phase ist die Einreichphase. Diese Phase hat zum Ziel, dass sich das Unternehmen und die jeweilige Plattform kennenlernen und gegenseitig verstehen. Für die Einreichung werden vom Unternehmen meist ein Business Plan und ein Finanzplan verlangt, der einen Einblick in die geplante Umsetzung gibt. Gerade für das Erstgespräch ist es bereits sehr hilfreich, diese Informationen zu haben, weil sich die Mitarbeiterinnen und Mitarbeiter der Plattform auf das Gespräch besser vorbereiten können und damit gezielt feststellen können, ob Crowdinvesting in dieser Phase für das Unternehmen genutzt werden kann.

Kann im Erstgespräch für beide Parteien ein positiver Eindruck erzielt werden, haben manche Plattformen ein „Advisory Board" aufgebaut. Diesem Gremium werden die Informationen vorgelegt, die sich zusätzlich ein Bild vom Unternehmen machen sollen.

Das Unternehmen bekommt in dieser Phase alle Details des Vertrages zugeschickt und muss für sich überlegen, ob diese Finanzierungsform im aktuellen Zeitpunkt in die Unternehmensstrategie passt. Dem Unternehmen muss bewusst sein, dass es bei Crowdinvesting, nicht wie bei einer Bank, in ein paar Tagen zur Plattform kommen und das Geld abholen kann. Bei Crowdinvesting wird eine gemeinsame Kampagne aufgebaut und umgesetzt, die vom Unternehmen verlangt, dass Zeit, Energie und Geld in die Kampagne investiert werden. Es muss daher für das Unternehmen der richtige Zeitpunkt gewählt werden für die Umsetzung. Sehr gut eignet sich eine Kampagne dann, wenn das Unternehmen sowieso im großen Umfang kommunizieren muss. Das ist zum Beispiel bei Produkteinführungen, Erweiterungen etc der Fall.

Hat die Plattform eine Entscheidung über die Durchführung der Kampagne getroffen und das Unternehmen für sich überlegt, wann und wie die Finanzierungsform in die Unternehmensstrategie mit eingebaut wird, dann kann der Vertrag zwischen der Plattform und dem Unternehmen unterschrieben werden. Mit diesem Vertrag werden die Aufgaben und Pflichten des jeweils anderen im Detail dargelegt und das Startdatum fixiert.

6.2. Vorbereitung

Mit Unterschrift des Angebots der Plattform beginnt die Vorbereitung der Crowdinvesting-Kampagne. Die Vorbereitung teilt sich in zwei Bereiche: Die Erstellung der Verträge und die Vorbereitung der Marketing-Kampagne.

Bei einem Crowdinvesting-Projekt handelt es sich um ein Finanzprodukt, das primär natürlichen Personen geboten wird. Dadurch ergeben sich rechtliche Rahmenbedingungen, die mit der entsprechenden Sorgfalt vorbereitet werden müssen. Die meisten Crowdinvesting-Projekte werden im Rahmen des Alternativfinanzierungsgesetzes in Österreich umgesetzt. Im Rahmen des Alternativfinanzierungsgesetzes muss ein Informationsblatt vorbereitet werden, inklusive der dazugehörigen Beilagen wie Business Plan, Jahresabschluss und Firmenbuchauszug. Die Vorbereitung dieser Unterlagen erfolgt oft in Zusammenarbeit mit einer darauf spezialisierten Rechtsanwaltskanzlei. Gesetzlich besteht die Anforderung, dass das Informationsblatt von einer Person aus einem definierten Personenkreis geprüft wird (zB Rechtsanwalt, Steuerberater, Unternehmensberater, Vermögensberater). Zur Vorbereitung dieser Prüfung werden von der Plattform meist die Unterlagen gemeinsam mit dem Unternehmen zusammengestellt und dann strukturiert übergeben.

Als Ergebnis dieser Phase liegt der fertige Nachrangdarlehensvertrag inklusive der Informationsblätter vor. Vor dem Start der Kampagne müssen diese noch an den Verein für Konsumentenschutz geschickt werden. Darüber hinaus muss beachtet werden, dass Kampagnen, die mehr als EUR 250.000 an Kapital einsammeln möchten, noch eine Meldung bei der Österreichischen Kontrollbank (ÖKB) durchführen müssen.

Der zweite Teil und damit der Hauptteil der Vorbereitung befasst sich mit der Planung der Marketing-Kampagne.

Als Tipp kann mitgegeben werden, dass eine Kampagne dann erfolgreich ist, wenn der Start der Kampagne erfolgreich glückt. Kann der Start nicht erfolgreich umgesetzt werden, dann hat das Unternehmen fast keine Möglichkeit noch eine erfolgreiche Kampagne umzusetzen. Der Aufwand, der betrieben werden muss, um die notwendige Reichweite zu erzielen, steht dann meist nicht mehr in Relation zu dem Ergebnis, das man dann erzielen kann.

Die Vorbereitung hängt dabei stark von den Ressourcen und dem Wissen des Unternehmens ab. Hat das Unternehmen bereits ein eigenes Marketingteam, dann kann dieses Team schnell mit den notwendigen Informationen versorgt werden, um die Kampagne zu planen und umzusetzen. Gibt es noch kein Team, dann gibt es in Österreich bereits mehrere Agenturen, die sich auf das Thema Crowdinvesting spezialisiert haben (sogenannte Kampagnen-Manager). Diese begleiten das Unternehmen in allen Phasen, die für die Umsetzung notwendig sind.

Die Rolle der Plattform besteht darin, die Bühne zur Verfügung zu stellen, auf der sich die Unternehmen präsentieren können. In mehreren Workshops werden die Erfahrungen mit dem Unternehmen geteilt, wie eine Kampagne bestmöglich aufgebaut werden kann. Jedoch liegt es am Unternehmen eine erfolgreiche Kampagne umzusetzen. Die Plattform kann in diesem Fall nur helfen. Unternehmen, die dies nicht ernst nehmen, erfahren schnell, dass im Internet niemand einfach Geld gibt. Es geht darum, sein Unternehmen bestmöglich zu präsentieren und das kann nur das Unternehmen selbst durchführen. Das Unternehmen muss daher die entsprechenden Ressourcen intern im Unternehmen zur Verfügung stellen/haben.

Investoren schauen meistens nicht nur auf die Crowdinvesting-Plattform, sondern recherchieren im Internet, was über das Unternehmen zu finden ist. Eine Crowdinvesting-Kampagne kann daher gerade auch dazu genutzt werden, die eigene Darstellung im Internet zu überprüfen und zu verbessern.

Wie bereits oben dargestellt, ist eine Crowdinvesting-Kampagne auch eine gute Möglichkeit geplante Marketing-Aktivitäten wie zB eine Produkteinführung mit einer Kampagne zu verbinden. Eine Crowdinvesting-Plattform hat selbst eine Community von mehreren 10.000 Usern. Alle werden über die Aktivitäten des Unternehmens informiert. Neben der Finanzierung ergeben sich oft noch viele weitere Kontakte, die in Zukunft genutzt werden können. Dabei kann es sich um mögliche Partner in der Zusammenarbeit aber auch Mitarbeiter handeln, die so über anhand des Internets mehr über das Unternehmen erfahren.

Die Kampagne sollte eine Vielzahl an Kanälen für die Umsetzung nutzen. Die besten Kanäle sind soziale Netzwerke und Newsletter. Über diese Kanäle kann sehr gezielt die gewünschte Zielgruppe erreicht werden. In der Kampagnen-Vorbereitung werden die Inhalte für die einzelnen Kanäle vorbereitet, damit beim Start der Kampagne alles gut funktioniert.

Neben dem Marketing Plan werden für die Kampagne noch die „Incentives" oder „Prämien" definiert. Prämien sind kleine Produkte oder Dienstleistungen, die Investoren bekommen, wenn sie gewisse Beträge in das Unternehmen investieren. Diese sollten so gewählt werden, dass sie für das Unternehmen gut passen, dass sie das Unternehmen primär mit der eigenen Leistung anbieten kann und dass sie Interesse an dem Unternehmen wecken. Dabei staffeln sich die Prämien mit der Höhe des Investments. Wird mehr investiert, gibt es meist größere Prämien.

Als zweites Incentive werden bei machen Kampagnen unterschiedliche Vertragskonditionen je nach Zeitpunkt und Höhe des Investments gewählt. Damit werden oft Personen motiviert, frühzeitig in das Unternehmen zu investieren. Als wichtiger Punkt sollte beachtet werden, dass diese Angebote immer allen Investoren zugänglich sind. Sollte zum Beispiel eine besondere Kondition in der Vorphase gegeben werden, dann sollte dies auch in der Anfangsphase der Kampagne zur Verfügung stehen, damit jeder dies nutzen kann.

Als letzten Punkt werden in der Kampagnenvorbereitung die Fundingschwelle und das Fundinglimit definiert. Die **Fundingschwelle** definiert, wie viel Kapital eingesammelt werden muss, damit die Kampagne umgesetzt werden kann und das Unternehmen das Geld bekommt. Das **Fundinglimit** ist der Maximalbetrag, den das Unternehmen einsammeln kann. Rechtlich ist in Österreich im Rahmen des Alternativfinanzierungsgesetzes das absolute Maximum EUR 2 Mio zu beachten, jedoch wählen Unternehmen oft eine geringere Menge, weil der Maximalbetrag zu viel sein könnte. Die beiden Werte sollten so gewählt werden, dass sie zum Status des Unternehmens passen. Eine Fundingschwelle, die zu hoch gewählt wird, kann den Eindruck vermitteln, dass die Kampagne lange nicht erfolgreich ist. Auf der anderen Seite sollte die Fundingschwelle so gewählt werden, dass das Unternehmen mit dem Geld bereits arbeiten und Teile der geplanten Milestones erreichen kann. Das Fundinglimit auf der anderen Seite kann bei einem zu geringen Betrag den Eindruck vermitteln, dass das Unternehmen keine realistischen Ziele hat. Wird das Limit zu Hoch gewählt, dann sieht die Umsetzung eventuell unrealistisch aus. Die beiden Werte sind aber immer individuell zu wählen und vom Status des Unternehmens abhängig.

Die Ergebnisse der Vorphase sind daher die Verträge für die Kampagne selbst und der Kampagnen-Plan.

6.3. Vorphase

Bevor eine Kampagne startet, wird oft ein Zwischenschritt bzw die Vorphase eingezogen. In dieser Phase wird über das Unternehmen bereits intensiv berichtet. Investoren müssen mehrmals Kontaktpunkte mit dem Unternehmen haben, bevor investiert wird. Die Vorphase ist ein guter Kanal die Investoren anzusprechen und Interesse zu erzeugen.

Viele Unternehmen nutzen diese Phase auch bereits, um die ersten Investoren für das Unternehmen zu gewinnen – dies geschieht meist durch Aktivierung des eigenen

Netzwerks und der bestehenden Kunden bzw Lieferanten. Diese können umfassend informiert werden, damit mit dem Start der Kampagne schnell die ersten Investments stattfinden. Denn wenn ein Investor erst beim Start das erste Mal das Unternehmen wahrnimmt, dann wird das Unternehmen kein Kapital lukrieren, dies wird in der Öffentlichkeit wiederum als Desinteresse interpretiert. Daher ist diese Phase besonders wichtig und ihr muss ausreichend Aufmerksamkeit gewidmet werden.

Als weiteres Instrument, kann das Unternehmen Leadinvestoren ansprechen, die einen größeren Betrag in das Unternehmen investieren und dann als Testimonials auf der jeweiligen Kampagnenseite präsentiert werden.

Das Ziel der Vorphase ist es, eine möglichst hohe Reichweite für den Start der Kampagne zu erreichen, damit in der ersten Minute nach dem Start der Kampagne schnell die Investments hereinkommen.

6.4. Kampagne

Mit dem Start der Kampagne heißt es, über alle möglichen analogen und digitalen Kanäle, die dem Unternehmen zur Verfügung stehen, über das Unternehmen und die laufende Kapitalsuche zu informieren und auf die Kampagnenseite weiterzuleiten. Am Tag des Starts der Kampagne hilft es weiters, eine Presseaussendung durchzuführen, die die Medien über den Start informiert. Gerade regionale Medien können gezielt über diese Aktivitäten informiert werden und helfen – wenn sie den Inhalt der Presseaussendung veröffentlichen – potenzielle Interessenten der jeweiligen Region zu erreichen und zur Teilnahme zu motivieren. Wichtig ist jedoch hierbei, dass nicht das gesamte „Pulver" bereits zu Beginn verschossen wird, denn schließlich muss das Unternehmen über die gesamte Laufzeit der Kampagne eine schlüssige und spannende Geschichte erzählen können.

In den ersten Tagen der Kampagne zeichnet sich bereits ab, wie erfolgreich die Kampagne wird. Denn wenn in den ersten Tagen der Kampagne die Fundingschwelle nicht erreicht werden kann, dann wird es für das Unternehmen immer schwieriger die Ziele zu erreichen.

Abb 7: Phasen einer Kampagne (eigene Darstellung)

Wie in der obigen Abbildung dargestellt, gibt es gerade in den ersten Tagen der Kampagne einen starken Anstieg der Zugriffszahlen und der Investments zu erzielen. Immer begleitet mit einer kontinuierlichen Kommunikation über Social Media, E-Mail und den bestehenden Marketingkanälen.

In der Mitte der Kampagne, manchmal früher und manchmal später, nimmt die Anzahl der Investments und der Zugriffe auf die Kampagnenseite ab. Oft sind die Ziele des Unternehmens zu diesem Zeitpunkt noch nicht erreicht und das Unternehmen ist nervös, ob die Finanzierungsziele noch erreicht werden können. Dieser Abschnitt wird auch „Tal der Tränen“ genannt. In der Vorbereitung der Kampagne sollte diese Phase bereits berücksichtigt werden und die entsprechenden Marketingaktivitäten geplant werden. Je besser diese Phase geplant wurde, desto leichter kommt man auch wieder heraus. In dieser Phase heißt es, das Unternehmen bei allen analogen und digitalen Möglichkeiten zu präsentieren und die Kampagne entsprechend zu bewerben.

Mit dem Ende der Kampagne sollten dann noch die letzten interessierten Investoren aktiviert werden, in das Unternehmen zu investieren. Oft gibt es Investoren, die bis zum Schluss warten, um die Entwicklung der Kampagne zu verfolgen und erst am Schluss eine Investitionsentscheidung treffen.

Und dann ist es so weit, das Ende der Kampagne ist erreicht.

6.5. Abschluss

Nach der erfolgreichen Kampagne muss diese vom Unternehmen noch bestätigt und rechtlich angenommen werden. Die Verträge sind oft in der Form gestaltet, dass die Investoren ein Angebot für den Abschluss legen und erst zum Schluss die Annahme erfolgt.

Nach dem Abschluss der Kampagne müssen weiters noch die letzten Investorengelder auf den Konten eintreffen, bis die Annahme tatsächlich erfolgen kann. In dieser Phase hilft die Plattform noch mit, die Investoren über das Ende zu informieren. Dieser Teil dauert ungefähr zwei Wochen.

Nach den zwei Wochen schickt das Unternehmen die Annahme der Kampagne an die Investoren aus. Die Investoren haben dann entsprechend dem Alternativfinanzierungsgesetz zwei Wochen Zeit vom Abschluss zurückzutreten. Wenn die zwei Wochen vergangen sind, kann das Unternehmen die Gelder vom Zahlungsdienstleister abholen.

6.6. Begleitung

Eine Crowdinvesting-Kampagne ist nicht eine einmalige Aktivität, die umgesetzt wird und dann abgeschlossen ist. Vielmehr wird eine langfristige Beziehung zwischen den Investoren und dem Unternehmen aufgebaut. Die Verträge laufen meist fünf bis zehn Jahren.

Mit der Kampagne wurde eine Community aufgebaut, die ein starkes Interesse am Unternehmen gezeigt hat. Für ihr Investment möchten Investorinnen und Investoren aber laufend über die Aktivitäten des Unternehmens informiert werden. Es geht darum, zu zeigen, wie sich das Unternehme entwickelt. Es ist dabei nicht wichtig, immer nur die positiven Seiten zu zeigen, sondern es geht darum ein realistisches Bild zu zeigen. Jeder versteht, dass der Aufbau eines Unternehmens mit Herausforderungen verbunden ist. Diese Herausforderungen können geteilt werden und gleichzeitig mit Erfolgsgeschichten verbunden werden. Was damit erzeugt wird, ist ein langfristiges Vertrauen zwischen Investoren und dem Unternehmen.

Für dieses Vertrauen sind Investoren auch bereit dem Unternehmen zu helfen. Sei es als Feedback für geplante neue Produkte, bei der Teilnahme bei Veranstaltungen oder in der Kommunikation über neue Aktivitäten. Diese Community kann sich für das Unternehmen als ein wichtiges Rückgrat entwickeln.

Rechtlich müssen Unternehmen (in Österreich) einmal im Jahr den Jahresabschluss sowie die aktuellen Informationen über das Unternehmen zur Verfügung stellen. Eine Kommunikation einmal pro Jahr ist jedoch oft zu wenig, wodurch im Fachausschuss der Crowdinvesting-Plattformen ein Leitfaden für die laufende Berichterstattung von Unternehmen und Investoren entwickelt wurde. Darin wird vorgesehen, dass zumindest einmal im Halbjahr informiert wird, mit der klaren Empfehlung, dass einmal pro Quartal zumindest ein einseitiger Bericht als Information ausgeschickt wird.

Neben der laufenden Berichterstattung über die Entwicklungen des Unternehmens, müssen auch etwaige Zinszahlungen an die Investoren ausgezahlt werden. Für die Berechnung der Auszahlungen steht oft die Plattform als Partner zur Verfügung.

Die Plattform übernimmt weiters die Verwaltung der Investorendaten sowie Änderungen am Status der Investoren: Sei es, dass Personen verstorben sind, oder ihre Beteiligung an andere Investoren verkaufen. Es ist wichtig, dass diese Daten in einer zentralen Datenbank gespeichert werden. Die Plattform stellt dafür ein entsprechendes Tool zur Verfügung, das die Unternehmen in der laufenden Verwaltung unterstützt.

Die Wichtigkeit dieser Phase wurde in einer Studie der Wirtschaftsuniversität Wien im Detail erforscht.[6]

6.7. Rückzahlung

Es gibt verschiedene Möglichkeiten, wie die Rückzahlung in der Praxis erfolgen kann. Der Standardfall ist, dass das Ende der Finanzierung eingetreten ist und eine Rückzahlung erfolgt. Hierüber benötigt es keine besondere Vereinbarung. Mit der Unterstützung der begleitenden Plattform werden die Investoren über die bevorstehende Rückzahlung informiert. Die Plattform hilft dabei die Investorendaten aktuell zu halten und die Bankdaten für die Rückzahlung abzugleichen. Danach kann die Rückzahlung erfolgen.

Der Standardfall wird aber nicht immer eintreten. Weitere Möglichkeiten sind der Verkauf des Unternehmens oder die vorzeitige Rückzahlung.

Manche Verträge regeln, dass im Fall des Verkaufs des Unternehmens eine Rückzahlung zu erfolgen hat. Wird das Unternehmen verkauft, steht ein Verkaufspreis fest, der

6 WU Wien, Institute for Marketing & Consumer Research, https://www.wu.ac.at/fileadmin/wu/d/i/mcore/5_Forschung/4_Im_Fokus/ImFokus_Report_Mai_2019.pdf (23.8.2019).

oft als Basis für die Rückzahlung herangezogen wird. Die Rückzahlung selbst erfolgt wie im Standardfall.

Eine weitere Möglichkeit ist die vorzeitige Rückzahlung. Unternehmen wählen Crowdinvesting, um damit innovative Business-Chancen zu finanzieren. Diese Chancen stellen sich nicht immer ein. Das Unternehmen kann die gewünschten Ergebnisse nicht erreichen. Manche Unternehmen möchten daher den Investorinnen und Investoren en eine vorzeitige Rückzahlung anbieten. Diese Rückzahlung muss von beiden Seiten angenommen werden, nur dann kann sie umgesetzt werden, es sei denn, sie ist im Vertrag schon ursprünglich vorgesehen.

Als letzte Möglichkeit muss noch die Insolvenz genannt werden. Nicht jedes Unternehmen wird seine Ziele erreichen und erfolgreich zu einem florierenden Unternehmen heranwachsen. Diese Unternehmen müssen dann eventuell Insolvenz anmelden. Im Fall der Insolvenz gilt es, die Investoren trotzdem bestmöglich über die Aktivitäten zu informieren und den Abschluss des Unternehmens gemeinsam zu begleiten.

7. Checkliste für Crowd-Investoren – worauf muss geachtet werden?

Wie jede Investitionsform bietet auch Crowdinvesting Chancen und Risiken – einer möglichen, überdurchschnittlichen Rendite, und oftmals dem hautnahen Erleben unternehmerischen Handelns, steht der Verlust des gesamten eingesetzten Kapitals gegenüber. Um Chancen zu erhöhen und Risiken zu minimieren, empfiehlt es sich zunächst auch hier grundlegende Strategien der Geldanlage zu verinnerlichen. *Warren Buffet* hat sinngemäß den Spruch geprägt *„investiere nur in Dinge, die du auch verstehst"*, und wir alle wissen wie erfolgreich er dadurch geworden ist. Darüber hinaus empfiehlt es sich, auch beim Crowdinvesting nicht auf Einzeltitel zu spekulieren, sondern sich ein ausgewogenes Portfolio unterschiedlicher Investments anzulegen. Sollen etwa EUR 10.000 veranlagt werden, so sollten diese auf fünf bis acht unterschiedliche Projekte, ggf auch noch auf verschiedenen Plattformen verteilt werden und nicht ausschließlich in ein Unternehmen investiert werden. Darüber hinaus ist es wichtig zu verstehen, dass es sich beim Crowdinvesting meist um risikobehaftete Investitionsmöglichkeiten handelt, welche meist längere Laufzeiten mit sich bringen (es gilt wie so oft: Hohes Renditepotential birgt auch entsprechend höheres Verlustrisiko), es sollte daher jedenfalls beachtet werden, dass hier nur frei verfügbares und nicht kurzfristig benötigtes Kapital investiert wird.

Prinzipiell bietet Crowdinvesting die einzigartige Chance, mit bereits sehr geringen Beträgen (teilweise ab bereits EUR 100) in Anlageklassen (Startup- und Mittelstandsbeteiligungen) zu investieren und dadurch einen ersten Schritt hin zu einem stetig wachsenden Beteiligungsportfolio zu tätigen.

Neben diesen allgemein gültigen Empfehlungen ist darüber hinaus stets darauf zu achten, über welche Plattformen investiert wird und wie die vertraglichen Grundlagen ausgestaltet sind. So wirken viele Plattformen von ihrem optischen Auftreten meist sehr ähnlich, doch gerade die vertraglichen Details sind oftmals entscheidend, wie schlussendlich die tatsächliche Rendite für den Investor aussieht. So ist auch darauf zu achten, wo das geldwerbende Unternehmen überhaupt angesiedelt und wo die unterstützende Plattform beheimatet ist. Ein Investment für einen österreichischen Anleger in ein Startup aus London mag auf den ersten Blick natürlich spannend klingen, doch birgt dies in weiterer Folge diverse Herausforderungen und Komplikationen.

Meistens bieten Plattformen Leitfäden oder ähnliche Hilfestellungen, welche bei der Investitionsentscheidung unterstützen sollen. Diese sind jedenfalls hilfreich für eine erste Orientierung, nichtsdestotrotz sollte man sich stets auf das eigene Beurteilungsvermögen verlassen und ein Verständnis für jedes einzelne Unternehmen entwickeln. Wichtig ist es, die angeführten Informationen kritisch zu hinterfragen und für sich selbst zu bewerten, ob das Unternehmen in der Zukunft erfolgreich wirtschaften wird. Ein Hauptelement für diese Bewertung stellt meist der Business-Plan des Unternehmens dar, dieser sollte die Kerninformationen des Unternehmens übersichtlich darstellen und die wichtigsten Fragen aus Investorensicht beantworten.

Exemplarisch wird hier das Beurteilungsschema der Crowdinvesting-Plattform CONDA dargestellt und erläutert:

BEURTEILUNGSKRITERIEN

	sehr schwach (1)	schwach (2)	mittel (3)	hoch (4)	sehr hoch (5)
Alleinstellungsmerkmal	kein Vorteil gegenüber Konkurrenz	Basis-technologie	solide Technologie, nicht stark differenzierend	High level proprietäre Technologie	einzigartige Spitzentechnologie
Geschäftsmodell	unklare Geschäftsstrategie	Strategie nicht sehr relevant oder nicht präzise definiert	nicht differenzierend aber mit Potential	überzeugendes Geschäftsmodell	bewiesene, gut durchdachte und originelle Strategie
Marketing & Vertriebsziele	unklare / keine Markteintrittsstrategie	schwache Markteintrittsstrategie	valide Strategie, limitierte Reichweite	klare Strategie, weitere Feinanpassung nötig	Strategie klar und großteils validiert
Marktsituation	(noch) kein Markt oder schrumpfender Markt	kleiner Markt mit kleiner Wachstumsrate	relativ großer Markt mit niedrigen Wachstumsraten	solider Markt, gute Wachstumsrate, wenig Konkurrenz	stark wachsender Markt mit wenig Konkurrenz
Team	unerfahrenes Team	wenig Erfahrung, grundlegende Managementlücken	gewisse Erfahrung, unkomplettes C-Level	gute C-Level Struktur, gewisse Lücken	hochrangiges Team mit allen nötigen Kompetenzen
Finanzierung & Planzahlen	keine Finanzplanung vorhanden	rudimentäre Finanzplanung, Finanzierung nicht sichergestellt	Finanzplanung vorhanden, Finanzierung noch fraglich	solide Finanzplanung vorhanden, Finanzierung zu 80% sichergestellt	gut durchdachte Finanzplanung, Finanzierung sichergestellt

Abb 8: Bewertungsschema für Startups – Auszug aus dem Investitionsleitfaden von CONDA (Quelle: https://www.conda.at/crowdinvesting/ihr-investitionsleitfaden/ [23.8.2019])

Diese sechs Beurteilungskriterien sollen bei der Investitionsentscheidung helfen und bieten ein System, um in strukturierter Art und Weise mögliche Investments zu bewerten. Natürlich obliegt es jeder Anlegerin und jedem Anleger selbst, einzelne Dimensionen stärker zu gewichten als andere und damit dem eigenen Risikoappetit bzw Erfahrungsschatz Rechnung zu tragen.

Neben der Beschäftigung mit den Emissionsunterlagen ist ein weiterer zentraler Faktor oftmals die direkte Interaktion mit den Unternehmern bzw dem Gründerteam selbst.

Hierzu bieten Plattformen meist unterschiedliche Kanäle, wie etwa Online-Foren aber oft auch persönliche Treffen bzw Events für ein vertieftes Kennenlernen. Im Rahmen dieser Formate können sich potenzielle Investoren einen detaillierteren Eindruck über das Team verschaffen bzw etwaige offene Fragen klären und sich mit anderen Interessenten über ein mögliches Investment austauschen.

Zu guter Letzt ist eine Beschäftigung mit den Beteiligungsverträgen selbst zu empfehlen. Je nach Plattform sind diese unterschiedlich ausgestaltet, wobei auch auf einer Plattform oftmals unterschiedliche Beteiligungsformen vorkommen können. Die Plattform CONDA setzt hierzu fünf Elemente zur eindeutigen Kennzeichnung der diversen Vertragsvarianten ein:

Abb 9: Kennzeichnung der unterschiedlichen Verträge am Beispiel von CONDA (Quelle: https://www.conda.at/crowdinvesting/ihr-investitionsleitfaden/ [30.8.2019])

Zusammenfassend kann folgende Checkliste für angehende Investorinnen und Investoren herangezogen werden:

- Investieren Sie nur in Unternehmen, deren Geschäftsmodell sie verstehen
- Das eingesetzte Kapital sollte nicht kurz-/mittelfristig benötigt werden und ein etwaiger Verlust verkraftbar sein
- Nutzen Sie Portfolioeffekte aus und investieren Sie in mehrere Unternehmen
- Beschäftigen Sie sich mit der anbietenden Plattform und den zugrundeliegenden Verträgen
- Vertrauen Sie Ihrem Beurteilungsvermögen und bewerten Sie die Emissionsunterlagen kritisch
- Tauschen Sie sich mit den Unternehmen und möglichen Co-Investoren aus

8. Crowdfunding/-investing 2.0 oder auch Initial Coin Offerings und Security Token – die Zukunft?

Crowdinvesting war erst der Erste Schritt in der Unternehmensfinanzierung, mittels der Crowd den Finanzierungsprozess zu demokratisieren und bisher schwer zugängliche Anlageklassen einer breiten Masse anzubieten. Das Ziel dieser Entwicklung ist es, neue

Wege und Prozesse zu etablieren, mit denen Unternehmen Zugang zu Finanzierung für die Weiterentwicklung erhalten und Investoren ein Rahmenwerk zur Nutzung erlangen, um mittels klarer Regeln in Unternehmen zu investieren.

Blockchain ist im Moment in aller Munde. Unter dem Titel „Initial Coin Offerings" (ICO) wird derzeit auf unterschiedlichsten Blockchain-Infrastrukturen die Möglichkeit geboten, sogenannte Token zu kaufen. Es werden damit zwei innovative Themen miteinander verbunden: Blockchain und Token.

Bei dem Thema Blockchain handelt es sich vereinfacht dargestellt um eine technische Entwicklung, bei der ein Netzwerk über eine Vielzahl an Servern aufgebaut werden kann. Es muss dabei nicht dem einen Server vertraut werden, sondern die Software stellt sicher, dass auf allen Servern mittels kryptographischer Methoden die gleichen Informationen vorliegen. Es wird damit der Weg geebnet, um global leichter zusammenzuarbeiten. Die erste international bekannt gewordene Blockchain ist Bitcoin. Neben Bitcoin ist Ethereum deshalb besonders bekannt geworden, weil darauf Smart Contracts entwickelt werden können. Smart Contracts sind kleine Programme, die auf der Blockchain Ethereum laufen und auf allen Servern in der gleichen Art ausgeführt werden. Man muss sich daher nicht um die Infrastruktur kümmern, sondern nur um die Logik des Smart Contracts.

Ein Token ist eine Variante eines Smart Contracts. Dabei kann ein Token eine Werteinheit eines gewissen „Assets" repräsentieren. Es kann sich dabei um eine virtuelle Währung handeln oder um eine Beteiligung an einem Unternehmen oder um einen sonstigen Wertgegenstand. Der Token definiert eine Gesamtanzahl und speichert weiters, wer wie viel des Gesamtbetrages hält. Durch die Blockchain, auf der der Token läuft, ist gewährleistet, dass sich ein Wert, der sich verändert, immer in der gleichen Weise verändert. Damit kann sichergestellt werden, dass zum Beispiel ein Token von Person A an Person B nur einmal übertragen werden kann. Dieselbe Person kann nicht dieselbe Einheit nochmals übertragen.

Seit 2016/17 hat das Thema ICO den gesamten Hypecycle durchlaufen – zunächst wurden aus der Nische heraus erste Lösugen geschaffen, dann führten überbordende Erwartungen von Investoren zum raschen Wachstum dieses neuen Marktes, bis zu einem fast schon goldrauschartigen „Run" auf diese neue Anlageklasse von Token mit dem „Versprechen" schnell reich zu werden. Mit dem anschließenden unvermeidlichen Crash dieses neuen Marktes und dem Kapitalverlust für viele Investoren konnte hier alles beobachtet werden. Viele dieser neuen Token und damit verbundenen, neuen technischen Lösungen und Produkte schafften es teilweise nie auf den Markt bzw konnten die Erwartungen der Investorinnen und Investoren nicht erfüllen – dennoch wurden auch diverse neue Applikationen geschaffen, welche das Potenzial besitzen, das Internet bzw viele andere Bereiche nachhaltig zu verändern.

Aus diesem großen Hype entstand 2018 eine neue Token-Klasse – sogenannte Security Token (die Emission eines solchen Token wird Security Token Offering – kurz STO – genannt). Diese sind im wesentlichen digitale Repräsentationen von Wertpapieren oder ähnlichen anderen Wertrechten (zB Immobilieneigentum), welche mittels Smart

Contracts abgebildet werden. Da diese Token in der Regel wesentlich komplexeren Regulierung unterliegen, ist diese Branche noch in der Entstehung und dementsprechend wenige tatsächliche Anwendungsfälle sind im europäischen Markt zu finden.

Es kann davon ausgegangen werden, dass diese Entwicklung sich auch auf das Thema Crowdinvesting entscheidend auswirken wird. Blockchain ist für Crowdinvesting eine technologische Entwicklung, die stark vereinfachen wird, wie Crowdinvesting in Zukunft umgesetzt wird. Durch die Darstellung eines Crowdinvesting-Projektes als Token auf Blockchain kann jeder transparent nachvollziehen, wer den Token (also die Beteiligung) hält, es gibt eine transparente Möglichkeit den Token zu übertragen und Landesgrenzen werden auch immer unwichtiger.

Damit wird Crowdinvesting durch die technologische Entwicklung der Blockchain eine noch schnellere Verbreitung finden.

Der einfache Kapitalmarkteinstieg für Startups und KMUs an der Wiener Börse

Silvia Wendecker

5.3. Schutzmechanismen im Marktmodell
5.4. Marktbetreuer an der Wiener Börse

6. Börse als Standortfaktor

1. Vorteile eines Listings für Investoren

Ein Unternehmen, das über seine Zukunft nachdenkt und dabei große Ziele und Visionen verfolgt, befasst sich früher oder später mit dem Thema Kapitalmarkt. Für Investorinnen und Investoren hat das Listing eines Unternehmens verschiedene Vorteile.

Das Listing an der Wiener Börse bietet den Vorteil, dass mit der einhergehenden **Handelbarkeit auf Xetra® T7**[1] mit einem Schlag jeder Besitzer eines Wertpapierdepots ein potentieller Käufer/Verkäufer ist, wenngleich Investments in gelistete Startups sich nicht für risikoaverse, unerfahrene Privatanleger eignen. Durch Ordereingabe kann über das Handelssystem unkompliziert ge- und verkauft werden, je nach Depotbank gleich online, übers Mobiltelefon oder am Schalter der Bank des Vertrauens. Es ist eine tägliche Preisbildung und Bewertung über diese transparente Handelsplattform möglich und die Aktien sind für nationale als auch für internationale Investoren handelbar.

Durch die Preisfestsetzungen erfolgt eine **laufende Ermittlung des Unternehmenswertes**. In der Preisentwicklung der Aktie spiegelt sich auch die Bewertung der Unternehmenspolitik wider. Diese Bewertung stellt einerseits für die Eigentümer des Unternehmens einen Indikator für den Wert ihres Anteils dar und ist andererseits ein Beurteilungsmaß für die Managementleistung.

Die Wiener Börse ist eine **Exit-Möglichkeit** für Beteiligungen bestehender Investoren und kann auch die richtige Lösung beim Thema **Nachfolgeregelung** sein.

Öffentliche Aufmerksamkeit: Ein Unternehmen mit einem Börsenlisting erhöht mit der Börsennotiz die Sichtbarkeit für Aktionäre, Kunden, Lieferanten und Mitarbeiter. Es gilt das Heimmarktprinzip. Unternehmen sind am Heimmarkt in der Regel bekannter, präsenter und werden mehr beachtet als auf einem beliebigen anderen Marktplatz. Ein Listing ist ein hervorragendes Mittel um ein Unternehmen noch bekannter zu machen. Das Plus an Transparenz zB im Marktsegment direct market plus bringt maximales Rampenlicht. Die mediale Berichterstattung, die bei entsprechender Unterstützung durch die Öffentlichkeitsarbeit des Unternehmens auch nach dem Listing kontinuierlich anhält, schafft erhöhte Aufmerksamkeit bei einem breiten Publikum.

Börsennotierte Unternehmen sind auch gefragte **Arbeitgeber**.[2] Bei entsprechender Weiterentwicklung am Kapitalmarkt sind verschiedene Modelle der leistungsorientierten Erfolgsbeteiligung und Mitarbeiterbeteiligung leichter umzusetzen. Damit haben Startups die Möglichkeit eines tollen Anreizes für ihre Mitarbeiterinnen und Mitarbeiter. Des Weiteren kann die Aktie als Akquisitionswährung eingesetzt werden.

All diese Vorteile der Börsennotiz bringen Unternehmen und Investoren voran, die bereits eine Beteiligung halten oder erwerben möchten.

> Die **einfache Kapitalmarkt-Formel**
>
> Börsenotiz = Transparenz + maximales Rampenlicht + Handelbarkeit der Aktie = Vorteil für Investoren und Unternehmen

---

1 Xetra® steht für „Exchange electronic trading“, https://www.wienerborse.at/wissen/boersenlexikon/buchstabe-x/xetrar/ (30.7.2019).

2 „Börsennotierte Unternehmen – Volkswirtschaftliche Effekte und Blitzbefragung 2017”, iwi, 2017, https://www.wienerborse.at/faktencheck/aktien-schaffen-arbeit/ (28.9.2019).

Ein Listing an der Wiener Börse kann für ein Startup daher ein wichtiger Meilenstein auf dem Weg zu einem international erfolgreichen Unternehmen sein. Unternehmen werden vielleicht in einer Garage oder einem anderen Co-Working Space aufgrund einer Idee zu einem neuen Produkt oder einem neuen Geschäftsmodell gegründet, aber große Unternehmen und Konzerne entstehen und wachsen nicht über Nacht. „*Investieren ist ein Marathon und kein Sprint!*“[3] Dies gilt für Investoren ebenso wie für die Unternehmen.

2. Wiener Börse – Königsklasse auf der Finanzierungsleiter

Investoren und Unternehmen stehen vor großen Herausforderungen. Wir leben in einem dynamischen Wirtschaftsumfeld mit Schlagworten wie Industrie 4.0, Hightech, Globalisierung und künstliche Intelligenz. Eine Konstante ist der Innovations- und Technologiewettbewerb. Wenn ein Startup nicht gegenüber der Konkurrenz zurückbleiben möchte, braucht es immer rascher zur Marktreife führende Innovationen und Produkte sowie einen langen finanziellen Atem. Die richtigen und auch eine ausreichende Anzahl an Investoren, die das Startup begleiten, sind unumgänglich. Es braucht risiko- und fristenadäquate Finanzierungen sowie einen Eigenkapitalpolster. Entlang des Weges der Finanzierungsleiter kann ein Listing an der Wiener Börse daher der richtige Schritt sein und einen wichtigen Beitrag auf dem Weg einer erfolgreichen Weiterentwicklung eines Startups leisten, der Unternehmen neue Finanzierungs- und Wachstumsmöglichkeiten und den Investoren neue Exit- und Investitionsmöglichkeiten eröffnet.

Die Aktie ist das klassische Beteiligungspapier. Der Inhaber hat ein Eigentumsrecht und ist am Unternehmen beteiligt – in guten wie in schlechten Zeiten. Chancen auf Wertzuwächse sowie Dividendenzahlungen steht ein Verlustrisiko gegenüber. Die Wiener Börse bietet, wie andere internationale Börsen auch, einen einfachen Kapitalmarktzugang für Startups und klein- und mittelständische Unternehmen.

3 *Christoph Broschan*, Investieren ist ein Marathon und kein Sprint, 22.12.2016, https://diepresse.com/home/meinung/gastkommentar/5137576/Investieren-ist-ein-Marathon-kein-Sprint (30.7.2019).

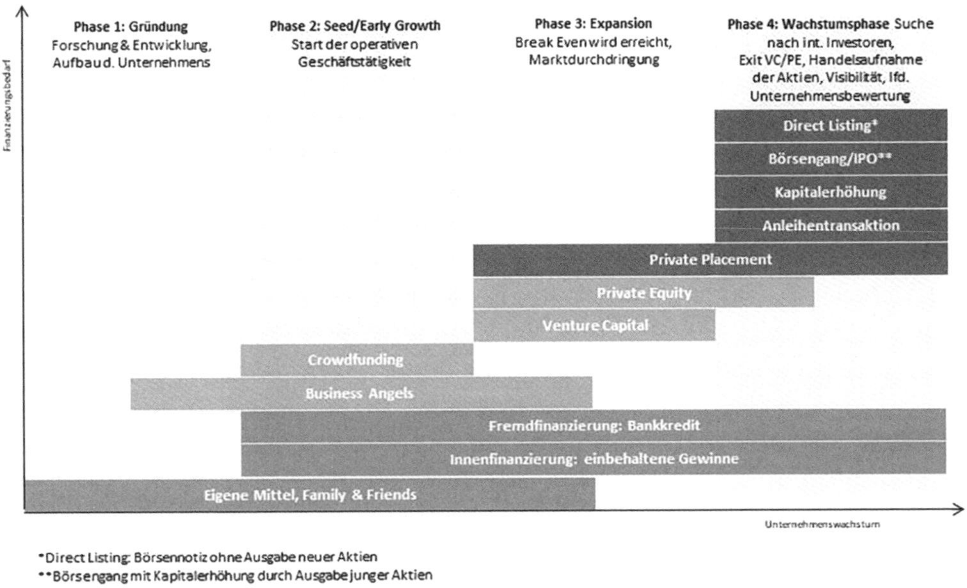

Abb 1: Finanzierungsleiter (Wiener Börse AG)

Ein geeigneter Zeitpunkt für den Schritt an die Börse ist in der Later-Stage-Phase angesiedelt. Das Startup hat üblicherweise bereits mehrere Finanzierungsrunden hinter sich, mehrere Investoren an Bord, optimaler Weise bereits ein oder mehrere Produkte am Markt und kann Umsatz und Einnahmen vorweisen.

3. Börsengang – Initial Public Offering versus Listing

An der Wiener Börse ist eine börsenrechtliche Zuordnung zum EU-regulierten Markt, Amtlicher Handel oder dem börsenregulierten Markt Vienna MTF[4] möglich. Es gibt also zwei Zugänge für ein Unternehmen: Ein Initial Public Offering oder ein Listing. Die positiven Aspekte, die ein Börsengang mit sich bringt, sind:

- Finanzierung von Wachstum und Innovation
- Exit-Möglichkeit für Beteiligungen von Investoren
- Lösung zum Thema Nachfolgeregelung
- Instrument der Akquisitionswährung
- Einzug verstärkter Governance
- Erhöhte Sichtbarkeit in der Öffentlichkeit, aber auch bei Kunden, Lieferanten und Mitarbeitern.

4 (Multilateral Trading Facility) MTFs sind von Börsen oder Wertpapierfirmen betriebene multilaterale (mehrseitige) Handelssysteme, an denen Finanzinstrumente gehandelt werden, die weder gesetzlich geregelte Zulassungsvoraussetzungen noch Transparenzpflichten einhalten müssen. Insider-Handel und Marktmanipulation sind ebenso wie auf geregelten Märkten untersagt. Das von der Wiener Börse AG betriebene multilaterale Handelssystem heißt Vienna MTF. https://www.wienerborse.at/wissen/boersenlexikon/buchstabe-m/mtf/ (30.7.2019).

3.1. Initial Public Offering

Bei einem Initial Public Offering (IPO) werden im Zuge einer Kapitalerhöhung junge Aktien und/oder alte Aktien bestehender Eigentümer angeboten. Es ist ein umfassender Prozess für ein Unternehmen, der wesentliche Wettbewerbsvorteile wie die Optimierung der Planungs- und Berichtssysteme und die Schärfung der Unternehmensstrategie mit sich bringt. Ein IPO besteht aus folgenden Phasen:

- Grundsatzentscheidung: Festlegung der Ziele, Beschlussfassung, Errichtung eines Projektmanagement-Teams
- Unternehmensinterne Vorbereitung: ggf Rechtsformumwandlung in eine Aktiengesellschaft, Vorbereitung auf die Börsenreife, Einführung internationaler Rechnungslegung und integrierte Planungsrechnung, Bankenexposé
- Vorbereitung und Strukturierung der Transaktion: Beauty Contest, Auswahl der Investmentbank(en), Ausarbeitung des Emissionskonzepts, Durchführung der Due Diligence, Erstellung des Emissionsprospekts, Entwicklung der Kommunikationsmaßnahmen
- Umsetzung der Börseneinführung und Aktienplatzierung: Analysten-Meetings und Analyseerstellung, Investor Education, Roadshows/Bookbuilding, Aktienplatzierung
- Aftermarket: Start des Börsenhandels, Stabilisierung, Greenshoe, Market Making, laufendes Research, Investor Relations

Ist ein Unternehmen grundsätzlich börsenreif, sollte der IPO-Prozess in rund sechs Monaten durchführbar sein.

3.2. Listing an der Wiener Börse

Ein Listing, auch „Börsengang light" genannt, ist ein einfacher Kapitalmarkteinstieg in der Regel ohne Kapitalaufnahme über die Börse, bei dem für ein Unternehmen in einem ersten Schritt lediglich eine Notierung erfolgt. Somit ist die Handelbarkeit des Unternehmens gegeben und aus den Preisfestsetzungen ergibt sich laufend ein Unternehmenswert.

Mit Anfang Jänner 2019 trat eine lang erwartete Gesetzesänderung[5] in Kraft, die nun auch österreichischen Unternehmen im Zuge eines Listings wieder die Umstellung auf Stammaktien ermöglicht. Somit war es der Wiener Börse möglich, mit dem internationalen Börsenumfeld gleichzuziehen und auch österreichischen Startups einen leichten Börsenzugang anzubieten. Mit 21. Jänner 2019 trat die neue Marktsegmentierung der Wiener Börse in Kraft: Das neue MTF-Segment startete erfolgreich, das Marktsegment direct market plus mit zu Beginn acht Unternehmen aus den Branchen Bauwesen, Finanzwesen, Immobilien, industrielle Dienstleistungen und Pharmazeutika.

Ein Unternehmen kann im Zuge eines IPOs sowohl zum Amtlichen Handel als auch zum Vienna MTF zugelassen werden. Das ist abhängig davon, ob eine Platzierung von Aktien erfolgt – alte Aktien und/oder die Ausgabe von jungen Aktien – und von der daraus ggf resultierenden Verpflichtung zur Erstellung eines Prospekts bei einem öffentlichen Angebot. Größere Unternehmen haben in der Regel das Ziel der Zulassung zum Amt-

5 BGBl I 2018/76, https://www.ris.bka.gv.at/eli/bgbl/I/2018/76/20181122 (28.8.2019).

lichen Handel. Ein Listing im Vienna MTF ist besonders für Unternehmen geeignet, die sowohl den Zulassungsprozess als auch die Folgepflichten überschaubar und den Aufwand gering halten möchten.

4. Rechtliche Aspekte eines Listings

4.1. Marktsegmentierung der Wiener Börse

Die Wiener Börse ordnet die gehandelten Finanzinstrumente nach bestimmten Kriterien einem Marktsegment zu. Diese Kriterien sind:

- Markt (Amtlicher Handel, Vienna MTF)
- Art des Finanzierungsinstruments (Aktien, Genussrechte, Partizipationsscheine, Anleihen etc)
- Zusatzanforderungen nach erhöhter Transparenz, Qualität und Publizität
- Ausmaß der Handelsbetreuung (Specialist, Market Maker, Betreuer in der Auktion) sowie
- Handelsform (Fließhandel, Auktion)

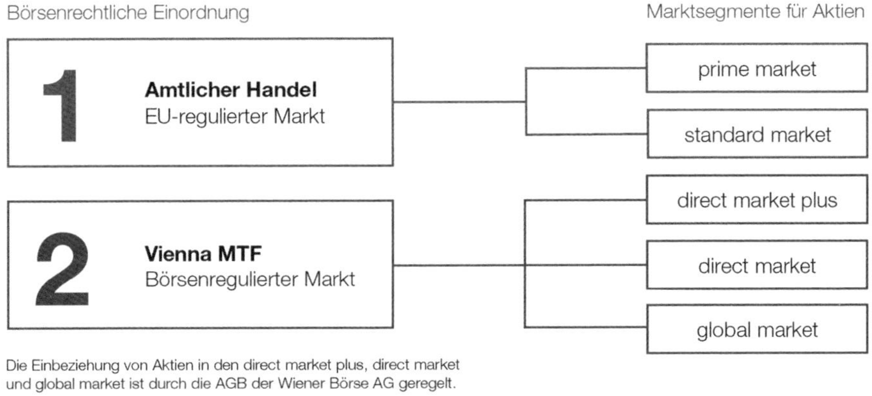

Abb 2: Marktsegmente der Wiener Börse (Wiener Börse AG)

Für die Zulassung zum Amtlichen Handel ist ein von der Finanzmarktaufsicht (FMA) genehmigter Prospekt erforderlich. Unternehmen, die in einem geregelten Markt gelistet sind – in Österreich ist dies der Amtliche Handel – unterliegen dem Börsegesetz.[6] Grundlegende Anforderungen für die Zulassung sind

- ein Gesamtnominale von mindestens einer Million Euro,
- eine Mindestbestandsdauer von drei Jahren (Ausnahmen möglich, mindestens aber ein Jahr) und
- eine Publikumsstreuung von mind. 25 % des Gesamtnennbetrages oder bei einer großen Zahl von Aktien zumindest 10 % des Gesamtnennbetrages bei zumindest 50 verschiedenen Aktionären.

6 Börsegesetz, RIS, https://www.ris.bka.gv.at/GeltendeFassung.wxe?Abfrage=Bundesnormen&Gesetzesnummer=20009944 (28.8.2019).

Die gesetzgebenden und überwachenden Institutionen: Der rechtliche Rahmen für die Kapitalmarktakteure wird einerseits durch nationale Regelungen (insbesondere Gesetze, Verordnungen, aber auch freiwillige Verhaltensstandards wie den Corporate Governance Kodex) und andererseits durch Regelungen auf internationaler Ebene, insbesondere durch Gemeinschaftsrecht der Europäischen Union, vorgegeben. Das Finanzministerium nimmt an der Gestaltung dieses Rahmens im Wege von Gesetzesentwürfen und Verordnungen teil. Überwacht wird das Kapitalmarkt-Geschehen von der FMA.

Für österreichische Startups im Vienna MTF stehen die beiden Marktsegmente direct market plus sowie direct market für ein Aktienlisting zur Verfügung. In beiden Segmenten steht als Handelsplattform das Handelssystem Xetra® T7 mit den Handelsverfahren „Fortlaufender Handel“ oder „Auktion“ (einmalige untertägige Auktion) zur Verfügung und gliedert sich jeweils in den direct market (plus) continuous (Fließhandel) und den direct market (plus) auction (einmalige untertägige Auktion).

In weiterer Folge wird auf die Zulassungs- und Folgepflichten des börsenregulierten Marktes Vienna MTF detailliert eingegangen.

4.2. Rechtliche Zulassungsanforderungen im Vienna MTF

Folgende Zulassungsvoraussetzungen gelten für die beiden Segmente direct market plus und direct market:

	direct market plus	direct market
Bestandsdauer	1 Jahr	keine Mindestbestandsdauer
Gesellschaftsform	Aktiengesellschaft	
Gesamtnominale	EUR 70.000,– (gemäß Aktiengesetz)	
Mindestkapitalisierung	Richtwert mind EUR 10 Mio	keine Mindestkapitalisierung
Mögliche Aktientypen	Stammaktien oder Zertifikate, die Stammaktien vertreten (zB GDRs)	Aktien und sonstige Beteiligungswerte (zB Genussrechte, Partizipationsscheine, UCITS Anteile[7])
Publikumsstreuung	ausreichende Anzahl an verschiedenen Aktionären erforderlich, Richtwert zumindest 20 Aktionäre	
Prospekt	Informationsmemorandum erforderlich, ein Prospekt nur bei einem öffentlichen Angebot	
Antragsstellung	möglich durch Emittenten, Börsenmitglied, Kreditinstitut, Wertpapierfirma oder Rechtsanwalt	

Tab 1: Zulassungsanforderungen

7 Undertakings for Collective Investments in Transferable Securitites, https://de.wikipedia.org/wiki/OGAW-Richtlinie (27.8.2019).

Bei Emittenten des direct market plus besteht eine privatrechtliche Vereinbarung zwischen dem Unternehmen und der Wiener Börse AG. Grundlage ist das Regelwerk direct market plus, der Emittent verpflichtet sich freiwillig zu mehr Transparenz.

In das Segment direct market plus werden nur Stammaktien aufgenommen oder Zertifikate, die Stammaktien vertreten und dieselben Rechte wie eine Stammaktie verbriefen (zB GDRs[8]).

4.3. Ablauf eines Listings

Die Einbeziehung von Aktien in den Vienna MTF ist in den „Bedingungen für den Betrieb des Vienna MTF", die Teil der Allgemeinen Geschäftsbedingungen[9] der Wiener Börse AG sind, geregelt. Nach einer Vorbereitungsphase, in der die Kontaktaufnahme mit der Wiener Börse und die erste Abstimmung stattfindet, folgt die Bewerbungsphase, in der das Unternehmen folgende Unterlagen an die Wiener Börse zu übermitteln hat:

- Informationsmemorandum, falls kein Prospekt vorliegt
- Jahresabschluss samt Anhang und Lagebericht mit Bestätigung des Abschlussprüfers des letzten vollen Geschäftsjahres, bei Zweckgesellschaften („Special Purpose Vehicles") zusätzlich der Jahresabschluss samt Anhang und Lagebericht mit Bestätigung des Abschlussprüfers des letzten vollen Geschäftsjahres der Muttergesellschaft
- Aktueller Firmenbuchauszug, der nicht älter als vier Wochen sein darf
- Aktuelle Satzung oder Gesellschaftsvertrag in der geltenden Fassung.

Bei Nicht-Vorliegen eines Prospekts, das nur bei einem öffentlichen Angebot ab EUR 2 Mio erforderlich wäre, ist ein Informationsmemorandum, mit den in Anhang A der „Bedingungen für den Betrieb des Vienna MTF" angeführten Angaben zu erstellen. Diese sind:

- Allgemeine Angaben über den Emittenten
- Firma, Unternehmenssitz, Geschäftsanschrift, Telefonnummer, Website, Datum der Gründung, Firmenbuchnummer, Grundkapital bzw Stammkapital, Aktienemittenten: Anzahl und Gattung der Aktien; Eigentümerstruktur (Gesellschafter bzw Aktionäre mit einer Beteiligung über 5 %)
- Unternehmensstruktur
- Beschreibung des Emittenten und seiner Beteiligungen, Verwaltungs-, Management- und Aufsichtsorgane
- Geschäftstätigkeit
- Historische Entwicklung, Geschäftsfelder, wesentliche Investitionen im laufenden und vergangenen Geschäftsjahr
- Finanzzahlen (soweit vorhanden der letzten zwei Geschäftsjahre)
- Umsatz, EBIT, EGT (bzw EBT), Eigenkapitalquote, Business Pläne der nächsten Jahre (soweit keine Finanzzahlen vorhanden)
- Verwendungszweck des Emissionserlöses
- Risikobeschreibung
  Unternehmensspezifische Risiken, marktspezifische Risiken

8 Global Depository Receipt, https://de.wikipedia.org/wiki/Global_Depository_Receipt (3.8.2019).
9 https://www.wienerborse.at/uploads/u/cms/files/recht/agb/agb-1.pdf (30.7.2019).

Die Einbeziehung in den Vienna MTF erfolgt durch Beschluss der Geschäftsleitung des Börseunternehmens. Das Unternehmen erhält binnen weniger Tage eine Entscheidung. Bei einem positiven Bescheid ist die Handelsaufnahme in das Handelssystem Xetra® T7 innerhalb von zwei Tagen möglich.

Grundsätzlich kann ein Listing im Vienna MTF binnen zwei Wochen erfolgen, wenn das Unternehmen die Anforderungen erfüllen und die erforderlichen Unterlagen liefern kann. Erfahrungsgemäß dauert der Prozess sechs bis zwölf Monate, vom Erstgespräch mit dem Unternehmen bis zum ersten Handelstag – dies kann aber abhängig vom Unternehmen auch länger dauern, wenn im Vorfeld des Listings zB noch eine Finanzierungsrunde durchgeführt wird, das Unternehmen noch die Gesellschaftsform einer GmbH hat etc.

4.4. Folgepflichten im direct market plus

	direct market plus	direct market
Ad hoc Publizität gemäß MAR	Ja	Ja
Führen einer Insiderliste gemäß MAR	Ja	Ja
Managers' Transactions gemäß MAR	Ja	Ja
Jahresabschluss	Veröffentlichung innerhalb von 5 Monaten	Nein
Zwischenbericht erstes Halbjahr	Veröffentlichung innerhalb von 3 Monaten	Nein
Unternehmenskalender	2 Monate vor Ablauf des Geschäftsjahres	Nein
Capital Market Coach (CMC)	1 Jahr verpflichtend	Nein

Tab 2: Folgepflichten

4.4.1. Checkliste Meldepflichten

In den Vienna MTF einbezogene Unternehmen unterliegen je nach Marktsegment folgenden Meldepflichten und -fristen.

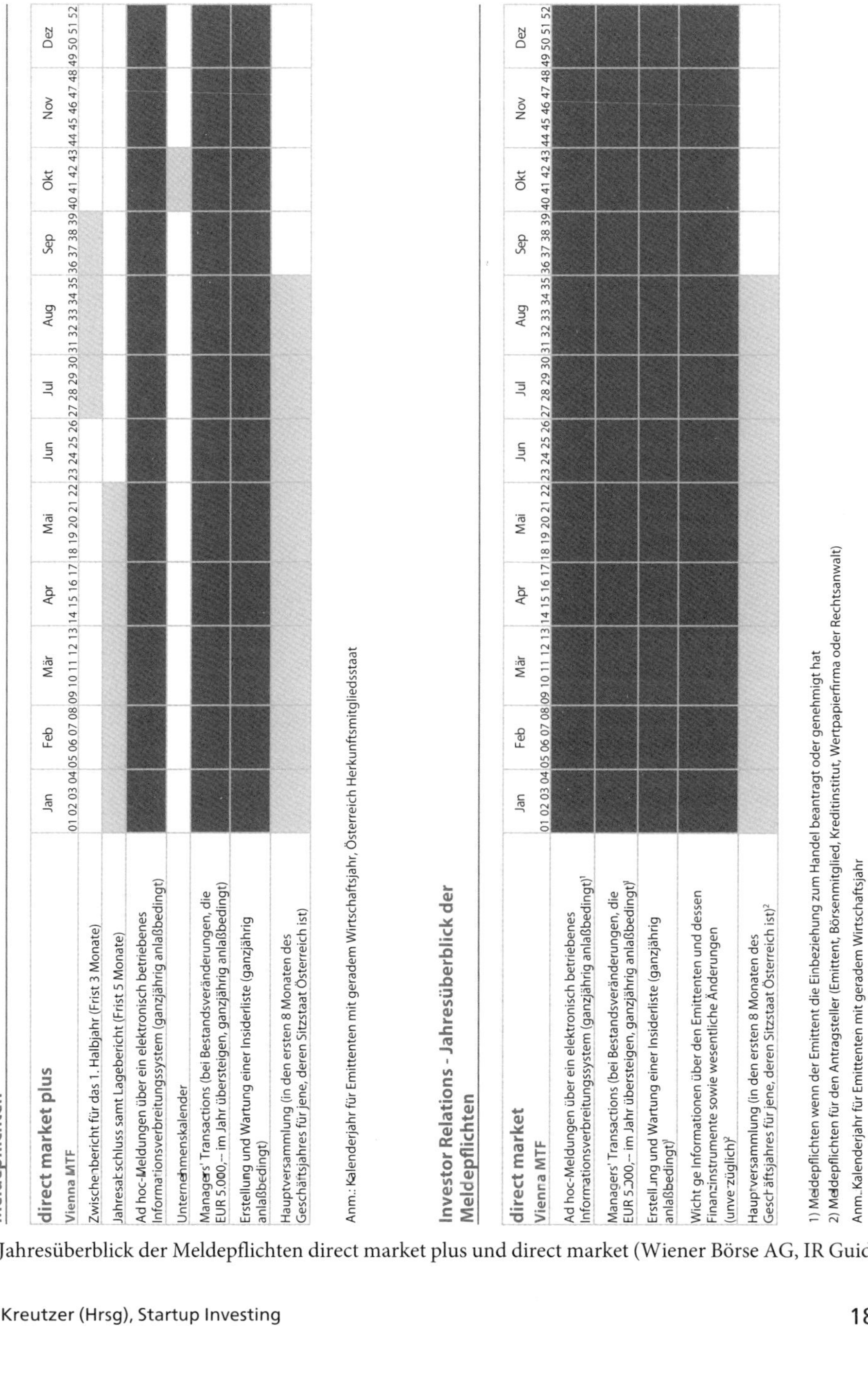

Abb 3: Jahresüberblick der Meldepflichten direct market plus und direct market (Wiener Börse AG, IR Guide)

4.4.2. Checkliste Meldestellen

Investor Relations - Jahresüberblick der Meldestellen

Bitte beachten Sie: wenn der Emittent die OeKB mit der Weiterleitung der vorgeschriebenen Informationen lt. BörseGan Wiener Börse und FMA beauftragt hat, ist nach der Meldung der Dateien an die OeKB grundsätzlich keine gesonderte Übermittlung mehr an Wiener Börse und FMA erforderlich.
Sollte der Emittent der Weiterleitung durch die OeKB nicht zugestimmt haben, betrachten Sie die hellgrau hinterlegten Kästchen bitte als dunkelgrau markiert.

direct market plus Vienna MTF	Frist	Elektronisch betriebenes Informationsverbreitungssystem [1]	Wiener Börse	Finanzmarktaufsicht	Österr. Kontrollbank	Website des Emittenten	Veröffentlichung auf der Website des Emittenten gem. CG Kodex [2]
Zwischenbericht über das 1. Halbjahr	Frist 3 Monate nach Ende des Berichtszeitraums		X			X	X (C)
Jahresabschluss samt Lagebericht	Frist 5 Monate nach Ende des Berichtszeitraums		X			X	X (C)
Ad hoc-Meldungen über ein geeignetes elektr. System	Veröffentlichung der Insider-Informationen unverzüglich						
Vorabinformation über das Ad hoc-System	30 Min. vor Veröffentlichung		X	X			
Veröffentlichung der Ad hoc-Meldung	über ein elektronisches Informationsverbreitungssystem	X	X	X	X	X	X (L)
Aufschub einer Ad hoc-Meldung	Information und Erläuterung über Aufschub unmittelbar nach Offenlegung der Ad hoc-Meldung			X			
Unternehmenskalender	2 Monate vor Beginn des jeweiligen Geschäftsjahres		X			X	X (C)
Managers' Transactions (bei Bestandsveränderungen, die EUR 5.000,-- im Jahr übersteigen)	binnen 3 Arbeitstagen über jenes, die EUR 5.000,- Grenze übersteigende Geschäft und alle in dem Kalenderjahr folgenden	X		X			X (C)
Erstellung und Wartung der Insiderliste	Laufende Wartung und auf Ersuchen Übermittlung an die zuständige Behörde			X			

1) Die Veröffentlichung hat jedenfalls zumindest eines der nachfolgend genannten elektronisch betriebenen Informationsverbreitungssysteme zu umfassen: Thomson Reuters, Bloomberg, Dow Jones Newswire.
2) Muss berücksichtigt werden, wenn eine freiwillige Verpflichtung zur Beachtung des Österreichischen Corporate Goveranance Kodex vorliegt.
Anm.: für Emittenten, deren Herkunftsmitgliedsstaat Österreich ist.

Investor Relations - Jahresüberblick der Meldestellen

direct market Vienna MTF	Frist	Elektronisch betriebenes Informationsverbreitungssystem [1]	Wiener Börse	Finanzmarktaufsicht	Österr. Kontrollbank	Website des Emittenten	Corporate Governance Kodex [4]
Ad hoc-Meldungen [2]	Veröffentlichung der Insider-Informationen unverzüglich						
Vorabinformation	30 Min. vor Veröffentlichung		X	X			
Veröffentlichung der Ad hoc-Meldung	über ein elektronisches Informationsverbreitungssystem	X	X	X		X	X (L)
Aufschub einer Ad hoc-Meldung	Information und Erläuterung über Aufschub unmittelbar nach Offenlegung der Ad hoc-Meldung			X			
Managers' Transactions (bei Bestandsveränderungen, die EUR 5.000,-- im Jahr übersteigen) [2]	binnen 3 Arbeitstagen über jenes, die EUR 5.000,- Grenze übersteigende Geschäft und alle in dem Kalenderjahr folgenden	X		X			X (C)
Erstellung und Wartung der Insiderliste [2]	Laufende Wartung und auf Ersuchen Übermittlung an die zuständige Behörde			X			
Der Antragsteller hat während der gesamten Dauer der Einbeziehung alle wichtigen Informationen (wie Änderungen der Rechtsgrundlage und des Firmenwortlautes, Kapitalmaßnahmen) über den Emittenten und dessen Finanzinstrumente sowie wesentliche Änderungen bekanntzugeben. [3]	unverzüglich		X				

1) Die Veröffentlichung hat jedenfalls zumindest eines der nachfolgend genannten elektronisch betriebenen Informationsverbreitungssysteme zu umfassen: Thomson Reuters, Bloomberg, Dow Jones Newswire.
2) Meldepflichten wenn der Emittent die Einbeziehung zum Handel beantragt oder genehmigt hat.
3) Meldepflichten für den Antragsteller (Emittent, Börsenmitglied, EWR-Kreditinstitut, Wertpapierfirma oder Rechtsanwalt)
4)Muss berücksichtigt werden, wenn eine freiwillige Verpflichtung zur Beachtung des Österreichischen Corporate Goveranance Kodex vorliegt.
Anm.: für Emittenten, deren Sitzstaat Österreich ist

Abb 4: Jahresüberblick der Meldepflichten direct market plus und direct market (Wiener Börse AG, IR Guide)

Nicht anzuwenden sind:

- Folgepflichten wie Regel- und Beteiligungspublizität gemäß Börsegesetz
- Der Corporate Governance Kodex

- Bilanzierung nach IFRS
- Der Vergütungsbericht gemäß Aktionärsrechterichtlinie

Des Weiteren unterliegen die Unternehmen im Vienna MTF nicht der Prüfung durch:

- Die Übernahmekommission und
- Die OePR Österreichische Prüfstelle für Rechnungslegung.

Die Marktmissbrauchsverordnung (Market Abuse Regulation – MAR) gilt für alle EU-Staaten und beinhaltet auch die Themenbereiche Insiderinformationen, Insiderlisten und Eigengeschäfte von Führungskräften für im Vienna MTF gelistete Unternehmen, die nachfolgend genauer erläutert werden.

In weiterer Folge wird auf die in der Tabelle 2. Folgepflichten angeführten Punkte eingegangen.

4.5. Ad-hoc-Publizität

Ad-hoc-Publizität dient dazu, dem Missbrauch von Insiderinformationen entgegen zu wirken, indem preisrelevante neue Informationen unverzüglich öffentlich zugänglich gemacht werden und die Informationen somit allen Investoren zur Verfügung stehen. Die ad-hoc-pflichtige Insiderinformation ist jedenfalls unverzüglich zu veröffentlichen. Sollte diese während der Handelszeiten entstehen, ist vom Unternehmen besonders darauf zu achten, dass die Ad-hoc-Meldung vor Veröffentlichung über die Medien vorab der Wiener Börse und der FMA zu übermitteln ist, und zwar mit einer entsprechenden Vorlaufzeit – mindestens 30 Minuten sollten eingeplant werden. Diese Vorlaufzeit ist für eine Entscheidung betreffend eine etwaige Handelsaussetzung und deren Umsetzung notwendig.

Ad-hoc-Meldungen sind gemäß § 119 Abs 7 BörseG über ein elektronisch betriebenes Informationsverbreitungssystem wie zB euro adhoc, APA-OTS Originaltext-Service GmbH, EQS Group AG und pressetext Nachrichtenagentur GmbH zu veröffentlichen. Laut Verbreitungs- und Meldeverordnung (VMV) der FMA ist die Bereichsöffentlichkeit dann hergestellt, wenn die Verbreitung über zumindest eines der drei Informationsverbreitungssysteme Thomson Reuters, Bloomberg oder Dow Jones Newswire erfolgt.

Die Ad-hoc-Publizitätsvorschriften dienen dem Schutz aller Kapitalmarktteilnehmer, damit diese so rasch wie möglich preisrelevante neue Unternehmens-Informationen erfahren und dementsprechend ggf ihre Kauf- oder Verkaufsentscheidung dem neuen Informationsstand anpassen können.

4.6. Führen einer Insiderliste

Gemäß der Marktmissbrauchsverordnung sind Emittenten oder alle in ihrem Auftrag handelnde Personen zur Führung und laufenden Aktualisierung einer Insiderliste verpflichtet. In diese Liste aufzunehmen sind alle Personen, die Zugang zu Insiderinformationen haben. Erfasst wird die Identität der Person, der Grund für die Aufnahme und der Zeitpunkt, ab wann die Person Zugang zur Insiderinformation hat.

4.7. Eigengeschäfte von Führungskräften (Managers' Transactions)

Sollte eine Person, die Führungsaufgaben wahrnimmt, oder eine meldepflichtige Person, die in enger Beziehung zu einer Person mit Führungsaufgaben bei einem Emittenten steht, mit Käufen oder Verkäufen eine Bestandsveränderung von mind EUR 5.000 in einem Kalenderjahr überschreiten – die Geschäfte im laufenden Kalenderjahr sind zusammenzurechnen –, so ist dieses Eigengeschäft sowie alle in diesem Kalenderjahr folgenden zu veröffentlichen. Die Information ist unverzüglich, spätestens drei Arbeitstage nach dem Datum des Geschäfts zu veröffentlichen. Die Unterrichtung hat in Form eines dafür von der FMA vorgesehenen Formulars zu erfolgen.

4.8. Regelpublizität

Der Emittent hat einen geprüften Jahresabschluss samt Lagebericht spätestens fünf Monate nach Ablauf jedes Geschäftsjahres auf der Website zu veröffentlichen und für zumindest zehn Jahre anzuzeigen sowie zum gleichen Zeitpunkt der Wiener Börse zu übermitteln.

Der Zwischenbericht, der eine Beschreibung der Finanzlage und des Geschäftsergebnisses des Emittenten im betreffenden Zeitraum sowie die Aussichten der Gesellschaft für das laufende Geschäftsjahr enthalten muss, ist binnen drei Monaten nach Ende des ersten Halbjahres auf der Website des Emittenten zu veröffentlichen und für mindestens zehn Jahre anzuzeigen sowie der Wiener Börse zur Verfügung zu stellen.

Wahlweise können die Berichte nach IFRS oder nationaler Rechnungslegung, in deutscher oder englischer Sprache erstellt werden.

4.9. Unternehmenskalender

Die Unternehmen sind verpflichtet, zwei Monate vor Beginn jedes Geschäftsjahres für das jeweilige Geschäftsjahr einen Unternehmenskalender zu erstellen und auf ihrer Webseite zu veröffentlichen. Dieser hat gemäß Regelwerk direct market plus folgende Termine zu enthalten: Veröffentlichung des Jahresergebnisses, Nachweisstichtag „Hauptversammlung", Hauptversammlung, Ex-Dividenden-Tag, Nachweisstichtag „Dividenden" (Record Date), Dividenden-Zahltag sowie die Veröffentlichung des Halbjahresergebnisses, ggf auch den Termin für die Veröffentlichung vorläufiger Ergebnisse und einer außerordentlichen Hauptversammlung.

4.10. Direct Network[10]

Das direct network ist eine Plattform, auf der Unternehmen die richtigen Experten für die vorbörsliche Finanzierung bis zur Begleitung beim Being Public finden können.

4.10.1. Capital Market Coach

Der Emittent benötigt einen Capital Market Coach (CMC) ab dem ersten Handelstag für zumindest ein Jahr. Der CMC – Investmentbanken, IPO Boutiquen, Rechtsanwälte,

10 Vgl https://www.wienerborse.at/emittenten/boersegang-ipo/capital-market-coach/ (30.7.2019).

Wirtschaftsprüfer – betreut das Unternehmen optimaler Weise bereits bei seinem Listing und für zumindest ein Jahr ab dem ersten Handelstag an der Wiener Börse. Er steht dem Unternehmen bei der Erfüllung der Folgepflichten beratend und unterstützend zur Seite. Er muss vertiefte Branchenkenntnisse und Erfahrungen in den Bereichen Kapitalmarkt, Börse, Research, Institutional Sales, Unternehmensanalyse und -bewertung sowie Referenzen über erfolgreiche Mandate im Rahmen von börslichen Kapitalmarkttransaktionen in den letzten Jahren haben.

Auszug aus dem Regelwerk direct market plus der Wiener Börse AG:[11]

Der Capital Market Coach hat den Emittenten bei der Einbeziehung und auch danach für die Dauer von einem Jahr ab Beginn der Teilnahme der Aktien am direct market plus laufend zu beraten und zu unterstützen, insbesondere was die Erfüllung der im Regelwerk direct market plus festgelegten Aufnahmevoraussetzungen und Aufnahmefolgepflichten betrifft. Die Kernaufgaben des CMC umfassen:

- Feststellung der grundsätzlichen Kapitalmarktfähigkeit und der Eignung der Aufnahme eines Unternehmens in den direct market plus
- Beratung des Unternehmens im Pre-IPO Prozess
- Unterstützung bei der Einbeziehung
- Beratung und Unterstützung in der Erfüllung der vorgeschriebenen Aufnahmefolgepflichten
- Coaching des IR-Verantwortlichen im Rahmen seiner Kapitalmarkttätigkeit

4.10.2. Direct Funding Partner

Im Vorfeld der Einführung des direct market plus wurde das Partnernetzwerk 2018 um die Kategorie Direct Funding Partner (DFP) – Beratungsunternehmen, Business Angels, Fonds, Private Equity, Venture Capital – erweitert. Erforderlich sind vertiefte Branchenkenntnisse und Erfahrungen in den Bereichen Unternehmensfinanzierung und Kapitalmarkt sowie Referenzen über erfolgreiche Mandate im Rahmen von Kapitalaufbringung für Unternehmen in den letzten Jahren. Ein DFP ist ein Partner, der Unternehmen bei vorbörslichen und börslichen Finanzierungen unterstützt und Investorenzugang bietet oder selbst investiert.

4.11. Pflichten während aufrechter Einbeziehung

Das börsennotierte Unternehmen ist während der Dauer des Listings verpflichtet, wesentliche Änderungen bekanntzugeben.

Spezielle Allgemeine Geschäftsbedingungen (Sonderbedingungen) für den Betrieb von multilateralen Handelssystemen/Auszug aus den Bedingungen für den Betrieb des Vienna MTF[12]

§ 8 Pflichten während aufrechter Einbeziehung

(1) Der Antragsteller hat während der gesamten Dauer der Einbeziehung dem Börseunternehmen alle wichtigen Informationen über den Emittenten und dessen Finanzinstrumente sowie wesentliche Änderungen unverzüglich bekannt zu geben. Als wichtige Informationen im Sinne dieser Bestimmung gelten insbesondere

11 Vgl https://www.wienerborse.at/uploads/u/cms/files/emittenten/aktien/regelwerk-direct-market-plus.pdf (28.8.2019).

12 Vgl https://www.wienerborse.at/uploads/u/cms/files/recht/agb/agb-5-1.pdf (28.8.2019).

a) Änderung der Rechtsgrundlagen des Emittenten;
b) Änderung des Firmenwortlautes des Emittenten;
c) im Falle von Beteiligungspapieren Kapitalmaßnahmen;
d) im Falle von Nichtdividendenwerten Änderungen des Zinssatzes;
e) im Falle von Nichtdividendenwerten vorzeitige Tilgung.

(2) Der Antragsteller ist verpflichtet, dem Börseunternehmen sämtliche Auskünfte zu erteilen, die zur Feststellung des aufrechten Vorliegens der Einbeziehungsvoraussetzung während der gesamten Dauer der Einbeziehung erforderlich sind.

(3) Die Verpflichtung gemäß § 8 Abs. 1 gilt für den Antragsteller nicht, wenn der Emittent die Einbeziehung des Finanzinstruments zum Handel genehmigt hat.

5. Der Handel an der Wiener Börse[13, 14]

Zentrale Aufgabe der Börse ist die reibungslose und effiziente Durchführung der Börsengeschäfte sowie die Zusammenführung aller Marktteilnehmer über ihr international anerkanntes elektronisches Handelssystem Xetra® T7.

Ein Wertpapier kann fortlaufend oder nur in einer einmaligen untertägigen Auktion gehandelt werden. Die Handelszeit für Aktien im Fortlaufenden Handel erstreckt sich von 8:00 Uhr (Beginn der Vorhandelsphase) bis 17:45 Uhr (Ende der Nachhandelsphase). Bei Werten mit einer einmaligen, untertägigen Auktion beginnt diese um 12:30 Uhr.

5.1. Handelsformen

Für den börslichen Handel sind die Handelsformen einmalige untertägige Auktion und Fortlaufender Handel vorgesehen.

5.1.1. Auktion

Bei Aktien, die in einer einmaligen untertägigen Auktion gehandelt werden, wird die Liquidität auf einen bestimmten Zeitpunkt konzentriert. In Auktionen sind alle Ordergrößen handelbar. Die Preisermittlung erfolgt nach dem Meistausführungsprinzip mit geringstem Überhang bei gleichzeitiger Preis-/Zeitpriorität, sodass maximal eine zum Auktionspreis limitierte oder eine unlimitierte Order teilausgeführt werden kann. Während der Aufrufphase ist das Orderbuch offen, dh die Marktteilnehmer haben Einblick in die Markttiefe und sehen somit die besten Ankaufs- und Verkaufsorder für einen handelbaren Wert pro Preislimit.

5.1.2. Fortlaufender Handel

Im Fortlaufenden Handel, auch Fließhandel genannt, wird jede neue Order (ausgenommen Stop Orders) sofort auf Ausführbarkeit mit Orders auf der gegenüberliegenden Orderbuchseite überprüft. Die Ausführung erfolgt nach Preis-/Zeitpriorität. Das Order-

13 Vgl https://www.wienerborse.at/uploads/u/cms/files/handel/xetra-t7-marktmodell-fortlaufender-handel-und-auktion.pdf (28.8.2019).

14 Vgl https://www.wienerborse.at/uploads/u/cms/files/handel/xetra-t7-feinspezifikationen-marktmodelle.pdf (28.8.2019).

buch ist offen, dh, es werden die Limits und die jeweiligen kumulierten Ordervolumina angezeigt.

Vor dem Beginn des Fortlaufenden Handels wird eine Eröffnungsauktion durchgeführt, die sich aus der Aufrufphase und der Preisermittlung zusammensetzt. An dieser Auktion nehmen alle Orders teil, die noch vom Vortag gültig sind oder bereits am Handelstag eingegeben wurden, sofern ihre Ausführung nicht auf die untertägige oder Schlussauktion beschränkt ist. In der Eröffnungsauktion werden alle ausführbaren Orders ausgeführt, damit kein „gekreuztes Orderbuch“ (dh keine preislichen Überschneidungen des Geld-/Briefangebotes) vorliegt und der Fortlaufende Handel beginnen kann.

Der Fortlaufende Handel beginnt nach Ende der Eröffnungsauktion. Im Fortlaufenden Handel ist das Orderbuch geöffnet. Die Ausführung der Orders kann ganz in einem bzw in mehreren Schritten, teilweise oder gar nicht erfolgen. Die nicht ausgeführten bzw teilausgeführten Orders werden in das Orderbuch eingestellt und nach Preis-/Zeitpriorität sortiert. Diese Sortierung nach Preis-/Zeitpriorität bewirkt, dass Kauforders mit einem höheren Limit Vorrang haben. Umgekehrt haben Verkaufsorders mit einem niedrigeren Limit Vorrang vor Orders mit einer höheren Limitierung. Die Zeit als sekundäres Kriterium gilt für den Fall, dass Orders gleich limitiert sind, die früher aufgegebenen haben Vorrang. Market Orders haben im Orderbuch Priorität vor Limit Orders und zwischen Market Orders gilt ebenfalls Zeitpriorität.

Mit Beginn einer untertägigen Auktion wird der Fortlaufende Handel unterbrochen. Die untertägige Auktion setzt sich analog der Eröffnungsauktion aus den Phasen „Aufruf“ und „Preisermittlung“ zusammen. Alle zu einem Wertpapier vorliegenden Orders und Quotes werden in einem Orderbuch automatisch zusammengeführt. Nach Beendigung der untertägigen Auktion wird der Fortlaufende Handel fortgesetzt.

Im Anschluss an den Fortlaufenden Handel erfolgt eine Schlussauktion, die sich ebenfalls in die Phasen Aufruf und Preisermittlung unterteilt. In der Schlussauktion werden alle Ordergrößen in einem Orderbuch automatisch zusammengeführt. Wenn sich Orders nicht ausführbar gegenüberstehen, kann kein Auktionspreis ermittelt werden und es wird das beste Geld-/Brieflimit veröffentlicht. Nicht ausgeführte oder teilweise ausgeführte Orders werden entsprechend ihrer Gültigkeit auf den nächsten Handelstag übertragen.

5.2. XETRA® – das Handelssystem

Xetra® steht für **Ex**change **e**lectronic **tra**ding und ist das von der Deutschen Börse entwickelte elektronische Handelssystem. Es zählt zu den weltweit fortschrittlichsten Börsensystemen.

5.2.1. Orders

Grundsätzlich können alle Ordergrößen auf Xetra® gehandelt werden (Mindestschlussgröße: 1). Die Orders sind anonym. Den Handelsteilnehmern wird also nicht angezeigt, welcher Teilnehmer die jeweilige Order bzw. den jeweiligen Quote in das Orderbuch gestellt hat.

5.2.1.1. Ordertypen

Ordertyp	Beschreibung
Market Orders	sind unlimitierte Kauf-/Verkaufsorders, die zum nächsten ermittelten Preis ausgeführt werden sollen.
Limit Orders	sind limitierte Kauf-/Verkaufsorders, die zum angegebenen Limit oder besser ausgeführt werden sollen.
Iceberg Orders	schaffen die Möglichkeit im Fortlaufenden Handel große Ordermengen in das Orderbuch zu stellen, ohne das Gesamtvolumen dem Markt zur Kenntnis zu bringen. Die Spitze („Peak") ist der sichtbare Teil einer Iceberg Order. Sobald die Spitze komplett ausgeführt wurde und noch verborgenes Volumen vorhanden ist, wird eine neue Spitze mit neuem Zeitstempel ins Orderbuch gestellt.
Stop Market Orders	Sobald das vorgegebene Stop Limit erreicht, überschritten (Stop-Buy-Orders) bzw unterschritten (Stop-Loss-Orders) wurde, wird die Stop Order automatisch als Market Order in das Orderbuch gestellt.
Stop Limit Orders	Sobald das vorgegebene Stop Limit erreicht, überschritten (Stop-Buy-Orders) bzw unterschritten (Stop-Loss-Orders) wurde, wird die Stop Order automatisch als Limit Order in das Orderbuch gestellt.
Trailing Stop Orders	sind Stop Market Orders mit einem variablen Stop Limit, welches in Relation zu einem Referenzpreis angepasst wird.
One-Cancels-the-Other-Orders	sind eine Kombination aus Limit und Stop Market Orders. Bei vollständiger Ausführung der Limit Order oder bei Auslösung der Stop Market Order wird die nicht berücksichtigte Order gelöscht.

5.2.1.2. Gültigkeitsbeschränkungen

Mittels weiterer Beschränkungen kann die zeitliche Gültigkeit der Ordertypen bestimmt werden.

Gültigkeits-beschränkung	Beschreibung
Good-for-day (GFD)	Die Order ist nur für den aktuellen Börsentag gültig.
Good-till-date (GTD)	Die Order ist bis zu einem bestimmten Tag gültig.
Good-till-cancelled (GTC)	Die Order ist solange gültig, bis sie entweder ausgeführt oder vom Auftraggeber bzw. vom System gelöscht wird.

5.2.1.3. Ausführungsbeschränkungen

Market und Limit Orders können im Fortlaufenden Handel die folgenden Ausführungsbedingungen aufweisen:

Ausführungs-beschränkung	Beschreibung
Immediate-or-Cancel (IOC)	Eine IOC-Order ist eine Order, die sofort und vollständig oder soweit wie möglich ausgeführt wird. Nicht ausgeführte Teile einer IOC-Order werden ohne Aufnahme in das Orderbuch gelöscht.
Fill-or-Kill (FOK)	Eine FOK-Order ist eine Order, die sofort vollständig oder gar nicht ausgeführt wird. Wenn eine sofortige vollständige Ausführung nicht möglich ist, wird die FOK-Order ohne Aufnahme in das Orderbuch gelöscht.
Book-or-Cancel (BOC)	BOC ist ausschließlich für Limit-Orders und ermöglicht ein Platzieren von Orders in das Orderbuch als Liquidität. Immer wenn bei der Ordereingabe eine sofortige Ausführung möglich ist, wird die BOC-Order abgewiesen. Damit stellt die BOC-Orderbeschränkung sicher, dass die Order mit ihrem vollständigen Volumen immer passiv ist.

5.2.1.4. Handelsbeschränkungen

Es ist möglich, Orders generell allen Auktionen oder einer bestimmten Auktion zuzuordnen.

Handels-beschränkung	Beschreibung
Opening Auction only	Die Order ist nur in der Eröffnungsauktion gültig.
Intraday Auction only	Die Order ist nur in der untertägigen Auktion gültig.
Closing Auction only	Die Order ist nur in der Schlussauktion gültig.
Auction only	Die Order ist nur in Auktionen gültig.

5.3. Schutzmechanismen im Marktmodell

Das elektronische Wertpapierhandelssystem Xetra® beinhaltet zwei wichtige Schutzmechanismen, um die Preiskontinuität der festgestellten Preise zu stärken: Die Volatilitätsunterbrechung und die erweiterte Volatilitätsunterbrechung.

Eine **Volatilitätsunterbrechung** wird ausgelöst, wenn der indikative Ausführungspreis außerhalb des „dynamischen" Preiskorridors oder des zusätzlich definierten „statischen" Preiskorridors liegt. Sie führt zu einer zusätzlichen Auktionspreisermittlung gemäß Meistausführungsprinzip und kann im Fortlaufenden Handel wie auch in einer Auktion auftreten.

Ein weiterer Schutzmechanismus ist die **erweitere Volatilitätsunterbrechung**. Sie wird ausgelöst, wenn eine Preisbildung außerhalb des zweifachen dynamischen Preiskorridors zustande käme. In diesem Fall kommt es nicht automatisch zu einer Preisbildung, diese wird manuell eingeleitet.

Diese Schutzmechanismen greifen bei zu großen Preissprüngen und helfen, auch menschliche Eingabefehler abzufedern, die selten vorkommen aber doch nicht gänzlich ausgeschlossen werden können.

5.4. Marktbetreuer an der Wiener Börse[15, 16]

Börsenmitglieder haben die Möglichkeit Market Maker und/oder Specialist-Funktionen, für an der Wiener Börse gelistete Unternehmen, zu übernehmen. Für diese gibt es vorgegebene Verpflichtungen betreffend Zeitraum der Quotierung, Maximum Spread und Minimum Size.

Market Maker haben die Aufgabe, verbindlich An- und Verkaufspreise zu nennen. Im Gegenzug haben Handelsteilnehmer, die sich zum Market Making in einem Instrument bzw Produkt verpflichten, ein Anrecht auf ermäßigte Transaktionsgebühren.

Mit dem **Specialist**, einer Sonderform des Market Makers, wurde eine zusätzliche Betreuerfunktion eingeführt, die dem Markt weitere Liquidität zuführen soll. Die Specialist-Funktion ist ausschließlich für den prime market verfügbar, dem Segment mit den liquidesten Aktien an der Wiener Börse. Die Ausschreibung der Specialist-Funktion für jeden im prime market vertretenen Aktienwert erfolgt jährlich (gegen Ende des ersten Quartals). Specialist wird jenes Handelsmitglied, welches das beste Gebot hinsichtlich Maximum Spread und Minimum Size abgibt, wobei nur jeweils ein Handelsteilnehmer pro Instrument diese Funktion übernehmen kann. Der Specialist hat die von ihm in der Ausschreibung genannten Verpflichtungen während der gesamten Periode (ein Jahr) zu erfüllen. Als Mindestgebote gelten in jedem Fall die bestehenden Market-Maker-Verpflichtungen, die vorgegeben sind. Ein Specialist muss daher in den meisten Fällen bessere Konditionen als die der Market Maker bieten, um diese Funktion für ein Jahr zu erhalten, dies bedeutet kleinerer Maximum Spread und größere Minimum Size.

Im Gegenzug dazu erhält der Specialist einen Bonus (Umsatzbeteiligung), eine Beteiligung an den Nettoeinnahmen aus Agent- und Principal-Transaktionsgebühren des zurückliegenden Kalendermonats in dem jeweiligen Instrument. Ihm fallen in der jeweiligen Aktie keine Transaktionsgebühren/-entgelte für Specialist-Geschäfte an.

Des Weiteren gibt es auch die Funktion des **Betreuers in der Auktion**. Börsenmitglieder können zur Betreuung von Wertpapieren im Handelsverfahren Auktion die Verpflichtung übernehmen, während der Handelsphase verbindliche An- und Verkaufspreise in das Handelssystem zu stellen. Die Vorgabe von Maximum Spread und Minimum Size erfolgt durch die Wiener Börse und wird quartalsweise angepasst.

15 Vgl https://www.wienerborse.at/uploads/u/cms/files/handel/specialist-market-maker/specialist-market-maker.pdf (28.8.2019).

16 Vgl https://www.wienerborse.at/uploads/u/cms/files/handel/betreuung-in-der-auktion.pdf (28.8.2019).

6. Börse als Standortfaktor

Börsen gehören mit ihrer technischen Infrastruktur seit jeher zu den Technologieführern. Begriffe wie Algorithmen, Handel in Mikrosekunden, Themen- & Style Indizes uvm gehören zum Börse-Alltag. Die Größe einer Börse ist in Relation zur Größe der Volkswirtschaft, dem Bruttoinlandsprodukt zu sehen. Hinsichtlich Unternehmensstrukturen dominieren in Österreich Klein- und Mittelbetriebe, die Fremdkapitalfinanzierung ist stark vorherrschend.[17]

Börsen haben eine wichtige Funktion als Infrastrukturanbieter und stärken die Volkswirtschaft. Die ureigenste Aufgabe der Börse besteht darin, Anleger die Geld veranlagen wollen und Unternehmer die Kapital benötigen, zusammenzubringen. Die Börse stellt eine Handelsplattform bereit, stellt Transparenz über Preise und Umsätze sicher, lässt Neuemissionen zum Börsenhandel zu und berechnet Indizes. Sie ist ein Markt unter gesetzlicher Aufsicht, auf dem nach Angebot und Nachfrage Preise gebildet werden. Unternehmer, aber auch die öffentliche Hand und Banken sind jene, die Kapital nachfragen. Institutionelle Investoren wie Versicherungen, Kapitalanlagegesellschaften, Finanzinstitute und andere Kapital verwaltende Unternehmen sowie Privatanlegerinnen und Privatanleger bieten Kapital an. Dazwischen stehen die Intermediäre – Händler, Berater und Abwickler – als Vermittler.

Kerngeschäftsbereich der Wiener Börse ist der Handel am Kassamarkt, weitere Leistungen beinhalten den Datenverkauf, Indexmanagement, IT Services und finanzmarktspezifische Seminare.

Geschichte der Börse

Woher kommt der Begriff Börse? Die Bezeichnung „Börse" rührt von der belgischen Familie Van der Beurse, vor deren Haus sich einst Händler zum Tausch von Waren trafen.

Die Wiener Börse wurde 1771 als eine der ersten Börsen der Welt von Maria Theresia, Erzherzogin von Österreich, gegründet. Zu Beginn wurden nur Anleihen, Wechsel und Devisen gehandelt. Im Jahr 1818 war die Österreichische Nationalbank die erste Aktiengesellschaft, die an der Wiener Börse notierte. Die moderne Technik hat längst Einzug gehalten an den Börsen. Der Parketthandel wurde in Wien 1997 eingestellt, dh es agieren keine Händler mehr vor Ort im Börsegebäude, sondern der Handel wird vollelektronisch abgewickelt.

Faktencheck der Wiener Börse:[18]

- Jeder elfte Arbeitsplatz in Österreich ist mit börsenotierten Unternehmen verbunden.
- Aus einem in börsenotierte Unternehmen investierten Euro werden 2,3 Euro für die heimische Volkswirtschaft.
- Mehr als 80 % aller Handelsumsätze an der Wiener Börse stammen von internationalen Handelsmitgliedern

17 Ernst & Young-Studie, Finanzierung im österreichischen Mittelstand 2019, https://www.ey.com/at/de/newsroom/news-releases/ey-20190527-ey-studie-finanzierung-mittelstand-at-2019 (28.8.2019).

18 Faktencheck Wiener Börse, https://www.wienerborse.at/faktencheck/ (28.8.2019).

Rechtliche Grundlagen für Startup Investments

Bernhard Rieder/Lukas Schmidt

1. Einleitung

1.1. Überblick über mögliche Rechtsformen eines Startups

Zu Beginn ihrer unternehmerischen Tätigkeit haben die Gründer[1] dank der Vielzahl von möglichen Rechtsformen die Qual der Wahl, in welcher Rechtsform sie ihr Unternehmen betreiben wollen. Oft fragen Gründer die (potenziellen) Investoren und/oder den beigezogenen Rechtsbeistand nach der „besten" Rechtsform für ihr Unternehmen und erhalten die oft für sie unbefriedigende Antwort, dass es die abstrakt beste Rechtsform nicht gibt. Vielmehr ist die Frage der richtigen Rechtsform immer abhängig vom Einzelfall und unter Berücksichtigung der konkreten Unternehmensziele und der von den Gründern gewünschten persönlichen Rechtsstellung nach innen gegenüber dem Gesellschafterkreis und nach außen im Geschäftsverkehr (insbesondere im Hinblick auf eine mögliche persönliche Haftung der Gründer) zu beurteilen. Darüber hinaus werden auch steuerliche Überlegungen sowie, sofern das Startup in einem regulierten Geschäftsbereich tätig werden soll (zB Bankwesen oder Versicherungen), regulatorische Anforderungen Einfluss auf die Wahl der Rechtsform haben. Auch künftig erforderliche Investments für die Zwecke der Finanzierung des Startups sollten in die Abwägung der Entscheidungsmöglichkeiten mit einfließen, weil VC-Investoren oftmals Kapitalgesellschaften bevorzugen.

Mögliche Rechtsformen in Österreich

Nachfolgend soll eine grobe Übersicht über die (nach österreichischem Gesellschaftsrecht) möglichen und im Startup-Bereich relevantesten Rechtsformen und ihre Einordnung in die Kategorisierung nach Personen- und Kapitalgesellschaften gegeben werden.[2]

Personengesellschaften	Gesellschaft bürgerlichen Rechts (GesbR)
	Offene Gesellschaft (OG)
	Kommanditgesellschaft (KG)
	Europäische wirtschaftliche Interessenvereinigung (EWIV)
	Stille Gesellschaft
Kapitalgesellschaften	Gesellschaft mit beschränkter Haftung (GmbH)
	Aktiengesellschaft (AG)
	Societas Europaea (SE)
Mischformen	GmbH & Co OG
	GmbH & Co KG

Einfluss des Rechts der Europäischen Union – ausländische Rechtsformen

Unter Bezugnahme auf die gemäß den Verträgen der Europäischen Union geltenden Grundfreiheiten (insbesondere die Dienstleistungs- und Niederlassungsfreiheit) hat der europäische Gerichtshof (EuGH) durch seine Rechtsprechung die Mitgliedsstaaten zur

1 In diesem Kapital wird aus Gründen der leichteren Lesbarkeit nur von Gründern in der Mehrzahl gesprochen, weil in der Praxis die überwiegende Anzahl der Startups zumindest zwei Gründerinnen und/oder Gründer haben.
2 *Rieder/Huemer*, Gesellschaftsrecht[5] (2019) 44 ff.

Anerkennung von Rechtsformen aus anderen Mitgliedstaaten verpflichtet.[3] Durch diese unionsrechtliche Öffnung des österreichischen Rechtsformensystems traten Rechtsformen aus anderen EU-Mitgliedstaaten in Wettbewerb mit den in Österreich etablierten Rechtsformen. Gerade in den auf die einschlägigen Entscheidungen des EuGHs folgenden Jahren war ein Trend zum Einsatz von **britischen Limiteds** als Alternative zur österreichischen GmbH spürbar, weil diese aufgrund der vergleichsweise einfacheren Gründung (kein Notar ist erforderlich), der weniger strengen Kapitalaufbringungs- und Kapitalerhaltungsregelungen (eine britische Limited kann mit einem Stammkapital von GBP 1 gegründet werden) sowie der formfreien Anteilsübertragung als vorteilhafter angesehen wurden. Den erwähnten Vorteilen standen seit jeher einige Nachteile, wie der schwierige (und oft teurere) Zugang zu Rechtsberatung, die fehlende Akzeptanz im täglichen Geschäftsverkehr, die Sprachbarriere sowie der Umgang mit für den kontinentaleuropäischen Rechtskreis ungewohnten Rechtsinstituten, gegenüber. Dadurch entstanden oft unerwartet hohe Zusatzkosten und Rechtsunsicherheit. Insgesamt kann festgehalten werden, dass sich trotz der Rechtsprechung des EuGHs Rechtsformen aus anderen Mitgliedstaaten in Österreich nicht wirklich gegen die heimischen Rechtsformen durchsetzen konnten.

1.2. Gesellschaftsrechtliche Aspekte der Rechtsformwahl

In der Praxis stehen bei den meisten Gründern die Frage nach der Finanzierung des Startups und (damit mehr oder weniger im Zusammenhang) die haftungsrechtlichen Fragen im Gründungsstadium klar im Vordergrund, weil zu diesem Zeitpunkt oft noch ungewiss ist, ob und wie erfolgreich die Geschäftsidee umgesetzt werden kann. Nicht weniger bedeutend ist die Frage des Interessenausgleichs zwischen den Gesellschaftern durch entsprechende Regelungen im Gesellschaftsvertrag oder einem separaten Syndikatsvertrag. In der Praxis zeigt sich jedoch, dass sich Gründer in der Regel über einen solchen Interessenausgleich im Gründungsstadium keine großen Gedanken machen und sie sich diesem Thema erst im Rahmen des ersten Einstiegs von Investoren widmen.

Die folgenden Punkte sollen einen groben Überblick über die in der Praxis relevantesten Einflussfaktoren bei der Wahl der Rechtsform geben:

- Begrenzung des Haftungsrisikos – Kapitalaufbringungs- und Kapitalerhaltungsvorschriften
- Steuerliche Überlegungen
- Finanzierungsmöglichkeiten
- Selbstorganschaft – Dritt-/Fremdorganschaft
- Gründungsaufwand und Kosten
- Laufende administrative Kosten (zB doppelte Buchhaltung bei der GmbH)
- Unternehmensrechtliche Prüf- und Publizitätspflichten

Bei Kapitalgesellschaften können sich die Gründer durch die Einzahlung bestimmter finanzieller Mittel, die dann den Gläubigern als Haftungsfonds zur Verfügung stehen, gewissermaßen von einer persönlichen Haftung freikaufen (im Gegensatz dazu haften

3 EuGH C-212/97, *Centros*; EuGH C-280/00, *Überseering*; EuGH C-167/01, *Inspire Act*; EuGH C-411/03, *Sevic*.

Gesellschafter von Personengesellschaft grundsätzlich persönlich mit ihrem Privatvermögen für Verbindlichkeiten der Gesellschaft). Dies ist auch einer der Hauptgründe, warum die überwiegende Mehrheit der Startups in der Rechtsform einer Kapitalgesellschaft gegründet werden und Personengesellschaften eine eher untergeordnete Rolle spielen. Die Geschäftsideen von Startups sind in der Gründungsphase gewöhnlich mit großen Unsicherheiten verbunden und benötigen für ihre Umsetzung oft finanzielle Mittel in einem Ausmaß, das nicht von den Gründern selbst gestemmt werden kann. Die Gründer versuchen daher ihr persönliches Haftungsrisiko möglichst zu minimieren. Die Finanzierung von Startups erfolgt üblicherweise nicht durch (klassische) Fremdkapitalgeber, sondern durch Angel- und Crowdinvestoren sowie durch VC-Fonds, die (anders als klassische Fremdkapitalgeber) normalerweise keine persönlichen Sicherheiten von den Gründern verlangen. Die Gründung des Startups in der Form einer Kapitalgesellschaft hat daher für die Gründer tatsächlich die Beschränkung ihrer persönlichen Haftung auf das Gesellschaftsvermögen zur Folge.

Innerhalb der Kapitalgesellschaften lässt sich die GmbH klar als die unter Gründern in Österreich beliebteste Gesellschaftsform hervorheben. Die Vorteile der GmbH im Vergleich zur AG liegen insbesondere in

- der größeren Flexibilität bei der Ausgestaltung der inneren Organisation durch die weitgehende Gestaltungsfreiheit des Gesellschaftsvertrags,
- dem geringeren Mindeststammkapital, das bei der Gründung aufzubringen ist,
- der einfacheren Führung der GmbH (ein Aufsichtsrat ist nur in Ausnahmefällen einzurichten) und dem damit verbundenen geringeren laufenden Verwaltungsaufwand,
- den weitreichenderen Möglichkeiten der Gesellschafter, auf die Geschäftsführung Einfluss zu nehmen (Weisungsrecht) und
- dem geringeren Gründungsaufwand und den geringeren Gründungskosten.

1.3. Vor- und Nachteile der einzelnen Rechtsformen aus Investorensicht

Angel-Investoren und VC-Geber streben im Normalfall eine Minderheitsbeteiligung an Startups an und sind, im Gegensatz zu klassischen Fremdkapitalgebern, bereit aktive Managementunterstützung in Form von fachlichem Rat, Mitwirkung in Gremien des Startups und Zugang zum Netzwerk des Angel-Investors und VC-Gebers zu leisten (dies kann besonders bei Investments von Business Angels in der Early und Expansion Stage von Bedeutung sein).

Als Ausgleich für die vom Investor übernommenen Risiken wird dieser neben den wirtschaftlichen Rechten auf Zahlung von Dividenden und einer Liquidationspräferenz im Falle eines Exits auch gewisse Kontroll- und Mitspracherechte verlangen. Diese Kontroll- und Mitspracherechte zielen vor allem auf die Mitsprache bei grundlegenden Entscheidungen und die Kontrolle über die Mittelverwendung und Geschäftsentwicklung ab.[4] Der VC-Geber will so sein Investment bestmöglich absichern.[5]

4 Zu den Kontroll- und Mitspracherechten des Investors im Detail siehe Punkt 2.3.2.
5 Vgl *Weitenauer*, Handbuch Venture Capital (2019) Teil A Rz 4.

Vor diesem Hintergrund sollen in der Folge die aus Investorensicht wichtigsten rechtlichen Themenblöcke beleuchtet und die möglichen Rechtsformen im Hinblick auf diese überblicksartig verglichen werden.[6]

- **Haftung des Investors**
  Wie bereits unter Punkt 1.2. oben dargestellt gilt bei Kapitalgesellschaften das Trennungsprinzip, wonach die Rechts- und Vermögenssphären von Gesellschafter und Gesellschaft voneinander getrennt sind und ein Gesellschafter grundsätzlich nicht persönlich für Verbindlichkeiten der Gesellschaft haftet.[7]
  Im Vergleich dazu haften die Gesellschafter von Personengesellschaften aufgrund der fehlenden strengen Regeln über die zwingende Kapitalaufbringung und Kapitalbindung persönlich mit ihrem Vermögen für die Verbindlichkeiten der Gesellschaft.[8]
  Im Regelfall wird ein Investor nicht bereit sein, über sein Investment hinaus (unbegrenzt) für die Verbindlichkeiten der Gesellschaft zu haften, und er wird daher im Regelfall Investments in Kapitalgesellschaften bevorzugen. Der Vollständigkeit halber sei an dieser Stelle erwähnt, dass eine solche Haftungsbegrenzung in Höhe des Investments auch bei Personengesellschaften durch eine Beteiligung des Investors als Kommanditist an einer Kommanditgesellschaft konstruierbar wäre.
- **Einfluss auf die Geschäftsführung**
  Als Ausgleich für das übernommene Risiko verlangt der Investor ua Kontroll- und Mitspracherechte, er hat jedoch im Regelfall kein Interesse sich auf Vollzeitbasis am aktiven (day-to-day) Management des Startups zu beteiligen.
  Bei den Personengesellschaften gilt im Vergleich zu den Kapitalgesellschaften das Prinzip der Selbstorganschaft, wonach sämtliche Gesellschafter **ipso iure** zur Geschäftsführung berufen sind.[9] Eine Ausnahme dazu stellt wiederum die Kommanditgesellschaft dar, bei der Kommanditisten grundsätzlich von der Geschäftsführung ausgeschlossen sind.
  Sowohl bei den Kapitalgesellschaften als auch bei den Personengesellschaften können die vom Investor gewünschten Kontroll- und Mitspracherechte durch entsprechende vertragliche Regelungen abgesichert werden.
- **Steuern**
  Neben den mit der Wahl der Rechtsform des Startups verbundenen gesellschaftsrechtlichen Unterschieden ist die unterschiedliche Besteuerung der verschiedenen Rechtsformen oftmals ein wesentliches Entscheidungskriterium.[10]
  Bei Personengesellschaften erfolgt die Besteuerung auf Ebene der Gesellschafter und die Personengesellschaften sind als solche daher nicht Steuersubjekt von Ertragssteuern (Dualismus der Unternehmensbesteuerung[11]). Die Gewinne einer Personengesellschaft

6 In der Praxis kommt den Kapitalgesellschaften (insbesondere der GmbH) aus den schon in Punkt 1.2. dargestellten Gründen, überwiegende Bedeutung zu weshalb sich die Gegenüberstellung der Rechtsformen aus Investorensicht im Sinne der Praxisrelevanz auf den Vergleich zwischen Personengesellschaften und Kapitalgesellschaften im Allgemeinen beschränkt.

7 Vgl etwa für die GmbH *Pelinka* in *Foglar-Deinhardstein/Aburumieh/Hoffenscher-Summer*, GmbHG § 61 Rz 27.

8 Vgl *Habersack* in GroßKomm HGB[5] § 128 Rz 1; vgl auch *Rüffler*, JBl 1999, 222 (225); OGH 10.7.2012, 4 Ob 183/11g.

9 Vgl *Schauer* in *Kalss/Nowotny/Schauer*, Österreichisches Gesellschaftsrecht[2] (2017) Rz 2/458.

10 siehe dazu im Detail das Kapitel 2 *Geweßler*, Steuerliche Grundlagen für Startup-Investments.

11 Vgl *Doralt/Ruppe*, Steuerrecht I[12] (2019) Rz 904.

werden grundsätzlich den Gesellschaftern zugerechnet und sind unter die sieben Einkunftsarten des EStG zu subsumieren und werden auf dieser Basis bei den Gründern und Investoren besteuert.[12]
Kommt es zu einem erfolgreichen Exit und damit zur Veräußerung des Anteils an einer Personengesellschaft, ist der erzielte Veräußerungserlös steuerpflichtig.[13]
Im Gegensatz dazu unterliegen Kapitalgesellschaften mit ihrem Einkommen der Körperschaftssteuer. Der Steuersatz der Körperschaftssteuer liegt bei 25 % und es gibt anders als bei der Einkommenssteuer keine Progression. Bei den Kapitalgesellschaften kommt eine Mindestkörperschaftssteuer in Höhe von 5 % des Mindestgrund- oder Stammkapitals zur Anwendung.[14]
Schütten Kapitalgesellschaften an natürliche Personen als Gesellschafter Gewinne aus, fällt Kapitalertragssteuer (KESt) in Höhe von 27,5 % an. Ausschüttungen von Gewinnen an inländische Körperschaften führen vorerst zu keiner Besteuerung mit KESt und ebenso sind Ausschüttungen an EU-Muttergesellschaften von der KESt befreit und es unterbleibt der KESt-Abzug, wenn die Beteiligung 10 % übersteigt.[15]
Veräußerungserlöse aus dem Verkauf der Anteile an einer Kapitalgesellschaft im Rahmen eines Exits unterliegen der Besteuerung von Einkommen aus Kapitalvermögen.[16] Werden solche Anteile durch eine natürliche Person veräußert kommt gemäß § 27a Abs 1 Z 2 EStG der besondere Steuersatz in Höhe von 27,5 % zur Anwendung. Gerade für Business Angels, die oftmals als natürliche Personen in Startups investieren und nicht über ein Investmentvehikel verfügen, kann ein Investment in Kapitalgesellschaften aus steuerlicher Sicht vorteilhafter als eines in Personengesellschaften sein.

2. Die Finanzierungsrunden aus rechtlicher Sicht

2.1. Vom LOI zum Beteiligungsvertrag – Ablauf des Verhandlungsprozesses

Überblick

In den Anfangszeiten eines Startups sind es oftmals die Gründer selbst sowie Familienangehörige oder Bekannte, die dem Startup Kapital zur Verfügung stellen. Gelegentlich kommt es vor, dass sich ein Startup bereits aus ersten Umsätzen (teilweise) selbst finanzieren kann (sog Bootstrapping). Eine solche Finanzierung bezeichnet man als Early Stage-Phase oder Seed-Phase.[17] Neben den schon erwähnten Personen aus dem persönlichen Umfeld der Gründer beteiligen sich an solchen Early Stage-Finanzierungen gewöhnlich Business Angels und Early Stage and Micro VCs.

Bei den meisten Startups kommt es erst nach dem Markteintritt und in der folgenden Expansionsphase aufgrund des wachsenden Kapitalbedarfs zur ersten großen Finan-

12 Vgl *Doralt/Ruppe*, Steuerrecht I[12] (2019) Rz 525.
13 Vgl *Doralt/Ruppe*, Steuerrecht I[12] (2019) Rz 554.
14 Vgl *Doralt/Ruppe*, Steuerrecht I[12] (2019) Rz 901, 1044 ff.
15 Vgl *Doralt/Ruppe*, Steuerrecht I[12] (2019) Rz 211.
16 Vgl *Doralt/Ruppe*, Steuerrecht I[12] (2019) Rz 24/2.
17 Für eine detaillierte Beschreibung der Charakteristika der Early Stage siehe das Startup Phasen Modell in Kapitel 1, *Artner/Kreutzer*, Startup-Investing.

zierungsrunde, die teilweise auch ein Volumen von sechs- bis siebenstelligen Beträgen haben kann (sog Series A-Finanzierung). An solchen Series A-Finanzierungen beteiligen sich gewöhnlich VC-Fonds und auch strategische Investoren. Alle nachfolgenden Finanzierungsrunden werden üblicherweise alphabethisch (Series B, Series C usw) bezeichnet.[18]

Vorvertragliche Vereinbarungen

- **Letter of Intent (LOI) / Memorandum of Understanding (MoU)**
  Der LOI stammt aus dem anglo-amerikanischen Rechtskreis und ist meist eine nur einseitig unterschriebene Absichtserklärung. Ist das Dokument von beiden Seiten unterschrieben, wird es meist als Term Sheet oder Memorandum of Understanding bezeichnet. Das österreichische Privatrecht kennt das Rechtsinstrument des LOIs nicht und so ist für die rechtliche Bedeutung eines solchen Dokuments die inhaltliche Ausgestaltung maßgebend. Für die (Un-)Verbindlichkeit des LOIs ist entscheidend, ob darin ein Bindungswille einer Partei zum Ausdruck kommt. Im Regelfall beabsichtigen die Parteien keine Verbindlichkeit des LOIs und es wird daher ausdrücklich festgelegt, dass der LOI keine der Vertragsparteien bindet (insbesondere nicht hinsichtlich der schon grob skizzierten Inhalte der späteren Beteiligungsvereinbarung).[19] Auch wenn der LOI größtenteils unverbindlich ist, kann es zu einer Haftung für Verschulden desjenigen kommen, der den LOI abgibt (**culpa in contrahendo**), wenn Schutz- und Aufklärungspflichten verletzt werden oder der (spätere) Vertragsabschluss ohne triftigen Grund verweigert wird.[20]
  Durch einen LOI sollen die im Vorfeld zu einem Vertragsabschluss geführten Verhandlungen sowie die wechselseitige Absicht der Parteien – vorbehaltlich der Einigung über noch zu verhandelnde Punkte und Eintritt allfälliger Umstände – einen Vertrag zu schließen dokumentiert werden. Oft wird ein LOI als psychologisches Mittel im Rahmen von Investments eingesetzt, mit dem der Investor versucht, gegenüber dem Startup seine Ernstlichkeit (trotz der fehlenden Verbindlichkeit) im Hinblick auf das Investment zu unterstreichen. Gerade die psychologische Wirkung eines LOI (insbesondere des Inhalts) im Rahmen der nachfolgenden Vertragsverhandlungen sollte nicht unterschätzt werden, weil er die erreichten Verhandlungspositionen der Parteien dokumentiert und damit als (wenn auch nicht verbindliches) Argumentationsmittel in den Vertragsverhandlungen herangezogen werden kann.[21]
- **Memorandum of Understanding**
  Vergleichbar mit dem LOI ist das sogenannte Memorandum of Understanding (MoU), das ebenfalls meist als eine unverbindliche Absichtserklärung der Parteien ausgestaltet ist, in der die Parteien den jeweiligen Verhandlungsstand festhalten möchten. Im Unterschied zum LOI wird das MoU allerdings von allen Parteien unterfertigt.[22]
  Ein MoU wird meist eingesetzt, wenn ein Projekt schon weiter fortgeschritten ist und bereits über bestimmte Punkte eine Einigung erzielt wurde. Das MoU ist, wie der

18 Vgl *Bank/Möllmann*, Venture Capital Agreements in Germany (2017) Teil 1 Rz 3.
19 Vgl *Brugger*, Unternehmenserwerb (2014) Rz 68 ff.
20 Vgl OGH 29.1.2013, 9 Ob 63/12y.
21 Vgl *Weitenauer*, Handbuch Venture Capital (2019) Teil F Rz 30 f.
22 Vgl *Brugger*, Unternehmenserwerb (2014) Rz 86 ff.

LOI, grundsätzlich unverbindlich und begründet daher keine Verpflichtung der Parteien zum Vertragsabschluss, kann jedoch im Vergleich zum LOI eine stärkere psychologische Wirkung in späteren Vertragsverhandlungen haben, weil es sich um eine gemeinsame Erklärung aller Parteien handelt.[23]
Sofern Schutz- und Aufklärungspflichten verletzt werden oder der (spätere) Vertragsabschluss ohne triftigen Grund verweigert wird, kommt auch beim MoU eine Haftung für Verschulden der jeweiligen Partei in Betracht (**culpa in contrahendo**).[24]

- **Term Sheet**
  Der Begriff Term Sheet stammt – wie so viele Begriffe im Venture Capital Ecosystem – aus dem angloamerikanischen Rechtskreis. Im Regelfall ist ein Term Sheet ein von allen Parteien unterschriebenes Dokument, das die Hauptpunkte des späteren Beteiligungsvertrags auflistet. Nach § 885 ABGB handelt es sich bei einer solchen Auflistung regelmäßig um eine **Punktation**, die bereits jene Rechte und Pflichten begründet, die aufgelistet sind. Üblicherweise wählen Parteien die Form einer Punktation, wenn bereits eine Einigung über einzelne wichtige Punkte erzielt werden konnte und diese mit **entsprechendem Bindungswillen** schriftlich niedergeschrieben werden sollen. Im Unterschied zum Vorvertrag lässt die Punktation unmittelbare Erfüllungsansprüche entstehen.[25]
  In der Praxis vereinbaren Parteien allerdings oft ausdrücklich die Unverbindlichkeit des Term Sheets, womit die Grenzen zu LOI und MoU verschwimmen.
- **Vorvertrag**
  In dem in § 936 ABGB geregelten Vorvertrag verpflichten sich die Parteien, künftig einen Vertrag mit einem bestimmten Inhalt abzuschließen. Leistungsgegenstand des Vorvertrags ist also der Abschluss des Hauptvertrags und es kann daher nur der Abschluss des Hauptvertrags, nicht aber die Erfüllung von Leistungspflichten aus dem Hauptvertrag verlangt werden. Voraussetzung für den gültigen Abschluss eines Vorvertrags ist, dass alle wesentlichen Punkte des Hauptvertrags (**essentialia negotii**) im Vorvertrag enthalten sind. Weiters muss der Zeitpunkt des Abschlusses des Hauptvertrags im Vorvertrag festgelegt sein und es müssen die auf den Hauptvertrag anwendbaren Formvorschriften auch beim Abschluss des Vorvertrags eingehalten werden.[26]
  Bei einem Vorvertrag der zB die (künftige) Übertragung von Geschäftsanteilen an einer GmbH zum Gegenstand hat, ist daher bereits der Vorvertrag als Notariatsakt zu errichten (gemäß § 76 Abs 2 GmbHG bedarf die Übertragung von Geschäftsanteilen an einer GmbH unter Lebenden eines Notariatsakts).[27]

Aus praktischer Sicht gilt es beim Vorvertrag insbesondere Folgendes zu beachten:

- Die Verpflichtung zum Abschluss des Hauptvertrags erlischt nach Ablauf eines Jahres gemäß § 936 Abs 1 ABGB (dies wird oft von den Parteien übersehen); und
- die Verpflichtung zum Abschluss des Hauptvertrags kann wegfallen, wenn sich die dem abzuschließenden Hauptvertrag zugrundeliegenden Umstände derart ändern,

---

23 Vgl *Brugger*, Unternehmenserwerb (2014) Rz 86 ff.
24 Vgl *Hüttner/Luegmair* in *Mitterndorfer/Mittermaier*, Handbuch Unternehmensfinanzierung (2017) Rz AT 6/65 f.
25 Vgl *Brugger*, Unternehmenserwerb (2014) Rz 89 ff.
26 Vgl *Hüttner/Luegmair* in *Mitterndorfer/Mittermaier*, Handbuch Unternehmensfinanzierung (2017) Rz AT 6/59.
27 Vgl *Hüttner/Luegmair* in *Mitterndorfer/Mittermaier*, Handbuch Unternehmensfinanzierung (2017) Rz AT 6/59f.

dass der von den Parteien mit dem Vertragsabschluss verfolgte Zweck vereitelt wird oder eine Partei das Vertrauen in die andere Partei verliert (**clausula rebus sic stantibus**).[28]

Abschließend kann festgehalten werden, dass Vorverträge in der Praxis selten vorkommen.

2.2. Rechtliche Strukturierungsmöglichkeiten der Finanzierungsrunde

Wie bereits zu Beginn dieses Kapitels erwähnt, wird die überwiegende Mehrheit aller Startups in der Rechtsform der GmbH gegründet und daher beziehen sich die folgenden Ausführungen auf die für die GmbH geltenden Regelungen.

Üblicherweise erfolgt die Finanzierung von Startups in mehreren Stufen (Stages) und abhängig von der Phase, in der sich das Startup gerade befindet (Early Stage, Expansion Stage oder Later Stage), durch verschiedene Investorengruppen. Die Phase, in der sich ein Startup befindet, hat vor allem für die rechtliche Strukturierung der Finanzierung eine entscheidende Bedeutung.

Bei Early Stage Startups kommt es in der Praxis in den seltensten Fällen bereits zu einer strukturierten Finanzierungsrunde, sondern es haben sich in dieser Phase Finanzierungsformen etabliert, die auf Basis vergleichsweise einfacher Vertragsdokumentation umgesetzt werden können. Dies ist dem Umstand geschuldet, dass es in der Early Stage erfahrungsgemäß vor allem darum geht, dem Startup die für die weitere Entwicklung der Geschäftsidee erforderlichen finanziellen Mittel rasch zur Verfügung zu stellen, und die oft schwierige Frage der Bewertung des Startups vorerst einmal nicht (final) beantwortet werden muss (in dieser Phase fehlen ohnehin oft verlässliche Informationen und messbare Bezugsgrößen für eine solche Bewertung). In dieser Phase achten Investoren vor allem darauf, dass eine rechtliche Struktur mit einfachen und leicht verständlichen Regelungen gewählt wird, womit der Beratungsaufwand und die Transaktionskosten niedrig gehalten werden können. Ein im Early Stage Bereich weit verbreitetes Instrument ist das Wandeldarlehen (im Venture-Capital-Jargon meist als Convertible Loan oder nur Convertible bezeichnet).[29]

2.2.1. Wandeldarlehen – Convertible Loan

Allgemeines

Beim Wandeldarlehen handelt es sich um ein Darlehen, das zusätzlich ein vertragliches Wandlungsrecht zugunsten des Darlehensgebers vorsieht. Im Übrigen weist das Wandeldarlehen alle Elemente eines Darlehens auf, insbesondere wird üblicherweise eine Festverzinsung vorgesehen, dem Darlehensgeber werden verschiedene Informationsrechte eingeräumt und die Unabtretbarkeit der Rechte und Pflichten der Parteien aus dem Wandeldarlehen vereinbart (dadurch soll der Eintritt unbekannter Dritter in die Gesellschaft verhindert werden). Aufgrund der meist eher angespannten finanziellen Situation

28 Vgl *Hüttner/Luegmair* in *Mitterndorfer/Mittermaier*, Handbuch Unternehmensfinanzierung (2017) Rz AT 6/60f.
29 Vgl *Weitenauer*, Handbuch Venture Capital (2019) Teil F Rz 1.

von Startups in der Early Stage Phase, in der Wandeldarlehen zum Einsatz kommen, wird üblicherweise ein Rangrücktritt vereinbart, um eine rechnerische Überschuldung des Startups zu vermeiden. Durch einen solchen Rangrücktritt erklärt der Darlehensgeber, dass er im Hinblick auf die Befriedigung seiner Darlehensforderung hinter alle anderen Gläubiger zurücktritt.[30]

Das Wandlungsrecht

Zentrale Regelung des Wandeldarlehens ist das Wandlungsrecht des Darlehensgebers, durch das er seinen Anspruch auf Rückzahlung des Darlehens in eine gesellschaftsrechtliche Beteiligung am Startup wandeln kann. Die Ausgestaltung des Wandlungsrechts ist der vertraglichen Vereinbarung zwischen den Gesellschaftern und dem Investor vorbehalten. Beispielsweise sieht das sogenannte „Simple agreement for future equity" („SAFE")[31], das von Y Combinator, einem Early Stage Investor in Mountain View, Kalifornien, entwickelt wurde vor, dass es bei einer Finanzierungsrunde automatisch zur Wandlung des Darlehens in eine Beteiligung kommt, im Falle eines IPOs oder eines Change of Controls auf Ebene des Startups der Investor aber das Wahlrecht zwischen Wandlung des Darlehens und Rückzahlung haben soll. Die Vereinbarung eines bloßen Wandlungsrechts oder einer Wandlungspflicht ist Verhandlungssache zwischen den Gesellschaftern und dem Investor.

Für die Wandlung kann im Vorhinein ein bestimmter Wert zugrunde gelegt werden. In der Praxis wird üblicherweise auf die **Pre-money-Bewertung** (dh die Bewertung unmittelbar vor der nächsten Finanzierungsrunde) des Startups im Wandlungsfall, meistens also bei der nachfolgenden Finanzierungsrunde abgestellt. Bei der Ausgestaltung des Wandeldarlehensvertrags kommen die folgenden Varianten für die Bewertung im Wandlungsfall in Betracht:

- Festlegung einer Obergrenze für die zugrunde zu legende pre-money-Bewertung (**Cap**);
- Vereinbarung eines Abschlags auf die pre-money-Bewertung, um das frühere und damit höhere Investmentrisiko des Investors abzubilden, der üblicherweise bis zu 20 % der Folgebewertung beträgt (**Discount**);
- Vereinbarung einer Kombination aus Cap und Discount;
- Vereinbarung des Rechts, die Vorteile nachfolgend abgeschlossener Wandeldarlehen und anderer Finanzierungsinstrumente mit Wandlungsrecht auch auf die vorliegende Vereinbarung zu übertragen (**Most-Favoured-Nation-Regelung**).[32]

Umsetzung der Wandlung

Die Wandlung der Darlehensforderung in Geschäftsanteile erfolgt technisch durch eine Kapitalerhöhung. Im Unterschied zum anglo-amerikanischen Recht, wo die Ausgabe von neuen Anteilen durch das Board of Directors erfolgt, ist die Ausgabe von neuen Geschäftsanteilen an einer GmbH der Entscheidung durch die Gesellschafter vorbehalten. Anders als in Deutschland sieht das österreichische GmbH-Recht nicht die Möglichkeit

30 Vgl *Weitenauer*, Handbuch Venture Capital (2019) Teil F Rz 3.
31 Der SAFE-Mustervertrag kann unter www.ycombinator.com/docs/SAFE_Cap_Discount.rtf (11.8.2019) abgerufen werden.
32 Vgl *Weitenauer*, Handbuch Venture Capital (2019) Teil F Rz 4 ff.

zur Schaffung eines genehmigten Kapitals vor. Nach § 55a dGmbHG können nämlich in Deutschland die Geschäftsführer (für höchstens fünf Jahre) von den Gesellschaftern ermächtigt werden, das Stammkapital durch Ausgabe neuer Geschäftsanteile bis zur Hälfte des eingetragenen Stammkapitals zu erhöhen.[33]

In Österreich müssen aufgrund einer fehlenden vergleichbaren Regelung alle Gesellschafter miteinbezogen werden und im Wandeldarlehensvertrag (oder in einer gesonderten Vereinbarung) zur Durchführung einer Kapitalerhöhung unter Verzicht auf das eigene Bezugsrecht und ausschließlicher Zulassung des Investors zur Übernahme des neuen Geschäftsanteils gegen Einbringung seiner Darlehensforderung im Wandlungsfall verpflichtet werden.

Erfolgt die Kapitalerhöhung im Wandlungsfall ausschließlich gegen Einbringung der Darlehensforderung, ist eine Sacheinlageprüfung unter Anwendung der aktienrechtlichen Sachgründungvorschriften durchzuführen (§ 52 Abs 6 iVm § 6a Abs 1 und 4 GmbHG). In der Praxis wird zur Vermeidung der Durchführung einer solchen (aufwendigen und kostspieligen) Sacheinlageprüfung üblicherweise eine Kapitalerhöhung zum Nominale gegen Bareinlage verbunden mit der Einbringung der Darlehensforderung in das Vermögen der GmbH vorgesehen.

Der Wandeldarlehensvertrag kann formfrei abgeschlossen werden. Zur Umsetzung der Wandlung ist allerdings eine Generalversammlung unter Beiziehung eines Notars abzuhalten, in der die Kapitalerhöhung beschlossen wird, und diese ist zur Eintragung im Firmenbuch anzumelden. Die Kapitalerhöhung wird erst mit Eintragung im Firmenbuch wirksam.[34]

2.2.2. Kapitalerhöhung

Bei Angel-Investoren und VC-Beteiligungen wird die Strukturierung der Finanzierungsrunde als ordentliche Kapitalerhöhung der Regelfall sein. Bei einer solchen ordentlichen Kapitalerhöhung sind die in diesem Abschnitt dargestellten Schritte durchzuführen.

Allgemeines

Die ordentliche (effektive) Kapitalerhöhung ist in den §§ 52 ff GmbHG geregelt. Sie führt formal zur Erhöhung des im Gesellschaftsvertrag festgesetzten Stammkapitals und dadurch zur Zufuhr von neuem Eigenkapital durch bisherige und/oder der Gesellschaft neu beitretende Gesellschafter durch Leistung von Bar- oder Sacheinlagen. Durch die Kapitalerhöhung kommt es einerseits zur Erhöhung des Nennbetrags der Stammeinlagen jener bisherigen Gesellschafter, die sich an der Kapitalerhöhung beteiligen, und zur Schaffung neuer Geschäftsanteile, die von den neu beitretenden Gesellschaftern übernommen werden.[35] Die der GmbH aus einer Kapitalerhöhung zufließenden Mittel sind grundsätzlich an keinen Zweck gebunden und können von der GmbH im Rahmen des

33 Vgl *Weitenauer*, Handbuch Venture Capital (2019) Teil F Rz 7.
34 Vgl *Prinz* in *Foglar-Deinhardstein/Aburumieh/Hoffenscher-Summer*, GmbHG § 53 Rz 11.
35 *Rieder/Huemer*, Gesellschaftsrecht[5] (2019) 326 ff.

gesetzlich und aufgrund des Gesellschaftsvertrags zulässigen verwendet werden. Eine solche Zweckbindung kann allerdings im Kapitalerhöhungsbeschluss der Gesellschafter vorgesehen werden.[36] Bei VC-Beteiligungen finden sich solche Zweckbindungen typischerweise im Beteiligungsvertrag.

Jede Kapitalerhöhung verlangt gleichzeitig auch die Änderung des Gesellschaftsvertrags, weil die Höhe des Stammkapitals zwingender Bestandteil des Gesellschaftsvertrags einer GmbH ist. Im GmbHG ist nur die ordentliche Kapitalerhöhung geregelt. Anders als das AktG kennt das GmbHG keine bedingte Kapitalerhöhung (§§ 159 ff AktG) und kein genehmigtes Kapital (§§ 169 ff AktG).[37]

Kapitalerhöhungsbeschluss

Für die Erhöhung des Stammkapitals einer GmbH ist die Abhaltung einer notariell beurkundeten Generalversammlung erforderlich, in der die Erhöhung des Stammkapitals und die entsprechende Änderung des Gesellschaftsvertrags beschlossen werden.

Der Kapitalerhöhungsbeschluss bedarf einer qualifizierten **Dreiviertel-Mehrheit der abgegebenen Stimmen**, sofern der Gesellschaftsvertrag keine größere Stimmenmehrheit oder weitere Erfordernisse verlangt (§ 50 Abs 1 GmbHG).

Der Kapitalerhöhungsbeschluss hat den Betrag der Erhöhung zumindest zu bestimmen. Die Gesellschafter sind bei der Festsetzung des insgesamten Kapitalerhöhungsbetrags frei, jedoch muss der Kapitalerhöhungsbetrag mindestens EUR 70 pro neue Stammeinlage betragen (§ 6 Abs 1 GmbHG).[38]

Ausgabebetrag

Die Gesellschafter können entscheiden, ob das Stammkapital zum Nennbetrag ausgegeben wird oder zum Nennbetrag noch zusätzlich ein darüberhinausgehender Betrag (**Aufgeld, Agio**) geleistet werden muss. Dieser um das Agio erhöhte Ausgabebetrag muss nach der herrschenden Lehre im Kapitalerhöhungsbeschluss festgelegt werden.[39] Die Ausgabe von neuen Geschäftsanteilen unter dem Nennwert ist verboten (**Verbot der Unterpari-Emission**). Bilanziell ist ein Agio als Kapitalrücklage gemäß § 229 Abs 2 Z 1 UGB zu erfassen, die bei großen GmbHs gebunden ist (§ 229 Abs 4 ff UGB).[40] Gebundene Kapitalrücklagen dürfen nach § 229 Abs 7 UGB nur zum Ausgleich eines ansonsten auszuweisenden Bilanzverlustes aufgelöst werden.

In der Praxis wird bei VC-Beteiligungen oft kein Agio, sondern eine Kapitalerhöhung zum Nominale mit separatem Gesellschafterzuschuss des Investors (im Umfang der Differenz zwischen dem nominalen Kapitalerhöhungsbetrag und dem Gesamtinvestmentbetrag) vereinbart.

---

36 Vgl *Prinz* in *Foglar-Deinhardstein/Aburumieh/Hoffenscher-Summer*, GmbHG § 52 Rz 1 ff.
37 Vgl *Prinz* in *Foglar-Deinhardstein/Aburumieh/Hoffenscher*-Summer, GmbHG § 52 Rz 3.
38 Vgl *Rieder/Huemer*, Gesellschaftsrecht[5] (2019) 327; *Prinz* in *Foglar-Deinhardstein/Aburumieh/Hoffenscher-Summer*, GmbHG § 52 Rz 6.
39 Vgl *Billek/Ettmayer/ Ratka/Jost* in *Straube/Ratka/Rauter*, WK GmbHG § 52 Rz 29.
40 Vgl *Prinz* in *Foglar-Deinhardstein/Aburumieh/Hoffenscher-Summer*, GmbHG § 52 Rz 14.

Bezugsrecht

Das im GmbHG geregelte Bezugsrecht gewährt jedem Gesellschafter einer GmbH ein Vorrecht, im Rahmen jeder Kapitalerhöhung weitere Stammeinlagen zu übernehmen. Das Ausmaß dieses Bezugsrechts hängt grundsätzlich von der Beteiligungsquote der Gesellschafter vor der jeweiligen Kapitalerhöhung ab.[41]

Das Bezugsrecht dient der Wahrung der bisherigen Beteiligungsquoten der einzelnen Gesellschafter und soll diese vor Verwässerung ihrer Beteiligung am gesamten Stammkapital und im Verhältnis zu den Mitgesellschaftern (relative Beteiligung) schützen. Das Bezugsrecht kann allerdings im Gesellschaftsvertrag oder unter bestimmten Voraussetzungen (Vorliegen einer sachlichen Rechtfertigung und eines angemessenen Übernahmepreises) im Kapitalerhöhungsbeschluss ausgeschlossen werden. Darüber hinaus können die Gesellschafter auf ihr Bezugsrecht verzichten.[42] Bei VC-Beteiligungen geben die Gründer und bereits bestehende Investoren, je nachdem ob sie an der (weiteren) Finanzierungsrunde teilnehmen oder nicht, üblicherweise einen solchen Verzicht im Kapitalerhöhungsbeschluss ab.[43]

Die Gesellschafter können ihr Bezugsrecht binnen vier Wochen ab dem Tag des Kapitalerhöhungsbeschlusses ausüben. Diese Frist kann im Gesellschaftsvertrag oder Kapitalerhöhungsbeschluss verlängert oder verkürzt werden, wobei eine Mindestfrist von zwei Wochen einzuhalten ist.[44]

Neben den Gesellschaftern können auch Dritte (wie neue Investoren) zur Übernahme einer im Rahmen einer Kapitalerhöhung neugeschaffenen Stammeinlage zugelassen werden.

Übernahme neuer Geschäftsanteile

Die Übernahme der neuen Stammeinlage im Rahmen der Kapitalerhöhung erfolgt durch einen Übernahmevertrag zwischen dem Übernehmer und der Gesellschaft.[45] Der Übernahmevertrag hat den Erwerb oder die Erweiterung von Mitgliedschaftsrechten in der GmbH sowie die Verpflichtung des Übernehmers zur Leistung seiner Einlage und, sofern der Übernehmer noch kein Gesellschafter ist, auch den Beitritt zur Gesellschaft zum Inhalt.[46] Strittig ist, ob der Übernahmevertrag bereits mit Abgabe und Zugang der Übernahmeerklärung zustande kommt oder erst mit Annahme der Übernahmeerklärung durch die Gesellschaft.[47] Die Übernahmeerklärung ist in Form eines Notariatsakts zu errichten und hat inhaltlich dem Kapitalerhöhungsbeschluss zu entsprechen, sonst ist sie unwirksam.[48] Die Errichtung durch Bevollmächtigte ist ebenfalls zulässig, sofern sie mit einer beglaubigten Vollmacht ausgestattet sind (§ 69 NO).[49]

41 Vgl *Rieder/Huemer*, Gesellschaftsrecht[5] (2019) 328; *Billek/Ettmayer/Ratka/Jost* in *Straube/Ratka/Rauter*, WK GmbHG § 52 Rz 41.
42 *Rieder/Huemer*, Gesellschaftsrecht[5] (2019) 328.
43 Vgl *Prinz* in *Foglar-Deinhardstein/Aburumieh/Hoffenscher-Summer*, GmbHG § 52 Rz 24 ff.
44 Vgl *Koppensteiner/Rüffler*, GmbHG[3] § 52 Rz 11.
45 *Rieder/Huemer*, Gesellschaftsrecht[5] (2019) 328.
46 Vgl *Billek/Ettmayer/Ratka/Jost* in *Straube/Ratka/Rauter*, WK GmbHG § 52 Rz 89 ff.
47 Vgl *Rieder/Huemer*, Gesellschaftsrecht[5] (2019) 327; *Billek/Ettmayer/Ratka/Jost* in *Straube/Ratka/Rauter*, WK GmbHG § 52 Rz 98 f.
48 Vgl OGH 17.10.2006, 1 Ob 135/06v.
49 Vgl *Prinz* in *Foglar-Deinhardstein/Aburumieh/Hoffenscher-Summer*, GmbHG § 52 Rz 37, 42 f.

Der Übernahmevertrag ist mit der Eintragung der Kapitalerhöhung im Firmenbuch auflösend bedingt (dh der Übernehmer wird bei Scheitern der Eintragung der Kapitalerhöhung von seiner Verpflichtung zur Einlageleistung frei und kann Beträge, die er bereits geleistet hat, wieder zurückfordern). Bis zur Eintragung der Kapitalerhöhung im Firmenbuch und damit der Wirksamkeit der Kapitalerhöhung kann die Übernahmeerklärung nach allgemeinen zivilrechtlichen Grundsätzen angefochten werden (zB aufgrund eines relevanten Geschäftsirrtums) oder der Übernehmer kann aus wichtigem Grund zurücktreten. Praktisch relevant ist beispielsweise der Rücktritt aus wichtigem Grund bei Eröffnung eines Insolvenzverfahrens über das Vermögen der GmbH.[50]

Aus Investorensicht ist in diesem Zusammenhang zu beachten, dass üblicherweise sämtliche Rücktrittsmöglichkeiten nach allgemeinem Zivilrecht im Beteiligungsvertrag ausgeschlossen werden (das soll die Transaktionssicherheit erhöhen). Da die Kapitalerhöhung erst mit Eintragung im Firmenbuch wirksam wird (dh der Investor erst zu diesem Zeitpunkt gegenüber der Gesellschaft als Gesellschafter gilt und seine Herrschafts- und Vermögensrechte gegenüber dieser ausüben kann), können Probleme, vor allem eine Insolvenz der GmbH zwischen dem Kapitalerhöhungsbeschluss und der Eintragung der Kapitalerhöhung im Firmenbuch oder Streitigkeiten innerhalb des Gründerteams, zu unangenehmen Situationen für den Investor führen. Er hat im Regelfall bereits gleichzeitig mit der Fassung des Kapitalerhöhungsbeschlusses durch die Gesellschafter sein Investment an die Gesellschaft geleistet und kann (bei vertraglichem Ausschluss sämtlicher Rücktrittsrechte) nicht vom Übernahmevertrag (und dem Beteiligungsvertrag) zurücktreten und damit sein Investment auch nicht zurückfordern. Um dieses Risiko zu minimieren, ist es aus unserer Erfahrung sinnvoll, das Investment derart zu strukturieren, dass der Investor nach Unterfertigung der vertraglichen Dokumentation nur die Stammeinlage in Höhe des Nominale leistet und der – betraglich üblicherweise größere – Zuschuss erst mit Eintragung der Kapitalerhöhung im Firmenbuch zur Zahlung fällig wird. Alternativ wäre auch die Hinterlegung des Zuschusses auf einem Treuhandkonto bis zur Eintragung der Kapitalerhöhung denkbar.

Anmeldung zum Firmenbuch

Wie bereits erwähnt, wird die Kapitalerhöhung erst mit Eintragung im Firmenbuch wirksam und mit ihr entstehen die neuen Geschäftsanteile und/oder erhöhen sich die vorhandenen Geschäftsanteile und es kommt zur Änderung der Stimm- und Gewinnbeteiligungsrechte.[51]

Im Zuge der Anmeldung der Kapitalerhöhung beim Firmenbuch ist eine Bankbestätigung über die tatsächliche Leistung der Bareinlage einzuholen (§ 52 Abs 6 iVm § 10 Abs 3 GmbHG). Diese ist auch beim Firmenbuch zusammen mit der Anmeldung der Kapitalerhöhung vorzulegen.[52]

50 Vgl *Billek/Ettmayer/Ratka/Jost* in *Straube/Ratka/Rauter*, WK GmbHG § 52 Rz 103.
51 Vgl *Prinz* in *Foglar-Deinhardstein/Aburumieh/Hoffenscher-Summer*, GmbHG § 53 Rz 11.
52 Vgl *Koppensteiner/Rüffler* GmbHG³ § 10 Rz 7.

Die Anmeldung der Kapitalerhöhung zum Firmenbuch ist von sämtlichen Geschäftsführern der GmbH notariell beglaubigt zu unterfertigen (§ 51 Abs 1 GmbHG). Der Firmenbuchanmeldung sind die folgenden Beilagen anzuschließen:

- Das notariell beurkundete Generalversammlungsprotokoll über die Beschlussfassung zur Kapitalerhöhung und, wenn nicht alle Gesellschafter an der Generalversammlung teilgenommen haben, der Nachweis der ordnungsgemäßen Einberufung;
- die Übernahmeerklärung in Form eines Notariatsakts;
- die notariell beurkundete geänderte Fassung des Gesellschaftsvertrags; und
- die Bankbestätigung über die tatsächliche Leistung der im Rahmen der Kapitalerhöhung zu leistenden Bareinlage(n).[53]

Exkurs Sacheinlage

Der Vollständigkeit halber sei erwähnt, dass Kapitalerhöhungen nicht nur gegen Bareinlage, sondern auch gegen Sacheinlage erfolgen können. Gegenstand der Einlage können alle körperlichen und unkörperlichen Sachen zB Anteile an Kapital- oder Personengesellschaften, Liegenschaften oder Marken und Patente sein. Es sind jene Verfügungsgeschäfte zu setzen, die für den Eigentumserwerb durch die GmbH erforderlich sind (zB bei Abtretung von GmbH-Geschäftsanteilen ist ein Abtretungsvertrag in Form eines Notariatsakts zu errichten).[54]

Sofern die Hälfte des Kapitalerhöhungsbetrags in Form von Sacheinlagen aufgebracht werden soll, ist eine Sacheinlageprüfung unter Anwendung der aktienrechtlichen Sachgründungvorschriften durchzuführen (§ 52 Abs 6 iVm § 6a Abs 1 und 4).[55]

Bei Angel-Investments und VC-Beteiligungen stellt die Kapitalerhöhung gegen Bareinlage den Regelfall dar, sodass hier nicht weiter auf die Kapitalerhöhung gegen Sacheinlage eingegangen wird.

Kosten

Es ist zulässig, dass die Kosten der Kapitalerhöhung (zB Notar, Beratungskosten, Eintragungsgebühren und allfällige Steuern) von der GmbH getragen werden. Es gibt hier anders als bei den Gründungskosten keine prozentuelle Obergrenze. Die Geschäftsführer haben jedoch darauf zu achten, dass die Kosten der Kapitalerhöhung (soweit sie darüber überhaupt disponieren können) in einem angemessenen Rahmen bleiben. Unzulässig ist die Gewährung von Belohnungen an Gesellschafter für die Kapitalerhöhung oder deren Durchführung.[56]

2.2.3. Anteilskauf mit anschließendem Gesellschafterzuschuss

Möglich ist es auch ein Startup-Investment derart zu strukturieren, dass es nicht zur Ausgabe von neuen Geschäftsanteilen, sondern zur Übertragung eines Teils der Gründeranteile kommt, kombiniert mit einem Gesellschafterzuschuss an die Gesellschaft (sog

53 Vgl *Prinz* in *Foglar-Deinhardstein/Aburumieh/Hoffenscher-Summer*, GmbHG § 53 Rz 7.
54 Vgl *Prinz* in *Foglar-Deinhardstein/Aburumieh/Hoffenscher-Summer*, GmbHG § 52 Rz 54 ff.
55 Vgl *Prinz* in *Foglar-Deinhardstein/Aburumieh/Hoffenscher-Summer*, GmbHG § 52 Rz 54 ff.
56 Vgl *Prinz* in *Foglar-Deinhardstein/Aburumieh/Hoffenscher-Summer*, GmbHG § 52 Rz 64, 65.

Secondary Purchase). Die Gründer treten bei dieser Strukturvariante einen Teil ihrer Geschäftsanteile zum Nominale an die Investoren ab, und diese leisten die Differenz zwischen dem Nominale für den Geschäftsanteil und dem Gesamtinvestmentbetrag als Gesellschafterzuschuss an die Gesellschaft.[57]

Eine solche Struktur wird meist weder von den Gründern noch von den Investoren gewollt, weil das Kernziel von Finanzierungen die Zufuhr von frischer Liquidität an das Startup zum Ausbau und zur Weiterentwicklung des Geschäftsfeldes ist. Gerade nicht gewollt ist der Zufluss von finanziellen Mitteln an die Gründer.

Hinzu kommt, dass eine derartige Strukturierung der Finanzierungsrunde aus steuerlicher Sicht heikel sein kann, weil in der Übertragung der Geschäftsanteile von den Gründern an die Investoren ein Veräußerungsvorgang im Sinne des EStG zu sehen ist und daher eine Steuerlast auslöst. Es besteht die Gefahr, dass trotz der Veräußerung der Geschäftsanteile der Gründer zum Nominale steuerlich auch der (mit der Veräußerung zusammenhängende) Gesellschafterzuschuss zum Veräußerungsgewinn hinzugezählt wird.[58]

In der Praxis kommt diese Strukturierungsvariante daher selten vor.

2.3. Der Beteiligungs- und Syndikatsvertrag

Die nachfolgenden Ausführungen zum Beteiligungsvertrag beziehen sich grundsätzlich auf die Dokumentation einer Series-A-Finanzierung. Bei nachfolgenden Finanzierungsrunden wird gewöhnlich auf dem in der Series-A-Finanzierungsrunde vereinbarten Vertragswerk aufgesetzt, sodass die nachfolgenden Ausführungen auch für solche Finanzierungsrunden maßgeblich sind.

Ob die Regelung über das Investment und die Regelungen zur Gesellschafterebene (insbesondere gesellschaftsrechtliche Sonderrechte) in einer gemeinsamen Vereinbarung (meist als Beteiligungs- und Syndikatsvertrag bezeichnet) geregelt werden oder in zwei getrennten Dokumenten, ist den Vorlieben der Parteien vorbehalten. Aus unserer Sicht ist die Aufteilung dieser beiden Regelungskomplexe auf zwei separate Vereinbarungen empfehlenswert, weil der Syndikatsvertrag dann auch in nachfolgenden Finanzierungsrunden aufrecht bleiben und die neuen Investoren diesem beitreten können, ohne dass ihnen die wirtschaftlichen Konditionen der Vorrunde offengelegt werden müssen. Bei einem solchen Beitritt werden im Regelfall gewisse Anpassungen vorgenommen (zB betreffend die Liquidationspräferenz und zusätzliche Sonderrechte der neuen Investoren).

Die Regelungen des Beteiligungsvertrags und des Syndikatsvertrags werden in der Praxis üblicherweise außerhalb des Gesellschaftsvertrags getroffen. Aus Sicht der Altgesellschafter und der Investoren hat dies insbesondere den Vorteil, dass (mangels gegenstehender vertraglicher Regelung) der Beteiligungsvertrag und der Syndikatsvertrag nur mit Zustimmung aller Vertragsparteien geändert werden können (grundsätzlich bedarf die Änderung des Gesellschaftsvertrags „nur" einer 3/4-Mehrheit) und der Beteiligungs-

57 Vgl *Weitenauer,* Handbuch Venture Capital (2019) Teil F Rz 54.
58 Vgl etwa *BMF/BMF/SZK* in SWK-Spezial Salzburger Steuerdialog 2014, Seite 34.

vertrag sowie der Syndikatsvertrag nicht – wie der Gesellschaftsvertrag – im Firmenbuch zu veröffentlichen sind. Abhängig von der Gesellschafterstruktur ist im Hinblick auf weitere Finanzierungsrunden zu überlegen, ob nicht eine **Öffnungsklausel** vorgesehen werden soll, nach der eine Änderung des Beteiligungsvertrags und des Syndikatsvertrags mit einer bestimmten qualifizierten Mehrheit möglich sein soll. Die Höhe der qualifizierten Mehrheit wird abhängig davon sein, wie hoch die gesamte Beteiligungsquote der Kleingesellschafter ist, weil es Ziel der größeren Investoren und des Startups sein wird, bei der Entscheidung über eine weitere Finanzierungsrunde (und damit zusammenhängend insbesondere die Einführung neuer Liquidationspräferenzen für die frische Liquidität) nicht von der Zustimmung einer größeren Anzahl an Kleininvestoren (meist aus der Early Stage) abhängig zu sein.[59]

Zu beachten ist, dass der Beteiligungsvertrag sowie der Syndikatsvertrag als schuldrechtliche Vereinbarung jeweils nur zwischen den Vertragsparteien zur Anwendung kommen, aber nicht zwingend für der Gesellschaft neu beitretende Neugesellschafter gilt. Wie bereits erwähnt, treten deshalb Investoren, die sich im Rahmen von nachfolgenden Finanzierungsrunden beteiligen, dem Beteiligungsvertrag und/oder dem Syndikatsvertrag als neue Vertragsparteien bei.[60]

2.3.1. Beteiligungsvertrag

Bei Angel-Investoren und VC-Beteiligungen wird der Begriff „Beteiligungsvertrag“ gewissermaßen als Oberbegriff für sämtliche Absprachen im Zusammenhang mit einem Investment in ein Startup verstanden. Im Beteiligungsvertrag werden üblicherweise die (wirtschaftlichen) Konditionen des Einstiegs des Investors, wie insbesondere die Höhe der Beteiligung, Bewertung und Höhe des Investitionsbetrags (Zuschuss oder Agio zusätzlich zum Nominalbetrag der Kapitalerhöhung), Meilensteine für die Fälligkeit des Investmentbetrags, Regelungen über den Schutz vor einer künftigen Verwässerung der Beteiligung und Nachjustierung der Beteiligungshöhe bei vom Plan abweichendem Geschäftsverlauf, sowie Garantien/Zusicherungsverpflichtungen, geregelt. Zusätzlich werden in einem separaten Syndikatsvertrag Regelungen über das künftige Miteinander der Gesellschafter in der Gesellschaft festgelegt (siehe dazu Punkt 2.3.2.).[61]

Die nachfolgenden Erläuterungen sollen ausgewählte Themenkreise beleuchten, die unserer Erfahrung nach eine zentrale Rolle in Beteiligungsverträgen spielen – sie sind aber nicht als eine vollständige Abhandlung aller möglichen Regelungen eines Beteiligungsvertrags zu verstehen.

Vertragsparteien

Der Beteiligungsvertrag wird zwischen den Altgesellschaftern, den neuen Investoren und üblicherweise auch der Gesellschaft selbst abgeschlossen. Sind an dem Startup eine Vielzahl von Kleingesellschaftern beteiligt, kann es aus Investorensicht durchaus Sinn machen zu verlangen, dass diese Kleingesellschafter in einem eigenen (Unter-)Syndikat

59 Vgl *Weitenauer*, Handbuch Venture Capital (2019) Teil F Rz 87.
60 Vgl *Weitenauer*, Handbuch Venture Capital (2019) Teil F Rz 87.
61 Vgl *Weitenauer*, Handbuch Venture Capital (2019) Teil F 85 ff.

zusammengefasst werden. Dadurch wird erreicht, dass diese Vielzahl an Kleingesellschaftern mit einheitlicher Stimme sprechen und es für die übrigen (beteiligungsmäßig) größeren Gesellschafter nur einen Ansprechpartner gibt. Dadurch kann eine rasche Entscheidungsfindung und Abstimmung vor allem bei nachfolgenden Finanzierungsrunden gewährleistet werden. Mangels einer solchen Regelung würde man sich von der Erreichbarkeit und Mitwirkungsbereitschaft der Kleingesellschafter abhängig machen, die mit zunehmender Verwässerung ihrer Beteiligung durch nachfolgende Finanzierungsrunden erfahrungsgemäß stetig abnimmt.[62]

Verpflichtung zur Durchführung einer Kapitalerhöhung

Neben den Regelungen über die wirtschaftlichen Konditionen des Einstiegs des Investors wird der Beteiligungsvertrag auf technischer Ebene eine Verpflichtung der Altgesellschafter zur Durchführung einer Kapitalerhöhung vorsehen. Durch diese Kapitalerhöhung wird dann die vom Investor gegen Leistung einer Bareinlage und des Gesellschafterzuschusses zu übernehmende Stammeinlage geschaffen.[63]

Wie bereits erwähnt, ist der Kapitalerhöhungsbeschluss notariell zu beurkunden. Gerade bei Investoren aus dem Ausland wird immer wieder die Frage gestellt, ob die Beurkundung des Kapitalerhöhungsbeschlusses auch durch einen ausländischen Notar erfolgen kann. Diese Möglichkeit wird von der Judikatur dann bejaht, wenn die lokalen Beurkundungsvorschriften jene den österreichischen Formvorschriften beigemessenen Funktionen ebenso erfüllen. Dies wird beispielsweise vom OGH bei der Beurkundung durch einen deutschen Notar bejaht.[64] Aus praktischer Sicht spielt die Beurkundung im Ausland eine untergeordnete Rolle, weil für den Fall der Nichtteilnahme von Parteien an der entsprechenden Generalversammlung oft Vollmachten ausgestellt werden.

Im Hinblick auf die für den Kapitalerhöhungsbeschluss geltende Form der notariellen Beurkundung stellt sich im Zusammenhang mit der Verpflichtung zu einer künftigen Beschlussfassung über eine Kapitalerhöhung die Frage, ob auch eine solche vertragliche Verpflichtung der Altgesellschafter dieser Formpflicht unterliegt. Nach der herrschenden Ansicht in der Literatur unterliegt eine vertragliche Verpflichtung zur Fassung eines Kapitalerhöhungsbeschlusses und der damit zusammenhängenden Änderung des Gesellschaftsvertrags nicht dieser Formpflicht.[65]

Als begleitende Regelung wird in der Praxis in Beteiligungsverträgen meist auch der freiwillige Verzicht der Altgesellschafter auf ihr Bezugsrecht aufgenommen und nur der Investor zur Übernahme der neu geschaffenen Stammeinlage zugelassen. Dadurch wird sichergestellt, dass der Investor auch die erforderliche Beteiligungsquote erhält.

62 Vgl *Weitenauer*, Handbuch Venture Capital (2019) Teil F 89 ff.
63 Vgl *Weitenauer*, Handbuch Venture Capital (2019) Teil F Rz 92f.
64 Vgl OGH 23.2.1989, 6 Ob 525/89.
65 Begründet wird dies damit, dass die notarielle Beurkundung des Kapitalerhöhungsbeschlusses bloß Rechtssicherheit für die Feststellbarkeit des Inhalts des Kapitalerhöhungsbeschlusses und der Änderung des Gesellschaftsvertrags hat bezweckt. Anders als der Notariatsakt hat die notarielle Beurkundung allerdings keine Warnfunktion, die sich auf einen Vorvertrag erstreckt. Vgl *Rauter/Milchrahm* in *Straube/Ratka/Rauter*, WK GmbHG § 49 Rz 90.

Höhe der Beteiligung

Der im Rahmen der Bewertung des Startups errechnete Unternehmenswert zum Zeitpunkt der Finanzierungsrunde bildet die Grundlage der Berechnung der Beteiligungsquote des Investors. Bei einer solchen Bewertung wird der Unternehmenswert nach der aktuellen Finanzierungsrunde, dh nach Zufluss des Investments, ermittelt (sogenannte **post-money-Bewertung**). Bei einer post-money-Bewertung des Startups von beispielsweise EUR 1.000.000 und einem Investment von EUR 250.000 ergibt sich folgendes Bild:[66]

	Wert	Prozentsatz
Gründer 1	EUR 500.000	50 %
Gründer 2	EUR 250.000	25 %
Investor	EUR 250.000	25 %
Total (post-money)	**EUR 1.000.000**	**100 %**

In bestimmten Fällen kann der Investor daran interessiert sein, sein Investment auf mehrere Tranchen aufzuteilen und die Auszahlung der einzelnen Tranchen vom Erreichen bestimmter Meilensteine abhängig zu machen. Rechtlich lässt sich ein solches schrittweises Investment im Wesentlichen auf zwei Arten strukturieren:[67]

- Dem Investor wird bereits im Rahmen der ersten Tranche die volle Beteiligungsquote gewährt und die übrigen Gesellschafter erhalten eine entsprechende Call-Option für die Rückübertragung der mit den späteren Tranchen zusammenhängenden Geschäftsanteile. Werden die vereinbarten Meilensteine dann nicht erreicht, hat der Investor die weiteren Tranchen nicht zu leisten und die übrigen Gesellschafter können die Call-Option über den entsprechenden Teil des vom Investor gehaltenen Geschäftsanteil ausüben.[68]
- Im Beteiligungsvertrag wird die Durchführung von mehreren Kapitalerhöhungen bei Erreichen der einzelnen Meilensteine vorgesehen.[69]

Die zweite oben beschriebene Variante kann zum Vorteil des Investors oder der Altgesellschafter beispielsweise wie folgt ausgestaltet werden:

- **Verschiebung der Anteilsquote:** Vereinbaren Investor und Altgesellschafter die Verteilung des obenstehenden Investments von EUR 250.000 auf zwei Kapitalerhöhungen von je EUR 125.000 zur selben Bewertung, erwirbt der Investor mit der ersten Tranche nicht die Hälfte seiner angestrebten Beteiligung von 25 %, dh 12,5 %, sondern auf Basis der maßgeblichen post-money-Bewertung von in diesem Fall EUR 875.000 eine Beteiligung von 14,28 %. Wird der Meilenstein für die zweite Tranche dann nicht erreicht, behält der Investor diese höhere Beteiligungsquote.[70]
- **Step-up-Modell:** Der Investor und die Altgesellschafter könnten weiters vereinbaren, dass die Bewertung des Startups zwischen den Teiltranchen im Fall des Errei-

66 Vgl *Weitenauer*, Handbuch Venture Capital (2019) Teil F Rz 118 ff.
67 Vgl *Weitenauer*, Handbuch Venture Capital (2019) Teil F Rz 120.
68 Vgl *Weitenauer*, Handbuch Venture Capital (2019) Teil F Rz 120.
69 Vgl *Weitenauer*, Handbuch Venture Capital (2019) Teil F Rz 120.
70 Vgl *Weitenauer*, Handbuch Venture Capital (2019) Teil F Rz 121.

chens der vorgesehenen Meilensteine erhöht wird. Dadurch würde der Investor bei den folgenden Kapitalerhöhungen für sein Investment eine geringere Beteiligungsquote erhalten.[71]

Anpassung der ursprünglichen Bewertung

Gerade bei der Bewertung von Startups kann es dazu kommen, dass die Bewertungsansätze der beteiligten Parteien nicht zu einer endgültigen übereinstimmenden Bewertung führen. Hauptsächlich liegt das daran, dass die Erwartungen von Gründern und Investoren im Hinblick auf die Erfüllung des Businessplans sowie die diesbezügliche Zeitschiene auseinanderlaufen. Die Gründer sehen die Entwicklung des Unternehmens naturgemäß positiver als der Investor und gehen von einer schnellen Wertsteigerung der Beteiligung bis zu einem hohen Exit-Wert aus. Auch im Hinblick auf die für die Umsetzung des Businessplans erforderliche Zeit sowie das erforderliche Kapital haben die Gründer oft positivere Annahmen als der Investor. Benötigt das Startup dann beispielsweise doch mehr Kapital, um den Businessplan entsprechend umzusetzen, und kommt es daher zu Investments von weiteren neuen Investoren, hat das eine Verwässerung der Beteiligungsquote des Altinvestors zur Folge. Um dieses Problem zu lösen, kann vereinbart werden, dass nach einer gewissen Periode nochmals eine Anpassung der Beteiligungsquote des Investors vorgenommen wird, sofern bestimmte Annahmen über- oder unterschritten werden oder bestimmte Unternehmensziele, wie Umsatzziele oder produktspezifische Ziele, nicht erreicht werden (sogenannte **Ratchet-Regelung**). Der Investor hat dann einen Anspruch auf Übertragung eines zusätzlichen Geschäftsanteils entweder durch Kapitalerhöhung zum Nominale oder durch Ausübung einer eingeräumten Call-Option auf die Geschäftsanteile der Gründer. Eine solche Ratchet-Regelung wird vor allem dort für den Investor interessant sein, wo dieser keine stufenweise Auszahlung des Investments abhängig vom Erreichen gewisser Meilensteine vereinbart hat, sondern das Investment gleich vollständig an das Startup bezahlt. In der Praxis kommen solche Ratchet-Regelungen allerdings eher selten vor und Investoren sehen sich meist durch die Regelung zum Verwässerungsschutz, die Liquidationspräferenz und/oder die stufenweise Auszahlung des Investments genügend abgesichert. Auch öffnet man mit einer solchen Ratchet-Regelung den Gründern die Türe für die Forderung nach einer teilweisen Rückübertragung des vom Investor gehaltenen Geschäftsanteils, sofern der Businessplan übertroffen wird und sich das Startup besser entwickelt als geplant.[72]

Verwässerungsschutz

Der Verwässerungsschutz (oder, aus dem angloamerikanischen Rechtsraum, Antidilution) zielt vor allem auf den Schutz der Altgesellschafter vor Verwässerung ihrer Beteiligungsquote durch nachfolgende Kapitalerhöhungen schlechthin ab. Vor dem Hintergrund des in Österreich ohnehin gesetzlich vorgesehenen Bezugsrechts der Altgesellschafter ist die Bezeichnung Antidilution etwas irreführend, weil es in diesen Klauseln weniger um den Schutz vor Verwässerung des Investors durch nachfolgende Kapitalerhöhungen geht, sondern um den Schutz des Investors vor Durchführung von weiteren

71 Vgl *Weitenauer*, Handbuch Venture Capital (2019) Teil F Rz 122.
72 Vgl *Weitenauer*, Handbuch Venture Capital (2019) Teil F Rz 123 ff.

Finanzierungsrunden, denen eine niedrigere Bewertung zu Grunde gelegt wird als die des eigenen Investments (sogenannte **Down Round**). Vor einer solchen Down Round versucht sich der Investor durch die Aufnahme einer entsprechenden Anti-Dilution-Regelung zu schützen. Eine solche Anti-Dilution-Regelung lässt sich auf die beiden folgenden Varianten strukturieren:[73]

- Verpflichtung der Altgesellschafter im Fall einer Down Round als Ausgleich unentgeltlich einen Teil ihres Geschäftsanteils an den Investor abzugeben; oder
- dem Investor wird für den Fall einer Down Round das alleinige oder verhältnismäßig größere Bezugsrecht auf den Erwerb neuer Anteile zum Nominale im Rahmen einer in einem solchen Fall verpflichtend durchzuführenden Kapitalerhöhung eingeräumt.[74]

In der Praxis wird meist die zweite Strukturvariante gewählt, um das mit einer Anteilsabtretung von den Altgesellschaftern an den Investor verbundene steuerliche Risiko zu vermeiden.[75]

Für die inhaltliche Ausgestaltung des Verwässerungsschutzes gibt es die folgenden verschiedenen Möglichkeiten:

- **Full Ratchet:** Bei dieser Strukturierungsvariante soll der Investor so gestellt werden, als hätte er insgesamt selbst an der Finanzierungsrunde auf Basis der günstigeren Bewertung teilgenommen. Er erhält daher eine so große Stammeinlage, dass der Durchschnittspreis seines gesamten Geschäftsanteils dem niedrigeren Einstiegspreis des Neuinvestors entspricht.[76]
- **Average-Methode:** Bei dieser Strukturierungsvariante wird ein Durchschnittspreis beider Finanzierungsrunden gebildet auf dessen Grundlage der Investor dann nachziehen darf.[77]
- **Weighted-Average-Methode:** Bei dieser Strukturierungsvariante handelt es sich um eine Ausbaustufe der Average-Methode, bei der die verschiedenen Investmentvolumen der Finanzierungsrunden berücksichtigt werden. Bei der Weighted-Average-Methode wird zwischen der **Broad-Based-Weighted Average-Methode** und der **Narrow-Based-Weighted-Average-Methode** unterschieden. Bei der Narrow-Based-Weighted-Average-Methode werden allfällige im Rahmen von beispielsweise Mitarbeiterbeteiligungsprogrammen ausgegebene Optionsrechte nicht berücksichtigt, sodass diese Strukturvariante für den Investor vorteilhaft ist.[78]

Zusammenfassend lässt sich festhalten, dass die Full-Ratchet-Methode für den Investor am vorteilhaftesten ist, in der Praxis aber im Regelfall eine der abgeschwächteren Formen vereinbart wird.

Deckung von weiterem Kapitalbedarf des Startups

In der Praxis verlangen Investoren als Teil des oft umfangreichen Katalogs an zustimmungspflichtigen Maßnahmen den Zustimmungsvorbehalt zu Kapitalmaßnahmen,

73 Vgl *Weitenauer,* Handbuch Venture Capital (2019) Teil F Rz 128 ff.
74 Vgl *Weitenauer,* Handbuch Venture Capital (2019) Teil F Rz 128 ff.
75 Vgl *Weitenauer,* Handbuch Venture Capital (2019) Teil F Rz 128 ff.
76 Vgl *Weitenauer,* Handbuch Venture Capital (2019) Teil F Rz 130.
77 Vgl *Weitenauer,* Handbuch Venture Capital (2019) Teil F Rz 130.
78 Vgl *Weitenauer,* Handbuch Venture Capital (2019) Teil F Rz 130.

insbesondere Kapitalerhöhungen. Aus Sicht des Investors ist eine solche Forderung verständlich, weil der Investor zwar über sein gesetzliches Bezugsrecht bei Kapitalerhöhungen theoretisch vor einer Verwässerung seiner Beteiligungsquote abgesichert ist, aber möglicherweise an einer solchen Kapitalerhöhung faktisch nicht mitwirken kann oder will.[79]

Um zu verhindern, dass einzelne Gesellschafter die Aufbringung von weiterem Kapital, das für die Umsetzung des Businessplans des Startups erforderlich ist, blockieren können, sollte im Beteiligungsvertrag oder im Syndikatsvertrag eine entsprechende Verpflichtung aller Gesellschafter zur Zulassung weiterer Investoren unter bestimmten Bedingungen vorgesehen sein. Um spätere Streitigkeiten über das Vorliegen dieser Bedingungen zu vermeiden, sollten diese so präzise wie möglich gefasst werden.[80]

Auch ist es im Hinblick auf die weitere Finanzierung des Startups möglich, ein Vorrecht eines Altinvestors vorzusehen. Dieses kann derart ausgestaltet werden, dass dem Investor entweder das Recht eingeräumt wird, einen allfälligen weiteren Kapitalbedarf des Startups im Rahmen einer weiteren Finanzierungsrunde zu decken, bevor mit einem Neuinvestor über ein Investment verhandelt wird, oder der Altinvestor zu den vom Neuinvestor angebotenen Konditionen an dessen Stelle einsteigen darf.[81]

Eine weitere Ausgestaltungsvariante ist die sogenannte „Pay to Play"-Regelung, bei der Investoren durch die Androhung des Verlustes der ihnen gewährten Vorzugsrechte, wie insbesondere Verwässerungsschutz und Liquidationspräferenz, dazu angehalten werden sollen, die Durchfinanzierung des Startups bis zum Exit zu gewährleisten. Der Investor verliert in diesem Fall seine Vorzugsrechte, wenn er bei einer nachfolgenden Finanzierungsrunde von seinem Bezugsrecht keinen Gebrauch macht.[82] Faktisch führt eine solche Regelung zum selben Ergebnis wie eine Nachschusspflicht, die es im österreichischen GmbH-Recht nur dann gibt, wenn sie ausdrücklich im Gesellschaftsvertrag vorgesehen ist (§ 72 Abs 1 GmbHG). Zu beachten ist allerdings, dass Nachschüsse im Sinne des § 72 Abs 1 GmbHG nicht die Stammeinlage erhöhen und daher auch keine zusätzlichen Gesellschafterrechte gewähren.[83]

Zusicherungen der Gründer

Üblicherweise verlangen Investoren von den Gründern im Rahmen einer Finanzierungsrunde die Zusicherung, dass bestimmte Angaben zu den rechtlichen Angelegenheiten des Startups sowie zu bestimmten operativen Themen zum Zeitpunkt des Abschlusses des Beteiligungsvertrags richtig und vollständig sind. Die beim klassischen Unternehmenskauf durch einen Share Deal zentrale Zusicherung des unbelasteten Eigentums der Verkäufer an den kaufgegenständlichen Geschäftsanteilen spielt beim Anteilserwerb durch Kapitalerhöhung nur eine untergeordnet Rolle, weil es sich bei dem an den Investor

79 Vgl *Weitenauer,* Handbuch Venture Capital (2019) Teil F Rz 132 ff.
80 Vgl *Weitenauer,* Handbuch Venture Capital (2019) Teil F Rz 132 ff.
81 Vgl *Weitenauer,* Handbuch Venture Capital (2019) Teil F Rz 133.
82 Vgl *Weitenauer,* Handbuch Venture Capital (2019) Teil F Rz 134.
83 Vgl *Brugger/Schopper* in *Straube/Ratka/Rauter,* WK GmbHG § 72 Rz 7.

ausgegebenen Geschäftsanteil um einen neu geschaffenen Anteil handelt. Der Investor leitet sein Recht in diesem Fall nicht von seinem Vormann ab.[84]

Der Zusicherungskatalog bei einer Verletzung der Zusicherungen wird meist von den Rechtsvertretern des Investors unter Berücksichtigung der Eigenschaften des Startups und seines Businessmodells maßgeschneidert erstellt und dann in der Folge umfassend zwischen den Parteien verhandelt. Üblicherweise wird auch ein von den gesetzlichen Regelungen abweichendes Rechtsfolgenregime vereinbart. Durch die Zusicherungen sollen im Wesentlichen die folgenden Ziele erreicht werden:

- Es soll eine Risikoverteilung zwischen den Parteien für Risiken getroffen werden, die ihren Ursprung in der Vergangenheit haben, und
- der Investor versucht indirekt durch die Zusicherungen Informationen über mögliche Probleme von den Gründern zu erhalten, weil die Offenlegung von Umständen, die eine Zusicherung verletzen würden, grundsätzlich enthaftend für die Gründer wirkt (§ 928 ABGB).

Transaktionskosten

Üblicherweise ist im Beteiligungsvertrag eine Regelung enthalten, wonach die Gesellschaft sämtliche Kosten im Zusammenhang mit der Kapitalerhöhung sowie dem Beteiligungs- und dem Syndikatsvertrag bis zu einem bestimmten Höchstbetrag trägt. Dabei stellt sich im Hinblick auf die strengen österreichischen Kapitalerhaltungsvorschriften des GmbHG die Frage nach der Zulässigkeit einer solchen Regelung. Eine solche Übernahme von Transaktionskosten durch die Gesellschaft bei einer Finanzierungsrunde mit Kapitalerhöhung verstößt unseres Erachtens nicht gegen das Verbot der Einlagenrückgewähr, weil die Gesellschaft, anders als beim klassischen Anteilskauf, eine Gegenleistung in Form des Investments erhält. Dies gilt natürlich nur dann, wenn die übernommen Kosten im Verhältnis zur Höhe des Investments angemessen sind.[85]

2.3.2. Syndikatsvertrag

Der Syndikatsvertrag stellt gewissermaßen eine Ergänzung zum Gesellschaftsvertrag dar und bildet den Rahmen für das Miteinander von Gründern und Investoren in der Gesellschaft. Anders als der Gesellschaftsvertrag wird der Syndikatsvertrag nicht im Firmenbuch veröffentlicht und wirkt daher auch nur schuldrechtlich zwischen den Vertragsparteien, aber grundsätzlich nicht gegenüber Dritten. In Abgrenzung zur Beteiligungsvereinbarung regelt der Syndikatsvertrag im Wesentlichen die Themenblöcke „Information und Kontrolle“, „Bindung der Gründer/des Managements“ und „Verteilung des Exiterlöses“.

Die nachfolgenden Erläuterungen sollen ausgewählte Themenkreise beleuchten, die in der Praxis eine zentrale Rolle in Syndikatsverträgen spielen, sie sind aber nicht als eine vollständige Abhandlung aller möglichen Regelungen eines Syndikatsvertrags zu verstehen.

84 Vgl *Weitenauer*, Handbuch Venture Capital (2019) Teil F Rz 152 ff.
85 Vgl auch *Foglar-Deinhardstein* in *Foglar-Deinhardstein/Aburumieh/Hoffenscher-Summer*, GmbHG § 82 Rz 103.

Einsichts- und Informationsrechte

Naturgemäß besteht zwischen dem Startup, den Geschäftsführern und dem Investor ein Informationsgefälle, das durch bestimmte Informations- und Einsichtsrechte ausgeglichen werden soll. Hier zeigt sich abermals das zwischen den Interessen des Startups und jenen des Investors bestehende Spannungsverhältnis. Auf der einen Seite wollen die Geschäftsführer des Startups in der Führung der Geschäfte und der Weiterentwicklung des Geschäftsmodells möglichst frei sein, und auf der anderen Seite strebt der Investor nach bestmöglicher Kontrolle über sein Investment. Es empfiehlt sich dieses Spannungsverhältnis durch möglichst klare und praktisch sinnvoll umsetzbare Regelungen bestmöglich auszugleichen.[86]

Das GmbHG sieht ausdrücklich kein Auskunftsrecht der Gesellschafter vor. Die Rechtsprechung sowie der überwiegende Teil der Lehre anerkennen allerdings ein allgemeines, grundsätzlich unbeschränktes, Informationsrecht als Individualrecht eines jeden Gesellschafters an, welches auch außerhalb von Generalversammlungen besteht und grundsätzlich alle rechtlichen und wirtschaftlichen Angelegenheiten der Gesellschaft umfasst.[87] Ergänzend dazu ist die Informationspflicht der Geschäftsführer zu sehen, die nicht nur zu Vorlage des Jahresabschlusses, sondern auch zur regelmäßigen und – sofern ein wichtiger Anlass vorliegt – unverzüglichen Information der Gesellschafter verpflichtet. Daneben ist jeder Gesellschafter berechtigt, innerhalb von 14 Tagen vor der ordentlichen Generalversammlung Einsicht in die Bücher und Schriften der Gesellschaft zu nehmen.[88]

In der Praxis vereinbaren die Gründer und der Investor meist noch zusätzliche, darüberhinausgehende, Einsichts- und Informationsrechte. Üblicherweise werden beispielsweise die folgenden zusätzlichen Informations- und Einsichtsrechte des Investors vereinbart:

- Monatliche Managementreports mit Soll-/Ist-Vergleich;
- Quartalsweise Managementreports mit Soll-/Ist-Vergleich;
- Cash-Flow-Entwicklung auf monatlicher oder quartalsweiser Basis; und
- Jahresbudget für das kommende Geschäftsjahr.[89]

Zustimmungsrechte

Neben den Informations- und Einsichtsrechten des Investors wird dieser auch bestimmte Geschäfte und Maßnahmen im Syndikatsvertrag definieren wollen, die von der Geschäftsführung des Startups nicht ohne seine Zustimmung vorgenommen werden dürfen. Wahlweise können solche zustimmungspflichtigen Geschäfte auch in eine eigene Geschäftsordnung für die Geschäftsführer ausgelagert werden oder im Gesellschaftsvertrag geregelt werden.[90]

Das GmbHG sieht bereits bestimmte Geschäfte und Maßnahmen vor, die von der Geschäftsführung nicht ohne die vorherige Zustimmung der Gesellschafter vorgenommen werden

86 Vgl *Weitenauer,* Handbuch Venture Capital (2019) Teil F Rz 168 ff.
87 Vgl *Unger* in *Straube/Ratka/Rauter,* WK GmbHG § 22 Rz 46.
88 Vgl *Enzinger* in *Straube/Ratka/Rauter,* WK GmbHG § 34 Rz 44, 47.
89 Vgl *Weitenauer,* Handbuch Venture Capital (2019) Teil F Rz 168 ff.
90 Vgl *Weitenauer,* Handbuch Venture Capital (2019) Teil F Rz 172 ff.

dürfen (§ 35 GmbHG) oder nur mit einer qualifizierten Mehrheit von 3/4 der abgegebenen Stimmen beschlossen werden können (§ 50 GmbHG). Darüberhinausgehend wird der Investor noch zusätzliche Geschäfte und Maßnahmen unter Zustimmungsvorbehalt stellen wollen. Die in der Praxis üblicherweise vorkommenden zusätzlichen zustimmungspflichtigen Geschäfte und Maßnahmen lassen sich grob in die folgenden zwei Kategorien einteilen:[91]

- **Gesellschaftsrechtliche Strukturmaßnahmen**, wie z.B. Änderung des Gesellschaftsvertrags, Durchführung von Kapitalerhöhungen oder Umgründungsmaßnahmen.
- **Außerordentliche Geschäftsführungsmaßnahmen**, wie zB Aufnahme und Vergabe von Krediten, Abschluss von Verträgen und Investitionen oberhalb eines festgelegten Schwellenwerts oder Veräußerung von zum Unternehmen des Startups gehörender Assets oder des Unternehmens im Wege eines Asset Deals. Üblicherweise findet sich in diesem Zusammenhang auch ein Caveat, wonach Geschäfte und Maßnahmen, die bereits im zwischen Startup und Investor abgestimmten Jahresbudget enthalten sind, als vorweg durch den Investor genehmigt gelten und von der Zustimmungspflicht ausgenommen sind. Bei der Formulierung einer solchen Klausel sollte darauf geachtet werden, dass diese Vorwegzustimmung nur dann gelten soll, wenn auch die im Jahresbudget festgelegten betriebswirtschaftlichen Ziele erreicht wurden.[92]

Das Zustimmungsrecht des Investors zu bestimmten Geschäften oder Maßnahmen ist üblicherweise als Individualrecht des Investors ausgestaltet. Sind bereits mehrere Investoren in das Startup investiert, wird es praktisch Sinn machen, die Zustimmung zu bestimmten Geschäften oder Maßnahmen nicht die Zustimmung jedes einzelnen Investors zu verlangen, sondern eine Mehrheit innerhalb des Investorenkreises genügen zu lassen.[93]

Aufsichtsrat und Beirat

Ein weiteres Instrument für die Ausübung von Kontrollrechten durch den Investor bietet die Einrichtung eines Aufsichtsrats oder Beirats. Bei der Wahl zwischen der Einrichtung eines Aufsichtsrats oder eines Beirats ist zu beachten, dass für den Aufsichtsrats ein strengeres Regelungsregime gilt als für den Beirat. Aus Investorensicht ist insbesondere zu beachten, dass auf den Aufsichtsrat Regelungen über die Arbeitnehmermitbestimmung anwendbar sind;[94] gerade dieser Umstand führt in der Praxis im Regelfall dazu, dass anstatt eines Aufsichtsrats ein Beirat eingerichtet wird, weil Investoren eine solche Arbeitnehmermitbestimmung nicht wollen.

Der Beirat kann sowohl auf schuldvertraglicher als auch gesellschaftsvertraglicher Ebene eingerichtet werden und ihm kann, wenn er auf gesellschaftsvertraglicher Ebene eingerichtet wird, Organcharakter zukommen, sofern ihm ausreichende Kontroll- und

91 Vgl *Weitenauer*, Handbuch Venture Capital (2019) Teil F Rz 172 ff.
92 Vgl *Weitenauer*, Handbuch Venture Capital (2019) Teil F Rz 173.
93 Vgl *Weitenauer*, Handbuch Venture Capital (2019) Teil F Rz 175.
94 Danach sind pro zwei von den Gesellschaftern entsandter Aufsichtsratsmitglieder ein weiteres vom Betriebsrat der Gesellschaft entsandtes Aufsichtsratsmitglied Teil des Aufsichtsrats (§ 110 ArbVG).

Mitwirkungsrechte eingeräumt werden. Zu solchen organschaftlichen Befugnissen gehören insbesondere die Überwachung der Geschäftsführung oder das Recht der Weisungserteilung gegenüber der Geschäftsführung. Wird der Beirat hingegen nur auf schuldvertraglicher Basis im Syndikatsvertrag eingerichtet, können ihm keine organschaftlichen Kompetenzen übertragen werden und ein solcher Beirat nimmt im Wesentlichen nur Beratungsaufgaben wahr.[95]

Bei der Einrichtung und Ausgestaltung der Kompetenzen des Beirats ist allerdings darauf zu achten, dass eine Ausstattung des Beirats mit aufsichtsratsähnlichen Rechten und Pflichten zur Qualifizierung des Beirats als Aufsichtsrat und damit Anwendung der für diesen geltenden Bestimmungen, insbesondere jener über die Arbeitnehmermitbestimmung, führen kann.[96] Aus Investorensicht sollte daher vermieden werden, den Beirat mit Kompetenzen auszustatten, die jenen eines Aufsichtsrats nahekommen. Der Beirat sollte daher insbesondere nicht mit den in § 30j Abs 5 GmbHG aufgelisteten Kontrollaufgaben und Zustimmungsrechten ausgestattet werden und der Beirat sollte auch nicht Berichtsadressat der Geschäftsführung sein.[97] Unproblematisch erscheint die Ausstattung des Beirats mit punktuellen Aufgaben des Aufsichtsrats, solange diese nicht insgesamt den Umfang der Befugnisse eines Aufsichtsrats erreichen.[98]

Sofern ein Beirat bereits eingerichtet ist oder im Rahmen einer Finanzierungsrunde erst eingerichtet wird, verlangt der Investor üblicherweise das Recht, ein Mitglied des Beirats zu ernennen.[99]

Bindung der Gründer – Vesting

Bei der überwiegenden Mehrheit von Investments in Startups wird die Kompetenz und die Leistungsbereitschaft der Gründer für den Investor ein entscheidender Faktor für seine Investmententscheidung sein, weil den Gründern und ihrer weiteren Tätigkeit für das Startup essentielle Bedeutung für den Erfolg des Unternehmens zukommt. Der Investor hat daher im Regelfall ein großes Interesse die weitere Tätigkeit der Gründer für das Startup sicherzustellen und diese an das Unternehmen zu binden. Deshalb werden häufig Regelungen im Syndikatsvertrag vorgesehen, wonach jeder Gründer seine ganze oder teilweise Beteiligung am Startup verliert, sofern er seine Tätigkeit für das Startup vorzeitig beendet. In der Praxis werden diese Regelung so ausgestaltet, dass nach dem Grund der Beendigung zwischen Good Leaver und Bad Leaver differenziert wird. Bei einem Bad Leaver hat der jeweilige Gründer die Beendigung seiner Tätigkeit für das Startup zu vertreten, während das beim Good Leaver nicht der Fall ist. Im Syndikatsvertrag findet sich meist ein genauer Katalog der Good- und Bad-Leaver-Fälle.[100]

95 Vgl *Lutter* in *Lutter/Hommelhoff*, GmbHG[18] § 52 Rz 111; *Kalss* in *Kalss/Kunz*, Handbuch für den Aufsichtsrat[2] (2016), VII Rz 24 ff.
96 *Rieder/Huemer*, Gesellschaftsrecht[5] (2019) 274.
97 Vgl OGH 27.09.2006, 9 ObA 130/05s.
98 *Kalss* in *Kalss/Kunz*, Handbuch für den Aufsichtsrat[2] VII Rz 31.
99 Vgl *Weitenauer*, Handbuch Venture Capital (2019) Teil F Rz 184.
100 Vgl *Bank/Möllmann*, Venture Capital Agreements in Germany (2017) Teil 3 Rz 219 ff.

- **Fälle eines Bad Leavers** sind beispielsweise die ordentliche Kündigung durch einen Gründer, die faktische Amtsniederlegung durch einen Gründer oder die Entlassung eines Gründers aus wichtigem Grund.[101]
- **Fälle eines Good Leavers** sind beispielsweise die eintretende Berufsunfähigkeit eines Gründers, die nicht von ihm zu vertreten ist, oder die außerordentliche Kündigung aus wichtigem Grund durch einen Gründer.[102]

Die Frage ob jemand ein Good oder Bad Leaver ist, hat dann für die an das Ausscheiden eines Gründers geknüpften Rechtsfolgen Bedeutung, insbesondere für den Umfang des Geschäftsanteils, der beim ausscheidenden Gründer verbleibt und die Berechnung der Abfindungszahlung.[103]

Üblicherweise sieht der Syndikatsvertrag eine Regelung vor, wonach den Gründern über einen bestimmten Zeitraum schrittweise, entweder monatlich, quartalsweise oder jährlich, jeweils ein bestimmter Teil ihrer Beteiligung unentziehbar zuwächst (sogenanntes **Vesting**). Neben der Vesting-Periode und den einzelnen Anteilen, die pro Vesting-Periode den Gründern zuwachsen, sind noch weitere Ausgestaltungsmöglichkeiten denkbar. So wird regelmäßig zu Beginn etwa eine sogenannte **Cliff-Periode** von meistens einem Jahr vorgesehen. Diese Regelung führt dazu, dass das Vesting für die Gründer erst nach dem Ablauf der Cliff-Periode zu laufen beginnt. Mit Ablauf der Cliff-Periode vestet dann jedoch der auf dieses gesamte Jahr entfallende Geschäftsanteil der jeweiligen Gründer. Beträgt die gesamte Vesting-Periode also beispielsweise vier Jahre und die Cliff-Periode ein Jahr, vesten mit Ablauf der Cliff-Periode 1/4 der Anteile der Gründer. Zusätzlich wird üblicherweise für den Fall eines Exits während laufender Vesting-Periode vorgesehen, dass in einem solchen Fall alle Geschäftsanteile der Gründer automatisch als vollständig gevestet gelten (sogenanntes **Accelerated Vesting**).[104]

- **Rechtsfolgen eines Good Leavers:** Tritt ein Good-Leaver-Fall ein, darf der betroffene Gründer den nach dem Vestingplan ihm bereits zugewachsenen Teil seiner Beteiligung behalten und muss nur den noch nicht gevesteten Teil seiner Beteiligung an den Investor oder die anderen Mitgesellschafter gegen eine Abfindungszahlung herausgeben. Im Zusammenhang mit einem Good-Leaver-Fall wird üblicherweise die Abfindung zum Verkehrswert vorgesehen.[105]
- **Rechtsfolgen eines Bad Leavers:** Tritt ein Bad-Leaver-Fall ein, wird in der Praxis meist vereinbart, dass der betroffene Gründer seine gesamte Beteiligung, unabhängig vom Vestingfortschritt, an den Investor, oder die anderen Mitgesellschafter gegen eine Abfindungszahlung herausgeben muss. Üblicherweise sind die als Bad-Leaver-Fälle definierten Sachverhalte so gravierend, dass die Parteien bei Eintritt eines solchen Falles eine gänzliche Trennung voneinander anstreben. Im Zusammenhang mit einem Bad-Leaver-Fall wird häufig eine Abfindung zum Verkehrswert mit einem

101 Vgl *Weitenauer*, Handbuch Venture Capital (2019) Teil F Rz 220 ff.
102 Vgl *Weitenauer*, Handbuch Venture Capital (2019) Teil F Rz 220 ff.
103 Vgl *Bank/Möllmann*, Venture Capital Agreements in Germany (2017) Teil 3 Rz 235.
104 Vgl *Bank/Möllmann*, Venture Capital Agreements in Germany (2017) Teil 3 Rz 259 ff.
105 Vgl *Bank/Möllmann*, Venture Capital Agreements in Germany (2017) Teil 3 Rz 238.

gewissen Abschlag vereinbart (zB 50 %). Auch eine Abfindung zum Nominale kommt vereinzelt vor, wobei in diesem Fall die Grenzen der Sittenwidrigkeit nach § 879 ABGB und der **laesio enormis** nach § 934 ABGB zu beachten sind.[106]

Technisch wird die Good- und Bad-Leaver-Regelung durch eine entsprechende Call-Option oder ein Aufgriffsrecht des Investors oder aller Mitgesellschafter, anteilig gemäß ihrer Beteiligungsquote, im Syndikatsvertrag umgesetzt. Die Vereinbarung einer Call-Option oder eines Aufgriffsrechts betreffend Geschäftsanteile an einer GmbH unterliegt der Notariatsaktspflicht und daher ist bei Aufnahme dieser Regelungen in den Syndikatsvertrag auch dieser in der Form eines Notariatsakts abzuschließen.[107]

Verfügung über Geschäftsanteile

In der Praxis werden im Rahmen von Investments in Startups für die Gründer und die übrigen Altgesellschafter meist recht umfangreiche Beschränkungen für die Verfügung über die jeweiligen Geschäftsanteile am Startup zugunsten des Investors festgelegt. Mit solchen Verfügungsbeschränkungen wollen sich Investoren vor dem Eindringen Dritter in die Gesellschaft schützen. Solche Beschränkungen können entweder im Syndikatsvertrag oder im Gesellschaftsvertrag des Startups geregelt werden. Der Vorteil der Aufnahme solcher Regelungen in den Gesellschaftsvertrag liegt in der dadurch erreichten Publizität und damit der Geltung solcher Bestimmungen auch gegenüber (zB neu einsteigenden) Dritten. In bestimmten Fällen kann allerdings die Veröffentlichung solcher Regelungen im öffentlich einsehbaren Firmenbuch nicht gewollt sein, insbesondere wenn es um Regelungen zur Ermittlung von Kaufpreisen für die Geschäftsanteile des Startups geht. In der Praxis wird dieses Spannungsverhältnis oft dadurch gelöst, dass im Gesellschaftsvertrag nur ein Hinweis auf gesondert vereinbarte Vorkaufs- und Aufgriffsrechte aufgenommen wird, die detaillierte Regelung dieser Rechte aber im Syndikatsvertrag zu finden ist. Dadurch wird der gute Glauben des Dritten zerstört und einer solchen im Syndikatsvertrag enthaltenen Regelung **quasi-dingliche Wirkung** verliehen.[108]

Üblicherweise finden sich in Syndikatsverträgen oder Gesellschaftsverträgen die folgenden Verfügungsbeschränkungen:

- **Vinkulierung**
  Als Grundregel gilt, dass die Geschäftsanteile an einer GmbH grundsätzlich frei übertragbar und vererblich sind (§ 76 Abs 1 GmbHG). Davon abweichend können die Gesellschafter vereinbaren, dass die Übertragung von Geschäftsanteilen der vorherigen Zustimmung der Gesellschaft, aller übrigen Gesellschafter oder bestimmter Gesellschafter bedarf.[109] Üblicherweise werden Vinkulierungen in den Gesellschaftsvertrag und nicht in den Syndikatsvertrag aufgenommen.[110] In der Praxis werden von der Vinkulierung üblicherweise Übertragungen an verbundene Unternehmen des Investors ausgenommen.

106 Vgl *Weitenauer*, Handbuch Venture Capital (2019) Teil F Rz 220 ff.
107 Vgl auch *Foglar-Deinhardstein* in *Foglar-Deinhardstein/Aburumieh/Hoffenscher-Summer*, GmbHG § 76 Rz 46.
108 Vgl *Fantur/J. Zehetner*, ecolex 2000, 509.
109 *Rieder/Huemer*, Gesellschaftsrecht^5 (2019) 306.
110 Vgl *Rauter* in *Straube/Ratka/Rauter*, WK GmbHG § 76 Rz 60.

Wird ein gesellschaftsvertraglich vinkulierter Geschäftsanteil ohne Einholung der erforderlichen Zustimmungen übertragen, ist die Übertragung bis zur Zustimmung schwebend unwirksam.[111]

- **Vorkaufsrecht**
  Wie die Vinkulierung zielt auch das Vorkaufsrecht auf die Bewahrung der Gesellschafterstruktur ab. Das in den §§ 1072 ABGB ff geregelte Vorkaufsrecht gewährt dem Vorkaufsberechtigten ein Recht auf den bevorzugten Erwerb eines Geschäftsanteils. Der Vorkaufsverpflichtete ist nur im Fall des beabsichtigten Verkaufs des Geschäftsanteils in seiner Verfügungsfreiheit dadurch beschränkt, dass er dem Vorkaufsberechtigten die Einlösung des Geschäftsanteils anbieten muss.[112] Zu beachten ist, dass ein Vorkaufsrecht eben nur ausgeübt werden kann, wenn ein Vorkaufsfall eingetreten ist. Ein Vorkaufsfall liegt, abhängig von der konkreten Formulierung, dann vor, wenn der Vorkaufsverpflichtete von einem Dritten zumindest ein bindendes Angebot erhalten hat oder mit diesem bereits einen, meist aufschiebend bedingten, Abtretungsvertrag abgeschlossen hat.[113]
  Üblicherweise vereinbaren die Parteien im Hinblick auf das Vorkaufsrecht detaillierte Regelungen über die Definition des Vorkaufsfalls, die Fristen, innerhalb welcher vom Vorkaufsfall informiert werden und das Vorkaufsrecht ausgeübt werden muss, und den Nachweis für den Eintritt des Vorkaufsfalls.
  Die Ausübung des Vorkaufsrechts bedarf der Notariatsaktsform. Demgegenüber bedarf der Verzicht auf die Ausübung eines Vorkaufsrecht nicht dieser Form, sodass ein entsprechender Verzicht von einem der Gesellschafter auf sein Vorkaufsrecht formfrei eingeholt werden kann.[114]
- **Aufgriffsrecht**
  Beim Aufgriffsrecht handelt es sich um einen Sammelbegriff, unter dem unterschiedliche Erwerbsvorrechte subsumiert werden, bei denen unter bestimmten vertraglich festgelegten Voraussetzungen eine Verpflichtung eines Gesellschafters zum Abschluss eines Kaufvertrags mit dem Aufgriffsberechtigten entsteht. Das Aufgriffsrecht kann auch so ausgestaltet sein, dass bei Vorliegen eines Aufgriffsfalls durch die einseitige Erklärung des Aufgriffsberechtigten unmittelbar eine Verpflichtung des betroffenen Gesellschafters zur Übertragung des jeweiligen Geschäftsanteils entsteht. Im Unterschied zum Vorkaufsrecht reicht für einen Aufgriffsfall, abhängig von der konkreten Formulierung, bereits das Vorliegen der bloßen Verkaufsabsicht aus. Die Aufgriffsfälle können zwischen den Gesellschaftern weitestgehend frei im Gesellschaftsvertrag oder im Syndikatsvertrag vereinbart werden. Üblicherweise werden als Aufgriffsfälle beispielsweise ein Change of Control bei einem Gesellschafter, der Tod eines Gesellschafters oder die Eröffnung eines Insolvenzverfahrens über das Vermögen eines Gesellschafters vorgesehen.[115]
  Vor dem Hintergrund der durch das IRÄG 2010 geänderten Rechtslage stellt sich die Frage, ob ein Aufgriffsrecht für den Fall der Insolvenz eines Gesellschafters wirksam

111 Vgl OGH RIS-Justiz RS 0039034; va OGH 21.02.2008, 6 Ob 7/08k; *Rieder/Huemer*, Gesellschaftsrecht[5] (2019) 306.
112 Vgl *Verschraegen* in *Kletečka/Schauer*, ABGB-ON[1.06] § 1072 Rz 1.
113 Vgl OGH 15.06.1983, 1 Ob 653/83.
114 Vgl OGH 26,4,1990, 6 Ob 542/90, *Rauter* in *Straube/Ratka/Rauter*, WK GmbHG § 76 Rz 144.
115 Vgl *Rauter* in *Straube/Ratka/Rauter*, WK GmbHG § 76 Rz 128 ff.

vereinbart werden kann. Die überwiegende Mehrheit der Meinungen in der Literatur hält ein solches Aufgriffsrecht für den Insolvenzfall für zulässig. Nach dieser neuen Rechtslage ist ein solches Aufgriffsrecht auch vor dem Hintergrund der §§ 25a und 25b IO zu prüfen. Nach der überwiegenden Ansicht in der Literatur wirken gesellschaftsvertraglich vereinbarte Aufgriffsrechte absolut und die einschlägigen Regelungen der IO stehen einem Aufgriffsrecht für den Insolvenzfall nicht entgegen.[116]
Bei der Ausgestaltung eines solchen Aufgriffsrechts für den Insolvenzfall, insbesondere der vom Aufgriffsberechtigten an den ausscheidenden Gesellschafter zu leistenden Abfindung, ist zu beachten, dass eine Regelung, wonach für den Aufgriffsfall der Insolvenz ein Abschlag auf die zu leistende Abfindung vereinbart wird, wegen Gläubigerbenachteiligung sittenwidrig und unwirksam sein kann.[117]
In der Praxis finden sich, wie beim Vorkaufsrecht, meist detaillierte Regelungen über die Definition der Aufgriffsfälle, die Fristen, innerhalb welcher vom Aufgriffsfall informiert werden und das Aufgriffsrecht ausgeübt werden muss, und die Berechnung des Aufgriffspreises.
Die Ausübung des Aufgriffsrechts bedarf ebenso wie die Ausübung des Vorkaufsrechts der Notariatsaktsform. Demgegenüber bedarf der Verzicht auf die Ausübung eines Aufgriffsrecht nicht dieser Form, sodass ein entsprechender Verzicht von einem der Gesellschafter auf sein Aufgriffsrecht formfrei eingeholt werden kann.[118]

- **Mitverkaufspflicht (Drag Along)**
  Investoren erwerben Beteiligungen an Startups üblicherweise in der Absicht, ihren Return on Investment innerhalb eines überschaubaren Zeitraums, meist innerhalb weniger Jahre, im Rahmen eines Exits zu realisieren. Ein solcher Exit kann auf verschiedene Arten erfolgen, wie beispielsweise durch einen IPO oder einer Veräußerung des gesamten Startups an einen anderen Investor (sogenannte Secondary Transaction). Im Regelfall hat dieser aber im Rahmen eines Exits nur ein Interesse am Erwerb sämtlicher Geschäftsanteile an der Gesellschaft, weil er die vollständige Kontrolle über das Startup ausüben möchte und sich nicht mit anderen Minderheitsgesellschaftern auseinandersetzen möchte. Dieses Interesse versucht der Investor durch sogenannte Drag-Along-Regelungen im Syndikatsvertrag abzusichern. Im Zusammenhang mit Drag-Along-Regelungen zeigt sich in der Praxis häufig ein Spannungsverhältnis zwischen den unterschiedlichen Interessen der Gründer und der verschiedenen Investorengruppen. Dieses Spannungsverhältnis ist vor allem auf den unterschiedlichen Anlagezeithorizont der verschiedenen Investoren zurückzuführen. Jene Investoren, die erst in einer späteren Finanzierungsrunde eingestiegen sind, werden im Vergleich zu früher eingestiegenen Investoren vor einem potentiellen Exit erst noch eine signifikante Wertsteigerung anstreben. Aus Investorensicht sollte im Zusammenhang mit Drag-Along-Regelungen vor allem über die Frage nachgedacht werden, ob ein zwangsweiser Exit vor dem Ablauf des jeweiligen Anlagezeitraums durch einen solchen Investor verhindert werden kann.[119]

116 Vgl *Rauter* in *Straube/Ratka/Rauter*, WK GmbHG § 76 Rz 138/1.
117 Vgl *Schopper* in *Gruber/Harrer*, GmbHG² § 76 Rz 33.
118 Vgl *Rauter* in *Straube/Ratka/Rauter*, WK GmbHG § 76 Rz 144.
119 Vgl *Bank/Möllmann*, Venture Capital Agreements in Germany (2017) Teil 3 Rz 371ff.

Üblicherweise wird das Drag-Along-Recht erst bei Vorliegen bestimmter Voraussetzungen ausgelöst. In der Praxis finden sich oft Regelungen, wonach (i) bei einer Übertragung von mehr als 50 % der Geschäftsanteile an der Gesellschaft, (ii) bei Veräußerung von mehr als 50 % des Gesellschaftsvermögens oder (iii) bei Reduktion der Beteiligung aller Gesellschafter auf 50 % oder weniger an den Geschäftsanteilen oder Stimmrechten des übernehmenden Rechtsträgers bei Umgründungsmaßnahmen das Drag-Along-Recht ausgelöst werden soll. Liegen die Voraussetzungen für die Ausübung des Drag-Along-Rechts vor, kann der dieses Recht ausübende Investor von den übrigen Gesellschaftern verlangen, dass diese ihre Geschäftsanteile ebenfalls an den jeweiligen Dritten zusammen mit dem Investor verkaufen und übertragen. Zu diesem Zweck hat der Investor die übrigen Gesellschafter von diesem geplanten Verkauf zu informieren und hat ihnen die wesentlichen Bedingungen eines solchen Verkaufs mitzuteilen, etwa in Form eines LOIs oder eines Term Sheets, das dieser Gesellschafter mit dem Dritten abgeschlossen hat.[120]

Sowohl Gründer als auch Investoren haben häufig ein Interesse daran, dass sie nur dann zu einem Exit gezwungen werden können, wenn ein solcher Exit auf Basis einer bestimmten Mindestbewertung stattfinden soll. Dieses Ergebnis kann durch eine entsprechende Regelung im Syndikatsvertrag erreicht werden, wonach Gesellschafter nur dann zum Verkauf verpflichtet sind, wenn die festgelegte Mindestbewertung erreicht wird. Um eine allenfalls erforderliche Flexibilität zu gewährleisten, kann es empfehlenswert sein, eine Art Ablöserecht zu vereinbaren. Den veräußerungswilligen Gesellschaftern wird in diesem Fall das Recht eingeräumt, den betroffenen Gesellschaftern das Delta zwischen der Mindestbewertung und der Bewertung des Exits auszugleichen und so die übrigen Gesellschafter zum Mitverkauf zu verpflichten.[121]

In der Drag-Along-Regelung wird meistens vorgesehen, dass das Drag-Along-Recht dem Vorkaufs- oder Aufgriffsrecht der übrigen Gesellschafter vorgeht. Hintergrund ist, dass Erwerber von Unternehmen in M&A-Transaktionen gewöhnlich Transaktionssicherheit verlangen.[122]

- **Mitverkaufsrecht (Tag Along)**

  Ein im Rahmen von VC-Finanzierungen abgeschlossener Syndikatsvertrag sieht üblicherweise neben Vorkaufs- und Aufgriffsrechten sowie Mitveräußerungspflichten auch ein Mitveräußerungsrecht (Tag-Along-Recht) vor. Dieses Tag-Along-Recht kann allen Gesellschaftern oder nur bestimmten Investoren eingeräumt werden und ermöglicht es dem Berechtigten, den veräußerungswilligen Gesellschafter in einem konkreten Veräußerungsszenario zur Mitveräußerung der von ihm gehaltenen Geschäftsanteile zu zwingen.[123]

  In der Praxis finden sich eine Vielzahl von Ausgestaltungsvarianten. Beispielsweise kann das Tag-Along-Recht so ausgestaltet werden, dass der Verpflichtete alle Geschäftsanteile, die der das Tag-Along-Recht ausübende Gesellschafter hält, mit zu veräußern hat. Für den Fall, dass der Erwerber nicht alle Geschäftsanteile an der Gesellschaft

120 Vgl *Bank/Möllmann*, Venture Capital Agreements in Germany (2017) Teil 3 Rz 379 ff.
121 Vgl *Bank/Möllmann*, Venture Capital Agreements in Germany (2017) Teil 3 Rz 381 ff.
122 Vgl *Bank/Möllmann*, Venture Capital Agreements in Germany (2017) Teil 3 Rz 371 ff.
123 Vgl *Bank/Möllmann*, Venture Capital Agreements in Germany (2017) Teil 3 Rz 396 ff.

erwerben will, kann vorgesehen werden, dass in einem solchen Fall das Tag-Along-Recht verhältnismäßig zusteht, dh der veräußerungswillige Gesellschafter und Gesellschafter, die das Tag-Along-Recht ausgeübt haben, im Verhältnis ihrer Beteiligung am Stammkapital an der Veräußerung teilnehmen. Üblicherweise wird auch vorgesehen, dass im Fall der Veräußerung an einen Wettbewerber oder im Fall, dass eine Veräußerung zu einem Change of Control führt (dh es werden mehr als 50 % der Geschäftsanteile oder Stimmrechte an der Gesellschaft übertragen), ein Gesamt-Exit erfolgen muss oder die Veräußerung sonst insgesamt unterbleiben muss.[124]

- **Liquidationspräferenz**
  Zentraler Bestandteil jeder Dokumentation für Angel- und VC-Finanzierungen ist die Liquidationspräferenz (auch im deutschsprachigen Raum wird diese üblicherweise Liquidation Preference genannt). Im Wesentlichen regelt die Liquidationspräferenz die bei der Aufteilung eines allfälligen Veräußerungserlöses zur Anwendung kommende Rangordnung. Der Name Liquidationspräferenz ist etwas irreführend, weil die Regelungen der Liquidationspräferenz nicht nur im Falle der Liquidation der Gesellschaft zur Anwendung kommen, sondern die Definition des Liquidation-Events üblicherweise jegliche Form eines Exits erfasst, der wirtschaftlich zu einer Veräußerung von mehr als 50 % des Unternehmenswertes führt. Beispielsweise kann das der Fall beim Verkauf von mehr als 50 % der Geschäftsanteile oder Stimmrechte an dem Startup, einer Veräußerung eines gemessen am Verkehrswert Großteils des Betriebsvermögens der Gesellschaft durch einen Asset Deal sowie allfälligen Umgründungsmaßnahmen oder auch einem IPO sein.[125]
  Die Liquidationspräferenz dient dem Schutz der von Investoren getätigten Investments gegen eine Verschlechterung der Unternehmenslage. Die Investoren sollen gegenüber den übrigen Gesellschaftern bis zur Höhe ihres Investments dadurch abgesichert werden, dass ihnen ein Vorrecht auf Befriedigung aus dem Exit-Erlös eingeräumt wird. Zu beachten ist, dass dieser Vorrang natürlich nur innerhalb des Gesellschafterkreises zur Anwendung kommt, allerdings kein Vorrang vor Dritten, die der Gesellschaft Fremdkapital oder fremdkapitalähnliche Mittel zur Verfügung gestellt haben, besteht. Eine Ausnahme bestünde nur dann, wenn solche Dritte einen Rangrücktritt gegenüber den Investoren der Gesellschaft vereinbart haben, was praktisch allerdings fast nie vorkommen wird.
  In der Praxis verlangen VC-Investoren üblicherweise auch eine Mindestverzinsung (typischerweise zwischen fünf und zehn Prozent pro Jahr) auf ihr Investment und dass auch diese Zinsen von der Liquidationspräferenz erfasst sind. Hintergrund einer solchen Mindestverzinsung ist, dass die meisten VC Funds selbst gegenüber ihren Anlegern verpflichtet sind, neben dem bei ihnen veranlagten Kapital auch eine Mindestverzinsung auszuzahlen. Erst bei Erreichen dieser Mindestverzinsung (sogenannte **Hurdle Rate**) partizipieren die Manager des Funds am Gewinn des jeweiligen Investments durch den sogenannten Carried Interest. Daher entspricht oftmals die im Rahmen der Liquidationspräferenz verlangte Verzinsung der internen Hurdle Rate des jeweiligen Investors.[126]

124 Vgl *Bank/Möllmann*, Venture Capital Agreements in Germany (2017) Teil 3 Rz 402 ff.
125 Vgl *Bank/Möllmann*, Venture Capital Agreements in Germany (2017) Teil 3 Rz 439 ff.
126 Vgl *Bank/Möllmann*, Venture Capital Agreements in Germany (2017) Teil 3 Rz 442 ff.

Aus Investorensicht ist zu berücksichtigen, dass Investoren, die in späteren Finanzierungsrunden einsteigen, sich in der Rangordnung vor die Investoren aus früheren Finanzierungsrunden setzen. Gibt es mehrere Finanzierungsrunden, entsteht dadurch im Laufe der Zeit innerhalb der Liquidationspräferenz ein Verteilungswasserfall (sogenannter **Waterfall**). Im Ergebnis führt dies dazu, dass jene Investoren, die als letzte in das Startup einsteigen, grundsätzlich an erster Stelle der Liquidationspräferenz stehen. Diese Vorgehensweise wird teilweise heftig diskutiert und kritisiert, weil frühere Investoren für einen größeren Zeitraum in das Startup investiert waren und daher auch über einen längeren Zeitraum das unternehmerische Risiko mitgetragen haben als das bei den späteren Investoren der Fall war. Genauso lässt sich umgekehrt argumentieren, dass die späteren Investoren zu einer höheren Bewertung eingestiegen sind und damit im Vergleich zu früheren Investoren ein größeres finanzielles Risiko eingegangen sind. Festgehalten werden kann allerdings, dass die Gestaltungsvariante, wonach später hinzutretende Investoren im Rang vor den Investoren aus früheren Finanzierungsrunden stehen, mittlerweile Marktstandard ist.[127]

Die Liquidationspräferenz lässt sich grundsätzlich auf zwei verschiedene Arten ausgestalten. Es wird zwischen der nicht anrechenbaren Liquidationspräferenz (**Participating Liquidation Preference**) und der anrechenbaren Liquidationspräferenz (**Non-Participating Liquidation Preference**) unterschieden. Die Frage, welche Ausgestaltungsvariante im Einzelfall zur Anwendung kommt, ist oftmals ein sowohl von den Gründern als auch dem Investor hart verhandelter Punkt. Dies deshalb, weil die Liquidationspräferenz ganz entscheidende Auswirkung auf die Höhe des auf die Gründer entfallenden Teils des Exit-Erlöses hat.[128]

- **Participating Liquidation Preference**
  Bei der Participating Liquidation Preference setzt sich der Investor der letzten Finanzierungsrunde gewöhnlich an die erste Stelle im Waterfall für die Verteilung eines allfälligen Liquidationserlöses und es wird ihm daher zunächst vorzugsweise vor früheren Investoren und den Gründern ein Betrag entsprechend seinem Investment einschließlich Zinsen, falls eine Verzinsung des Investments vereinbart wurde, aus dem Liquidationserlös zugewiesen. Ist der Liquidationserlös nach Erreichen der letzten Stufe im Waterfall, dh nach vollständiger Bedienung aller vorrangigen Liquidationspräferenzen, noch nicht aufgebraucht, wird der Restbetrag unter allen Gesellschaftern pro rata gemäß den Beteiligungen am Startup verteilt. Auch der Investor nimmt noch zusätzlich an dieser Verteilung auf der untersten Stufe des Waterfalls pro rata gemäß seiner Beteiligung am Startup teil. Dabei muss sich der Investor jene Beträge, die er zuvor vorzugsweise aufgrund seiner Liquidationspräferenz(en) erhalten hat, nicht anrechnen lassen. Dadurch wird der Investor gegenüber Gesellschaftern ohne Liquidationspräferenz, insbesondere den Gründern, bessergestellt, weil er in stärkerem Ausmaß an der Verteilung des Gesamterlöses teilnimmt, als das seiner Beteiligung am Startup entspricht.[129]

127 Vgl *Bank/Möllmann*, Venture Capital Agreements in Germany (2017) Teil 3 Rz 444 ff.
128 Vgl *Bank/Möllmann*, Venture Capital Agreements in Germany (2017) Teil 3 Rz 452 ff.
129 Vgl *Bank/Möllmann*, Venture Capital Agreements in Germany (2017) Teil 3 Rz 453 ff.

Diese Ausgestaltungsvariante ist daher investorenfreundlich und soll nicht nur das Investment des Investors für den Fall absichern, dass sich das Unternehmen schlechter als geplant entwickelt, sondern den Investor gegenüber den übrigen Gesellschaftern bevorzugen.[130]

- **Non-Participating Liquidation Preference**
  Auch bei der Non-Participating Liquidation Preference setzt sich der Investor der letzten Finanzierungsrunde gewöhnlich an die erste Stelle im Waterfall für die Verteilung eines allfälligen Liquidationserlöses, und es wird ihm daher zunächst vorzugsweise vor früheren Investoren und den Gründern ein Betrag entsprechend seinem Investment einschließlich Zinsen, falls eine Verzinsung des Investments vereinbart wurde, aus dem Liquidationserlös zugewiesen. Auch kommt es bei dieser Ausgestaltungsvariante zu einer Verteilung eines noch vorhandenen Liquidationserlöses auf der untersten Stufe des Waterfalls unter allen Gesellschaftern des Startups pro rata gemäß den Beteiligungen am Startup. Anders als im Falle der Participating Liquidation Preference nimmt der Investor zwar an der Verteilung eines noch vorhandenen Liquidationserlöses auf der untersten Stufe des Waterfalls teil, er muss sich allerdings jene Beträge, die er bereits vorzugsweise aufgrund seiner Liquidationspräferenz(en) erhalten hat, anrechnen lassen. Im Ergebnis bedeutet das, dass die unter der/den Liquidationspräferenz(en) an den Investor ausgeschütteten Beträge rechnerisch von seiner pro rata Beteiligung am auf der letzten Stufe des Waterfalls noch vorhandenen Liquidationserlös abgezogen werden. Der Investor erhält daher nur dann noch zusätzlich etwas bei der Verteilung auf der untersten Stufe des Waterfalls, sofern der Betrag seiner pro rata Beteiligung an dieser Verteilungsstufe die ihm bereits auf den vorhergehenden Stufen des Waterfalls vorzugsweise zugewiesenen Beträge übersteigt.[131]
  Im Ergebnis soll die Non-Participating Liquidation Preference das Investment des Investors für den Fall absichern, dass sich das Unternehmen schlechter als geplant entwickelt, ohne den Investor in jedem Fall im Vergleich zu den übrigen Gesellschaftern besser zu stellen. Der Investor erhält nämlich bei der Non-Participating Liquidation Preference den höheren Betrag aus (i) seinem Investment einschließlich Zinsen, falls solche vereinbart wurden, oder (ii) seiner pro rata Beteiligung am gesamten Liquidationserlös.[132]
  Sowohl bei der Participating Liquidation Preference als auch bei der Non-Participating Liquidation Preference kann ein sogenannter Multiple vorgesehen werden, nach dem der Investor vorzugsweise ein Vielfaches seines Investments aus dem Liquidationserlös erhält. So würde der Investor beispielsweise bei Vereinbarung einer zweifachen Non-Participating Liquidation Preference das Zweifache seines Investments vorzugsweise aus dem Liquidationserlös vor den anderen Gesellschaftern erhalten.[133]
- **Wettbewerbsverbot**
  Typischerweise versucht der Investor bei Finanzierungen den Erfolg des Startups und damit sein Investment durch ein die Gründer treffendes Wettbewerbsverbot abzusichern. Gerade im technischen und Hochtechnologiebereich ist der Wettbewerb

130 Vgl *Bank/Möllmann*, Venture Capital Agreements in Germany (2017) Teil 3 Rz 453 ff.
131 Vgl *Bank/Möllmann*, Venture Capital Agreements in Germany (2017) Teil 3 Rz 456 ff.
132 Vgl *Bank/Möllmann*, Venture Capital Agreements in Germany (2017) Teil 3 Rz 456 ff.
133 Vgl *Bank/Möllmann*, Venture Capital Agreements in Germany (2017) Teil 3 Rz 465 ff.

um qualifizierte Mitarbeiter sehr groß und Gründer, die in solchen Bereichen mit einem eigenen Startup tätig sind, können bei bereits etablierten Wettbewerbern sehr gefragt sein. Bei der GmbH ist danach zu unterscheiden, ob der jeweilige Gründer nur Gesellschafter oder auch Geschäftsführer der Gesellschaft ist.
Das GmbHG kennt kein generelles **Wettbewerbsverbot für Gesellschafter**. Ein Teil der Lehre leitet ein solches allerdings aus der die einzelnen Gesellschafter treffenden Treuepflicht ab, was allerdings von der österreichischen Rechtsprechung verneint wird.[134] Die herrschende Lehre in Österreich wendet allerdings wiederum das in § 24 GmbHG für Geschäftsführer geregelte Wettbewerbsverbot analog auf Mehrheitsgesellschafter einer GmbH an. Im Detail ist hier allerdings vieles umstritten.[135]
Im Hinblick auf die **Geschäftsführer** ist die Situation klarer. Sie trifft nach § 24 GmbHG ein ausdrücklich gesetzlich geregeltes Wettbewerbsverbot. Zu beachten ist, dass das in § 24 GmbHG geregelte Wettbewerbsverbot nur für aktive Geschäftsführer gilt und nicht auch nach Beendigung der Organstellung.[136]
Aufgrund der im Hinblick auf Gesellschafter einer GmbH bestehenden Unsicherheiten wird üblicherweise im Syndikatsvertrag ein entsprechendes Wettbewerbsverbot zumindest für die Gründer vereinbart. Die Grenzen für ein solches vertragliches Wettbewerbsverbot werden durch das Kartellrecht und die Sittenwidrigkeit gezogen.[137] Auch ein nachvertragliches Wettbewerbsverbot kann im Syndikatsvertrag aufgenommen werden, sofern die Beschränkungen nicht in übergroßem Ausmaß ohne zeitliche oder örtliche Beschränkung auferlegt werden oder ein auffallendes Missverhältnis zwischen den durch das Verbot zu schützenden Interessen des einen Vertragsteiles und der dem anderen Teil auferlegten Beschränkung besteht.[138]

2.4. Mitarbeiterbeteiligung

Typischerweise stehen Startups gerade in der Early Stage vor dem großen Problem, dass sie auf der einen Seite hochqualifiziertes Personal für die Weiterentwicklung des Geschäftsmodells benötigen, auf der anderen Seite aber nur geringe Gehälter zahlen können. Daher werden Startups üblicherweise wertorientierte und variable Entlohnungsmodelle als Mitarbeiterbeteiligungsprogramme eingeführt. Dadurch sollen nicht nur Mitarbeiterinnen und Mitarbeiter in einem ersten Schritt für das Unternehmen gewonnen werden, sondern es sollen für die Mitarbeiter auch Anreize geschaffen werden, die Arbeitskraft in Zukunft bestmöglich für das Unternehmen einzusetzen und zum Erfolg des Startups beizutragen. In der Praxis finden sich verschiedenste Ausgestaltungen solcher Mitarbeiterbeteiligungsprogramme, die von der unentgeltlichen oder verbilligten Gewährung von Geschäftsanteilen über die Begebung von Optionen oder der Beteiligung der Mitarbeiter über Treuhandlösungen bis hin zu schuldrechtlichen Partizipationsrechten an einem allfälligen Exiterlös reichen.[139]

134 Vgl OGH 16.6.2011, 6 Ob 99/11v.
135 Vgl *Pelinka* in *Foglar-Deinhardstein/Aburumieh/Hoffenscher-Summer*, GmbHG § 61 Rz 36.
136 Vgl *Rieder/Huemer*, Gesellschaftsrecht[5] (2019) 266; *Enzinger* in *Straube/Ratka/Rauter*, WK GmbHG § 24 Rz 8.
137 Vgl *Aicher/Kraus* in *Straube/Ratka/Rauter*, WK GmbHG § 61 Rz 32.
138 Vgl RIS-Justiz RS 0016609.
139 Vgl *Weitenauer*, Handbuch Venture Capital (2019) Teil G Rz 86 ff.

2.4.1. Gewährung von Geschäftsanteilen

Bei der Gewährung von Geschäftsanteilen an Mitarbeiter ist der Zeitpunkt der Gewährung der Geschäftsanteile zu beachten. Werden Geschäftsanteile in der Early Stage gewährt, kommt eine noch niedrigere Bewertung zur Anwendung und die den Mitarbeitern in einer solchen Phase gewährten Geschäftsanteile unterliegen üblicherweise ebenfalls den Vesting-Regeln.[140]

Diese direkte Beteiligungsform bringt den großen Vorteil, dass der psychologische Effekt für die Mitarbeiter wohl am größten sein wird, weil diese durch den Wertzuwachs ihrer Geschäftsanteile direkt am Erfolg des Unternehmens partizipieren. Demgegenüber steht oftmals die Ablehnung vor allem der Investoren, weil diese oft keine Mitsprache der Mitarbeiter auf Gesellschafterebene wünschen.

Aus praktischer Sicht sei angemerkt, dass in den letzten Jahren ein Trend bei Startups weg von der Gewährung von Geschäftsanteilen im Rahmen eines Mitarbeiterprogramms zu beobachten war. Neben den steuerlichen und sozialversicherungsrechtlichen Risiken ist das vor allem auf das doch recht aufwändige Prozedere der Übertragung von Geschäftsanteilen an einer österreichischen GmbH zurückzuführen. Anders als im angloamerikanischen Raum kann bei einer österreichischen GmbH nicht einfach der Geschäftsführer eine Kapitalerhöhung durchführen und die Anteile aus dem für das Mitarbeiterbeteiligungsprogramm vorgesehenen Anteilspool an die jeweiligen Mitarbeiter vergeben, sondern es müssen die Gesellschafter sowie ein Notar involviert werden. Daher wird aus Praktikabilitätsgründen oft von dieser Ausgestaltung des Mitarbeiterbeteiligungsprogramms abgesehen.

2.4.2. Stock-Option-Modell

Ähnlich stellt sich die Situation bei der Gewährung von Optionen (sogenannter Call-Optionen) an Mitarbeiter dar. Gemäß der Optionsvereinbarung erhält der Mitarbeiter das Recht, einen Geschäftsanteil in bestimmtem Ausmaß bei Vorliegen der vereinbarten Voraussetzungen, wie beispielsweise Ablauf der einzelnen Vesting-Perioden, zu einem bereits festgelegten Kaufpreis zu erwerben. Auch bei der Gewährung von Optionen an Mitarbeiter ist aus gesellschaftsrechtlicher Sicht das bereits im vorhergehenden Punkt beschriebene Prozedere, wenn auch zeitlich versetzt, einzuhalten. Auch im Hinblick auf diese Strukturvariante war, aufgrund des erhöhten praktischen Aufwands, in den letzten Jahren auf dem Markt eine rückläufige Tendenz im Bereich der Startups zu beobachten.[141]

2.4.3. Phantom Stock

Unter anderem durch den Einfluss angloamerikanischer Venture Capital Funds sind sogenannte Virtual Stock Options oder Phantom Stock bei Startups sehr beliebt geworden. VC-Investoren haben aufgrund ihrer Fondsstruktur üblicherweise einen kurz- bis mittelfristigen Anlagehorizont und streben daher eine rasche Steigerung des Unter-

140 Vgl *Weitenauer*, Handbuch Venture Capital (2019) Teil G Rz 88 ff.
141 Vgl *Weitenauer*, Handbuch Venture Capital (2019) Teil G Rz 93 ff.

nehmenswerts mit anschließendem kurz- bis mittelfristigen Exit an. Gerade in dieser Wachstumsphase hat das Unternehmen gewöhnlich nur wenig Liquidität zur Verfügung und kann die für das Wachstum benötigten qualifizierten Mitarbeiter nur dadurch gewinnen, dass diesen ein zwar geringes Gehalt bezahlt wird, sie aber gleichzeitig auf schuldrechtlicher Basis eine virtuelle Beteiligung am Exiterlös erhalten. Durch diese Gestaltungsvariante soll einerseits das mit der Gewährung echter Geschäftsanteile verbundene recht aufwendige und vergleichsweise kostspielige Prozedere vermieden werden, und andererseits die Mitarbeiter dadurch incentiviert werden, dass sie im Fall des Unternehmensverkaufs (nur) wirtschaftlich so gestellt werden, als seien sie vergleichbar einem Gesellschafter am Exiterlös beteiligt. Durch Gewährung von Phantom Stocks erlangen die jeweiligen Mitarbeiter einen Vergütungsanspruch gegenüber der Gesellschaft. Solche Phantom Stocks können auf verschiedenste Art und Weise ausgestaltet sein. Bei der Berechnung des auf den jeweiligen Mitarbeiter entfallenden Anteils des Exiterlöses könnte beispielsweise ein fiktiver Ausgabepreis (sogenannter **Strike Price**) als Abzugsposten eingesetzt werden. Ein solcher Abzugsposten kann sich beispielsweise an der Bewertung der dem Exit vorangegangenen Finanzierungsrunde orientieren oder etwa an der Finanzierungsrunde, in der die Phantom Stocks eingeführt wurden. Möglich ist es auch, die Mitarbeiter nicht nur im Falle eines Exits zu beteiligen, sondern auch im Rahmen von Gewinnausschüttungen.[142]

In das System des österreichischen Gesellschafterrechts lassen sich solche Phantom Stocks, abhängig von der vertraglichen Ausgestaltung, als Genussrechte einordnen. Das rechtliche Konstrukt des Genussrechts ist im Gesetz nicht ausdrücklich definiert. Erwähnt wird es nur in § 174 Abs 3 und 4 AktG. Nach der in Österreich herrschenden Meinung können die Ansprüche des Genussberechtigten gegen die Gesellschaft alle Vermögensrechte zum Gegenstand haben, die üblicherweise Gesellschaftern zustehen. Solche Genussrechte werden meist als Gegenleistung für die Unternehmensfinanzierung gewährt.[143] Genussrechte können auch als Gegenleistung für Dienstleistungen und wohl auch für das zur Verfügung stellen von Arbeitskraft ausgegeben werden.[144] Im Hinblick auf die Zuständigkeit zur Ausgabe solcher Genussrechte sei angemerkt, dass das GmbHG die Zuständigkeit für Ausgabe von Genussrechten nicht ausdrücklich regelt. Im Ergebnis bedeutet dies, dass sofern im Gesellschaftsvertrag keine abweichende Regelung getroffen wurde, die Geschäftsführung für die Ausgabe von Genussrechten grundsätzlich zuständig ist.[145] Unseres Erachtens hat die Geschäftsführung vor der Ausgabe von Genussrechten die Zustimmung der Gesellschafter einzuholen.

Bei der steuerlichen Beurteilung von Genussrechten wird auf die in § 8 Abs 3 Z 1 KStG enthaltenen eigenständigen Abgrenzungskriterien mit der Unterscheidung zwischen gesellschafterähnlichen Genussrechten (Substanzgenussrecht) und obligationenähnlichen Genussrechten verwiesen. Üblicherweise werden Phantom Stocks als Substanzgenussrechte ausgestaltet, weil weniger die Beteiligung der Arbeitnehmer am laufenden Gewinn, sondern die Beteiligung an einem allfälligen Liquidationsgewinn (Exiterlös) praktisch

142 Vgl *Weitenauer*, Handbuch Venture Capital (2019) Teil G Rz 120 ff.
143 Vgl OGH 24.1.2006, 10 Ob 34/05f.
144 Vgl *Frotz/Spitznagel*, ZUS 2011, 103 mwN.
145 Vgl *Frotz/Spitznagel*, ZUS 2011, 105.

relevant ist. Erfüllt ein solches Substanzgenussrecht die Voraussetzungen des § 8 Abs 3 Z 1 KStG (dh Erfolgs- und Substanzbeteiligung), werden solche Substanzgenussrechte auf Ebene des Startups ertragssteuerlich dem Eigenkapital zugerechnet. Im Ergebnis bedeutet dies aus Sicht des Startups, dass Ausschüttungen auf Grundlage eines solchen Genussrechts eine steuerneutrale Einkommensverwendung darstellen.[146]

Auf Ebene der Inhaber von Substanzgenussrechten gelten laufende Zahlungen aus Substanzgenussrechten als Gewinnausschüttungen. Handelt es sich bei den Inhabern von Substanzgenussrechten um natürliche Personen, unterliegen solche Zahlungen aus Substanzgenussrechten dem 27,5%igen Sondersteuersatz gemäß §§ 27 Abs 2 Z 1 lit c iVm 27a Abs 1 Z 2 EStG.[147] Sofern der Inhaber eines Substanzgenussrechts eine Körperschaft ist, kommt diese in den Genuss der Körperschaftsteuerbefreiung für Beteiligungserträge nach § 10 Abs 1 Z 3 KStG und kann daher die Zuflüsse aus dem Substanzgenussrecht steuerneutral vereinnahmen (bei Mitarbeiterbeteiligungen kommt diese Strukturform allerdings praktisch nicht vor).[148]

2.5. Der Exit

Wie bereits mehrfach in diesem Kapitel erwähnt, haben sowohl Angel- aber vor allem VC-Investoren einen bestimmten Anlagehorizont und sie haben nicht zum Ziel, auf unbestimmte Zeit in einem Startup investiert zu bleiben. In der Praxis spricht man häufig davon, dass VC-Investoren exitgetrieben sind, weil sie erst durch den Verkauf ihrer Beteiligung ihren Return on Investment realisieren können. VC-Investoren machen es sich daher auch meist zur Aufgabe, das Startup exitfähig zu machen.[149]

Grundsätzlich stehen zwei mögliche Formen eines Exits zur Auswahl. Einerseits kann der Exit im Wege eines Börsengangs (sogenanntes **Initial Public Offering**) erfolgen. Allerdings ist bei dieser Exitvariante zu bedenken, dass ein Börsengang mit einem sehr großen Aufwand verbunden ist und das Startup auch erst die sogenannte Börsenreife erlangen muss. Demgegenüber kann der Verkauf des Startups auch an einen strategischen Investor erfolgen (sogenannter **Trade Sale**). Bei einem solchen Trade Sale kann unter Umständen auch ein höherer Preis erzielt werden als beim IPO, weil ein strategischer Investor oft bereit sein wird, im Hinblick auf ein für sein Portfolio interessantes Produkt und aufgrund von Synergiepotentialen ein Kaufpreis-Premium zu bezahlen.[150]

Unabhängig davon ob der Exit als IPO oder als Trade Sale strukturiert wird, sollten VC-Investoren rechtzeitig gemeinsam mit den anderen Gesellschaftern die Exitziele (insbesondere Zeithorizont für den Exit und Renditeerwartung) festlegen, durch exakte und vollständige Dokumentation aller Unternehmensprozesse für Transparenz sorgen und auf diese Weise die „Braut für den Verkauf hübsch machen". Gerade durch eine sorgfältige und transparente Aufbereitung aller unternehmensrelevanten Unterlagen kann dann in einer späteren, von einem potentiellen Käufer durchgeführten Due Dili-

146 Vgl KStR 2013 Rz 1193.
147 § 93 Abs 2 Z 1 EStG.
148 Vgl *Kirchmayr* in FS KPMG 134.
149 Vgl *Weitenauer,* Handbuch Venture Capital (2019) Teil I Rz 1.
150 Vgl *Weitenauer,* Handbuch Venture Capital (2019) Teil I Rz 11 ff.

gence viel Zeit und Geld gespart werden und der Prozess auch durch das geschlossene Auftreten aller Gesellschafter als Verkäufer beschleunigt werden.[151]

3. Grundsätze von Eigenkapitalersatz, URG-Kennzahlen und Insolvenz aus Investorensicht

Sofern sich das Geschäftsmodell des Startups nicht wie geplant entwickelt, gibt es gewisse Besonderheiten des österreichischen Rechts, die aus Investorensicht zu beachten sind. Diese sollen im Folgenden überblicksmäßig dargestellt werden.

3.1. Eigenkapital ersetzende Gesellschafterleistungen

Das ua auf Kapitalgesellschaften anwendbare Eigenkapitalersatzgesetz (EKEG) regelt im Wesentlichen die Behandlung von Leistungen der Gesellschafter an die Gesellschaft und deren Rückführbarkeit in der Krise oder Insolvenz der Gesellschaft. Befindet sich das Startup in wirtschaftlichen Schwierigkeiten, haben die Gesellschafter grundsätzlich zwei Möglichkeiten frisches Kapital für dessen Überleben zuzuführen. Einerseits können die Gesellschafter der Gesellschaft durch eine ordentliche Kapitalerhöhung frisches Eigenkapital zuführen. Andererseits können die Gesellschafter frisches Kapital durch Gesellschafterdarlehen gewähren (dh Fremdkapital). In der Praxis neigen die Gesellschafter eher dazu, der Gesellschaft Kapital in Form eines Gesellschafterdarlehens zur Verfügung zu stellen, weil sich ein Gesellschafterdarlehen grundsätzlich leichter zurückführen lässt als echtes Eigenkapital. Durch diese Vorgehensweise sollen die bereits beschriebenen Kapitalerhaltungsvorschriften umgangen werden und das wirtschaftliche Risiko der Sanierung des Unternehmens zu Lasten der Fremdgläubiger minimiert werden. Auch im Rahmen einer Insolvenz kann Eigenkapital nicht rückgefordert werden, wogegen Forderungen aus Gesellschafterdarlehen zumindest mit der Insolvenzquote bedient werden. Da in einem solchen Fall die Gesellschafter das Risiko teilweise auf die (Dritt-) Gläubiger der Gesellschaft auslagern könnten, hat der Gesetzgeber 2004 das Eigenkapitalersatzgesetz (EKEG) erlassen.[152]

Das EKEG ist anzuwenden, wenn ein Gesellschafter einer Gesellschaft in der Krise der Gesellschaft einen Kredit gewährt. In einem solchen Fall ist der Kredit als Eigenkapital ersetzend zu qualifizieren.[153]

Gemäß § 5 Abs 1 EKEG ist als Gesellschafter anzusehen, wer

- an einer Gesellschaft **kontrollierend** beteiligt ist, etwa aufgrund einer Stimmrechtsmehrheit oder Personalhoheit; oder
- mit einem Anteil von **25 % am Stammkapital** beteiligt ist; oder
- wie ein Gesellschafter, dem die **Mehrheit der Stimmrechte** zusteht, beherrschenden Einfluss auf eine Gesellschaft ausübt, selbst wenn er an dieser nicht beteiligt ist, etwa über einen Beherrschungsvertrag.[154]

---

151 Vgl *Weitenauer*, Handbuch Venture Capital (2019) Teil I Rz 2 ff.
152 Vgl *Rieder/Huemer*, Gesellschaftsrecht[5] (2019) 321 f.
153 Vgl *Rieder/Huemer*, Gesellschaftsrecht[5] (2019) 322.
154 Vgl *Rieder/Huemer*, Gesellschaftsrecht[5] (2019) 322.

Nach dieser Systematik sind Klein- und Kleinstgesellschafter grundsätzlich von den Regelungen des EKEGs ausgenommen.[155]

Nach § 2 Abs 1 EKEG befindet sich eine Gesellschaft in der Krise, wenn sie

- zahlungsunfähig iSd § 66 IO ist; oder
- überschuldet iSd § 67 IO ist; oder wenn
- die Kriterien für die Vermutung des Reorganisationsbedarfs erfüllt sind, dh die Eigenmittelquote der Gesellschaft (§ 23 URG) weniger als 8 % und die fiktive Schuldentilgungsdauer (§ 24 URG) mehr als 15 Jahre betragen, es sei denn, dass die Gesellschaft nicht der Reorganisation bedarf. Im diesem Fall ist ein Kredit nur dann eigenkapitalersetzend, wenn im Zeitpunkt der Gewährung aus dem zuletzt aufgestellten Jahresabschluss ersichtlich ist, dass die Eigenmittelquote weniger als 8 % und die fiktive Schuldentilgungsdauer mehr als 15 Jahre betragen oder dies aus einem rechtzeitig aufgestellten Jahresabschluss ersichtlich wäre oder der Kreditgeber weiß oder es für ihn offensichtlich ist, dass ein Jahres- oder Zwischenabschluss dies aufzeigen würde.[156]

Ist ein Gesellschafterdarlehen als eigenkapitalersetzend zu qualifizieren, hat das zur Folge, dass der Kredit erst dann zurückgefordert werden kann, wenn die Gesellschaft saniert ist, dh sich nicht mehr in der Krise gemäß den im EKEG festgelegten Parametern befindet (**Rückzahlungssperre**). Werden dennoch Zahlungen an einen Gesellschafter geleistet, hat der Gesellschafter solche Leistungen an die Gesellschaft zurückzuerstatten. Ansprüche aus eigenkapitalersetzenden Leistungen werden in der Insolvenz als nachrangige Insolvenzforderungen behandelt. Kommt es zur Aufhebung eines Insolvenzverfahrens nach einem bestätigten Sanierungsplan, erhält der Gesellschafter nur mehr die Sanierungsplanquote. Ansprüche der Gesellschaft auf Rückerstattung verjähren fünf Jahre ab Zahlung oder sonstiger Befriedigung, außer die Gesellschaft beweist, dass der Ersatzpflichtige die Wiederrechtlichkeit der Zahlung kannte.[157]

3.2. Unternehmensreorganisation

Die Regelungen des Unternehmensreorganisationsgesetzes (URG) spielen in der Praxis zwar keine große Rolle, sie haben aber teilweise sehr wohl Auswirkungen auf andere gesetzliche Regelungskomplexe (siehe die Ausführungen etwa zum EKEG oben). Hier wird ein Überblick über die für die Praxis relevantesten Auswirkungen gegeben.[158]

Sofern über das Vermögen einer prüfpflichtigen GmbH iSd § 268 UGB ein Insolvenzverfahren eröffnet wird, haften die Geschäftsführer gegenüber der GmbH zur ungeteilten Hand für die durch die Insolvenzmasse nicht gedeckten Verbindlichkeiten (§ 22 URG), wenn sie innerhalb der letzten zwei Jahre vor dem Antrag auf Eröffnung eines Insolvenzverfahrens

155 Vgl OGH 8.8.2007, 9 Ob 44/07x.
156 Vgl *Rieder/Huemer*, Gesellschaftsrecht[5] (2019) 323.
157 Vgl *Rieder/Huemer*, Gesellschaftsrecht[5] (2019) 324.
158 Vgl *Ratka/Rauter/Völkl*, Unternehmens- und Gesellschaftsrecht Band II[3] (2017) 457ff.

- einen Bericht des Abschlussprüfers erhalten haben, dem zufolge Reorganisationsbedarf zu vermuten ist, und nicht unverzüglich ein Reorganisationsverfahren beantragt oder nicht gehörig fortgesetzt haben oder
- einen Jahresabschluss nicht oder nicht rechtzeitig aufgestellt oder nicht unverzüglich den Abschlussprüfer mit dessen Prüfung beauftragt haben.[159]

Eine solche Haftung der Geschäftsführer ist begrenzt mit EUR 100.000 pro Person.[160]

Korrespondierend zur oben dargestellten Geschäftsführerhaftung sieht § 25 URG eine entsprechende Haftung der Gesellschafter vor. Nach dieser Regelung haften die Gesellschafter, wenn sie die Geschäftsführung angewiesen haben, von der gebotenen Einleitung eines Reorganisationsverfahrens nach dem URG abzusehen, oder wenn sie einem darauf gerichteten Vorschlag nicht zugestimmt haben. Die Haftung ist, wie jene der Geschäftsführer, mit EUR 100.000 pro Person begrenzt. Ziel eines solchen Reorganisationsverfahrens ist die Verbesserung der Vermögens-, Finanz- und Ertragslage eines im Bestand gefährdeten Unternehmens durch die Vornahme von Maßnahmen nach betriebswirtschaftlichen Grundsätzen. Dies soll die nachhaltige Weiterführung des Unternehmens ermöglichen (§ 1 URG).[161]

Die Geschäftsführung ist (i) bei Verlust der Hälfte des Stammkapitals oder (ii) wenn die Eigenmittelquote (§ 23 URG) weniger als 8 % und die fiktive Schuldentilgungsdauer (§ 24 URG) mehr als 15 Jahre beträgt (also Reorganisationsbedarf zu vermuten ist) verpflichtet, eine Generalversammlung einzuberufen und die Gesellschafter entsprechend zu informieren (§ 36 Abs 2 GmbHG).[162]

3.3. Insolvenz aus Investorensicht

Bei Erfüllung einer der in der österreichischen Insolvenzordnung (IO) geregelten Insolvenztatbestände, Zahlungsunfähigkeit oder Überschuldung, trifft den oder die Geschäftsführer des Startups die Verpflichtung, binnen einer Frist von 60 Tagen ab Eintritt der Zahlungsunfähigkeit und/oder Überschuldung einen Antrag auf Öffnung des Insolvenzverfahrens beim zuständigen Landesgericht zu stellen. Seit dem IRÄG 2010 kennt das österreichische Insolvenzrecht grundsätzlich eine Zweiteilung in Sanierungsverfahren (mit oder ohne Eigenverwaltung) und Konkursverfahren. Voraussetzung für die Eröffnung des Insolvenzverfahrens ist das Vorhandensein von kostendeckendem Vermögen oder der Leistung eines entsprechenden Kostenvorschusses.[163]

Soll das Insolvenzverfahren als Sanierungsverfahren geführt werden, hat das Startup als Schuldner entweder zugleich mit dem Antrag auf Eröffnung des Insolvenzverfahrens oder spätestens mit der Eröffnung des Insolvenzverfahrens einen Sanierungsplan vorzulegen. Abhängig davon, ob ein Sanierungsverfahren mit oder ohne Eigenverwaltung beantragt wird, muss der Schuldner im Sanierungsplan eine Quote von 30 % oder 20 % zahlbar innerhalb von zwei Jahren anbieten.[164]

159 Vgl *Ratka/Rauter/Völkl*, Unternehmens- und Gesellschaftsrecht Band II^3 (2017) 457 ff.
160 Vgl *Ratka/Rauter/Völkl*, Unternehmens- und Gesellschaftsrecht Band II^3 (2017) 457 ff.
161 Vgl *Ratka/Rauter/Völkl*, Unternehmens- und Gesellschaftsrecht Band II^3 (2017) 457 ff.
162 Vgl *Ratka/Rauter/Völkl*, Unternehmens- und Gesellschaftsrecht Band II^3 (2017) 457 ff.
163 Vgl *Deixler-Hübner/Klicka*, Zivilverfahren^{10} (2017) 333 ff.
164 Vgl *Deixler-Hübner/Klicka*, Zivilverfahren^{10} (2017) 333 ff.

Zugleich mit der Eröffnung hat das Gericht im Falle eines Sanierungsverfahrens eine Sanierungsplantagsatzung anzuordnen, die in der Regel 60 bis 90 Tage nach der Eröffnung des Sanierungsverfahrens stattfindet. In einer solchen Sanierungsplantagsatzung stimmen die Gläubiger über die Annahme des Sanierungsplans ab. Wird der Sanierungsplan abgelehnt, wird das Sanierungsverfahren als Konkursverfahren fortgesetzt, das Vermögen des Startups verwertet und der Verwertungserlös zwischen den Gläubigern quotenmäßig verteilt. Die Eröffnung des Insolvenzverfahrens ist in der Ediktsdatei zu veröffentlichen und es wird vom Gericht ein Insolvenzverwalter bestellt, der die wirtschaftliche Lage des Startups prüft. Die Gläubiger des Startups haben ihre Forderungen beim Insolvenzgericht anzumelden und diese werden vom Insolvenzverwalter geprüft. Das Insolvenzverfahren wird vom Insolvenzgericht aufgehoben, wenn ein Sanierungsplan rechtskräftig bestätigt wird oder die Verwertung des Startups abgeschlossen und der Verwertungserlös verteilt wurde.[165]

165 Vgl *Deixler-Hübner/Klicka*, Zivilverfahren[10] (2017) 333 ff.

Steuerliche Grundlagen für Startup Investments

Katharina Geweßler

1. Einleitung

Scheint auf den ersten Blick das Investment in eine Gesellschaft aus steuerlicher Sicht relativ einfach, hat sich gezeigt, dass insbesondere für Startup-Investoren unüberlegte Strukturen zu nachteiligen Rechtsfolgen führen können. Es ist daher auch in diesem Bereich geboten, die steuerlichen Rechtsfolgen von verschiedenen Gestaltungsvarianten, möglichst vor Einstieg in eine Gesellschaft, zu analysieren und in einer Gesamtschau Vor- und Nachteile der verschiedenen Möglichkeiten abzuwiegen um eine (Investoren-) optimale Struktur aufzusetzen. Dieser Beitrag gibt einen Überblick über die steuerlichen Grundlagen für Investorinnen und Investoren insbesondere hinsichtlich Besonderheiten bei Startup Investments.[1]

2. Rechtsformwahl

2.1. Allgemeines

Die Rechtsformwahl spielt sich auf zwei Ebenen ab: Zum einen ist naturgemäß die Rechtsform des Startups als Beteiligungsgesellschaft relevant, denn je nach vorliegender Rechtsform ergeben sich auch investorenseitig unterschiedliche steuerrechtliche Rechtsfolgen. Zum anderen ist hinsichtlich steuerlicher Implikationen zu unterscheiden, ob die Beteiligung des Investors im Privatvermögen, im Betriebsvermögen seines Einzelunternehmens, seiner Personengesellschaft (OG, KG) oder über seine Investorenkapitalgesellschaft, meist eine GmbH, als Investorenholding gehalten wird.

2.2. Steuerrechtliche Aspekte der Rechtsformwahl

Abgesehen von den unternehmens- und gesellschaftsrechtlichen Vor- und Nachteilen der jeweiligen Rechtsform[2], wie insbesondere der beschränkten Haftung bei Kapitalgesellschaften, die im Startup Bereich wohl das entscheidende Kriterium hin zur GmbH ist, spielen auch steuerliche Themen eine nicht unwesentliche Rolle:

Grundsätzlich muss bedacht werden, dass auf Ebene des Startups in Abhängigkeit der Rechtsform verschiedene Besteuerungsregime angewendet werden. Bei der Rechtsform der Personengesellschaft, sprich OG und KG, stellen die Gesellschaften kein eigenes Steuersubjekt dar. Die erzielten Gewinne/Verluste werden daher nicht auf Ebene der Gesellschaft besteuert, sondern über eine Gewinn-/Verlusttangente aliquot des Beteiligungsverhältnisses dem Investor zugerechnet. Zudem sind Sonderbetriebseinnahmen/-ausgaben, wie zB die Zinsen aus der Gewährung eines Darlehens vom Investor an die Personengesellschaft oder Vergütungen, die der Investor für die Überlassung von Wirtschaftsgütern erhält, zu berücksichtigen. In Abhängigkeit der Rechtsform des Investors hat sodann eine Besteuerung bei ihm persönlich oder seiner Investorengesellschaft zu erfolgen.

Anders als Personengesellschaften stellen Kapitalgesellschaften ein eigenes Steuersubjekt dar und unterliegen der Körperschaftsteuer. Besteuert wird auf Ebene der GmbH das

---

1 Es wird darauf hingewiesen, dass in vorliegendem Beitrag davon ausgegangen wird, dass Investoren nicht an der Geschäftsführung des Startups teilnehmen und auch sonst kein Leistungsaustausch iS eines Anstellungsverhältnisses oder Werkvertrags zugrunde liegt.

2 Siehe dazu das Kapitel Rechtliche Grundlagen für Startup Investments von *Rieder/Schmidt*.

Einkommen. Ausschüttungen der Gesellschaft an die Investoren unterliegen, wiederum in Abhängigkeit der Rechtsform der Investoren, dort der Besteuerung.

Eine rein steuerrechtliche Vorteilhaftigkeit der Personengesellschaft kann sich dann ergeben, wenn eine Gesellschaft und deren Gesellschafter Einkommen im „unteren" Tarifbereich erzielen. Dazu muss jedenfalls eine Gesamtbetrachtung der vorliegenden Struktur erfolgen, wobei einerseits das aus der Startup-Gesellschaft erzielte Einkommen, andererseits das sonstige Einkommen der Investoren sowie die darauf anzuwendenden jeweiligen individuellen Tarifstufen zu berücksichtigen sind.

2.3. Steuerliche Vor- und Nachteile der einzelnen Rechtsformen aus Investorensicht

Um die generelle Vorteilhaftigkeit aus steuerrechtlicher Sicht zu analysieren muss, wie oben ausgeführt, nicht nur die Ebene des Startups, sondern auch die Ebene der Investoren in den Vorteilhaftigkeitsvergleich einbezogen werden. Ganz allgemein gefasst kommt es bei natürlichen Personen, die an einer Personengesellschaft beteiligt sind, zur Steuerbelastung anhand des individuellen Tarifs bis derzeit 55 % Einkommensteuer.[3] Bei natürlichen Personen, die an einer Kapitalgesellschaft beteiligt sind, kommt es bei Ausschüttung[4] zu Einkünften aus Kapitalvermögen, die mit einem besonderen Steuersatz von 27,5 % Kapitalertragsteuer endbesteuert werden. Dadurch ergibt sich bei derzeitigem Körperschaftsteuertarif iHv 25 % eine effektive Steuerbelastung von 45,625 %.

2.4. Wechsel der Rechtsform iSd UmgrStG

Die laufende Evaluierung sämtlicher Vor- und Nachteile der Rechtsform des Startups sollte jedenfalls umfassend und nicht nur auf Basis von steuerlichen Überlegungen erfolgen. Ist die gewählte Rechtsform nicht mehr passend, ist es für steuerliche Zwecke im Anwendungsbereich des Umgründungssteuergesetzes grundsätzlich möglich, diese steuerneutral zu wechseln. Da das Umgründungssteuerrecht einerseits begrenzte Möglichkeiten bietet und eine Umgründung andererseits sowohl einen Zeit-, als auch einen Kostenfaktor darstellt, ist es empfehlenswert im Zuge des Business Planning die geeignete Rechtsform von Beginn an zu wählen.

Gerade im Startup-Sektor wird aufgrund der nicht vorhandenen Formstrenge im Bereich des Gesellschaftsrechts gerne auf Einzelunternehmen, Personengesellschaften oder auch (den Gründern oftmals selbst unbekannt) eine GesbR[5] zurückgegriffen. Problematisch

3 Vgl zu den Tarifstufen § 33 EStG.

4 Die Vorteilhaftigkeitsberechnung erfolgt unter der Prämisse der Vollausschüttung.

5 *„Schließen sich zwei oder mehrere Personen durch einen Vertrag zusammen, um durch eine bestimmte Tätigkeit einen gemeinsamen Zweck zu verfolgen, so bilden sie eine Gesellschaft. Sofern sie keine andere Gesellschaftsform wählen, bilden sie eine Gesellschaft bürgerlichen Rechts."* Das bedeutet, dass auch aus steuerlicher Sicht bereits ein Betrieb bestehen kann für den Fall, dass formell kein schriftlicher Gesellschaftsvertrag vorliegt. Besonders bei Startups, die sodann eine GmbH gründen und ihren Betrieb in dieser GmbH weiterführen, ist darauf zu achten, dass eine „Kalteinbringung" vermieden wird und im Vorfeld geklärt wird, ob hierbei nicht schon der Anwendungsbereich des Umgründungssteuerrechts eröffnet ist, um späterer Probleme insbesondere hinsichtlich Betriebsprüfungen zu vermeiden.

kann dies jedenfalls dann sein, wenn es zu einem Investoreneinstieg kommen soll und die beteiligten Investoren allein schon aus Gründen der Haftungsbeschränkung die Rechtsform der GmbH fordern. Oftmals haben sich aus Anlaufzeiten Verluste ergeben, die zum Ausweis von negativem Eigenkapital in der Bilanz führen.[6] Das Umgründungssteuergesetz erfordert im Bereich der Einbringung von Betrieben und Mitunternehmeranteilen gem Art III UmgrStG aber jedenfalls einen positiven Verkehrswert, um eine steuerneutrale Umgründung vorzunehmen.[7] Ein negatives Eigenkapital kann Zweifel an einem positiven Verkehrswert aufwerfen. Auch eine Absichtserklärung eines zukünftigen Investors, der ein positiver Unternehmenswert zugrunde liegt, kann zwar ein Indiz für einen positiven Verkehrswert sein, wird aber den Kriterien des geforderten objektivierten Unternehmenswerts nicht gerecht.[8] Um trotzdem in den Anwendungsbereich des UmgrStG zu fallen, können entweder Aktiva zugeführt, Passiva abgebaut oder auch Einlagen getätigt werden.[9] Da dies in der Praxis meist aufgrund der ohnehin angespannten Liquiditätssituation nicht möglich ist, bleibt als ultima ratio die Gutachtenerstellung über einen positiven Verkehrswert durch einen unabhängigen Gutachter.[10] Auch dies führt wiederum zu einer hohen, bei überlegter Planung vermeidbaren, Kostenbelastung und abermals zur zeitlichen Verzögerung von Investorenbeteiligungen.

2.5. Zwischenfazit

Wie oben bereits ausgeführt, erscheint für Startups, vor allem aufgrund der beschränkten Haftung, die Rechtsform der Kapitalgesellschaft, insbesondere der GmbH, als attraktiv. Für nachfolgende Überlegungen soll daher vor allem auf diese Rechtsform eingegangen werden.

3. Beteiligungs- bzw Finanzierungsrunde aus steuerrechtlicher Sicht

3.1. Allgemeines

Je nach Ausgestaltung des gewünschten Finanzierungsinstruments ergeben sich auf Seiten des Investors verschiedene Rechtsfolgen. Neben den gesellschaftsrechtlichen Implikationen, die oft maßgeblich für die gewählte Beteiligungsstrukturierung sind, sind aber auch die steuerlichen Folgen nicht außer Acht zu lassen. Grundsätzlich ergeben sich investorenseitig je nach Einordnung als steuerliches Eigenkapital oder steuerliches Fremdkapital verschiedene Rechtsfolgen. Dem folgend sind gewählte Finanzierungsinstrumente auf ihre Zuordnung zu Eigen- oder Fremdkapital zu untersuchen.

6 Dies ist vor allem dann der Fall, wenn das negative Ergebnis der G&V das Stammkapital und die Rücklagen übersteigt.
7 Vgl § 12 Abs 1 2. Satz UmgrStG.
8 Vgl VwGH 27.2.2019, Ro 2017/15/0039, der einen „objektivierten Unternehmenswert" fordert.
9 Vgl *Furherr* in *Kofler*, UmgrStG[8], § 12 Rz 186.
10 Vgl § 12 Abs 1 3. Satz UmgrStG.

3.2. Wandeldarlehen

Bei einem Wandeldarlehen handelt es sich um ein Darlehen, das dem Investor vereinfacht gesprochen die Möglichkeit bietet steuerliches Fremdkapital in Eigenkapital umzutauschen. Aufgrund der Vertragsfreiheit kann dies in gänzlich verschiedenen Gestaltungsvarianten erfolgen.[11] Dem Wesen des Wandeldarlehens entspricht es aber, dass es eine Option für den Erwerb von Gesellschaftsanteilen beinhaltet, die unter bestimmten vertraglich näher definierten Voraussetzungen gezogen werden kann. Für den Zeitraum, in dem der Investor als Darlehensgeber auftritt, ist es jedenfalls notwendig die Zinskonditionen fremdüblich auszugestalten. Sollte dies aus liquiditätstechnischen Gründen ein Hindernis darstellen, ist es auch denkbar die Zinsen endfällig zu entrichten. Entscheidet sich der Investor die Option zu ziehen und das Darlehen in Eigenkapital zu wandeln, findet im Zeitpunkt der Wandlung nach Meinung der Finanzverwaltung[12] ein Tauschvorgang iSd § 6 Z 14 EStG statt. Es wird eine nicht verbriefte sonstige Forderung (Privatdarlehen) gegen Eigenkapital des Startups „getauscht". Der Investor wandelt das Darlehen in Anteile an der Gesellschaft. Es ergibt sich demnach ein Realisationstatbestand in Höhe der steuerlichen Anschaffungskosten der neu angeschaffenen Beteiligung (gemeiner Wert) abzüglich des Nominalbetrags des Darlehens. Der Differenzbetrag ist bei natürlichen Personen als Investor mit dem Tarifsatz zu versteuern, bei Investoren die das Wandeldarlehen über eine Holding gewähren ist der KöSt-Tarif anzuwenden.[13] Ab dem Zeitpunkt der Wandlung ist der Investor sodann eigenkapitalbeteiligt, was zur Folge hat, dass sämtliche Wertsteigerungen ab diesem Zeitpunkt als Einkünfte aus realisierten Wertsteigerungen der Kapitalertragsteuer iHv 27,5 % unterliegen. Es hat demnach eine gesplittete Betrachtung hinsichtlich des Zeitraums von und nach der Wandlung zu erfolgen.

Demgegenüber ist trotz der wirtschaftlich gleichen Ausgestaltung des Instruments, aufgrund der Anwendbarkeit der Kapitalmaßnahmen-VO,[14] bei der Wandlung von Wandelanleihen, also verbrieften sonstigen Forderungen, der Tauschgrundsatz nicht anzuwenden. Dies führt dazu, dass es zu keiner steuerrelevanten Kapitalmaßnahme kommt und eine Besteuerung im Wandlungszeitpunkt unterbleibt. Im Effekt bedeutet das, dass sämtliche Wertsteigerungen der Kapitalertragsteuer iHv 27,5 % unterliegen, wenn es zu einer Veräußerung der Anteile nach Wandlung kommt. Eine Finanzierung des Startups wäre dadurch, vor allem bei rasant steigendem Unternehmenswert, über eine Wandelanleihe für den Investor vorteilhafter. In der Literatur wird die Ungleichbehandlung von Wandeldarlehen und Wandelanleihe kontrovers diskutiert und angeregt, dass es im Zeitpunkt der Wandlung, wie es auch in Deutschland[15] der Fall ist, zu keinem steuerpflichtigen Realisationsvorgang kommt. Zusammenfassend sollte daher Investoren bewusst sein, dass es auch bei Wandeldarlehen nach derzeitiger Rechtslage

11 ZB Wandlung muss innerhalb eines bestimmten Zeitraums, zu einem bestimmten Zeitpunkt, zu einem festgelegten Verhältnis, mit Abschlag etc erfolgen.

12 EStR 2000 Rz 6103c.

13 Gem § 27a Abs 2 1. TS ist der besondere Steuersatz gem § 27a Abs 1 Z 2 iHv 27,5 % nicht anzuwenden (Privatdarlehen).

14 Kapitalmaßnahmen (Kapitalmaßnahmen-VO) eingeführt durch BGBl II 2011/322 am 4.10.2011.

15 Vgl *Puchner/Gloser*, Ertragsteuerliche Behandlung von Wandeldarlehen in SWK 2019, 372 mit Verweis auf einschlägige deutsche Literatur.

und Meinung der Finanzverwaltung zu einem steuerpflichtigen Vorgang zum Zeitpunkt der Wandlung kommen wird.

3.3. Anteilserwerb allgemein

Wird ein Anteil an einer Kapitalgesellschaft vom Investor erworben, berührt das durch das Vorherrschen des Trennungsprinzips die Kapitalgesellschaft an sich nicht.[16] Tritt der Investor als natürliche Person auf, bildet der Kaufpreis die steuerlichen Anschaffungskosten der Beteiligung (= Kauf der Anteile/share deal). Die Beteiligung am Startup ist nicht abnutzbar, das bedeutet, dass durch einen niedrigeren Wert des Startups grundsätzlich keine Abschreibungen geltend gemacht werden können. Wird die Beteiligung im Einzelunternehmen der natürlichen Person gehalten, sind Teilwertabschreibungen, sofern diese nicht ausschüttungsbedingt erfolgen, möglich.[17] Finanzierungskosten (zB Kreditzinsen), die im Zusammenhang mit dem Erwerb der Beteiligung stehen, sind nicht abzugsfähig.[18]

Erwirbt der Investor die Beteiligung über eine Investorenholding, stellt auch hier der Kaufpreis die steuerlichen Anschaffungskosten dar. Wertminderungen der Beteiligung am Startup können mittels Teilwertabschreibung, sofern diese nicht ausschüttungsbedingt ist, vorgenommen werden. Die Teilwertabschreibung wird auf sieben Jahre verteilt.[19] Zuschreibungen bei Wertaufholungen sind bis zu den Anschaffungskosten verpflichtend. Zinsen aus der Fremdfinanzierung sind grundsätzlich abzugsfähig. Handelt es sich bei der Käufergesellschaft um eine reine Holding, führen mangels laufender steuerpflichtiger Einkünfte[20] abzugsfähige Aufwendungen häufig zu steuerlichen Verlustvorträgen.

3.4. Kapitalerhöhung oder Anteilsabtretung mit nachfolgendem Zuschuss

Zu unterscheiden ist, ob die Beteiligung des Investors im Wege einer Kapitalerhöhung durch Ausgabe neuer Anteile und Verwässerung der Altgesellschafter oder durch Anteilsabtretung durch die Altgesellschafter und nachfolgender Leistung eines Gesellschafterzuschusses erfolgt. Beim Einstieg mittels Kapitalerhöhung erwirbt der Investor neue Anteile an der Gesellschaft, die Altgesellschafter verzichten auf ihr Bezugsrecht. Die hM geht davon aus, dass dies aufgrund der rein auf Gesellschaftsebene stattfindenden Anteilsverschiebung, nicht zu einem steuerpflichtigen Tauschvorgang führt.[21]

---

16 Der Vollständigkeit halber ist auf die Mantelkaufbestimmung gem § 8 Abs 4 Z KStG hinzuweisen: Wird das Gesamtbild der Verhältnisse der Gesellschaft im Zusammenhang mit einer wesentlichen Änderung der organisatorischen und wirtschaftlichen Struktur und der wesentlichen Änderung der Gesellschaftsstruktur verändert, führt dies zu einem Verlust der steuerlichen Verlustvorträge. Das KStG will damit den Verkauf von verlustigen Gesellschaften unterbinden.

17 *Mayr* in *Doralt/Kirchmayr/Mayr/Zorn*, EStG[19] § 6 Rz 190f.

18 § 20 Abs 2 TS 2 EStG.

19 § 12 Abs 3 Z 2 KStG.

20 Siehe sogleich zur Beteiligungsertragsbefreiung gem § 10 KStG unter 4.

Im Falle eine Anteilsabtretung wird meist vereinbart, dass diese zum Nominale erfolgt. Hier besteht das Risiko, dass in der Abtretung der Anteile ein Veräußerungsvorgang gesehen wird und dass als Bemessungsgrundlage für die Kapitalertragsteuer des Anteilsverkaufs des Alt- an den Neugesellschafter der Verkehrswert der Anteile herangezogen wird. Erfolgt in einem zweiten Schritt die Gewährung eines Gesellschafterzuschusses, wird wirtschaftlich betrachtet die gleiche Zielstruktur wie im Fall der Kapitalerhöhung erzeugt.[22] Dahingehend sollte mE auch die Anteilsabtretung mit nachfolgendem Zuschuss in derartigen Konstruktionen zu keiner Realisationsbesteuerung führen.[23] Um das Risiko dennoch a priori auszuschalten, wird aus steuerlicher Sicht jedenfalls der Gestaltung über eine Kapitalerhöhung der Vorzug zu geben sein.[24]

3.5. Hybride Finanzierungsformen

Neben dem oben erwähnten Wandeldarlehen gibt es noch weitere Instrumente, die aus Sicht des Gesellschafts- und Unternehmensrechts weder als klassisches Eigen- noch als Fremdkapital klassifiziert werden können.[25] Im Gegensatz zum Unternehmensrecht kennt das Steuerrecht Mezzanin- bzw Hybridkapital nicht.[26] Es subsumiert jene Instrumente ganz allgemein unter den Begriff Genussrechte. Je nach Ausgestaltung des Genussrechtsinstruments hat für steuerliche Zwecke eine Zuordnung zum Eigenkapital (sogenanntes Substanzgenussrecht) oder zum Fremdkapital (sogenanntes obligationenähnliches Genussrecht) zu erfolgen.

Genussrechte stellen ein zivilrechtliches Dauerschuldverhältnis zwischen Gesellschaft (Startup) und Inhaber (Investor) dar.[27] Der Gesetzgeber definiert den Terminus Genussrecht nicht. Die Ausgabe derartiger Instrumente ist aber in § 174 Abs 1 AktG geregelt.[28] Aufgrund der fehlenden gesetzlichen Regelung ist der Genussrechtsemittent grundsätzlich frei in der Ausgestaltung der begebenen Instrumente.[29] Typische Inhalte von Genussrechtsvereinbarungen im Zusammenhang mit einer Vergütungskomponente für Investoren können eine Gewinnbeteiligung, eine Beteiligung am Liquidationserlös, Bezugs-

21 Vgl zB *Ursprung-Steindl*, Unternehmenserwerb mittels Kapitalerhöhung, in Lang/*Marchgraber/Rust/Schuch/Staringer* Aktuelle Fragen des Unternehmenskaufs (2016) 47; *Fraberger* in *Polster-Grüll/Zöchling/Kranebitter* HB M&A (2007) 317 und 337; zustimmend *Geweßler/Steinhart*, Incentivierungsprogramme bei Start-ups, in *Hirschler/Kanduth-Kristen/Zinnöcker*, SWK Spezial Einkommensteuer 2019.

22 Nämlich der Erhöhung des Stammkapitals in der Höhe der Nominale und der Zufuhr des überschießenden Betrags in eine (un)gebundene Kapitalrücklage.

23 Insbesondere in jenen Fällen in denen der Käufer einen Zuschuss leistet und sämtliche Altgesellschafter auf ihr Bezugsrecht verzichten und es in Folge zu einer (alinearen) Ausschüttung an die Altgesellschafter kommt, wird der Bezugsrechtsverzicht als verdeckter Veräußerungserlös in Höhe des ausgeschütteten Betrags qualifiziert werden, so auch ua BFH 13.10.1992, BStBl II 1993, 477ff.

24 Vgl *Geweßler/Steinhart*, Incentivierungsprogramme bei Start-ups, in *H/K/Z*, SWK Spezial Einkommensteuer 2019, 3.1.2. Ertragsteuerrechtliche Beurteilung.

25 Zum Ausweis im Jahresabschluss beim Investor siehe insbesondere Bilanzierung von Genussrechten und von Hybridkapital (KFS/RL 13), 10; sowie *Hirschler*, Hybride Finanzierung aus Sicht der Investoren, in *Bertl/Eberhartinger/Egger/Hirschler/Kalss/Lang/Nowotny/Riegler/Rust/Schuch/Staringer*, Hybrid-Finanzierung in Bilanz- und Steuerrecht (2017) 61.

26 *Marschner*, Steuergestaltung durch Genussrechte, in *B/E/E/H/K/L/N/R/R/S/S*, Hybrid-Finanzierung in Bilanz- und Steuerrecht (2017) 96.

27 Der VwGH spricht von „Gläubigerrechten schuldrechtlicher Art" VwGH 21.5.1995, 95/14/0151.

28 Der Begriff des Genussrechts ist dem GmbHG fremd. Trotz fehlender Nennung ist eine Ausgabe von Genussrechten auch für GmbHs möglich.

rechte etc sein. Typischerweise vermitteln Genussrechte weniger (Herrschafts-)Rechte als Gesellschaftsanteile, aber mehr Rechte als Fremdkapital.[30] Der Genussrechtsinhaber erhält, abweichend von der klassischen Gesellschafterstellung, keine Verwaltungsrechte (Stimmrechte, Anfechtungsbefugnis), aber die typischen Vermögensrechte eines Gesellschafters (Gewinnausschüttung, Teilhabe am Liquidationserlös[31]).[32] Je nach vertraglicher Ausgestaltung ergeben sich unterschiedliche steuerrechtliche Konsequenzen sowohl für Startup als auch für Investor.[33]

Dem Grunde nach sind Genussrechte in zwei verschiedene Typen einzuteilen: Substanzgenussrechte (auch sozietäre Genussrechte genannt), welche die Qualität von Eigenkapital aufweisen, und obligationenähnliche Genussrechte, die als Fremdkapital eingeordnet werden. Für das Vorliegen von Substanzgenussrechten sprechen folgende Elemente:[34]

- Teilnahme am Unternehmensgewinn
- Beteiligung am Verlust des Unternehmens
- Beteiligung am Liquidationserlös
- Nachrangigkeit
- Weitgehende Einschränkung der Kündigungsmöglichkeit

Die jeweilige Einordung ist individuell für jedes begebene Genussrecht zu prüfen und durch ein Überwiegen der Kriterien einzuordnen. Soll eine bestimmte Einordnung erzielt werden, ist bereits bei der Vertragsgestaltung darauf zu achten, dass die Ausgestaltung anhand der entsprechenden Kriterien erfolgt.

Substanzgenussrechte

Auf Ebene der emittierenden Gesellschaft stellen nach § 8 Abs 3 Z 1 TS 2 KStG Genussrechte unter bestimmten Voraussetzungen steuerliches Eigenkapital dar. Der Zeichner (Investor) der Genussrechte ist in weiterer Folge Anteilsinhaber. Steuerlich ist eine eindeutige Zuordnung zum Eigen- oder Fremdkapital vorzunehmen. Die Kriterien der Beteiligung am Gewinn sowie am Liquidationsgewinn müssen kumulativ erfüllt sein, um als sozietär zu gelten.[35] Nach VwGH Judikatur[36] ist für die Einordnung entscheidend, ob die Summe der Eigenkapitalkriterien in Qualität und Quantität jenen der Kriterien des Fremdkapitals übersteigt. Eigenkapitalelemente sind eine unbegrenzte Laufzeit, gewinnabhängige Vergütung, die Beteiligung am Unternehmenswert und am

29 Grenzen der Genussrechtsvertragsgestaltung sind im Wesentlichen die AGB Geltungskontrolle gem § 864a ABGB betreffend nachteiligen AGB Bestimmungen ungewöhnlichen Inhalts, das Gesetz- und Sittenwidrigkeitsgebot des § 879 Abs 1 ABGB, der Wuchertatbestand des § 879 Abs 2 Z 4 ABGB, die AGB Inhaltskontrolle des § 879 Abs 3 ABGB im Zusammenhang mit gröblich benachteiligenden AGB Nebenbestimmungen, der laesio-enormis Tatbestand des § 934 ABGB, das Transparenzgebot des § 6 Abs 3 KSchG sowie das Verbot der Einlagenrückgewähr gem § 52 AktG und § 82 GmbHG; siehe dazu auch ausführlich Bergmann, Genussrechte 117 ff.

30 Vgl *Nagele/Lux* in Jabornegg/Strasser AktG § 174 Rz 28.

31 Vgl *Rauter* in *Straube/Ratka/Rauter*, WK GmbHG § 75 Rz 56.

32 Vgl *Kirchmayr/Rieder*, Substanzgenussrecht im Steuer- und Gesellschaftsrecht, RdW 2016, 774.

33 Zur zivilrechtlichen Ausgestaltung siehe das Kapitel Rechtliche Grundlagen für Startup Investments.

34 *Kirchmayr/Rieder*, Substanzgenussrechte im Steuer- und Gesellschaftsrecht, RdW 2016, 774 mwN.

35 § 8 Abs 3 Z 1 TS 2 KStG spricht wörtlich von „Ausschüttungen jeder Art auf Genussrechte und sonstige Finanzierungsinstrumente, mit denen das Recht auf Beteiligung am Gewinn und am Liquidationsgewinn des Steuerpflichtigen verbunden ist".

36 VwGH 24.2.2004, 98/14/0131; 29.3.2006, 2005/14/0018.

Liquidationsgewinn, die Nachrangigkeit gegenüber Gesellschaftsgläubigern oder fehlende Besicherungen. Die Zufuhr von Kapital durch ein Substanzgenussrecht durch den Investor stellt eine steuerneutrale Einlage in die Gesellschaft dar. Die Ausschüttungen sind als Dividenden in der Gesellschaft selbst steuerneutral.[37]

Auf Ebene des Investors stellt die Überlassung von Eigenkapital durch natürliche Personen als auch durch juristische Personen an die emittierende Gesellschaft eine Einlage in die Gesellschaft und damit steuerlich die entgeltliche Anschaffung einer Beteiligung dar beziehungsweise, sofern bereits eine Eigenkapitalbeteiligung besteht, die Erhöhung der Anschaffungskosten der Beteiligung. Die Ausschüttungen stellen demnach Gewinnausschüttungen oder Einlagenrückzahlungen dar (siehe dazu weiter unten Punkt 4.).

Obligationsähnliche Genussrechte

Demgegenüber können Aufwendung in Zusammenhang mit Vergütungen, die obligationenähnlich ausgestaltet sind und daher nicht als steuerliches Eigenkapital zu qualifizieren sind, auf Ebene der ausgebenden Gesellschaft als Betriebsausgaben einkommensmindernd angesetzt werden.[38] Dies werden insbesondere Zinsen für die Bereitstellung des Kapitals sein.

Vergütungen aus obligationenähnlichen Genussrechten sind auf Ebene des Investors als Einkünfte aus Kapitalvermögen, genauer gesagt aus Einkünften aus der Überlassung von Kapital, einzuordnen. Da im Bereich der Startup Finanzierung oft nicht verbriefte Genussrechte vorliegen, kommt der besondere Steuersatz iHv 27,5 % Kapitalertragsteuer nicht zur Anwendung.[39] Im Effekt bedeutet dies eine Besteuerung zum individuellen Tarif beim Investor (bis zu 55 % bei natürlichen Personen und Personengesellschaften), und bei Holdingkapitalgesellschaften mit 25 % Körperschaftsteuer.

3.6. Work for Equity aus steuerlicher Sicht

Bei Work-for-Equity-Vereinbarungen handelt es sich, allgemein gefasst, um die Gewährung von Gesellschaftsanteilen gegen (Arbeits-)Leistung von Gesellschaftern. Insbesondere im Startup-Bereich sind derartige Verträge aufgrund der von Startups oft benötigten Expertise der Investoren besonders beliebt. Im Bereich der GmbH finden sich weder im GmbH-Gesellschaftsrecht noch im Steuerrecht explizite Bestimmungen zu derartigen Konstellationen. Grundsätzlich werden in der Literatur dazu zwei divergierende Meinungen vertreten: Eine Ansicht[40] geht davon aus, dass aus steuerlicher Sicht eine unbeachtliche Nutzungseinlage des Investors in die Gesellschaft vorliegt. Dies führt dazu, dass eine derartige Verpflichtung weder auf Ebene der GmbH noch auf Ebene des Gesellschafters steuerrelevant ist. ME erscheint, natürlich in Abhängigkeit der jeweiligen vertraglichen Ausgestaltung, die Einstufung als Nutzungseinlage einerseits wegen der vertraglich vereinbarten Leistung als auch hinsichtlich des Fremdüblichkeitsgrundsatzes nicht

37 Für obligationenähnliche Genussrechte, also jene die keinen Eigenkapitalcharakter vermitteln, gilt keine steuerliche Gesellschafterstellung.

38 Der Vollständigkeit halber ist hier auf die Abzugsverbote des § 12 Abs 1 KStG hinzuweisen.

39 Vgl 27a Abs 2 Z 2 EStG.

40 Vgl *Gloser/Hölzl*, Steuerliche Implikationen von „Sweat Equity/Money" in Österreich, SWK 34/35/2015, 1543.

immer korrekt. Wird eine Nutzungseinlage verneint, kommt der Tauschgrundsatz zur Anwendung. Für die Praxis bedeutet das, dass im jeweiligen Sachverhalt die Abgrenzung von einer echten Nutzungseinlage und einer „vermeintlichen Nutzungseinlage" vorzunehmen ist, da dies insbesondere für Investoren steuerrelevante Vorgänge nach sich ziehen kann.[41]

4. Laufende Besteuerung von Anteilen an Kapitalgesellschaften

4.1. Besteuerung auf Ebene der Investoren, die die Anteile im Privatvermögen halten

Halten Investoren GmbH-Anteile im Privatvermögen, stellen sowohl laufende Ausschüttungen als auch die Veräußerung der Anteile Einkünfte aus Kapitalvermögen dar. Im Fall der laufenden Ausschüttungen/Dividenden der GmbH an natürliche Personen als Gesellschafter liegen Einkünfte aus der Überlassung von Kapital vor, die mit dem besonderen Steuersatz von 27,5 % Kapitalertragsteuer zu besteuern sind. Inländische Dividenden werden grundsätzlich endbesteuert, daher ist eine gesonderte Veranlagung der Dividendeneinkünfte nicht erforderlich. Liegen Dividendeneinkünfte aus einer ausländischen Beteiligung vor, ist zwar der besondere Steuersatz anzuwenden, ein KESt-Abzug erfolgt aber nicht, daher ist eine Aufnahme in die individuelle Steuererklärung geboten.

4.2. Besteuerung auf Ebene der Investoren, die die Anteile über eine Investorengesellschaft/Holding halten

Werden Anteile an Startup-Gesellschaften in einer Investorenholding gebündelt, ergeben sich abhängig vom Sitz und dem jeweiligen Beteiligungsausmaß am Startup verschiedene Rechtsfolgen für den Investor. Diesbezüglich ist in einem ersten Schritt auch hier zwischen inländischen und ausländischen Zielunternehmen zu unterscheiden:

- **Inländische Dividendenerträge gem § 10 Abs 1 Z 1 KStG (Nationale Schachtelbeteiligung)**
  Inländische Dividendenerträge werden beim empfangenden Investor körperschaftsteuerfrei gestellt. Die inländische Zielgesellschaft, also das Startup, ist sodann grundsätzlich zum Abzug der Kapitalertragsteuer iHv 25 %[42] verpflichtet. Die Ausschüttung fließt dem Investor nur in der Höhe des Nettobetrags zu. Alternativ kann bei einer Beteiligungshöhe von zumindest 10 % am Stammkapital des Startups der Abzug der KESt unterbleiben.[43] Dies ist auch bei mittelbarer Beteiligung möglich. Eine Durchrechnung hat aber zur Feststellung des mittelbaren Beteiligungsausmaßes jedenfalls zu erfolgen. Wurde dennoch KESt einbehalten, ist eine Anrechnung der KESt auf die Körperschaftsteuer im Wege der Veranlagung oder eine Erstattung möglich.

41 Siehe zum Ganzen *Geweßler*, Work for Equity – vermeintliche Nutzungseinlage? in SWK 11/2017, 603.
42 § 93 Abs 1a EStG.
43 § 94 Z 2 EStG.

- **Ausländische Zielunternehmen (Internationale Schachtelbeteiligungen)**
  Ausschüttungen aus ausländischen Startups sind dann steuerfrei, wenn die Voraussetzungen einer internationalen Schachtelbeteiligung[44] gegeben sind. Hierfür muss durchgerechnet[45] eine Mindestbeteiligungshöhe von 10 % am Stammkapital gegeben sein. Ungeachtet dieser Steuerbefreiung können unter Umständen ausländische Quellensteuern einbehalten werden, dies ist in Abhängigkeit des jeweiligen Doppelbesteuerungsabkommens zu prüfen. Innerhalb der EU wird die Besteuerung an der Quelle unterbleiben, wenn die Voraussetzungen der Mutter-Tochter-Richtlinie erfüllt sind.[46]
- **Internationale Portfoliobeteiligungen**
  Werden obige Voraussetzungen nicht erfüllt, ist aber das ausländische Startup mit einer inländischen Körperschaft vergleichbar und ist mit dem Ansässigkeitsstaat der ausländischen Gesellschaft eine umfassende Amtshilfe im Doppelbesteuerungsabkommen vereinbart oder ist die Körperschaft im Art 2 der Mutter-Tochter-Richtlinie genannt (im wesentlichen EU-Körperschaften), sind die Beteiligungserträge steuerfrei zu behandeln.

Ist keine der oben genannten Befreiungstatbestände einschlägig, unterliegen die Ausschüttungen der Steuerpflicht. Eine etwaige Quellensteuer ist nach Maßgabe des einschlägigen DBA anrechnungsfähig.

5. Exit bei Kapitalgesellschaften[47]

5.1. Besteuerung auf Ebene der Investoren, die die Anteile im Privatvermögen halten

Kommt es zu einer Veräußerung der Anteile, unterliegen Wertsteigerungen (Verkaufspreis abzüglich steuerlicher Anschaffungskosten) unabhängig von Behaltedauer und Beteiligungsausmaß grundsätzlich der Kapitalertragsteuer iHv 27,5 %.

5.2. Besteuerung auf Ebene der Investoren, die die Anteile über eine Investorengesellschaft/Holding halten

Substanzgewinne aus der Veräußerung von Beteiligungen sind grundsätzlich sowohl bei der Beteiligung an einer inländischen als auch an einer ausländischen Kapitalgesellschaft steuerpflichtig, und zwar mit dem für die Kapitalgesellschaft geltenden Körperschaftssteuersatz.

Liegt eine internationale Schachtelbeteiligung vor, ist ein etwaiger Veräußerungsgewinn grundsätzlich steuerneutral. Im Erwerbszeitpunkt der internationalen Schachtelbeteiligung kann aber die Option hin zur Steuerpflicht gewählt werden.[48] Während Dividenden-

44 Beteiligung einer vergleichbaren ausländischen Körperschaft in Form von Kapitalanteilen, die für eine ununterbrochene Dauer von mindestens einem Jahr und zu mindestens 10 % besteht.

45 Beteiligung der Kapitalgesellschaft an der Personengesellschaft × Beteiligung der Personengesellschaft an der ausländischen Zielgesellschaft.

46 Mindestbeteiligung 10 %.

47 Zur Veräußerung von Anteilen an Personengesellschaften siehe zB *Christiner*, Asset Deal Versus Share Deal: Ertragsteuerliche Aspekte für Verkäufer und Käufer, in *P/Z/K* HB M&A (2007) 145ff.

48 Vgl § 10 Abs 3 KStG.

erträge weiterhin steuerfrei bleiben, kommt es im Fall des Exits zur Steuerpflicht. Die Option zur Steuerpflicht sollte jedenfalls dann gewählt werden, wenn schon zu Beginn ein Veräußerungsverlust droht, da diese Verluste berücksichtigt werden können.

5.3. Kaufpreisreduktion durch Dividendenvorbehalt

Der Veräußerungsgewinn im Fall des Exits ergibt sich sowohl für natürliche als auch für juristische Personen anhand der Differenz des Veräußerungserlöses (Kaufpreis) und der steuerlichen Anschaffungskosten. Im Zuge der Veräußerung der Beteiligung im Vermögen von Kapitalgesellschaften ist darauf zu achten, dass ein allfällig vereinbarter Dividendenvorbehalt nicht als Teil des Kaufpreises anzusehen ist, sondern der Beteiligungsertragsbefreiung iSd § 10 KStG unterliegt. Ein Dividendenvorbehalt betrifft den Verkauf einer Beteiligung zu einem Zeitpunkt, zu dem noch kein Gewinnverteilungsbeschluss für das vorangehende Wirtschaftsjahr vorliegt. Dabei wird privatrechtlich vereinbart, dass der Verkäufer die Dividende für das Vorjahr erhält, in dem er noch Gesellschafter war, auch wenn sie erst nach dem Verkauf beschlossen wird. Ein Dividendenvorbehalt kann daher dazu führen, dass der Investorengesellschaft auch nach Veräußerung der Beteiligung und daher Übergang des wirtschaftlichen Eigentums die vorbehaltene Dividende, über die im Veräußerungszeitpunkt noch kein Gewinnverwendungsbeschluss vorliegt, zugerechnet wird. Laut Rechtsprechung des VwGH[49] steht der Dividendenvorbehalt in offenkundigem Zusammenhang mit der Veräußerung und gilt einen Teil des Kaufpreises ab. Die Beteiligungsertragsbefreiung kommt nicht zur Anwendung.[50] Wichtig ist daher für Investoren, die einen Dividendenvorbehalt im Zusammenhang mit einer Beteiligungsveräußerung andenken, die zeitliche Komponente – in diesem Fall den Zeitpunkt des Gewinnverteilungsbeschlusses – für die Transaktion jedenfalls zu berücksichtigen und dementsprechend zu gestalten.[51]

6. Ausgewählte steuerliche Fragen aus Investorensicht

6.1. Sonderthemen für ausländische Investoren

Ausländische Investoren, also jene die weder Sitz noch Ort der Geschäftsleitung in Österreich haben und demnach in Österreich nicht unbeschränkt steuerpflichtig sind, sind nur mit jenen Einkünften steuerpflichtig, zu denen sie einen gewissen Inlandsbezug haben. Dies ist insbesondere dann der Fall, wenn Einkünfte aus Gewerbebetrieb[52] erzielt werden und eine inländische Betriebsstätte vorliegt, oder laufende Einkünfte aus Kapitalvermögen vorliegen insb wenn es sich dabei um kapitalertragsteuerpflichtige Dividenden handelt.[53] Auch die Einkünfte aus der Veräußerung einer (innerhalb der letzten fünf Jahre) zumindest 1%igen Beteiligung an einer unbeschränkt steuerpflichtigen Kapitalgesellschaft unterliegt der Besteuerung aufgrund der beschränkten Steuerpflicht.[54] Wichtig in diesem Zusammenhang ist daher zu prüfen, ob es aufgrund von innerstaatlichen Vorschriften zu einer

49 VwGH 14.12.2005, 2002/13/0053.
50 Vgl dazu auch die Beispiele in den KStR 2013 Rz 1168.
51 Siehe dazu auch weiterführend zB *Fraberger* in *P/Z/K*, HB M&A (2007) 329ff.
52 § 98 Abs 1 Z 3 1. TS iVm § 23 EStG iVm § 29 BAO.
53 § 98 Abs 1 Z 5 lit a EStG.
54 § 98 Abs 1 Z 5 lit e EStG.

Besteuerung kommt und in einem weiteren Schritt, ob es, wenn es auch im Ausland zu einer Besteuerung kommt, ein entsprechendes Doppelbesteuerungsabkommen gibt, das Maßnahmen zur Vermeidung der Doppelbesteuerung beinhaltet. Etwaige steuerliche Themen sollten daher von Investoren vor Erwerb der inländischen Gesellschaft geklärt werden.

6.2. Halten über eine Investmentgesellschaft

Für Investoren stellt sich oft die Frage, ob das Halten von Beteiligungen über eine Gesellschaft im Sinne einer Holding erfolgen, oder ob das Investment im Privatvermögen der natürlichen Person gehalten werden soll. Abgesehen von den oben ausgeführten Punkten zur allgemeinen Rechtsformwahl, den steuerlichen Implikationen zum Anteilserwerb sowie den Möglichkeiten der nationalen und internationalen Beteiligungsertragsbefreiung gibt es aber noch weitere Punkte, die in diesem Zusammenhang beachtet werden sollten:

Grundsätzlich ist für die Entscheidung, ob Beteiligungen direkt gehalten werden sollen, die Dividendensituation ein wichtiges Kriterium. Rechnet der Investor mit laufenden Ausschüttungen, wie es im Bereich der (vor allem frühphasigen) Startups eher selten der Fall sein wird, ist die Konstruktion über eine Holding durch die Anwendbarkeit der Beteiligungsertragsbefreiung generell vorteilhaft.Werden keine Dividendenausschüttungen erwartet und soll demnach lediglich an der Wertsteigerung des Unternehmenswerts partizipiert werden, bringt eine Holding aus dieser Perspektive keine steuerlichen Vorteile.[55]

Das Halten über eine Holding-Gesellschaft bietet die Möglichkeit, Ausschüttungen zu steuern und somit Gewinne zu thesaurieren und für den Fall, dass keine Ausschüttung vorgenommen werden, auch keine kapitalertragsteuerpflichtigen Einkünfte zu generieren. Der Investor erhält sodann keine Ausschüttungen, nimmt aber anhand der Steigerung des Unternehmenswerts an der Wertsteigerung des Unternehmens teil. Effektiv ergibt sich aber aus dem Halten über eine Investorengesellschaft dann eine höhere Besteuerung.

Auch hinsichtlich Umsatzsteuer ist, allerdings unabhängig von der Rechtsform, zu differenzieren ob generell Unternehmereigenschaft zusteht. Nach Rechtsprechung des EuGH[56] stellt eine Beteiligungs- bzw Finanzholding[57] keinen Unternehmer im Sinne des UStG dar, was dazu führt, dass der Investorengesellschaft kein Vorsteuerabzug zusteht. Liegt neben diesem Bereich auch noch eine operative Tätigkeit, wird von einer „gemischten Holdinggesellschaft“ gesprochen. Im Startup Bereich wären hier zB Beratungsleistungen denkbar, die der Investor an fremde Dritte erbringt. Liegt eine gemischte Holding vor, steht grundsätzlich der anteilige Vorsteuerabzug zu. Außerdem berechtigt der anlässlich des Beteiligungserwerbs anfallende Aufwand ausnahmsweise dann zum Vorsteuerabzug, wenn die Beteiligung der eigenen wirtschaftlichen Tätigkeit der Holdinggesellschaft dient.[58]

55 Ausgenommen es kommt zu einer steuerneutralen Beteiligungsveräußerung im Rahmen einer internationalen Schachtelbeteiligung.

56 EuGH 22.6.1993, *Sofitam*, C-333/91; EuGH 14.11.2000, *Floridienne und Berginvest SA*, C-142/99.

57 Die Aktivität dieser Gesellschaften beschränkt sich auf den Erwerb und die Verwaltung von Beteiligungen.

6.3. Incentivierung von Mitarbeitern, Mitarbeiterbeteiligungen, Optionen etc und steuerliche Begünstigungen

Da es Startups in der Regel schwer haben, monetäre Anreize über die laufenden Bezüge für Mitarbeiter und andere für den wirtschaftlichen Erfolg mitverantwortliche Personen anzubieten, erfolgt eine entsprechende Incentivierung oft über die Einräumung von Beteiligungen am (künftigen) Unternehmenserfolg. Dies ist auch für Investoren von Relevanz, da einerseits das operative Ergebnis wesentlich von jenen Schlüsselmitarbeitern abhängt, zum anderen werden oft Strukturen aufgesetzt, die Investoren vertragliche Verpflichtungen auferlegen. Sowohl im GmbH-Gesellschaftsrecht als auch im Steuerrecht gibt es kaum zwingende gesetzliche Regelungen zu derartigen Programmen: Der Gestaltungsspielraum ist daher recht groß, allerdings in vielerlei Hinsicht mit Rechtsunsicherheit verbunden.

Grundsätzlich sind in der Praxis Programme gängig, die die Mitarbeiter entweder mittels direkter Kapitalbeteiligung beteiligen, oder jene, die die Mitarbeiter lediglich virtuell am laufenden Ergebnis oder am Exiterlös beteiligen. Im Fall der virtuellen Anteile werden dem begünstigten Mitarbeiter Anteile eingeräumt, die einer echten Beteiligung nachgebildet sind. Dies kann in unterschiedlichen Ausprägungsformen passieren, meist erhält der Begünstigte Vermögensrechte, dh Anspruch auf Gewinnausschüttung bzw Exiterlös – Herrschaftsrechte, wie Stimmrechte, erhalten virtuell Beteiligte in der Regel nicht. Ein wesentlicher Vorteil der virtuellen Beteiligung ist, dass es bei Zuteilung zunächst grundsätzlich zu keiner Besteuerung kommt.[59] Nachteilig gegenüber echten Anteilen ist, dass die Besteuerung im Zufluss- oder Exitfall zum Steuertarif von bis zu 55 % erfolgt und nicht zum Kapitalertragsteuersatz von 27,5 %; dies kann zu einer massiv höheren Steuerbelastung führen und ist daher nicht immer vorteilig.

Zudem unterscheiden sich die Programme dann auch hinsichtlich der Einrichtungsebene, also wer mit wem die Incentivierung abschließt; rechtlich gesprochen: Wer sind die Vertragsparteien des Schuldverhältnisses? Denn in Abhängigkeit der gewählten Strukturierungsvariante ist insbesondere relevant, auf welcher Ebene das Incentivierungsprogramm eingerichtet wird. Während direkte Beteiligungsprogramme bei GmbHs naturgemäß nur auf Gesellschafterebene eingerichtet werden können[60], besteht die Möglichkeit virtuelle Beteiligungsprogramme sowohl auf Gesellschafterebene als auch auf Gesellschaftsebene abzuwickeln. Da der begünstigte Mitarbeiter die entsprechende Arbeits-/Gegenleistung für die Incentivierung im Normalfall für die Gesellschaft erbringen soll, ist es mE nicht ideal, wenn die Vereinbarung über virtuelle Beteiligungsprogramme zwischen anderen Vertragspartnern als dem Begünstigten und dem Startup selbst abgeschlossen wird. Wird nämlich das Beteiligungsprogramm zwischen begünstigtem Mitarbeiter und Investor aufgesetzt, ergibt sich ein Spannungsverhältnis zwischen den Vertragsparteien (Startup und Investor) und der Gesellschaft, für die die eigentliche

58 *Raab*, Umsatzsteuer im Konzern, in *Fraberger/Baumann/Plott/Waitz-Ramsauer*, HB Konzernsteuerrecht[2] (2014) 400 ff.

59 Dies ist jedenfalls dann der Fall, wenn die virtuelle Beteiligung nicht wie ein frei übertragbares Wirtschaftsgut gehandelt werden kann.

60 Da GmbHs grundsätzlich keine eigenen Anteile halten können.

Arbeitsleistung der Begünstigten erbracht wird und die auch oft die Last aus dem Programm trägt.

Eine von Zeit zu Zeit anzutreffende Gestaltungsvariante ist, dass das Programm zwar auf Ebene der Gesellschaft aufgesetzt wird, sich jedoch einzelne Gesellschafter (in der Regel die Gründer) dazu verpflichten, die Gesellschaft und/oder die anderen Gesellschafter wirtschaftlich für die mit den Zahlungen unter dem Programm zusammenhängenden Kosten (inkl Lohnnebenkosten) schad- und klaglos zu halten. Eine solche Konstruktion ist nicht optimal. Insbesondere sollte nicht unterschätzt werden, dass dadurch im Zusammenhang mit der Abwicklung der Zahlungen unter dem Programm unterschiedliche Interessen zwischen den Gesellschaftern, die solche Zahlungen wirtschaftlich zu tragen haben, und denjenigen, die damit nicht belastet werden sollen, entstehen. Im Worst Case müssten die „belasteten" Gesellschafter der Gesellschaft zB im Zuge eines Anteilsverkaufs oder im Rahmen von Gewinnausschüttungen erhaltenes, bereits der Besteuerung unterliegendes Kapital zuschießen. Ein nicht von allen Gesellschaftern mittelbar getragenes Programm erhöht zudem die Komplexität künftiger Finanzierungsrunden und des Exit der Gesellschaft.[61]

6.4. Verdeckte Gewinnausschüttung

Insbesondere wenn Beteiligungen an Gesellschaften erfolgen, die nicht rein kapitalgetrieben sind, wie es im Startup-Bereich öfter der Fall ist, ist das Spannungsverhältnis Investor und Kapitalgesellschaft zu beachten.[62] Verdeckte Ausschüttungen sind, allgemein gefasst, alle Ausschüttungen, die nicht als offene Gewinnverwendung gewährt werden und die den Gesellschaftern der Körperschaft oder nahestehenden Personen Vorteile gewähren, die nicht fremdüblich sind und bei der Gesellschaft zu einer Vermögensminderung führen.[63] Zudem muss auch die Vorteilsgewährungsabsicht gegeben sein.[64] Klassische Beispiele für verdeckte Ausschüttungen sind Kostenübernahmen der Körperschaft für die Gesellschafter, unangemessen hohe Aufwendungen zu Gunsten des Gesellschafters oder auch zum Schein getätigte Aufwendungen für den Gesellschafter. Werden demnach verdeckte Ausschüttungen bewirkt, kommt es zu einer Verlagerung von Aufwendungen und Erträgen zwischen Investor und Startup.

In Abhängigkeit der Rechtsform des Investors kommt es zu differenzierten Rechtsfolgen: Erfolgt die verdeckte Ausschüttung an eine natürliche Person, führen diese zu Einkünften aus Kapitalvermögen im Privatvermögen bzw zu betrieblichen Einkünften, wenn die Beteiligung im Betriebsvermögen gehalten wird. Verdeckte Ausschüttungen unterliegen daher der Kapitalertragsteuer. Bei juristischen Personen als Investor greift auch für ver-

61 Vgl *Geweßler/Steinhart*, Incentivierungsprogramme bei Start-ups, in *H/K/Z*, SWK Spezial Einkommensteuer 2019, 4.2. Virtuelle Beteiligungen.

62 Siehe dazu bereits auch oben zu Work for Equity und der Abgrenzung Nutzungseinlage/Einlage.

63 Im Gesellschaftsrecht spricht man in solchen Fällen von „unzulässiger Einlagenrückgewähr", die zivilrechtlich unzulässig sein kann und die zu Haftungen der handelnden Personen (va des Geschäftsführers, der ein solches Geschäft schließt bzw einen Vorteil gewährt) und zu Rückforderungsansprüchen gegen die Empfänger solcher Leistungen führen kann.

64 Vgl *Kirchmayr* in *Achatz/Kirchmayr*, KStG (2011) § 8 Tz 165; KStR 2013 Rz 568.

deckte Ausschüttungen grundsätzlich die Beteiligungsertragsbefreiung.[65] Eine Vermögenszuwendung an den Gesellschafter liegt dann nicht vor, wenn der Gesellschafter im Gegenzug der Gesellschaft einen Vermögensvorteil zuwendet (sogenannter Vorteilsausgleich).[66] Die Leistungen müssen gleichwertig sein und einen entsprechenden Bezug zueinander aufweisen. Außerdem ist eine ausdrückliche wechselseitige Vereinbarung bereits im Zeitpunkt der Vorteilsgewährung notwendig.

Liegt eine verdeckte Gewinnausschüttung vor, kann diese durch einen Rückforderungsanspruch der Gesellschaft an den Investor korrigiert werden. Dafür ist es notwendig, dass eine Rückforderung spätestens am Bilanzstichtag im Jahr der verdeckten Ausschüttung von der Körperschaft erfolgt und eine entsprechende Forderung bilanziert wird.[67] Auch für den Startup-Bereich bedeutet das, dass Leistungen zwischen Investor und Startup stets hinsichtlich Fremdvergleich gestaltet werden müssen, um eine verdeckte Gewinnausschüttung zu vermeiden. Insbesondere sollte darauf geachtet werden, dass klare vertragliche Regelungen getroffen werden, um auch eine gewisse Publizität zu erzielen. Ist dies nicht der Fall und kommt es tatsächlich zu einer verdeckten Ausschüttung, kann diese nämlich auch zivilrechtliche und finanzstrafrechtliche Konsequenzen für den Investor nach sich ziehen.

7. Conclusio

Für Investoren ist auch aus steuerlicher Sicht einiges zu bedenken: Steht zu Beginn die Entscheidung, in Ausübung welcher Rechtsform die Investments gehalten werden sollen, stellt sich im Bereich der wiederkehrenden Investitionsentscheidung immer wieder die Frage nach der optimalen steuerlichen Struktur. Dabei sind einerseits Themen zu bedenken, die die Investoren direkt betreffen, wie zB Beteiligungsertragsbefreiungen etc, als auch Fragestellungen, die sich auf Ebene des Startups selbst abspielenwie zB Mitarbeiterbeteiligungen und somit nur indirekt Einfluss auf die Investoren haben. Es ist daher insbesondere in diesem oft unsicheren und volatilen Bereich besonders auf eine entsprechende steuerliche Analyse sämtlicher Gestaltungsvarianten zu achten, um die optimale Struktur für Investor und auch Startup zu erreichen.

65 Ua vgl *Ressler/Stürzlinger* in *Lang/Rust/Schuch/Staringer*, KStG² (2016) § 8 Rz 153.

66 Vgl *Kirchmayr* in *Achatz/Kirchmayr*, KStG (2011) § 8 Rz 206 f; *Raab/Renner* in *Renner/Strimitzer/Vock*, KStG²⁵ § 8 Rz 185 mit Verweis auf Heinrich, Verdeckte Gewinnausschüttung und Vorteilsausgleich, SWK 1999, 167; KStR 2013 Rz 609.

67 Vgl uA *Kirchmayr* in *Achatz/Kirchmayr*, KStG (2011) § 8 Rz 226 ff; *Ressler/Stürzlinger* in *L/R/S/S*, KStG² (2016) § 8 Rz 146; VwGH 19.5.1987, 86/14/0179; KStR 2013 Rz 666.

Kaufmännische Due Diligence, Geschäftsmodelle und KPIs

Carlos Fernández de Retana

1. Warum Startups scheitern

Ein Investment in Startups in einer sehr frühen Phase kann hohe Renditen erwirtschaften, stellt aber wegen der hohen Unsicherheiten und der fehlenden Vergangenheit auch immer ein hohes Risiko dar. Laut US-Analyse-Dienst CB Insights[1] scheitern über 80 % der Startups – weil der Markt für das Produkt fehlt (42 %), weil das Geld ausging (29 %), wegen des falschen Teams (23 %), aber zB auch wegen dem Fehlen eines Geschäftsmodells (17 %).

Der amerikanische Serial-Entrepreneur *Steve Blank*[2] fasst es so zusammen: „*Startups don't fail because they lack a product. Startups fail because they lack customers, a market and a profitable business model.*"

Diese Studie zeigt, wie wichtig neben dem existierenden Markt und den Kunden auch ein funktionierendes Geschäftsmodell ist und wie wichtig es für potenzielle Investoren ist, dieses Geschäftsmodell zu verstehen und zu hinterfragen. Geschäftsmodell und Strategie bilden zusätzlich zu den Finanzahlen die Kernelemente für eine kaufmännische Due Diligence, die bei Startups in früher Phase ein permanenter, oft nicht formal strukturierter Prozess ist.

Das Ziel der Due Diligence ist es Stärken, Schwächen und Inkonsistenzen im Geschäftsmodell frühzeitig zu erkennen, um das Risiko besser beurteilen zu können und damit böse Überraschungen zu vermeiden.

Weniger durch einen wissenschaftlichen Ansatz und viel mehr durch Beispiele soll Investorinnen und Investoren in diesem Kapitel eine Hilfestellung gegeben werden, das Geschäftsmodell, den Markt und die Zahlen eines Startups zu prüfen und zu hinterfragen. Zusammenfassend wird am Ende ein Profil in Form einer SWOT-Analyse erarbeitet.

Der wichtigste Ratschlag zur Überprüfung eines Startups ist aber ganz einfach: Stellen Sie Fragen, stellen Sie sehr viele Fragen … – und verifizieren Sie wenn möglich die Antworten.

2. Beurteilung von Chancen & Risken

Ziel dieses Kapitels ist es, Investorinnen und Investoren (vor allem Business Angels in früher Phase) zu zeigen, wie Startups Ideen entwickeln, und sie dabei zu unterstützen Chancen und Risiken vor einem Investment in ein Startup besser beurteilen zu können. Der Schwerpunkt wird dabei auf die kaufmännische Due Diligence, die Geschäftsmodelle und wesentliche KPIs gelegt.

Die in diesem Buch verwendete Definition von Startups umfasst folgende Kriterien:

- jünger als zehn Jahre,
- mit ihren Produkten, Dienstleistungen, Technologien oder Geschäftsmodellen innovativ und
- ein signifikantes Mitarbeiterinnen- und Mitarbeiter- oder Umsatzwachstum aufweisend oder zumindest anstrebend.[3]

1 Vgl https://www.cbinsights.com/research/startup-failure-reasons-top/ (19.8.2019).
2 Vgl https://steveblank.com/ (19.8.2019).
3 *Austria Wirtschaftsservice et al* (Hrsg/Auftraggeber), Austrian Startup Monitor 2018.

Der Fokus dieses Kapitels liegt dabei auf Startups in der sehr frühen Phase – auf der Zeit vor der Gründung bis ein bis fünf Jahre nach Gründung. Dies führt zu einem weiteren, wesentlichen Kriterium, nämlich:

- Startups in dieser Phase haben noch kein stabiles Geschäftsmodell, sondern entwickeln dieses erst.

Diese wesentlichen Eigenschaften machen eine Beurteilung der Startups für Investoren besonders schwierig. Zusätzlich kommt bei Technologie- oder Life-Science-Startups in der Regel noch eine sehr lange Entwicklungszeit und ein sehr hoher Finanzierungsbedarf dazu, der hauptsächlich durch Investoren und Privatkapital aufgebracht werden kann.

Wie kommt ein Business Angel zu Startups in früher Phase und wie kommt es dann zu einer Finanzierung? Wie immer ist der Anfang am schwierigsten!

Viele der Investoren werden bei einem der zahlreichen, regelmäßig stattfindenden Pitch Events (in Wien zB INiTS Demo Day, aws Business Angel Summit, TU i²c Networking Friday, Health Hub Vienna oder Legal Tech Hub Vienna etc) auf ein Startup aufmerksam. Dabei stellt das Startup in einer drei- bis fünfminütigen Präsentation seine Idee/ Vision mit dem Geschäftsmodell vor, und in einer anschließenden Fragerunde (Q&A, weitere fünf bis fünfzehn Minuten) werden Fragen aus dem Publikum oder von einer Jury gestellt.

Wenn hier ein Startup das Interesse eines Investors geweckt hat, weil es seine Geschichte sehr gut erzählt hat, oder viel spannender, ein Investor die Chancen und das Potenzial erkannt hat, obwohl das Startup seine Geschichte nicht sehr gut erzählt hat (das kommt bei Technologie-Startups immer wieder vor), dann kommt es zu weiteren Kontakten (Erstgespräch, Meeting, Anforderung von weiteren Unterlagen etc). Dabei werden primär der Investmentbedarf seitens des Startups und die dafür gewährten Anteile (also die Unternehmensbewertung) grob abgeklärt. Besteht nach wie vor Interesse, beschäftigt sich der Investor stärker mit dem Geschäftsmodell, mit dem Markt, der Technologie, dem Team, der rechtlichen Situation, der IP (Intellectual Property), den Zahlen etc, um zu prüfen, welche Stärken, Schwächen, Chancen und Gefahren vorhanden sind. Er überprüft, wie hoch das Risiko ist, wie hoch seine Rendite sein könnte und ob die Unternehmensbewertung realistisch bzw verträglich ist. Von Anfang an läuft somit eine „Due Diligence" ab.

In diesem Kapitel wird folgendes genauer behandelt:

- Wie entwickeln Startups Geschäftsmodelle und welche Fragen sind dabei zu stellen (und zu beantworten)?
- Wie werden die Hypothesen getestet und verifiziert?
- Wie werden Ideen und Geschäftsmodelle präsentiert (welche Unterlagen gibt es) und wie kann der Investor diese aufgrund der Präsentation und Unterlagen beurteilen?
- Welche Modelle und Kennzahlen werden dabei verwendet und wie sind diese zu interpretieren?

2.1. Due Diligence (DD)

„Due Diligence" bedeuted gebührende Sorgfalt – dh die sorgfältige Prüfung und Analyse eines Unternehmens, insbesondere im Hinblick auf seine wirtschaftlichen, rechtlichen, steuerlichen und finanziellen Verhältnisse, die durch einen potenziellen Käufer eines Unternehmens vorgenommen werden.

Ziel einer Due Diligence ist es, sich so weit wie möglich abzusichern, dass die Annahmen und Voraussetzungen, auf die sich ein Kaufangebot für ein Unternehmen bezieht, zutreffen und alle relevanten Risiken identifiziert worden sind.

Je nachdem wer die Due Diligence veranlasst, unterscheidet man zwischen einer Buy Side Due Diligence, die von einem Käufer des Unternehmens beauftragt bzw durchgeführt wird, und einer Vendors Due Diligence, die vom zu verkaufenden Unternehmen selbst durchgeführt wird.

Inhaltlich wird in der Praxis oft in die Teilbereiche kaufmännische, rechtliche und technische Due Diligence unterschieden. Rechtliche und technische Due Diligence werden in anderen Kapiteln in diesem Buch bearbeitet, in diesem Kapitel wird die kaufmännische Due Diligence (**Commercial Due Diligence**) beleuchtet. Diese beschäftigt sich im Wesentlichen mit der Frage, ob das Geschäftsmodell des Unternehmens nachhaltig ist.

Eine umfassende Analyse der Stärken, Schwächen, Chancen und Risiken des zu erwerbenden Unternehmens (SWOT-Analyse) ist ein wesentlicher Bestandteil der Commercial Due Diligence. Die Analyse beschäftigt sich im Kern mit folgenden fünf Elementen: Geschäftsmodellanalyse, Marktanalyse, Kundenanalyse, Wettbewerberanalyse und Business-Plan-Überprüfung. Die quantitative Erfassung des Unternehmens und seiner Finanzkennzahlen bilden hierbei auch ein Kernelement. So kann die strategische Logik der Transaktion aufgezeigt und in Zahlen messbare Aussagen zum Unternehmen getroffen werden.[4]

Bei Startups in der Frühphase kann jedoch nicht alles verifiziert werden, weil es sich bei vielen Punkten um Hypothesen handelt und weil es im Gegensatz zu bereits langjährig aktiven Unternehmen keine Vergangenheitszahlen (Bilanzen etc) gibt. Auch das wesentliche Ziel einer Due Diligence, die Ermittlung des Unternehmenswertes bzw des Net Present Value (Barwert oder Kapitalwert), kann nicht mit klassischen Methoden (DCF, Multiples, Residualgewinnverfahren etc) ermittelt werden. Auf die Unternehmensbewertung von Startups wird in diesem Kapitel daher nicht eingegangen.

Wichtig ist, dass eine Due Diligence bei einem Startup kein festgelegter, streng formaler Prozess ist. Natürlich arbeiten Business Angels und Venture-Capital-Unternehmen sehr oft mit Checklisten und Fragebögen, aber in der frühen Phase spielen das Vertrauen und die Intuition oft eine größere Rolle.

Bei Startups in früher Phase ist die Due Diligence ein ständiger Prozess, bei dem es gilt

- mögliche Risiken, möglichst frühzeitig zu erkennen (sie zu bewerten und gegebenenfalls zu verringern);
- Inkonsistenzen im Geschäftsmodell frühzeitig zu finden (und zu beheben);

4 Vgl https://wirtschaftslexikon.gabler.de/definition/due-diligence-35668 (27.8.2019).

- Chancen und Risiken besser quantifizieren zu können (und sie dann in die Bewertung einfließen zu lassen);
- Kompetenzen und Lernbereitschaft des Gründerteams zu evaluieren (und das Vertrauen in die Zukunft der Mannschaft aufzubauen und/oder zu festigen);
- möglichst keine bösen Überraschungen zu erleben (Leichen im Keller frühzeitig zu finden).

2.2. Geschäftsmodell (GM) versus Strategie

Es gibt viele unterschiedliche Definitionen eines Geschäftsmodells; in diesem Kapitel gilt folgende: Ein Geschäftsmodell (engl Business Model) ist eine modellhafte Repräsentation der logischen Zusammenhänge, wie eine Organisation bzw ein Unternehmen Mehrwert für Kunden erzeugt und einen Ertrag für die Organisation sichern kann.[5]

Forschende in der Betriebswirtschaftslehre sind sich größtenteils einig, dass die Begriffe Strategie und Geschäftsmodell verschiedene Dinge bezeichnen. Dennoch werden beide Begriffe insbesondere in nichtwissenschaftlichen, teilweise aber auch in wissenschaftlichen Publikationen als Synonyme verwendet. Ein Geschäftsmodell tätigt keine Aussagen zur Wettbewerbssituation. Im Gegensatz dazu beschreibt eine Strategie, wie sich ein Unternehmen im Verhältnis zur Konkurrenz abgrenzen und einen nachhaltigen Wettbewerbsvorteil erarbeiten kann.

Wesentlich ist, dass eine Idee oder eine Technologie nur in Kombination mit einem funktionierenden Geschäftsmodell und einer Strategie einen Wert für Kunden darstellt. Das Geschäftsmodell und die Strategie des Startups sind somit wesentliche Beurteilungskriterien. An dieser Stelle wird von einer Definition von Strategie abgesehen und stattdessen auf ein Zitat von *Henry Mintzberg* verwiesen: *„Strategie ist eines jener Wörter, die wir gern auf eine bestimmte Weise definieren, jedoch auf eine andere Weise verwenden.“*[6]

2.3. Key Performance Indicators (KPIs)

Mit dem engl Begriff Key Performance Indicators werden in der Betriebswirtschaftslehre allgemeine Kennzahlen bezeichnet, die sich auf den Erfolg, die Leistung oder Auslastung des Betriebs, seiner einzelnen organisatorischen Einheiten oder einer Maschine beziehen.

Aufgrund ihres Leistungsbezugs dienen sie dem Management und Controlling dazu, Unternehmensprozesse, einzelne Projekte oder Abteilungen zu kontrollieren und entsprechend zu bewerten. Je nach eingenommener Perspektive (bspw internes Rechnungswesen, Kunden oder Management) werden als KPI verschiedene Größen herangezogen.[7]

In diesem Kapitel werden nur einige wichtig KPIs behandelt, die bei einer kaufmännischen Due Diligence in früher Phase von Bedeutung sein können, bzw in diesem Kapitel näher dargestellt werden.

5 Vgl https://wirtschaftslexikon.gabler.de/definition/geschaeftsmodell-52275 (25.8.2019).
6 *Mintzberg*, Strategy Safary: eine Reise durch die Wildnis des strategischen Managements (1999).
7 Vgl https://wirtschaftslexikon.gabler.de/definition/key-performance-indicator-kpi-52670 (25.8.2019).

3. Was steht dem Investor zur Beurteilung zur Verfügung?

Bei einem Unternehmen wird bei einer DD bei Kaufinteresse vor einer Transaktion Folgendes geprüft bzw durchgeführt:

- Es kommt zu einer Befragung des Managements.
- Es werden teils standardisierte Fragebögen verschickt.
- Er werden relevante Daten zur Überprüfung angefordert (Bilanzen, Saldenlisten, Verträge etc).
- Es wird ein Datenraum eingerichtet.
- Überprüfung der zur Verfügung gestellten Daten durch Prüfer (teils extern).
- Betriebsbegehungen, Lager verifizieren, Gebäude begutachten etc (Wertevaluierung)
- Erstellen und gegenseitiges Zeichnen eines DD-Reports.

Bei Startups in früher Phase ist das so nicht im vollen Umfang möglich, da ein Blick in die Vergangenheit und die Überprüfung von Bilanzen etc nicht stattfinden kann. Betriebsbesichtigungen und Begehungen sollten jedenfalls gemacht werden (Labor, Werkstatt, etc) und der Blick in die Zukunft ist mit hohen Risiken verbunden. Investor *Hermann Hauser* hat bei einer Präsentation einmal sinngemäß gesagt *„There is no true or false, only probability"*. Eine Due Diligence bei Startups basiert daher auch stark auf Vertrauen.

Generell können daher folgende Beobachtungen und Anmerkungen zur einer DD gemacht werden:

- Due Diligence ist keine „Investor gegen Startup"-Aktivität, es ist eine partnerschaftliche Prüfung und Verifizierung.
- Es geht nicht darum, jemanden beim Lügen zu erwischen (das ist nicht die Regel), sondern den Wert zu erkennen.
- Es ist die Beurteilung eines Projektes als Partner – Mindset, Einstellung und Umgang zählen.
- Due Diligence findet in jeder Phase der Pipeline, der Beurteilung des Startups statt.
- Firmenwert ist auch der Synergiewert, dh das Startup kann aus der Beteiligung des Investors einen Mehrwert generieren, der über den eingebrachten Mehrwert hinausgeht (1+1=3).
- Wisdom of Crowd: Reden Sie mit anderen.

Beobachtung und Anmerkungen zu den **häufigsten Fehlern von Investoren bei einer Startup DD**

- Starker formaler Fokus (Legal, Tax, Finance etc), wie bei einem schon langjährig tätigen Unternehmen.
- Starker Fokus auf langfristige (fünf bis zehn Jahre und mehr) Finanzplanung.
- Due Diligence wird allein vom Investor durchgeführt ohne Experten oder/und Co-Investoren.
- Nur mehr mögliche Probleme sehen und die Chancen aus den Augen verlieren.

3.1. Das Storytelling von Startups und seine Bedeutung?

Wie erwähnt, schaffen eine neue Technologie und/oder eine neue Idee allein keinen Wert. Es muss ein Geschäftsmodell und eine Strategie ausgearbeitet werden. Dabei werden Hypothesen gebildet, getestet (Kundenfeedback, Partnerfeedback, Recherchen, Studien, Modelle rechnen und simulieren etc) und wenn notwendig, verworfen und geändert.

Um für die Idee (mit dem Geschäftsmodell und der Strategie) nun Investoren zu begeistern, muss von den Gründerinnen und Gründern zweifelsohne eine Geschichte erzählt werden (Storytelling), die das Potenzial und die Chancen (eventuell auch die Risiken) erkennen lässt. Dabei soll die Komplexität stark reduziert werden, ohne aber den Inhalt zu verlieren.

Viele Startups gehen dabei nicht ausreichend in die Tiefe, sondern bleiben an der Oberfläche und erzählen eine schlichte Erfolgs-Geschichte. Manchmal wird sogar wie in einem Potemkischen Dorf[8] vorgegangen und falsche Tatsachen vorgegeben, um die Illusion von bereits vorweisbaren Erfolgen zu projizieren. Die Aufgabe von Investorinnen und Investoren ist es, ausreichend in die Tiefe zu gehen. Es gilt die Regel: Fragen, fragen, fragen – und überprüfen.

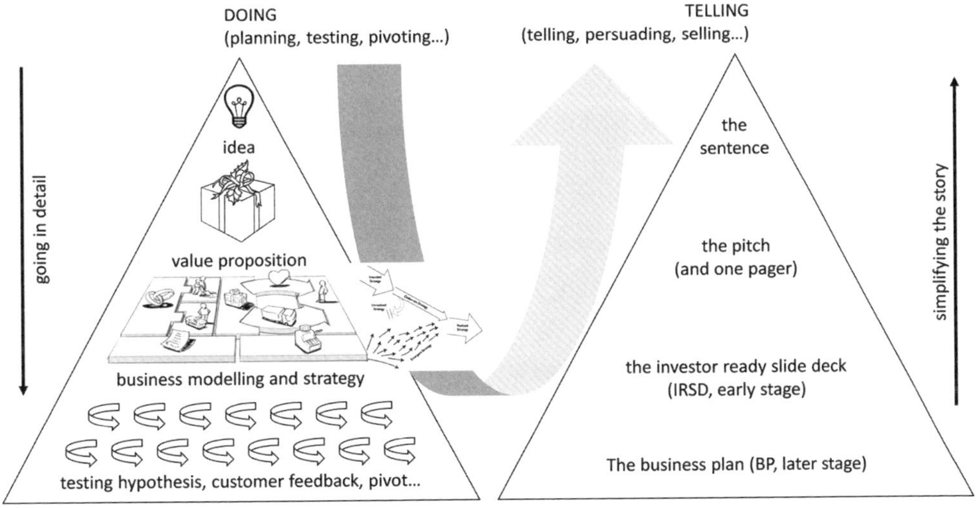

Abb 1: The Do and Tell U. *(Quelle: Fernandez de Retana:* Vorlesung Unternehmerisches Denken und Handeln in innovativen High Tech Unternehmen uns Startups [TU Wien, Sommersemester 2019, eigene Darstellung])

8 Vgl https://de.wikipedia.org/wiki/Potemkinsches_Dorf (19.8.2019).

3.2. Was können Investoren bei einer DD von Startups erwarten?

Im Wesentlichen reduziert sich die Beurteilung auf folgende Fragen:

- Hat das Produkt/die Idee einen Nutzen für Kunden und kann man diesen auch verteidigen?
- Ist das Geschäftsmodell in sich konsistent und plausibel und sind die Annahmen/ Hypothesen im Geschäftsmodell wahrscheinlich?
- Kann das Team das Geschäftsmodell umsetzen und kann man damit Geld verdienen?

Diese Anforderungen spiegeln sich auch in **Basis-Leitfragen**[9] wider:

- Ist die Produkt- oder Dienstleistungsidee verständlich dargestellt?
- Ist der Kundennutzen klar durchdacht und formuliert?
- Warum ist die Idee im Speziellen für potenzielle Kunden interessant (USP)?
- Was ist der Wettbewerbsvorteil gegenüber Mitbewerbern?
- Welche Märkte sind für das Unternehmen relevant?
- Welche Kompetenzen hat das Gründerteam?
- Warum macht gerade dieses Gründerteam das Unternehmen erfolgreich (zB spezielles Wissen bzw Branchenerfahrung)?
- Wie hoch ist der geplante Umsatz in den nächsten drei Jahren?
- Wie hoch ist der aktuelle und künftige Kapital- bzw Investitionsbedarf?
- Welche Rendite kann grundsätzlich erzielt werden?

4. Geschäftsmodelle

Geschäftsmodelle spielen eine wichtige Rolle für Startups und natürlich auch für jedes andere Unternehmen. Viele sehr erfolgreiche, innovative Unternehmen sind nicht wegen einer reinen Prozess- oder einer Produkt-Innovation erfolgreich geworden. Sehr oft ging das vielmehr einher mit einer **Geschäftsmodell-Innovation**. Laut einer Studie der Boston Consulting Group (2009) sind 14 der 25 innovativsten Unternehmen der Welt vor allem Geschäftsmodell-Innovatoren. Diese Ergebnisse wurden auch von einer Studie von IBM (2012) bestätigt, wonach Outperformer einer Branche im Schnitt doppelt so oft ihr Geschäftsmodell innovieren wie Underperformer.[10] Man kann daher davon ausgehen, dass der Wettbewerb in Zukunft nicht ausschließlich zwischen Produkten und Prozessen stattfindet, sondern zwischen Geschäftsmodellen.

Beispielhaft dafür in der Folge einige Erfolgsgeschichten, die auf ein innovatives Geschäftsmodell und weniger auf ein großartiges Produkt zurückzuführen sind:

- Amazon ist der größte Buchhändler der Welt geworden, ohne ein einziges Geschäft.
- Airbnb ist die höchstbewertete globale Hotelkette, ohne ein eigenes Hotel zu besitzen.
- Uber ist der am höchsten bewertete Mobilitätsanbieter, ohne Autos zu haben, ohne Autos zu produzieren und ohne Fahrer angestellt zu haben.

---

9 *Kailer/Weiß*, Gründungsmanagement kompakt[6] 191 ff.

10 *Gassmann/Frankenberger/Csik*, Geschäftsmodell entwickeln, 55 innovative Konzepte mit dem St. Galler Business Model Navigator (Hanser 2017).

4.1. Geschäftsmodelle entwickeln, validieren und anpassen

Von allen unterschiedlichen Modellen zur Geschäftsmodellierung haben sich zwei Methoden durchgesetzt: Der St. Galler Business Model Navigator,[11] ein Konzept der Universität Sankt Gallen und der Business Model Canvas.

Das bewusst sehr einfach gehaltene Modell des **St. Galler Business Model Navigator** besteht aus vier Dimensionen (Wer, Was, Wie und Wert) und wird in einem „magischen Dreieck" dargestellt. Die Dimensionen sind:[12]

1) **Der Kunde – wer sind die Zielkunden?** Für jedes Geschäftsmodell muss man verstehen, welches die relevanten Kundensegmente sind, die adressiert werden sollen, und welche nicht. Der Kunde steht im Zentrum des Geschäftsmodells!
2) **Das Nutzenversprechen – was wird dem Kunden geboten?** Hier wird dargestellt, was den Zielkunden angeboten wird, um deren Bedürfnisse zu befriedigen. Das Nutzenversprechen beschreibt alle Leistungen eines Unternehmens (Produkte und Dienstleistungen), die dem Kunden von Nutzen sind.
3) **Die Wertschöpfungskette – wie wird die Leistung hergestellt?** Um das Nutzenversprechen zu erzielen, muss ein Unternehmen verschiedene Prozesse und Aktivitäten durchführen. Diese Prozesse und Aktivitäten zusammen mit den involvierten Ressourcen und Fähigkeiten und ihrer Koordination entlang der Wertschöpfungskette bilden die dritte Dimension.
4) **Die Ertragsmechanik – wie wird Wert erzielt?** Die vierte Dimension erklärt, warum ein Geschäftsmodell finanziell überlebensfähig ist. Es beinhaltet Aspekte wie Kostenstruktur und Umsatzmechanismen. Diese Dimension beantwortet die zentrale Frage jedes Unternehmens: Wie erzielt man mit dem Geschäft Wert für das Unternehmen?

Nach dem St Gallener Modell handelt es sich dann um eine Geschäftsmodell-Innovation, wenn mindestens zwei der vier Dimensionen neu sind.

Für ein Startup ist die vierte Dimension, der „Proof of Business Model", nach dem „Proof of Concept" (der Prototyp funktioniert) und dem „Proof of Market" (der Kunde nimmt das Produkt an, Umsatz wir generiert) der entscheidende Meilenstein im Innovations-/Gründungsprozess.

Die zweite Methode ist der **Business Model Canvas** von *Alexander Osterwalder* und *Yves Pigneur.*[13] In diesem Modell werden ebenso die vier essenziellen Elemente (Kunde, Nutzenversprechen, Wertschöpfungskette und Ertragsmechanik) behandelt. Sie werden aber in neun Blöcken abgebildet und man kann es sich als rechte (Emotion) und linke (Logik) Gehirnhälfte vorstellen.

11 Vgl https://www.thegeniusworks.com/wp-content/uploads/2017/06/St-Gallen-Business-Model-Innovation-Paper.pdf (25.8.2019).

12 *Gassmann/Frankenberger/Csik*, Geschäftsmodell entwickeln, 55 innovative Konzepte mit dem St. Galler Business Model Navigator (Hanser 2017).

13 *Osterwalder/Pigneur*, Business Model Generation: A Handbook for Visionaries, Game Changers, and Challengers (2009).

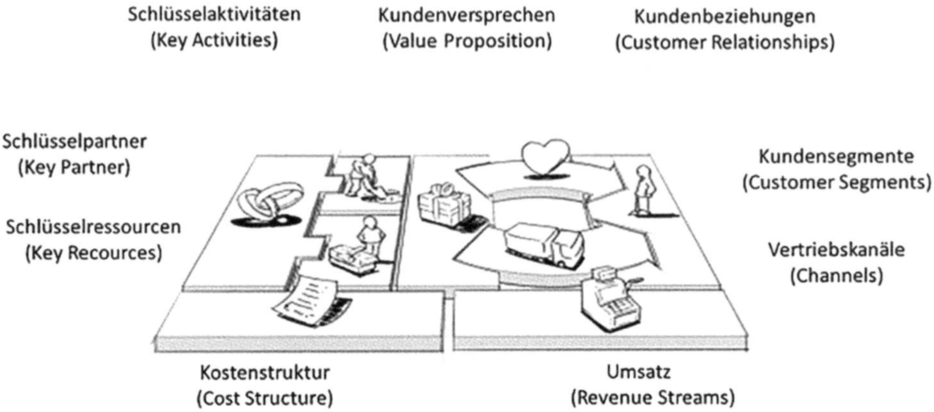

Abb 2: Business Modell CANVAS und BM Navigator (Quelle: *Werner Sammer*, Der Business Model Canvas: Dein Geschäftsmodell kompakt, https://ut11.net/de/blog/dein-geschaftsmodell-kompakt-der-business-model-canvas/ (1.9.2019))

Beide Methoden haben den Vorteil, dass sie einfach gehalten sind, der Business Model Canvas bietet dabei einen höheren Detailierungsgrad. Im Anschluss dient ein Fragenkatalog sowohl Startups als auch Investoren als Checkliste zur Evaluierung des Geschäftsmodells. Denn unabhängig von der Methode: Ein Investor muss das Geschäftsmodell eines Startups hinterfragen und verstehen.

Betreffend Geschäftsmodelltypen hat sich bisher noch keine eindeutige Systematik herausgebildet. Im Folgenden findet sich eine unvollständige Aufzählung von weit verbreiteten Geschäftsmodelltypen:[14]

- **Unbundling business models** (Entflechtungs-orientierte-Geschäftsmodelle): Geschäftsmodelle, welche die drei Bereiche Kundenbeziehungen, Produktinnovation sowie Bereitstellung und Wartung von Infrastrukturen zu unterschiedlichen Ausprägungen vereinen (Beispiel: Deutsche Telekom, Swisscom).
- **Long-tail business model** (Nischenprodukt-orientiertes-Geschäftsmodell): Eine überlegene Logistik ermöglicht es einem Unternehmen, normalerweise unrentable Nischenprodukte anzubieten (Beispiel: Amazon.com, Ebay.com).
- **Multi-sided platform business model** (Mehrseitige-Plattform-Geschäftsmodell): Eine Plattform ermöglicht die Interaktion von zwei oder mehr unabhängigen Gruppen. Der Wert für eine einzelne Gruppe entsteht durch die Präsenz einer anderen Gruppe (Beispiel: Google.com; die Gruppen sind Werbekunden und Suchmaschinennutzer. Je mehr Nutzer, die Google-Suchmaschine verwenden, desto mehr Daten hat Google, um die Suchergebnisse zu verbessern. Und je größer der Marktanteil der Google-Suchmaschine ist, desto mehr Werbekunden platzieren ihre Anzeigen mittels Google. Das wiederum stärkt Googles Verhandlungsposition zur Preisgestaltung. In diesem Geschäftsmodell gibt es mehrere positive leistungsstarke Regelkreise.)

14 Vgl https://wirtschaftslexikon.gabler.de/definition/geschaeftsmodell-52275 (25.8.2019).

- **Freemium business model** (Freemium-Geschäftsmodell): Eine Standard-Dienstleistung wird unentgeltlich angeboten; erweiterte Funktionalitäten bedürfen eines kostenpflichtigen Abonnements (Bespiel: Xing Online Community).
- **Tied products business model** (Verbundene-Produkte-Geschäftsmodell): Ein kostengünstiges oder unentgeltliches Erstprodukt oder Dienstleistung motiviert die Nutzung zukünftiger kostenpflichtiger Ersatzprodukte oder Dienstleistungen (Beispiel: Gillette, HP Farbtintenstrahldrucker). Auch bekannt als Bait-and-Hook- oder Razorblade-Geschäftsmodelle.
- **Open business model** (offenes Geschäftsmodell): Ein auf Kooperationen basiertes Geschäftsmodell, welche externe Experten nutzt, um Wert zu schaffen und zu sichern (Beispiel: GlaxoSmithKline).

Die Praxis zeigt: Vor allem in der frühen Startup-Phase werden diese Geschäftsmodelle laufend geändert. Diese strategischen Anpassungen werden **Pivots** genannt. Die Grundlegende Unternehmensvision wird bei einem Pivot aber nicht in Frage gestellt.

Der Begriff „Pivot" kommt aus dem Englischen und entstammt dem Lean-Startup-Modell von *Eric Ries*. Auslöser für einen Pivot können Kundenfeedbacks, Tests, Konkurrenzsituationen oder generell neue Marktumstände sein.[15]

Pivots werden einerseits von Gründern beim Testen der Hypothesen selbst durchgeführt, andererseits oft mit den Business Angels gemacht, die ihre Erfahrungen einbringen. **Beispiele für Pivots** können sein:

- Zoom-in-Pivot: Fokussierung auf ein Feature, ein einziges Feature des ursprünglichen Produktes wird das Produkt;
- Zoom-out-Pivot: Generalisierung des Produkts – das ursprüngliche Produkt wird zum einzelnen Feature;
- Customer-Need-Pivot: Gleiche Zielgruppe – anderes Produkt;
- Business-Architecture-Pivot: Wechsel von B2B zu B2C und umgekehrt;
- Technology-Pivot: Grundlegende technologische Veränderung;
- Business-Model-Pivot: Veränderung der Monetarisierungsstrategie, der Positionierung oder des Preismodells.

Pivots müssen sich aber nicht zwingend auf den Bereich Kunden und Lösung beschränken, es kann sich genauso um Vertriebskanäle, Partnerschaften, Make-or-buy-Entscheidungen etc handeln.

Pivots sind sehr oft notwendig, aber es wird auch sehr oft stark übertrieben. Die Kunst beim „Pivotieren" ist es zu erkennen, wann eine Änderung notwendig ist und wann nicht, und es muss vor allem die Auswirkung auf das gesamte Geschäftsmodell berücksichtigt werden.

Beispiel für einen Pivot mit signifikanten negativen Auswirkungen

Ein Startup hat eine Bewegungsplattform (Locomotion Platform) entwickelt, die es ermöglicht, Ganzkörperbewegung in der virtuellen Realität durchzuführen. Besondere USPs des Startups sind insbesondere die Bewegungsmöglichkeiten in alle Richtungen (dreidimensional), eine

15 Vgl https://www.gruenderszene.de/lexikon/begriffe/pivot (20.8.2019).

sehr hohe Genauigkeit und eine geringe Verzögerung der Bewegung. Das führt zur höchsten Stufe der Immersion und die reale Person ist Teil der Identität der virtuellen Person. In der Spieleindustrie bedeutet es, dass der reale Spieler keine Figur mehr spielt, sondern selbst in der virtuellen Welt Spielfigur ist.

Wesentliche Merkmale des Geschäftsmodells waren als Markt die Spieleindustrie (Ego Shooter), woraus sich der Markt und das Marktwachstum ergeben haben und wofür das B2C-Geschäftsmodell mit der zugehörigen Preispolitik, der Kundenbearbeitung (Beziehungsaufbau) und der Vertriebsstrategie ausgearbeitet wurden. Die Gründer waren junge TU- und WU-Absolventen, die selber leidenschaftliche Spieler waren.

Mit dieser Technologie, dem Team, dem Geschäftsmodell und der Strategie konnte erfolgreich eine Crowdfunding-Kampagne und zwei Eigenkapitalfinanzierungsrunden (die zweite im sechsstelligen Bereich) durchgeführt werden. In weiterer Folge kam es zu Lieferschwierigkeiten aus der Crowdfunding Kampagne und zu Absatzproblemen.

Das Startup bekam sodann die Möglichkeit das Militär zu beliefern, da diese Technologie für Übungs- und Trainingszwecke einen großen Nutzen brachte. Das bedeutete aber einen neuen Markt mit anderem Marktwachstum, ein neues B2B Geschäftsmodell mit veränderter Preispolitik, Vertriebsstrategie und Kundenbearbeitung als auch Erfahrungen bei öffentlichen Ausschreibungen etc.

Die Investorengruppe hatte geringes Vertrauen in das neue Geschäftsmodell, sah keine Kompetenzen der Gründer und des Teams in diesem Bereich (insbesondere Marktwachstum, Ausschreibungspflicht, Akquisitions- und Lobbyingkompetenz etc). Das führte zu signifikanten Problemen in der Folgefinanzierung.

4.2. Checkliste zur Geschäftsmodellevaluierung

Folgende Fragen (beispielhaft) sind bei der Erarbeitung des Geschäftsmodells von Startups zu beantworten. Sie dienen auch Investoren als Checkliste zur Beurteilung:

- **Value Proposition** – Mit welchem Leistungsversprechen tritt das Unternehmen am Markt auf?
  - Welches Problem wird beim Kunden gelöst? Ist das Problem wirklich vorhanden?
  - Welche Vorteile hat das Unternehmen?
  - Was kann das Unternehmen besser als der Mitbewerb? Was ist der USP, kann ich ihn verteidigen?
  - Warum wird der Kunde diese Leistung in Anspruch nehmen?
- **Customer Segments** – Welche Kunden und Zielgruppen sind für das Unternehmen relevant?
  - Für wen wird ein Mehrwert geschaffen?
  - Wer sind die Zielkunden und wie werden sie segmentiert?
  - Sind die Nutzer (deren Problem gelöst wird) auch die, die für die Leistung bezahlen?
  - Wie funktionieren die Buying Center (bei B2B)?
  - Wer könnten die ersten Kunden sein?
  - Gibt es länderspezifische Anforderungen?
  - Wie ist die Kauf-Frequenz?
- **Channels** – Auf welchen Kanälen werden die Kunden erreicht?
  - Wie informieren sich die Kunden?
  - Wie werden die Kunden auf das Unternehmen aufmerksam?
  - Wie kann der Kunde kaufen?
  - Wie kommt die Leistung zum Kunden?

- **Customer Relations** – Wie pflegt das Unternehmen Kundenbeziehung?
  - Braucht und hat der Kunde persönliche Ansprechpartner?
  - Gibt es ein Selfservice-Angebot?
  - Gibt es eine Support-Hotline?
  - Welche Medien und Kanäle werden eingesetzt, um mit dem Kunden in Kontakt zu bleiben (Magazine, Newsletter etc)?
  - Wie sieht das ganze bei einer Skalierung, Wachstum bzw Internationalisierung aus?
- **Key Partnerships** – Auf welchen Partnerschaften basiert das Geschäftsmodell?
  - Gibt es Partner, ohne die das Leistungsversprechen nicht möglich ist? Wie ist die Abhängigkeit?
  - Ermöglicht der Partner Mengen- oder Kostenvorteile?
  - Klassische Make-or-Buy-Entscheidung? Was ist besser selbst zu machen?
  - Gibt es Partner, die schwer zu beschaffende Materialien bereitstellen?
  - Ermöglicht ein Partner Zugang zu Kunden, Know-how und besonderen Ressourcen?
  - Stellen Partner auch ein Risiko dar?
  - Vergibt sich das Unternehmen durch strategische Partnerschaften andere Optionen?
  - Kann ein Partner auch zum Mitbewerber werden (siehe: Five Forces nach *Porter*)[16]
- **Key Resources** – Welche Ressourcen braucht das Geschäftsmodell?
  - Welche wichtigen Mitarbeiter und Rollen braucht das Unternehmen?
  - Sind diese Personen bereits vorhanden und wie sind sie motiviert (Gründer, Partner, Mitarbeiter etc)?
  - Wie hoch ist das Risiko, dass Schlüsselpersonen und Know-how verloren gehen?
  - Wie viel Kapital braucht das Unternehmen zum Wachsen?
  - Welche wichtigen Ressourcen bringen Partner ein, wie sind diese gesichert?
  - Welche immateriellen Ressourcen spielen eine wichtige Rolle (Marken, Patente etc)?
  - Was ist die Patenstrategie des Unternehmens und gibt es Freedom to operate (in der rechtlichen DD)?
  - Welche materiellen Ressourcen sind wichtig (Anlagen, Fuhrpark etc)?
  - Welche technische Infrastruktur braucht das Unternehmen?
- **Key Activities** – Was muss getan werden, um …
  - … das Leistungsversprechen zu erfüllen und zu verbessern?
  - … Kunden zu gewinnen oder zu binden?
  - … Ressourcen und Partnerschaften zu pflegen und auszubauen?
- **Revenue Streams** – Wie verdient das Unternehmen Geld?
  - Verdient das Unternehmen am einmaligen Abverkauf von Produkten?
  - Werden zusätzlich kostenpflichtige Services angeboten?
  - Gibt es wiederkehrende Abonnements bzw Subskription-Services?
  - Gibt es Provisionen am Weiterverkauf von Ware?
  - Gibt es sonstige Lizenz- oder Wartungsmodelle?
- **Cost Structures** – Was sind die wichtigsten Ausgaben?
  - Welche variablen Einkaufskosten liegen zu Grunde?
  - Was kostet die Akquise eines neuen Kunden?

16 http://www.manager-wiki.com/externe-analyse/22-branchenstrukturanalyse-qfive-forcesq-nach-porter (20.9.2019).

- Wie viel Geld wird für Personal ausgegeben?
- Wie hoch sind die Fixkosten (Miete, Gehälter, Leasing, Abschreibungen etc)?
- Gibt es Lizenzkosten?
- Welche anderen Ausgaben belasten das Ergebnis signifikant?
- Was sind die Kostentreiber?
- Sind Kosten (Cash Out) und Aufwand klar abgegrenzt?

Bei der Geschäftsmodell-Entwicklung und Unternehmensgründung sollte der **Lean-Ansatz** angewendet werden, bei dem alle Prozesse und Aktivitäten so schlank wie möglich gehalten werden und sich immer am Kundenfeedback orientieren. Ziel dabei ist, so schnell wie möglich ein Minimal Viable Product (MVP) auf den Markt zu bringen (in Form eines Prototyps oder eine Beta-Version). Darüber hinaus soll der Produktzyklus so kurz und reduziert wie nur möglich gehalten werden, sodass mithilfe des Kundenfeedbacks schnell auf Wünsche oder Änderungen reagiert werden kann, ohne dass dem Unternehmen hohe Kosten entstehen.

5. Wie werden Ideen und Geschäftsmodelle präsentiert?

Bei der Präsentation der Geschäftsidee versucht das Startup seine Geschichte stark zu simplifizieren (siehe Abb 1: „The Do and Tell U"), um einen Investor zu erreichen. Unter den Startups gibt es einerseits sehr gute, innovative Ideen von Gründern (oft Technikern) und andererseits sehr gute Präsentatoren, Geschichtenerzähler, also Gründer, die sich auf einer Bühne sehr wohl fühlen. Beides sollte in einem Projekt/Startup vereint sein, ist es aber nicht immer.

Die Kunst des Investors (vor allem in früher Phase) besteht darin, das Potenzial bei einer Idee zu erkennen, auch wenn die Präsentation nicht optimal ist, aber auch bei charismatischen, gut präsentierenden Gründern zu erkennen, inwieweit die Annahmen, die getroffen wurden, verifiziert sind und halten können/werden.

Folgende Dokumente/Formate sollten dem Investor in der frühen Phase von Startups zur Beurteilung zur Verfügung gestellt werden:

- Der **(Investoren) Pitch** – die Präsentation vor potenziellen Investoren. Sie ist der Appetizer. Eine große Rolle spielt die Geschichte und die Performance des Präsentators. Der erste Eindruck zählt!
- Das **Investor Ready Slide Deck (IRSD)** – ein Dokument, welches alle Inhalte (Idee, Technologie, Geschäftsmodell, Strategie, Team, Zahlen etc) in detaillierterer Form darstellt und bei Bedarf an potenzielle Investoren verschickt wird.
- Oft gibt es für potenzielle Investoren auch noch einen **One Pager** – eine Zusammenfassung der Hauptinfos über das Startup und der Idee auf ein bis zwei Seiten. Auch der Finanzierungsbedarf und die Bewertung können hier dargestellt werden.

Grundlage und wichtigstes Element/Dokument für Investoren ist aber zweifelsohne das Investor Ready Slide Deck. Die beiden anderen Formate (Pitch und One Pager) sind lediglich ein kundenspezifisches Summary des IRSD. Das Investor Ready Slide Deck kann als eine Art *„Business-Plan in früher Phase"* gesehen werden.

Wenn ein Startup bei einem Investor das Interesse nach einem Pitch geweckt hat, kommt in der Regel die Ansage: „Schicken Sie mir bitte etwas."

5.1. Der Pitch und das Investor Ready Slide Deck (IRSD): Was gilt es zu hinterfragen?

Der Pitch ist meist der erste Kontakt zwischen einem Investor und einem Startup. Und dieser Kontakt entscheidet, ob Vertrauen, Sympathie, Interesse von Seiten des Investors besteht. Startups werben dabei um Investoren. Für Investoren besteht die Herausforderung, schnell selektieren zu können. Viele Startups verbringen deswegen mehr Zeit mit Pitch-Trainings und Storytelling als mit Geschäftsmodellierung. Dabei werden alle Register gezogen. *„fake it till you make it"* – die charismatischen Geschichtenerzähler können zweifelsohne einen Vorteil haben. Investoren sollten hier aber jedenfalls vorsichtig sein, nicht auf Blender hereinzufallen.

In der Regel stehen dem Startup und Investor bei einem Pitch eine Präsentationsdauer von drei bis fünf Minuten und eine anschließende Fragerunde (Q&A) zur Verfügung. Die Fragerunde nach dem Pitch ist die erste DD, die ein Investor macht, und Startups haben viel größeren Respekt vor der Q&A als vor der Präsentation, denn es ist schwieriger, sich darauf vorzubereiten (denn dies kann nicht vom Startup gesteuert werden). Die richtige oder falsche Frage bzw Antwort danach entscheidet oft über den generellen Eindruck und das „Weiterkommen im Prozess". Startups lassen gerne bewusst ein Thema in der Präsentation aus, das aber so wichtig ist, dass die Frage kommen muss. Dann sind sie mit einem perfekten Back Up Slide (aus dem IRSD) vorbereitet und dominieren die Q&A Session.

Somit sind Pitch und Q&A der erste Schritt einer Due Diligence. Dabei entscheiden Investoren, ob sie weiter Interesse und Energie in das Startup investieren. Sie erkennen neben den Inhalten (Markt, Lösung etc) beim Pitch vor allem bereits:

- Persönlichkeit, wie charismatisch und überzeugend sind die Gründer?
- Wie verhalten sie sich bei kritischen Fragen in der Q&A (konstruktiv oder verteidigend)?
- Wie konsistent und schlüssig ist die Geschichte?
- Wie gut funktioniert das Team? Wer antwortet auf welche Frage, wird ins Wort gefallen, wer ist Alpha?
- Wie wird mit Stress umgegangen?

Wenn seitens des Investors weiteres Interesse besteht, sollten weiterer Unterlagen angefordert werden. Dann kommt in der Regel das IRSD, ein wichtiges Dokument in der Beurteilung. Ein gut ausgearbeitetes IRSD ist wieder Bestandteil einer DD und reduziert den weiteren Aufwand. Außerdem zeigt es dem Investor, ob das Startup strategisch, konsistent und zusammenhängend denken, formulieren und darstellen kann.

Wesentliche Unterscheidungsmerkmale zum Investoren Pitch sind der Detailierungsgrad (es wird viel mehr in die Tiefe gegangen) und die Art der Aufbereitung. Ein IRSD muss auch ohne die Präsentation (dem gesprochen Wort) verständlich sein. Nach dem ersten Eindruck, den der Gründer bei der Präsentation auf den Investor hinterlassen hat (Geschichte und Person), ist dieses Dokument ausschlaggebend, wie tief und konsistent sich das Startup mit dem Geschäftsmodell beschäftigt hat.

Es gibt viele Standardvorlagen, wie eine optimale Struktur für einen Investor Ready Slide Deck aussieht. Ich persönlich, wie auch etliche Investoren, halte nichts von Standardvorlagen, weil sie die Individualität der Startups nicht fördern und vieles gleich erscheinen lassen, aber es gibt Inhalte und Themen, die jedenfalls abgedeckt sein sollen. Fragen und Fehler/Irrtümer dazu werden in Punkt 5.3. dargestellt.

- Das Problem: Welches Problem beim Kunden löst das Startup?
- Die Lösung: Das Produkt, die Dienstleistung, das Geschäftsmodell. Funktioniert die Lösung?
- Der Markt: Wie wird er erreicht und verteidigt?
- Das Geschäftsmodell: Wie wird Wert erzeugt, Geld verdient?
- Das Team: Wer ist im Gründungsteam?
- Die Finanzen: Cash Flow, Umsatz und Break Even etc – vor allem der Finanzbedarf.
- Der Projektplan: Was wurde bereits gemacht und wie sehen die nächsten Meilensteine aus?
- Die Traction: Was wurde schon alles erreicht (User, Umsatz, Preise, Förderungen, Auszeichnungen, etc)?

Zusätzlich zu den Inhalten erkennt ein Investor ein gutes IRSD an folgenden Merkmalen:

- Es wird eine logische Geschichte erzählt und dargestellt (Konsistenz).
- Jedes Slide passt in die Geschichte und Slides sind untereinander konsistent.
- Alle relevanten Themen (oben) sind ausführlich behandelt (notwendigen Tiefe).
- Jedes Slide behandelt ein eigenes Thema und kann auch für sich alleinstehen (Flexibilität).
- Jede Grafik ist aussagefähig beschrieben und nachvollziehbar (Titel, Einheit etc).
- Alle Quellenangeben sind vorhanden (Überprüfbarkeit, getestete Hypothesen etc).

Nach einer schlechten Präsentation (Pitch) scheitern viele Startups (zurecht oder nicht) wegen schlechter Unterlagen. Da dies auch ein Spiegelbild ist, wie der Gründer akquiriert und somit neben Investoren auch mit Kunden umgeht. Eine bewährte Methode zur Kommunikation, die aus der Unternehmensberatung kommt, ist das Prinzip der Pyramide[17] von *Barbara Minto*. Sie beschreibt eine Methode, wie man komplexe Sachverhalte klar und logisch kommunizieren kann.

5.2. Der Business-Plan: Ist der notwendig?

Wie vorhin erwähnt, hat der Business-Plan vor allem bei Startups in der frühen Phase mit folgender Begründung eine untergeordnete Bedeutung:

- Es gibt keine Vergangenheit (Vergleichszahlen).
- Er ist somit stark Hypothesen-getrieben.
- Das Geschäftsmodell ist noch in Veränderung (Pivot).

Alle relevanten Themen sind im IRSD abgebildet. Ein Business-Plan als Word-Dokument ist in früher Phase zu aufwendig und ein permanentes Anpassen würde auch zu viel Zeit in Anspruch nehmen. In dieser Phase sollten Investoren (mit Ausnahme) auf ein gutes, aussagefähiges IRSD bestehen und weniger einen 30-seitigen Business-Plan verlangen.

17 *Barbara Minto*, Das Prinzip der Pyramide, Ideen klar, verständlich und erfolgreich kommunizieren (2005).

5.3. Checkliste und Irrtümer für Pitch und IRSD

INiTS[18] hat 2014 gemeinsam mit Investoren eine Art Checkliste für Startups erarbeitet. Diese beinhaltet zu den einzelnen Themenfeldern einen Auszug an Fragen, die beantwortet werden sollen. Dabei wird auch auf die häufigsten Fehler und auf unterstützendes Material hingewiesen:

Topic	Questions to answer	Common fallacies	Supporting mat's
Problem	What's the need you address? How big, significant, urgent? Mission-critical or nice-to-have?	Insignificant problem Engineering driven (solution seeking Customer interviews problem)	Customer interviews
Solution	How do you address this need? Why is this better/cheaper/unique? What value for the user/client?	Commercially relevant factors neglected Driven by feasibility, not need	Prototype
Business Model	How will you capture value? How do you monetize this value? Is this concept scaleable?	Scalability Route to market and its cost not considered	
Tech	Why is it unique / different? How can you defend it? Does it work? Have you proof?	Too much focus on technology Just because something works does not mean anyone needs it	Data / prototype Patent list Full patent texts
Marketing & Sales	How will you sell it? What resources will you need? What drives buying decisions?	Not enough focus on it Not well enough thought through Not enough resources (€, HR...) devoted to execution	Anything of relevance The more specific (i.e. closer to reality, action oriented), the better

Abb 3: Häufigste Fehler (Teil 1). Quelle: *INiTS*, Arbeitsunterlagen INiTS Universitäres Gründerservice Wien GmbH (2019, eigene Darstellung).

18 *INiTS Universitäres Gründerservice Wien GmbH* (vgl http://www.inits.at/ [2.9.2019]).

Topic	Questions to answer	Common fallacies	Supporting mat's
Compe-tition	Who else is in the game? Substitutes? Industry food chain? What's your unfair advantage/USP?	„Nobody offers this (yet)" Unknown competitors „Our widget can…:"	–
Team	Who will implement the plan? Can they do it? track record? Advisors? Recruit-ment needs?	All R&D, no sales / commercial No assessment of future needs	Full CVs Reference list
Projections, Milestones	What do you plan to achieve when? What are your assumptions? How do you measure progress? What resources do you need? What will you use them for?	Unrealistic/intransparent assumptions (both ways) No clearly identified milestones No linking of risk & return Unrealistic funding requirement (both ways – too lo/hi)	Financial Plan, esp. monthly Cash-Flows Milestone Plan Funding require-ment & use of proceeds
Status & Timeline	Where are you now? What next?	Not action-oriented	–
ExecSum	Give a complete and concise overview of the opportunity on no more than two pages	Introduction rather than summary Written first, rather than last Too long	–

Abb 4: Häufigste Fehler (Teil 2) (Quelle: *INiTS*, Arbeitsunterlagen INiTS Universitäres Gründerservice Wien GmbH [2019, Eigene Darstellung])

6. Wesentliche Bereiche und KPIs

Im letzten Abschnitt dieses Kapitels wollen wir die für eine kaufmännische DD wichtigen Bereiche Markt, Konkurrenz und Finanzzahlen etwas genauer betrachten.

6.1. Marktpotential, Marktgröße und Wachstum

Die Quantifizierung des Marktes ist für Startups nicht immer eine einfache Sache und für Investoren bleibt dann eine Beurteilung offen, ob die oft sehr euphorischen Marktdaten des Startups realistisch sind.

Folgende Fragen sind dabei zu beantworten, sofern der Markt überhaupt betrachtet wurde:

- Ist dem Startup die eigene Rolle/Position in der Wertschöpfungskette klar? Wer ist der Kunde? Wer bezahlt die Leistung?
- Wurde der Markt plausibel eingeschätzt (Analysen durch Datenbaken wie Frost & Sullivan,[19] etc)?
- Ist das Marktwachstum beurteilt? Wächst oder schrumpft der Markt? Gibt es eine Quelle für Marktgröße oder -wachstum oder ist es eine Startup-Schätzung? Über welchen Zeitraum bezieht sich das Wachstum?
- Kann der Markt in Währung quantifiziert werden, oder ist der Markt in einer Stückzahl angegeben (zum Beispiel: der Markt ist 10 % der blinden Weltbevölkerung)?
- Lässt sich der Markt vom Startup adressieren? Wie lässt er sich adressieren? Was kostet es?
- Lässt sich der Markt verteidigen (IP, Marke, Investition, etc)?

Welche Fehler werden oft gemacht:

- Der falsche Markt wird betrachtet.
- Der Markt wird viel zu groß angenommen.
- Der Markt wird einerseits in Stück oder in Wert angegeben.
- Der neue Markt wird herbeiredet.
- Das Problem wird wegen der Lösung skizziert.

Ein Modell, das sich in der Startup-Szene durchgesetzt hat und immer wieder in IRSD und Präsentationen auftaucht, ist das **TAM-SAM-SOM-Modell.**[20] Dabei unterscheidet man zwischen:

- TAM (Total Adressable Market): Stellt die gesamte Nachfrage einer Dienstleistung bzw eines Produktes dar. Das wäre der erzielte Umsatz eines Monopolisten.
- SAM (Servicable Adressable Market): Der Anteil am Markt, der durch die eigene Dienstleistung oder das Produkt abgedeckt werden kann. Könnte ein langfristiges Ziel der Startups sein.
- SOM (Servicable Obtainable Market) oder auch share of market: Stellt den Teil von SAM dar, der realistischer weise kurz- bis mittelfristig bedient werden kann.

6.2. Konkurrenzanalyse und Positionierung

Nach der Marktbeurteilung ist Konkurrenzanalyse ein weiterer wichtiger Beurteilungsschritt. Startups neigen oft dazu, die Konkurrenz auszublenden oder unterzubewerten.

Startup stellen oft grafisch das eigene Unternehmen und die Konkurrenten dar und zeigen anhand verschiedener Kriterien, welche Faktoren das Startup erfüllt (oft alle dar-

19 Vgl https://ww2.frost.com/about/ (2.9.2019).
20 Eine typische Darstellung wird bspw im TAM SAM SOM-Modell unter https://leanplan.com/tam-sam-som-potential-market/ (2.9.2019) gezeigt.

gestellten), und welche Faktoren der jeweilige Mitbewerber. Im Zuge einer Beurteilung sollte sich der Investor nun folgende Fragen stellen:

- Sind wirklich alle Mitbewerber berücksichtigt worden oder gibt es noch weitere (Marktcheck, Internet, etc)?
- Inwieweit können neue Konkurrenten auftreten (eventuell mit Five Forces von *Porter*[21] arbeiten)?
- Sind wirklich alle Faktoren relevant? Fehlen welche? Was sind die wichtigsten Faktoren (Preis, Funktionalität, Benutzerfreundlichkeit, Service, Qualität etc)? Natürlich werden in den Faktoren jene gelistet, in denen sich das Startup besonders gut sieht.
- Wie kommt es zur digitalen Beurteilung (ja/nein) und wäre nicht eine analoge Beurteilung vorzuziehen (zB Preis, man ist zwar der günstigste, aber wie weit auseinander)?
- Was ist mit dem Mitbewerber Nummer 4, der schneidet in einem Faktor schlechter ab? Wie wichtig ist dieser Faktor (zB Service)? Wie schnell kann er dieses Defizit kompensieren?

Eine genauere Wettbewerbsanalyse durchzuführen, empfiehlt sich nicht nur betreffend existierende Unternehmen, sondern auch im Startup-Umfeld: Wer arbeitet am gleichen Problem? Zur Wettbewerbsanalyse eignet sich das Modell Five Forces von *Porters*. Sollte es sich um Blue-Ocean-Strategie handeln, ist es aber natürlich nicht möglich.[22] Blue Oceans werden als unberührte Märkte oder Industriezweige verstanden, die wenig bis gar keinen Wettbewerb aufweisen. Derjenige, der in den blauen Ozean eintauchen würde, würde somit unentdeckte Märkte oder Industriezweige auffinden.

Ein weiteres Phänomen in fast allen zur Verfügung gestellten Unterlagen ist das „Portfolio-rechts-oben-Phänomen" (Anmerkung: Dieser Begriff stammt von *Stefan Artner*, um das Phänomen aufzuzeigen, dass sich Startups in ihren Präsentationen immer im Sektor oben rechts, somit vor allen Konkurrenten, darstellen). Dabei geht es darum in einem Portfolio die Position des Startups gegenüber den Mitbewerbern aufzuzeigen.

Folgende Fragen können dabei gestellt werden:

- Wie wurden die Achsen gewählt? Sind diese Kriterien und Werte auch wirklich relevant? (Das entscheidet eigentlich nur der Kunde)
- Wie kommt es zu der Positionierung? Ist das eine Einschätzung oder beruht es auf Berechnungen?
- Sagt die Größe oder Farbe etwas aus? (In der Regel handelt es nicht um Umsatz wie in der BCG-Matrix[23]) Wie sieht es mit den Umsätzen der Mitbewerber aus?

6.3. Finanzzahlen (Umsatz/Break Even und Cash Flow)

Das Zahlenwerk hat bei Unternehmen einen sehr hohen Stellenwert. Hier werden Bilanzen und, Bewegungsbilanzen erstellt, Saldenlisten überprüft und sämtliche Positionen wie Anlagevermögen, Umlaufvermögen, Halbfabrikate, Kundenforderungen etc auf Werthaltigkeit geprüft.

21 Vgl https://de.wikipedia.org/wiki/Branchenstrukturanalyse (25.8.2019).
22 Vgl https://de.wikipedia.org/wiki/Blue-Ocean-Strategie (18.10.2019).
23 Vgl https://www.onpulson.de/lexikon/bcg-matrix/ (2.9.2019).

Startups in der frühen Phase haben das in der Regel noch nicht. Hier geht es vielmehr um den Blick in die Zukunft und die Fähigkeit, strukturiert auch in Zahlen zu denken. Konsistenz hat eine sehr große Bedeutung, und die getroffenen Annahmen, auf denen die Zahlen basieren. Letztendlich werden die prognostizierten Zahlen immer falsch sein.

Zur Veranschaulichung folgende Statements von Investoren zum Thema Finanzen bei Startups:[24]

- *„I put very little face in financials – usually they are not even closer (...) they are a credibility test for the entrepreneur." (Siegelman)*
- *„Often I realize that the person had a couple of good ideas but no clue about how to build a business because the financials are so disconnected from the reality of the strategy and operations." (Siegelman)*
- *„I look the financials to see if they make sense, I actually look at them more for mistakes. (...) Detailed projections are usually not that accurate and not that meaningful." (Hoel)*
- *„How much money does the opportunity take to get a cash flow breakeven? (...) We also try to build a bottom up projection using emperical data about an analogous problem and solutions." (Wang)*
- *„The financial model discussion is more often a good insight how smart the team is. We do not worry so much whether the first quarter revenue is $2 million or $4 million; it's the thinking behind it (...). We do a bottom up analysis for the revenue ramp and we end with a fraction of what the top down is." (Wang)*

Mindestens folgende Inhalte sollten daher vom Startup an potenzielle Investoren gebracht werden:

- Profit and Loss Statement für drei bis fünf Jahre (immer abhängig von der Branche)
- Umsatzprognose auch weiter in die Zukunft (dies geht dann in Richtung Marktanteil, Servicable Obtainable Market, und ist auch für die Bewertung relevant)
- Break-Even-Berechnung[25] (idR ab welchen Zeitpunkt das Startup operative Gewinne erwirtschaftet)
- Cash–Flow-Darstellung für eineinhalb bis zwei Jahre (Finanzierungsbedarf und Zahlungsfähigkeit wird ermittelt)

Folgende Fragestellungen bzw Themen sind bei den Finanzen wichtig:

- Wer ist zuständig für den Sales-Bereich? Wo ist die Kundenbeziehung?
- Ist die Umsatzplanung realistisch und passt sie zur Absatzplanung (Stück)? (Umsatzprognosen werden oft viel zu euphorisch gemacht.)
- Passt die Absatzplanung zur Kostenplanung?
- Sind genügend Deals in der Pipeline?
- Wie hoch ist die Preissensibilität?
- Gibt es Skalierung oder ist es reines Wachstum?

24 *Thomas Funke*, Due Diligence in der Frühphase (Certified Business Angel Lehrgang, 2014).

25 Vgl bspw https://www.ionos.at/startupguide/unternehmensfuehrung/break-even-point-erklaerung-berechnung-und-beispiel/ (2.9.2019).

- Wie hoch sind die CAC (Customer Acquisition Costs)?
- Wie ist das Verhältnis von zB Online und Shop? (Dies hat ua Einfluss auf die Marge.)
- Gibt es in der Vertriebsstruktur unterschiedliche Deckungsbeiträge (Länder, Kundengruppen etc)?
- Was sind die Kostentreiber?
- Gibt es Abhängigkeiten von Lieferanten? Könnten daraus Kosten entstehen?
- Wie hoch sind die Gehaltskosten, steigen diese mit dem Wachstum/der Skalierung?
- Sind Gehaltskosten über oder unter dem Schnitt? Werden sie zB durch Förderungen subventioniert?
- Sind rückzahlbare Förderungen dargestellt? Förderungen werden oft als Erlös/Cash-In dargestellt, aber nicht als Aufwand/Cash Out.
- Wie hoch ist der Anteil an Fixkosten? Wie schnell lassen sich die Fixkosten abbauen (Verträge etc)?
- Wie werden zB Investitionen und Abschreibungen in der Ergebnis- und der Cash-Flow-Planung berücksichtigt? (Die Unterscheidung in Aufwand und Auszahlung bzw Erlös und Einzahlung wird von Startups oft nicht vorgenommen.)
- Wird in der Cash-Flow-Rechnung auch zwischen operativem Cash Flow und Cash Flow aus Finanzierungstätigkeit unterschieden?
- Deckt sich der Call an die Investoren (gewünschte Investmentsumme) mit dem kumulierten negativen Cash Flow?
- Was passiert, wenn das Investment nicht in der erwarteten Höhe kommt (Auswirkungen auf die Wertschöpfungskette, auf die Produktion, auf den Umsatz etc)?
- Was passiert, wenn das Investment erst später kommt? Welche Meilensteine können verschoben werden, welche variablen Kosten, Investitionen sind betroffen, welche Fixkosten?

Die (kurzfristige) **Cash-Flow-Rechnung** hat eine zentrale Bedeutung, weil es einerseits den Kapitalbedarf des Startups definiert und andererseits natürlich Aussagen über die Zahlungsfähigkeit und somit über die Insolvenzgefahr macht.

Die **Umsatzprognose** und die **Break-Even-Analyse** zeigen, ob das Startup das eigene Geschäftsmodell verstanden hat, strukturiert und zusammenhängend denken und planen kann und die wesentlichen Einflussfaktoren auf den Umsatz, auf den Deckungsbeitrag und auf die Kosten einbezogen hat. Geplante Umsätze in der Zukunft (ebenso wie EBIT) geben über Multiples zur Unternehmensbewertung auch eine Indikation für Bewertungen.

Die Break-Even-Darstellung zeigt dem Investor, wann das Startup in die Gewinnzone kommt. An dieser Stelle sei noch einmal erwähnt, dass die wenigsten Planungen halten, da die Einflussfaktoren und das Risiko sehr groß sind. Investoren sollten daher die Faustregel, *„das dauert doppelt so lang und kostet doppelt so viel"* einkalkulieren!

6.4. Das Team

Die Beurteilung des Teams ist zwar kein klassisches Feld einer kaufmännischen DD, aber wegen der hohen Bedeutung sollte es hier trotzdem erwähnt werden.

Das Team ist nach einem fehlenden Markt/Kunden und einem schlechten Geschäftsmodell einer der häufigsten Gründe für das Scheitern von Startups. Möglichkeiten für eine Beurteilung sind beispielhaft:

- Ein gemischtes Gründerteam hat idR Vorteile.
- Ein privates Paar als Gründer kann nicht nur Vorteile haben.
- Überprüfung des Lebenslaufes (Stimmen die Abschlüsse, Ausbildung etc?).
- Finanzielle Freiheit der Gründer (Gibt es Privatinsolvenz?).
- Eine Mischung aus jungen und älteren sowie etwas erfahreneren Teammitgliedern hat idR Vorteile.
- Alle relevanten Themen sollen abgedeckt sein (Technik, Wirtschaft, Finanzen, Verkauf etc).
- Eine Person aus dem Team sollte außerordentliche Kommunikationsfähigkeiten haben.
- Vorsicht mit mehreren CEOs (Wie läuft hier der Entscheidungsprozess?).

6.5. Die wichtigsten KPIs im Überblick

Nachfolgend sind einige wesentliche Schlüsselkennzahlen aus Markt und Finanzen für (Tech-) Startups gelistet, die gerne verwendet werden, teilweise sind sie oben auch bereits detailliert beschrieben. Von der Listung und Beschreibung allgemeiner Finanzkennzahlen wie EBIT Marge, Return on Sales (ROS) etc wird abgesehen.

- TAM (Total Addressable Market): Größtmögliches Marktpotenzial;
- SAM (Servicable Adressable Market): Der Anteil am Markt, der selbst abgedeckt werden kann;
- SOM (Servicable Obtainable Market): Realistischerweise kurz- bis mittelfristiges Ziel
- CAC (Customer Acquisition Cost): Kosten für Marketing und Verkauf/Anzahl Neukunden;
- MRR (Monthly Recurring Revenue): Umsatz pro Vertrag/Vertragslaufzeit in Monaten
- CLV (Customer Lifetime Value): Wert eines Kunden während seines Kundenlebens
- RR (Retention Rate): Verbleibquote; wie viele Kunden können an das Unternehmen gebunden werden?;
- Churn Rate: Abwanderungsquote und Messzahl für die Kundenbindung;
- CAGR (Compound Average Growth Rate): Durchschnittliches jährliche Marktwachstum über einen gewissen Zeitraum;
- DAU/MAU (Daily/Monthly Active User): Täglich/monatlich aktive Nutzer (zB einer App);
- CBR (Cash Burn Rate): Entweder der monatliche Geldverbrauch oder die Zeit bis das Kapital aufgebraucht ist (wird zB in EUR/Monat oder in Monaten angegeben);
- Conversion Rate: Beschreibt das Verhältnis von Leads oder Seitenbesuchen zu getätigten (Trans-) Aktionen;
- New Leads and Clients: Neukontakte, Neukunden.

6.6. Was ist das Risiko und kann ich es beherrschen? (SWOT-Analyse)

Was ist nun das Risiko, das ein Investor eingeht, und kann man es kalkulieren, berechnen und beherrschen? Wenn wir von der Definition **„Risiko = Schadenhöhe × Eintrittswahrscheinlichkeit“** ausgehen, sowie die Schadenshöhe das Investment (bei Totalverlust) ist und die Eintrittswahrscheinlichkeit die Scheiter-Quote ist, dann leuchtet ein, dass ein Risiko durch Reduktion der Eintrittswahrscheinlichkeit reduziert werden kann.

Das bedeutet, es ist wichtig, alle Schwächen und Gefahren zu erkennen und gegebenenfalls zu reduzieren. Da jeder Investor in der Regel bereit ist, für eine höheren Rendite ein größeres Risiko einzugehen (Risiko-Ertrags-Verhältnis), ist es auch zwingend notwendig, die Stärken und Chancen gut einschätzen zu können.

Damit sind in diesem Zusammenhang vier Bereiche aus Sicht eines Investors wichtig:

- Wie groß ist das Investment (Ticket) und somit der mögliche Totalverlust?
- Wie hoch ist die Wahrscheinlichkeit des Scheiterns (Schwächen, Risiken)?
- Wie groß ist das Potential (Stärken, Chancen)?
- Und damit: Wie hoch ist ein möglicher Gewinn für den Investor?

Eine abschließende SWOT-Analyse nach einer DD ist bei der Einschätzung des Risikos und des Potentials sehr hilfreich. Eine Unterteilung in die wesentlichen Bereiche, wie zum Beispiel Markt, Geschäftsmodell, Produkt und Technologie sowie Team kann die Transparenz wesentlich erhöhen. Letztendlich wird ein Investment in ein Startup in früher Phase aber immer ein Risikoinvestment sein.

Technische Bewertungen durch Expertinnen und Experten – Warum?

Robert Sablatnig/Birgit Hofreiter

1. Einleitung

Neue Geschäftsmodelle zielen häufig auf Kostenreduktion oder neue Dienstleistungen, die durch den Einsatz vorhandener Technologien ermöglicht werden. Daneben gibt es Unternehmensgründungen, die auf eigens entwickelten technischen Innovationen beruhen. Solche Innovationen sind geeignet, einen nachhaltigen Vorteil gegenüber Wettbewerbern zu realisieren, wodurch eine hohe Rendite in Aussicht gestellt wird. Dabei stellen sie potentielle Investorinnen und Investoren allerdings vor erhebliche Herausforderungen. Während die Einschätzung der Marktpotentiale einer Innovation mit bekannten Ansätzen der Marktforschung unterstützt werden kann, ist die Beurteilung der technischen Machbarkeit sehr viel schwieriger. Dies gilt insbesondere für solche Innovationen, die als Resultat neuer wissenschaftlicher Erkenntnisse vorgestellt werden. Die Beurteilung neuer wissenschaftlicher Erkenntnisangebote erfolgt üblicherweise innerhalb des Wissenschaftssystems im Rahmen einer anonymisierten Begutachtung durch ausgewiesene Wissenschaftler. Unternehmensgründer, die sich auf wissenschaftlich fundierte Innovationen berufen, mögen Gründe dafür haben, ihre Ideen nicht durch Veröffentlichungen im Detail bekannt zu machen. In diesen Fällen stellt sich die Frage, wie eine vertrauenswürdige Beurteilung von Innovationen erfolgen kann. Eine Reihe spektakulärer Fehleinschätzungen, wie zB des zunächst überaus erfolgreichen Startups der Amerikanerin *Elizabeth Holmes* (Gründerin und Ex-CEO von Theranos[1]), zeigt, dass es sich hier um kein marginales Problem handelt. Mangelhafte Beurteilungen innovativer Produkte führen nicht nur zu einer Fehlallokation von Investitionsmitteln, sie sind darüber hinaus geeignet, das wichtige Vertrauen in Startups zu beschädigen. Letztlich können Innovationen, die durch noch nicht hinreichend bestätigte Ergebnisse wissenschaftlicher Forschung begründet werden, nur durch einschlägig ausgewiesene Fachwissenschaftler beurteilt werden.

Vor diesem Hintergrund sehen sich Investoren einer Reihe von Fragen gegenüber. Wie kann die technische Innovation beurteilt werden? Wer kann die auf wissenschaftlichen Erkenntnissen basierende, technische Innovation beurteilen? Welche Risiken ergeben sich aufgrund einer fehlenden technischen Due-Diligence-Überprüfung? Dieses Kapitel widmet sich diesen Fragen und zeigt unter anderem auch Tipps und Tricks für die Zusammenarbeit mit Experten und Unternehmen auf.

1.1. Kompensation von fehlendem Fachwissen

Wie eingangs erwähnt, zielen neue Geschäftsmodelle häufig auf Kostenreduktion oder neue Dienstleistungen mittels vorhandener Technologien (wie zB Uber, Foodora, Flixbus etc) ab. Bei solchen Modellen ist das technische Risiko als gering zu bewerten, da die Umsetzung von geschultem IKT[2]-Personal durchgeführt werden kann. Handelt es sich hingegen um Unternehmensgründungen, die auf eigens entwickelten technischen Innovationen beruhen, ist Vorsicht geboten. Oft gibt es Projektideen, bei denen technische Risiken bewusst ausgeblendet werden, nur um (vermeintlich) eine allzu verlockende Marktlücke zu schließen.

1 Vgl https://de.wikipedia.org/wiki/Elizabeth_Holmes (3.8.2019).
2 Informations- und Kommunikationstechnik.

Beispiel: Die Fontus Water Technology GmbH (www.fontus.at)

Ein Unternehmen mit einer hervorragenden Geschäftsidee, nämlich die Entwicklung einer Wasserflasche, die sich durch Auffangen von Kondenswasser befüllt. Wird die Wasserflasche zB beim Radfahren durch den Fahrtwind oder mit Hilfe von Solarmodulen gekühlt, kann das dabei entstehende Kondenswasser aufgefangen werden und somit die Wasserflasche füllen, wobei ein halber Liter pro Stunde als Kapazität angegeben wurde. Hier kommt das Prinzip der Thermodynamik zur Anwendung: Luftentfeuchter funktionieren nach demselben Prinzip. Man kann die Wasserflasche auch leer in ein Segelboot stellen und nach ein paar Stunden hat man genug Trinkwasser. Die Umsetzung scheint sehr einfach zu sein, wenn die Einfachheit durch entsprechendes Marketing suggeriert wird.

Der Teufel steckt im Detail: Es ist starke Kühlung nötig, diese braucht Strom (mehr als 100 Watt) und damit wäre das mitzuführende Solarpaneel rund 1,5 Quadratmeter groß. Des Weiteren braucht man hohe Luftfeuchtigkeit, damit das Modell funktionieren kann. Im TÜV-Test wurde in 22 Stunden, bei 30 °C und 95 % Luftfeuchtigkeit, bei 104 Watt Leistungsaufnahme etwa ein Liter kondensiert.[3] Das Unternehmen musste Insolvenz anmelden und Investoren verloren dabei ihr Geld. Wenn man zur technischen Beurteilung einen Physiker hinzugezogen hätte, wäre die Machbarkeit als nicht gegeben festgestellt worden.

Dieses Beispiel bringt uns zur Frage, wie man am besten fehlendes Fachwissen mit entsprechender Expertise kompensiert? Hier kommen prinzipiell drei Arten von Ansprechpartnern in Betracht: Universitäten (Unis), Fachhochschulen (FHs) und außeruniversitäre Forschungseinrichtungen (Research & Technology Organisation – RTO). Alle drei haben unterschiedliche Aufgaben, sind aber in Forschung und Entwicklung tätig.

Universitäten, wie zB die TU Wien oder TU Graz, sehen Forschung und daraus abgeleitet auch die forschungsgeleitete Lehre als zentralen Bestandteil ihrer Tätigkeiten. Neueste Forschungsergebnisse fließen in die Lehre ein, um die Absolventinnen und Absolventen einerseits mit dem Wissen um den Stand der Technik zu entlassen, ihnen aber andererseits auch die Fähigkeit zu vermitteln, sich selbst am Stand der Technik halten zu können. Daher haben diese Einrichtungen einen großen Pool an Expertinnen und Experten und auch entsprechend ausgebildete Studierende. **Fachhochschulen** sind praxisorientiert. Der Anteil der Forschung ist bei den Mitarbeitenden von FHs geringer, Lehre und Ausbildung stehen hier mehr im Vordergrund. Diese Praxisorientiertheit spiegelt sich auch im englischen Namen der FHs wieder: University of Applied Science. Auch hier gibt es Expertinnen und Experten für die unterschiedlichen Forschungsfelder, wobei hier Anwendung im Vordergrund steht. **RTOs**, wie das Austrian Institute of Technology (AIT), die Fraunhofer-Gesellschaft zur Förderung der angewandten Forschung oder die JOANNEUM RESEARCH Forschungsgesellschaft mbH, haben kommerzielle Forschung und Entwicklung im Fokus. Hier wird anwendungsbezogene Forschung in Produkte umgesetzt, um selbst oder mit Industriepartnern diese Forschungsergebnisse zu vermarkten. Lehre und Ausbildung spielen dabei keine Rolle, die Mitarbeitenden

3 *TÜV Austria Services GmbH*, 26.7.2018, https://drive.google.com/file/d/17zG0Bx-6_4PwcI-_X9T2px8Sm0EODOBC/view (3.8.2019).

stammen von Universitäten oder FHs oder werden dort ausgebildet. Somit dienen je nach Projekt und Problem alle drei Arten von Organisationen prinzipiell als Ansprechpartner.

1.2. Gesellschaftlicher Nutzen der Forschung

Warum gibt es eigentlich diese drei verschiedenen Arten von Forschungsorganisationen, und zwar nicht nur im DACH-Raum sondern weit verbreitet? Dies hat mit dem gesellschaftlichen Nutzen von Forschung zu tun und ist daher auch politisch motiviert. Universitäten und Fachhochschulen sind für die Ausbildung von qualifiziertem Nachwuchs zuständig, aber nicht nur. An Universitäten umfasst jener Teil, der derzeit für die Lehre verwendet wird, nur zirka ein Drittel. Der Rest wird für Forschung und auch ein wenig für Administration verwendet. Bei FHs ist dieser Anteil normalerweise umgekehrt, besteht also zu einem Drittel aus Forschung. RTOs betreiben hauptsächlich Forschung und Entwicklung, wobei ein Teil davon als Grundlagenforschung von Kooperationspartnern bezahlt wird, die diesen Teil wiederum vom Staat refundiert bekommen. Somit wird in allen drei Organisationen ein Teil der Forschung vom Staat finanziert, der überwiegende Teil aber von Forschungsförderungsorganisationen wie FWF, FFG, Wirtschaftsagentur Wien, EU-Horizon etc, die selbst allerdings auch wieder durch Steuergelder finanziert werden. Somit wird in den genannten Organisationen die Forschung größtenteils durch Steuergeld finanziert.

Warum werden Steuern zur Finanzierung der Forschung verwendet? Hierbei steht der Gedanke im Vordergrund, dass Technologie und Grundlagenwissen, welches an den verschiedenen Organisationen entsteht, öffentlich zugänglich ist. Somit ist die Hauptaufgabe bei allen Wissenschaftlern, neben der Forschung selbst, das Verfassen von Texten, in denen das erworbene Wissen veröffentlicht wird. Daher steht das mit öffentlichen Geldern finanzierte Wissen allen zur Verfügung – da die Publikationen größtenteils in Englisch verfasst werden, nicht nur der Öffentlichkeit im deutschsprachigen Raum, sondern weltweit. Im Gegenzug können Forschende im deutschsprachigen Raum auf Erkenntnisse, die anderswo gefunden werden, auch zugreifen, daher die vereinheitlichte Sprache – im Fall von technischen Wissenschaften in Englisch. Steuergelder werden also weltweit dafür verwendet, Wissen zu erzeugen und zur Verfügung zu stellen.

Dies geschieht aber nicht uneigennützig, es wird erwartet, dass dieses Wissen als Technologietransfer in den Unternehmen des Landes ankommt. Dies erfolgt einerseits durch die öffentlich zugängliche Literatur (theoretisch könnte ein Staat gar keine Forschung bezahlen und auf Kosten der anderen auf deren Literatur zugreifen), aber viel wesentlicher durch Kooperationen, die die Betriebe mit den Organisationen eingehen und natürlich mit der Entsendung von ausgebildeten Personen in die einzelnen Unternehmen. Damit erst wird das theoretische Wissen, das an den Universitäten vorhanden ist, in die Unternehmen gebracht. „*Technologietransfer bedeutet somit institutionell den planvollen, zeitlich limitierten, privatwirtschaftlichen oder staatlich unterstützten Prozess der Diffusion oder Verbreitung von Technologie im Sinne ihrer wirtschaftlichen Nutzbarmachung für Dritte*“.[4] Somit ist es die Aufgabe von Universitäten und FHs, diesen Prozess auch entsprechend zu unterstützen.

4 *Springer Gabler Verlag*, Gabler Wirtschaftslexikon S–Z[16] (2004) 2906.

1.3. Die Expertise von Universitäten für die technische Bewertung von Projektideen nutzen

Universitäten und Fachhochschulen sind also, von ihrer Intention her, für Technologietransfer ausgelegt und haben auch entsprechende Kontaktstellen, wo das Wissen über die Expertise der einzelnen Mitarbeitenden vorhanden ist, um vor allem an großen Universitäten den Kontakt mit den „richtigen“ Expertinnen und Experten zu erleichtern. Alternativ dazu kann man natürlich auch selbst auf den entsprechenden Webseiten die Fachkraft für eine gewisse Aufgabenstellung finden. Es empfiehlt sich dann mit dieser Person per Telefon oder E-Mail Kontakt aufzunehmen und abzuklären, ob das spezielle Problem in die Expertise der Person fällt.

Es bleibt zu erwähnen, dass es an Forschungseinrichtungen generell zwei Arten von Forschenden gibt: Einerseits die Grundlagenforscher, die sich mit Problemen befassen, die weit weg von jeder Anwendung sind und andererseits Forschende, die zeigen wollen, dass ihre Forschung auch eine reale Anwendung hat. Daher sollte man bei der Kontaktaufnahme herausfinden, um welche Art von Forschenden es sich handelt. Erfolg wird nur mit letzteren zielführend sein. Grundlagenforscher interessieren Anwendungen nicht, diese sind mit der „reinen Wissenschaft“ beschäftigt, die auch ihren Platz vor allem auf Unis haben muss. Hat man nun einen entsprechenden Kontakt gefunden, wird in einem weiteren Gespräch die Problemstellung erörtert werden können und eine prinzipielle Einschätzung des Problems („geht oder geht nicht“) erreichbar sein. Meist ist diese Einschätzung aber nicht so trivial. In diesem Fall empfiehlt sich das Instrument einer **Machbarkeitsstudie**, bei der im groben Rahmen herausgefunden werden soll, ob und wie das geschilderte Problem technisch umsetzbar ist. Solche Machbarkeitsstudien sind ideal, um die technischen Risiken der Umsetzung zu minimieren, da bei den Expertinnen und Experten das Wissen vorhanden ist, ob eine technische Umsetzung realisierbar ist und mit welchem Aufwand. Natürlich kann die Machbarkeitsstudie auch ergeben, dass die Einschätzung des Risikos im Rahmen dieser Studie nicht möglich ist, dann könnte ein gemeinsam definiertes Forschungsprojekt eine weitere Möglichkeit sein.

1.4. Warum ist die Leistung von Universitäten nicht gratis?

Oft wird fälschlich von der Meinung ausgegangen, dass Universitäten und FHs vom Staat finanziert werden und man daher ein Anrecht auf Technologietransfer hat. Warum ist dem aber nicht so? Das hängt mit der Aufgabenbeschreibung von Universitäten und Fachhochschulen zusammen. Diese sind für Lehre und Forschung konzipiert, wobei es hier eine Freiheit der Lehre gibt; somit sind die Studienpläne nicht vom Geldgeber beeinflussbar, sondern werden autonom von den Bildungseinrichtungen erstellt. Ähnlich verhält es sich mit der Forschung, auch diese ist prinzipiell frei, Forschende können sich ihr Forschungsthema frei wählen. Zumeist wird diese Wahl jedoch von äußeren Einflüssen gesteuert. Forschungsgruppen bearbeiten von den Bildungseinrichtungen vorgegebene Forschungsschwerpunkte. Somit wird die Richtung durch die Forschungseinrichtung vorgegeben, innerhalb derer man sich frei bewegen kann.

Andererseits ist es aber auch notwendig, Forschungsgelder einzuwerben, um der Forschungsgruppe eine „kritische Masse“ zu geben, um international vergleichbar und erfolgreich zu sein. Normalerweise besteht eine Forschungsgruppe an Universitäten zu einem Viertel aus steuerfinanziertem Personal und zu drei Viertel aus Personal, das von Forschungsförderungseinheiten finanziert wird. Bei Fachhochschulen ist das umgekehrt. Diese finanzieren sogenannte Prae-Docs, die im Rahmen ihrer Tätigkeit die Dissertation schreiben oder auch Post-Docs, die nach der Dissertation auf eine Habilitation oder eine Professorenstelle hinarbeiten. Daher müssen sich Forschende für Forschungsgelder bewerben, die möglicherweise auch Forschung zu einem gewissen Thema (thematische Calls) beinhalten. Somit können Forschungsförderungsgeber die Forschungsinhalte auch vorgeben – was intensivere Forschung in manchen Bereichen ergibt. Generell haben also Forschende die Aufgabe, sich um solche Forschungsmittel zu bewerben und werden auch zu einem gewissen Teil durch diese Einwerbequoten beurteilt.

Das weit wichtigere Kriterium ist jedoch die Anzahl und die Qualität der veröffentlichten Beiträge. Somit sind Forschende bemüht, neben ihrer tatsächlichen Forschungsarbeit, vor allem Publikationen und Forschungsanträge zu schreiben, die zum Teil auch ihre eigene Weiterbeschäftigung ermöglichen. Daher besteht wenig bis kein Interesse an Beratungstätigkeiten, die nicht im Fokus dieser beiden Komponenten stehen. Die Wissensorganisationen selbst bekommen im Rahmen ihrer Leistungsvereinbarung diese Beratungstätigkeiten auch nicht abgegolten, daher ist jedwede Beratung durch Expertinnen und Experten auch nicht kostenfrei. Ähnlich wie oft bei Juristinnen und Juristen, ist die Erstberatung kostenfrei, alles Weitere muss jedoch remuneriert werden, da die Mitarbeitenden der Forschungseinrichtungen zeitlich sonst nicht in der Lage sind, zusätzliche Tätigkeiten zu übernehmen, da sie anderwärtige Verpflichtungen haben.

1.5. Aspekte der Finanzierung

Sollte sich nach dem Erstkontakt herausstellen, dass es notwendig ist eine Machbarkeitsstudie zu erstellen, gibt es prinzipiell zwei Möglichkeiten: Entweder die Kosten werden selbst getragen oder man verwendet Förderinstrumente, die die Machbarkeitsstudie zum Teil finanzieren. Als Beispiel seien hier die Wirtschaftskammer Wien[5], die Wiener Wirtschaftsagentur[6] oder die FFG[7] genannt, die entsprechende **Förderungen für Machbarkeitsstudien** bereitstellen. Als Ergebnis wird hier ein Lösungsweg skizziert, der anschließend entsprechend im Unternehmen umgesetzt werden kann.

Fehlt im Unternehmen die entsprechende Expertise, ist der beste Weg, sich diese Expertise ins Unternehmen zu holen, indem man ein Kooperationsprojekt mit der Forschungseinrichtung plant. Dabei kann man das Ergebnis der Machbarkeitsstudie direkt verwenden, um den Antrag für das Forschungsprojekt zu schreiben. Die Forschungseinrichtung selbst hat normalerweise Erfahrung in der Abfassung solcher Forschungsanträge. Dabei stehen wieder Einrichtungen wie die Wiener Wirtschaftsagentur[8] oder die FFG[9]

5 Vgl https://www.wko.at/service/w/innovation-technologie-digitalisierung/TU-Wien-Expertise-fuer-Wiener-Unternehmen.pdf (29.8.2019).
6 Vgl https://cockpit.wirtschaftsagentur.at/Cockpit/Info/Programm-Info/?fdef=2599540 (3.8.2019).
7 Vgl https://www.ffg.at/programm/feasibility (3.8.2019).
8 Vgl https://cockpit.wirtschaftsagentur.at/Cockpit/Programme (3.8.2019).
9 Vgl https://www.ffg.at/foerderungen (3.8.2019).

mit ihren diversen Förderprogrammen zur Verfügung. Hierbei gilt es aber zu beachten, dass die IP-Rechte normalerweise beim Forschungspartner verbleiben und dieser ein Interesse daran hat, Forschungsergebnisse zu veröffentlichen. Ist dies nicht gewünscht, muss die Kooperation eigenfinanziert werden. In beiden Fällen ist dies eine elegante Methode Expertise ins Unternehmen zu holen. Die Arbeiten werden von Mitarbeitenden der Forschungseinheit durchgeführt. Hier ist empfohlen, einen intensiven Kontakt mit den Mitarbeitenden zu pflegen, die dann möglicherweise nach Abschluss des Projektes sogar ins Unternehmen wechseln.

Bei den Kosten muss ebenfalls zwischen reinen Forschungsprojekten und sogenannter Auftragsforschung unterschieden werden. Wird das Projekt von einer öffentlichen Forschungsförderungseinrichtung unterstützt, bleiben die IP-Rechte bei der Forschungseinrichtung, dafür sind die Kosten aber öffentlich gefördert (bis zu 100 %). Bei Auftragsforschung hingegen verbleiben die Rechte in der Regel beim Unternehmen, dafür ist laut EU-Beihilfenrecht[10] aber ein Vollkostenmodell von der Forschungseinrichtung anzuwenden. Dh, zu den tatsächlichen Projektkosten kommen noch die Overheadkosten für Miete, Laboreinrichtungen etc hinzu, was den Aufwand entsprechend erhöht. Hier ist dann als Beispiel mit Personalkosten in der Höhe von rund EUR 120.000 für ein Personenjahr zu rechnen (diese Kosten hängen Stark von Forschungseinrichtung, Standort der Forschungseinrichtung und Forschungsdisziplin ab). Das entspricht einem ungefähren Stundensatz von EUR 75 für bereits promovierte Mitarbeiter, bei Professoren sind die Kosten entsprechend höher anzusetzen.

2. Technische Risikobewertung (Überprüfung der „Projektidee")

Wie schon oben erwähnt, ist die technische Machbarkeitsüberprüfung von zentraler Bedeutung und zudem zweigeteilt: Einerseits muss festgestellt werden, ob die technische Kompetenz im Unternehmen überhaupt vorhanden bzw ausreichend vorhanden ist. Andererseits gilt es, die technische Machbarkeit in Form der Überprüfung der technischen Durchführbarkeit (zB: Ist dies physikalisch überhaupt machbar?) zu überprüfen. Beide Komponenten sind wichtig und müssen geprüft werden.

2.1. Technische Kompetenz im Unternehmen

Zunächst muss man sich allgemein die Bewertung der vorhandenen Kompetenzen im Startup ansehen. Es ist wichtig, hier auf Ausgewogenheit zu achten. Ohne hier näher auf die ideale Zusammensetzung eines Gründerteams eingehen zu wollen, ist es jedenfalls nötig folgende Aspekte im Blick zu haben: Sowohl Personen mit technischen als auch mit wirtschaftlichen Fachkenntnissen müssen im Gründerteam vorhanden sein. Fehlt eine Komponente, so wird dies immer zu Schwierigkeiten im Unternehmen führen. Während es Technikerinnen und Technikern meist egal ist, ob sich die entwickelte Lösung auch verkaufen lässt, verkaufen Wirtschafterinnen und Wirtschafter gegebenen-

10 Vgl https://www.wko.at/service/wirtschaftsrecht-gewerberecht/Europaeisches_Beihilfenrecht.html (30.8.2019).

falls Dinge, die technisch nicht umsetzbar sind bzw zu Frust beim potentiellen Kunden führen. Techniker sind zudem eher an der Lösung von Problemen interessiert als an der wirtschaftlichen Umsetzung, daher muss sich jemand im Team darum kümmern gegebenenfalls technische Entwicklungen, die vom Kunden nicht nachgefragt sind, zu unterbinden.

Umgekehrt muss entsprechendes technisches Personal im Unternehmen vorhanden sein. Es wäre nachlässig, die technische Entwicklung auszulagern. Eine solche Auslagerung birgt zwei große Risiken: Erstens, der für die technische Umsetzung beauftragte Entwicklungspartner verrechnet die Entwicklung viel zu teuer und im Unternehmen kann keiner die Plausibilität prüfen. Zweitens liefert man sich dem Entwicklungspartner aus. Dies kann gutgehen – muss aber nicht. Daher ist es immer sinnvoll im Unternehmen technisches Know-how aufzubauen und mindestens zwei Personen mit Kenntnissen der technischen Infrastruktur zu haben (eine alleine kann am Beginn ausreichend sein, ist aber auf Dauer risikoreich, da alles Wissen in einer Person konzentriert ist).

2.2. Unterstützung für technische Risikobewertung bzw Machbarkeit

Wie schon oben erwähnt, gibt es prinzipiell drei verschiedene Kooperationspartner, die unterstützend tätig sein können: Universitäten, Fachhochschulen und außeruniversitäre Forschungseinrichtungen. Alle drei haben wissenschaftliche und kommerzielle Interessen, wobei der Grad der Kommerzialisierung von den Unis über die FHs zu den RTOs zunimmt. Hier muss die richtige Ansprechperson gefunden werden, die auch das entsprechende Interesse am zu lösenden Problem haben sollte. Daher ist es sinnvoll, dies im Vorfeld abzuklären, manchmal reicht ein kurzes Gespräch, um eine Risikoeinschätzung zu erhalten, manchmal muss eine Machbarkeitsstudie erstellt werden. Im Rahmen einer Machbarkeitsstudie wird die technische Durchführbarkeit abgeklärt und technisch-inhaltliche Lösungswege skizziert, sie dient damit zur Entscheidungsfindung bei der Definition von Forschungs- und Entwicklungsprojekten. Machbarkeitsstudien werden in der Regel innerhalb von zwei bis drei Monaten vom Forschungspartner erstellt, wobei es auch hier die Möglichkeit der Förderung der Machbarkeitsstudien (zB FFG[11]) gibt. Alternativ dazu kann man auch Machbarkeitsstudien als Auftragsforschung vergeben. Wie bei allen anderen Kooperationen mit Forschungseinrichtungen ist darauf zu achten, dass der Inhalt, der Zeitrahmen und der Umfang der Machbarkeitsstudie vertraglich geregelt sind. Inhalt einer Machbarkeitsstudie ist in der Regel die wissenschaftliche Bearbeitung des geplanten Vorhabens. Die Problemstellung wird analysiert und detailliert erfasst, mögliche Lösungswege werden skizziert, der Stand der Technik zur Problemstellung erhoben und daraus abgeleitet eine Aufwands- und Kostenschätzung für die Umsetzung der Lösung der Problemstellung erstellt. Dies kann als Grundlage für die gemeinsame Abfassung eines Forschungsförderungsantrags oder einer Auftragsforschung verwendet werden.

11 Vgl https://www.ffg.at/programm/feasibility (29.8.2019).

3. Empfehlungen für Investoren in technischer Hinsicht

Für Investoren ist es wichtig, die wirtschaftliche und die technische Risikobewertung durchzuführen, bevor ein Investment getätigt wird. Daher werden im Folgenden die wichtigsten Punkte zusammengefasst, die man berücksichtigen sollte, bevor man eine Investition tätigt.

- **Marktanalyse, Produktanalyse, Konkurrenzanalyse:** Viele Gründerinnen und Gründer sind von ihrer Idee derart begeistert, dass sie vernachlässigen zu untersuchen, was denn bereits am Markt vorhanden ist. Dies ist jedoch Grundvoraussetzung für jedwede Entwicklung, es muss bekannt sein, welche Produkte bereits am Markt (oder in Entwicklung) sind und wie sich diese vom eigenen Vorhaben unterscheiden. Was ist an den existierenden Produkten negativ, warum braucht der Markt ein neues, ähnliches Produkt und wie werden Mitbewerber darauf reagieren. Diese Punkte sind essentiell, da auch abgeklärt werden muss, ob nicht irgendwelche Patente oder Markenschutzrechte verletzt werden, da möglicherweise andere Personen schon auf dieselbe Idee gekommen sind. Dies ist vor Beginn einer technischen Umsetzung zu überprüfen.
- **Technische Konzepte vorlegen lassen und prüfen:** Die technischen Konzepte sind für zwei Dinge wichtig: Erstens zeigen sie, dass es im Unternehmen Expertinnen und Experten gibt, die sich mit der Materie auskennen. Sind diese Konzepte zu generell, liegt der Verdacht nahe, dass die technische Kompetenz nicht vorhanden ist. Sollten sich hier mehr moderne Schlagworte (AI, künstliche Intelligenz, Deep Learning, Blockchain und dergleichen) als tatsächliche technische Abfolgen finden, ist Vorsicht angebracht. Vor allem ein nachvollziehbarer Umsetzungsplan und eine Analyse der technischen Probleme und deren Lösung sollten vorhanden sein. Mit diesem Konzept ist es einfacher, sich technische Unterstützung zu holen, da Expertinnen und Experten dann schneller in der Lage sind, die technischen Inhalte zu bewerten.
- **Risikobewertung (Technik, Personal – Zusammensetzung des Teams):** In der Teamzusammensetzung ist es wichtig, auf Ausgewogenheit zu achten. Daher sollte man die Lebensläufe der Gründerinnen und Grüner einfordern und hier auf technischen und wirtschaftlichen Hintergrund der Beteiligten prüfen. Nur wenn einander ergänzende Kompetenzen vorhanden sind, wird auch die Umsetzung gelingen. Fehlen Teile, so muss zumindest ein Plan zur Einwerbung dieser Kompetenzen vorhanden sein und somit dieses Manko bei den Gründern erkannt worden sein.
- **Hohes Risiko – externe Unterstützung und Ansprechpartner notwendig:** Ergibt die Risikobewertung ein hohes Risiko, sollten Investoren Rat bei externen Ansprechpartnern gemeinsam mit dem Unternehmen einholen. Von diesem Schritt profitieren beide Partner, da externe Bewertungen die Sichtweise erweitern. Bevor die Unterlagen zur Prüfung bzw zur Beratung weitergeleitet werden, sollte ein Geheimhaltungsvertrag (NDA, non disclosure agreement) vom Prüfer unterzeichnet werden, was normalerweise kein Problem darstellt. Diese Überprüfung ist in der Regel aber nicht kostenfrei.
- **Öffentliche Förderungen (Warum ist das wichtig, auch wenn genug Kapital vorhanden ist?):** Machbarkeitsstudien sind nicht kostenfrei, hierbei gibt es zwei Möglichkeiten der Finanzierung: Das Unternehmen und/oder die Investoren übernehmen die Kosten oder es werden öffentliche Förderungen dafür verwendet. Welche Finan-

zierung besser ist, ist projektabhängig. Eigenfinanzierte Studien sind teurer, da die Organisationen (vor allem Unis und FHs) marktkonforme Preise verrechnen müssen, um nicht gegen das EU-Beihilferecht zu verstoßen (Aufschlag in der Regel 50 %). Dafür können die Ergebnisse solcher Studien vom Unternehmen frei verwendet werden. Dennoch spricht auch viel für den öffentlichen Weg, da Unis, FHs und RTOs auch über die Einwerbung von Forschungsmitteln bewertet werden, dies besonders bei Universitäten. Daher ist es in der Regel leichter Kooperationen mit Universitätsinstituten aufzubauen, wenn hier auch ein gewisser Forschungsanteil vorhanden ist. Für die beteiligten Unternehmen gibt es zwei Vorteile, ein direkter Forschungstransfer und Zugriff auf qualifiziertes Personal.

- **Technisches Personal bewerten (Was tun, wenn zu wenig technisches Personal vorhanden ist?):** Auf Unis und FHs werden Studierende ausgebildet, es ist somit ein Grundstock an Personen vorhanden, aus denen gut geeignete ausgewählt werden können. Nachdem das Verhältnis von besonders guten Studierenden zur Gesamtheit der Studierenden immer ungefähr gleich ist, sind große Bildungseinrichtungen zu bevorzugen, da quantitativ mehr gute Studierende vorhanden sind. Diese müssen Praktikumsarbeiten, Bakkalaureats- und Diplomarbeiten abfassen, viele von diesen Studierenden lieben einen Praxisbezug. Daher finden sich leicht Studierende, die unter Anleitung an einem Thema arbeiten wollen – dies zumeist aber gegen entsprechende Bezahlung. Betreuerinnen und Betreuer wissen zumeist um die Kenntnisse der Studierenden und können aktiv auf diese zugehen oder kennen Absolventinnen bzw Absolventen, die sich gerade einer neuen Herausforderung stellen wollen. Daher sind gemeinsame Projekte mit diesen Bildungseinrichtungen sinnvoll, da hier Interesse bei den Studierenden geweckt werden kann, die anschließend im Unternehmen tätig werden. Diese Kooperationen finden zumeist im Bereich von Bakkalaureats-, Diplom- oder Doktorarbeiten statt, der Unterschied liegt hier in der Komplexität des zu bearbeitenden Themas.

4. Zusammenfassung und abschließende Kommentare

Zusammenfassend wollen wir die Wichtigkeit der technischen Bewertung nochmal hervorheben. Beide Risikogebiete (technische Umsetzung und technisches Personal) sind von Bedeutung, daher sollten beide Bereiche vom Unternehmen schlüssig dargestellt sein.

Ist dies nicht der Fall, aber die Projektidee gut, so sollte Kompetenz von außen hinzugeholt werden. Eines der wichtigsten Dinge bei der Suche nach externen Expertinnen und Experten ist einerseits die fachliche Kompetenz und andererseits das Interesse der Person an angewandter Forschung – fachliche Kompetenz alleine ist in diesem Zusammenhang zu wenig. Alle Forschungsorganisationen haben einerseits Ansprechpartner, die kontaktiert werden können, es empfiehlt sich aber auch eine selbständige Suche, da zumindest bei Unis und FHs Homepages Auskunft über die Expertise der Mitarbeiterinnen und Mitarbeiter liefern. Diese Experten können dann die technischen Konzepte begutachten und objektiv prüfen.

Was sie zumeist nicht machen, ist eine Marktanalyse oder eine Patentsuche. Dies hat im Vorfeld zu erfolgen. Eine solche Analyse ermöglicht auch technische und wirtschaftliche Alleinstellungsmerkmale herauszuarbeiten, ohne die eine erfolgreiche Umsetzung der Projektidee nicht möglich ist. Diese Analysen müssen daher noch vor der Überprüfung der technischen Durchführbarkeit gemacht werden.

Nachwort
Gedanken zum Startup Investing

Johann „Hansi" Hansmann

Nach der Lektüre dieses Buches werden sich hoffentlich jene, die schon in Startups investiert haben, motiviert fühlen, weiter aktiv zu bleiben; und sich hoffentlich auch ein paar „neue“ Leute motiviert fühlen, in Startups zu investieren.

Aber Vorsicht, aller Anfang ist schwer. Es gilt, die Spielregeln zu kennen und zu beachten. Dieses Buch führt Sie, liebe Leserinnen und Leser, ja in etliche der Regeln sehr ausführlich ein. Für direkt in Startups investierte Business Angels, wie ich einer bin, ist aber wohl die wichtigste Grundregel, dass man nur Geld investieren darf, welches man gefahrlos und ohne negative Emotionen verlieren kann – und am besten rechnet man für jedes Investment gleich noch zweimal so viel als Reserve zum Nachinvestieren. Außerdem sollte man ein Portfolio von zumindest fünf, besser zehn Startups aufbauen, um durch die Streuung bessere Erfolgsaussichten zu haben. Wer so nicht agieren kann oder dazu nicht bereit ist, ist wohl als Investor besser bei einem Venture Capital Fond oder auf einer Crowdinvesting-Plattform aufgehoben. Dagegen ist überhaupt nichts einzuwenden! Auch diese Formen von Investments werden sehr gebraucht und deshalb in eigenen Kapiteln in „Startup Investing“ auch ausführlich dargestellt.

Ansonsten beginnt man als Business Angel am besten als Co-Investor zusammen mit einem erfahrenen Angel. Ein großes Netzwerk ist wichtig! Nicht nur um sich selbst Rat zu holen, wie in (sicherlich auftretenden) komplizierten Situationen mit dem Investment umgegangen werden soll, sondern auch um den Startups mehr als nur das eigene Wissen und Know-how zur Verfügung zu stellen – nämlich das breite Wissen, das man nur in entsprechenden Netzwerken (überall im DACH-Raum) findet. Diese Netzwerke stehen Business Angels mit Rat und Tat zur Seite und begleiten sie von den ersten Investments bis zum Exit.

Nur wer sich neben dem monetären Investment auch beratend, helfend und mit Netzwerk einbringt, und das mit seinem Know-how und seiner Erfahrung auch gut kann, ohne die operativen Entscheidungen der Gründerinnen und Gründer zu beschneiden und vor allem in Krisen (davon gibt es in jedem Startup ganz sicher mehr als genug) dem Gründerteam zur Seite steht, ist ein wirklicher Business Angel.

1. Was fehlt in Österreich und dem DACH-Raum?

Um erfolgreicher Business Angel zu werden, braucht man auch ein funktionierendes Umfeld – das sogenannte Ökosystem. Dieses ist im DACH-Raum noch nicht so hochwertig und funktionsfähig wie in den USA oder auch schon in anderen Teilen Europas. Wie zB eine aktuelle Studie der Universität St. Gallen zeigt, liegt Österreich bei vorhandenem Venture Capital weit hinter EU-Ländern mit vergleichbarem BIP wie Schweden und Dänemark.[1]

Spezifisch für Österreich gibt es da noch großes Verbesserungspotenzial:

- Es gibt keine steuerlichen Anreize für Investoren wie zB in UK, wo ein Gutverdiener jährlich bis zu 100.000 in Startup investierte Pfund einfach von der Steuer absetzen

1 *Keuschnigg/Sardadvar*, Wagniskapital zur Finanzierung von Innovation und Wachstum, https://www.rat-fte.at/files/rat-fte-pdf/fti-dokumente/RFTE_Wagniskapitalfinanzierung_20190604.pdf (24.9.2019).

kann. Sogenannte Exits (also das, worauf alle Angels sehnsüchtig warten, um den Erfolg eines Investments realisieren zu können) werden mit 27,5 % Kapitalertragssteuer besteuert (in einigen anderen europäischen Ländern deutlich geringer oder gar nicht), leider können bei uns aber nicht einmal Verluste gegengerechnet werden, wenn man als Privatperson investiert hat.

- Die bestmöglich vorhandene Rechtsform, eine GmbH, ist leider nur sehr bedingt für Startups geeignet, weil sie nicht dafür geschaffen ist, dass in kurzen Abständen Kapitalerhöhungen stattfinden und neue, manchmal viele Gesellschafter hinzukommen. Die Möglichkeit, Anteilsoptionen für Führungskräfte zu vergeben, wie in vielen Ländern Standard, ist technisch und steuerlich schlecht bis gar nicht geregelt.
- Der österreichische Kapitalmarkt ist unterentwickelt. Wenn ein Startup endlich soweit ist, dass es ein funktionierendes Geschäftsmodell hat und eine größere Finanzierungsrunde (ab drei Millionen Euro) benötigt, ist das Angebot hierzulande enden wollend. Da springen manchmal ausländische Kapitalgeber ein, die naturgemäß schwerer zu finden sind, und die auch gerne mal die Gründer davon überzeugen, doch zumindest einen Teil des Unternehmens an den Sitz des Kapitalgebers zu verlegen – oder die manchmal auch ganz einfach an unserer Rechtsform scheitern, weil sie es zu umständlich finden, in eine österreichische GmbH zu investieren. Die deutsche GmbH ist da übrigens auch nicht viel besser.
- Für Startups im digitalen Bereich (also die meisten) ist das Angebot an guten Entwicklerinnen und Entwicklern sehr gering. Ein Problem, das sich vermutlich in den nächsten Jahren noch vergrößern wird. Entwickler und andere Startup-Spezialisten aus dem Nicht-EU-Raum nach Österreich zu bringen, ist mit der schlecht funktionierenden Rot-Weiß-Rot-Karte leider oft nicht möglich, weil die Behördenwege zu langsam sind und wirklich gute Fachkräfte nicht so lange warten können oder wollen.

Es ist sehr hilfreich, auch andere Ökosysteme zu verstehen, um Anreize für Verbesserungen im Heimmarkt zu finden. Dafür sollten Angels mit ein wenig Erfahrung durchaus auch in das eine oder andere Startup außerhalb Österreichs investieren – am besten als Co-Investor zusammen mit einem erfahrenen Angel, der die lokalen Regeln kennt.

2. Startup Investing: Macht das Sinn?

Wenn man diese Worte liest, fragt man sich wohl, ob es überhaupt Sinn macht, als Business Angel in Startups zu investieren. Dass es für VCs Sinn macht, steht ohnedies außer Zweifel.

Aber meine Antwort ist ein klares JA!

Trotz der teilweise widrigen Umstände ist es wunderbar aufregend und erfüllend, mit jungen, gut ausgebildeten, leidenschaftlichen Gründerteams zusammen etwas auf die Beine zu stellen, an der Innovation teilzuhaben, Persönlichkeiten wachsen zu sehen sowie Dinge, die man selbst erlebt und erfahren hat, weiterzugeben.

Und als Österreicher liegt uns Österreich eben nahe. Wenn wir international konkurrenzfähig bleiben wollen, dürfen wir den Anschluss an die Spitze aber nicht verlieren, was vor allem in den Bereichen der unternehmerischen Bildung, des Kapitalmarktes, und der Finanzierung und Förderung von Gründerinnen und Gründern eine große Gefahr ist.

Wir sind ein reiches Land, es sind hunderte Milliarden Euro in „nicht-innovative" Dinge investiert. Startups sind Innovationstreiber, daher sollten wir alles daransetzen, unsere (derzeit noch zu wenigen) jungen Gründer zu unterstützen, und nach Möglichkeit noch viele andere Gründer aus anderen Ländern zu uns bringen, weil sie bei uns, neben dem unzweifelhaft attraktiven Lebensumfeld, auch alles weitere finden, was sie zum Gründen und zum Unternehmertum brauchen.

3. Mein Wunsch?

Hätte ich einen Wunsch für das Startup-Ökosystem in Österreich frei, dann wäre mir wohl am liebsten, dass etwa eine Milliarde Euro pro Jahr (prozentuell gesehen also nicht wirklich viel) kontrolliert, vor allem über Steueranreize, in den Startup-Kreislauf gebracht werden. Das würde unsere Zukunft sicher aussichtsreicher machen.

Business Angels können viel beitragen, nicht nur als Investoren. Sie können eine starke Stimme in der Gesellschaft sein, sie können mithelfen, das Image der „Unternehmer" deutlich zu verbessern, das Gründen (das auch mit Misserfolg zu tun hat) noch gesellschaftsfähiger zu machen und unablässig in Politik und Wirtschaft für die Sache werben. Dann bin ich zuversichtlich, dass wir es in Österreich auch diesmal schaffen. Wie immer mit ein paar Jahren Verspätung – aber vielleicht machen wir deshalb auch ein paar Fehler weniger. Aber ein Umdenken ist dringend geboten – sonst spielen wir in ein paar Jahren nicht mehr in der ersten (Wirtschafts- und Wohlstands-)Liga mit; selbst in Europa nicht.

Glossar

Das folgende Glossar enthält Erklärungen zu einer Auswahl an gängigen Begriffen aus der Startup- und Investmentbranche – der Schwerpunkt liegt dabei auf dem Wording bei Startup Investing.

Accelerator	Ein Accelerator ist ein „Beschleuniger". Meist handelt es sich dabei um eine Institution, die Startups in einem bestimmten Zeitraum durch Beratung, Coaching und Vernetzung zu einer schnellen (Weiter-)Entwicklung verhilft.
(Daily/Weekly/Monthly) Active User	Eine Kennzahl, die angibt, wie viele Nutzer eine(n) Website/App/Onlinedienst innerhalb eines bestimmten Zeitraums besuchen bzw nutzen.
Anti-Dilution-Klausel	Eine Anti-Dilution-Klausel (dt Verwässerungsschutz) regelt, dass Investoren im Falle einer weiteren Finanzierungsrunde, die zu einer niedrigeren Unternehmensbewertung durchgeführt wird, den Preis für ihre Anteile nachträglich reduzieren können.
Agio	Aufgeld, welches (bestehende oder neu eintretende) Gesellschafter zusätzlich zum Nominale (Nennwert) der neuen Anteile an die Gesellschaft leisten.
Annual Recurring Revenue (ARR)	Anteile am Gesamtumsatz, die regelmäßig (jährlich) wiederkehren (bspw durch Abonnements) und dementsprechend für die strategische Planung prognostizierbar sind.
Asset Deal	Erwerb der Vermögensgegenstände einer Gesellschaft (Gegenstück: Share Deal).
A-Runde	Auch Series-A-Runde (engl A-Round), ist die typische Bezeichnung für die erste bedeutende Runde der Risikokapitalfinanzierung eines Unternehmens. Der Name bezieht sich auf die Klasse der Vorzugsaktien, die an Investoren im Gegenzug für ihre Investition verkauft werden. Alle nachfolgenden Finanzierungsrunden werden üblicherweise alphabethisch (Series B, Series C usw) bezeichnet.

Bad Leaver	Austreten einer Schlüsselperson (meist Gründer) aus der Gesellschaft vor Ablauf der Vestingperiode ohne wichtigen Grund, oder Abberufen einer solchen Schlüsselperson (meist Gründer) als Organ durch die Investoren aus wichtigem Grund.
Bankenexposé	Die Dokumentation der Börsenreife erfolgt in einem sogenannten Bankenexposé, welches den Investmentbanken als Vorbereitungsunterlage für den „Beauty Contest" (das Auswahlverfahren der Banken) dient.
Benchmarking	Ein Verfahren, bei dem unternehmens- und/oder geschäftseinheitsbezogene Prozesse und/oder Leistungsangebote mit den als am besten identifizierten Referenzen inner- und außerhalb des Unternehmens verglichen werden.
Beta-Test	Die Veröffentlichung eines Produktes/Services in einem geschlossenen Kundenkreis, um Feedback zu erhalten und es dadurch vor der Veröffentlichung am freien Markt zu testen und zu verbessern.
Beteiligungsvertrag	Festlegung, wer sich in welcher Höhe an der Gesellschaft beteiligt.
Big-Budget-Modell, Big-Money-Modell	Eine Form der Gründungsfinanzierung, bei der die Strategie des Startups und die Realisierung des Gründungsvorhabens ohne finanzielle Beschränkungen durchgeführt werden. Die Höhe und Struktur der benötigten Finanzierung leitet sich aus dem Business Plan ab. Mittels Fundraising werden dann die benötigten Finanzmittel aufgestellt (Gegenstück: Bootstrapping).
Bookbuilding	Im Zuge eines Bookbuilding-Verfahrens wird bei einer Neueinführung an der Börse ein Emissionspreis bestimmt. Institutionelle Investoren geben während der Zeichnungsfrist und in einem davor festgelegten Preisband bekannt, welche Volumina sie zu welchem Preis zeichnen würden. Am Ende der Frist erfolgt die Zuteilung, also welcher Investor wie viel zum Emissionspreis erhält.
Bootstrapping/ Bootstrap-Finanzierung	Eine Form der Gründungsfinanzierung, bei der die Finanzierung des Startups gänzlich ohne externe Finanzierung funktioniert. Die Strategie des Startups und die Realisierung des Gründungsvorhabens sind dabei an ein sehr enges Budget und knappe Ressourcen angepasst. Ziel ist die Vermeidung von Ausgaben bei gleichzeitiger Maximierung der Einnahmen(Gegenstück: Big-Budget-Modell).

Break-Even-Punkt	Die Gewinnschwelle gibt jenen Umsatz einer Gesellschaft an, bei (ab) dem die Erlöse die Aufwendungen decken (überschreiten).
Bridge Financing	Finanzielle Mittel, die einem Startup zur Zwischenfin anzierung bzw Verbesserung der Eigenkapitalquote zur Verfügung gestellt werden (dt Überbrückungsfinanzierung) – häufig vor einer nächsten größeren Finanzierungsrunde oder vor dem Börsengang.
Burn Rate	Geschwindigkeit und Höhe (zB in Euro pro Monat), in der die finanziellen Mittel eines Startups verbraucht werden.
Business Angel	Privatinvestorinnen und -investoren, die sich an Startups mit „smartem Kapital" („Smart Money") beteiligen. Neben finanziellen Mitteln wird auch aktive Unterstützung durch zB Coaching, Sparring, Managementhilfe, Branchen-Know-how und Zugang zu Netzwerken eingebracht.
Business Model Canvas	Ein Modell, das vor allem zur Entwicklung neuer Geschäftsmodelle verwendet wird und diese anhand von neun Kernaktivitäten analysiert.
Business Plan	Schriftliches Konzept eines Startups/Unternehmens mit umfassenden Infos zu Gründern, Geschäftsmodell, Markt und Finanzierung.
Cap Table	Die Cap Table (Kapitalisierungstabelle) ist eine Liste, die alle Anteilseigner und Investoren in einem Unternehmen jeweils mit Namen, dem prozentualen Anteilsbesitz, den Anteils- bzw Aktienklassen sowie gegebenenfalls mit der Anzahl der gehaltenen Aktien auflistet.
Capacity Building	Capacity Building (auch Capacity Development) ist ein Prozess, durch den Einzelpersonen und Organisationen die Fähigkeiten, das Wissen, die Werkzeuge, die Ausrüstung und andere Ressourcen erwerben, verbessern und erhalten, die sie benötigen, um ihre Aufgaben kompetent zu erledigen.
Carried Interest (Carry)	Eine Gewinnbeteiligung für Verwalter von Kapitalanlagen/Fondsmanager, die zu Lasten der Investoren geht. Das Ziel ist ein Anreiz für den Fondsmanager, um möglichst hohe Gewinne zu realisieren.

Catch up	Ist eine Form der Liquidationspräferenz, in der nach der Verteilung an die Investoren im ersten Rang zunächst die Gründer einen bestimmten Betrag aus dem Exiterlös erhalten und erst danach die pro rata Verteilung unter allen Gesellschaftern im zweiten Rang erfolgt. Auf diese Weise werden die Gründer oft betraglich so gestellt, wie die Investoren im ersten Rang.
Churn-Rate	Die Churn-Rate gibt an, wie viele Kunden eines Unternehmens über einen bestimmten Zeitraum im Vergleich zum bestehenden Kundenstamm abgesprungen sind.
Cliff Periode	Der Zeitraum – üblicherweise ein Jahr – bevor für Gründer das Vesting zu laufen beginnt.
Closing	Der Abschluss einer Transaktion (idR Zahlung gegen Übergang der Anteile oder Assets) – siehe auch Signing.
Convertible Loan	Ein Convertible Loan (dt Wandeldarlehen), oder auch kurz Convertible, ist eine häufig benützte Zwischenfinanzierung für Startups. Neben allen Elementen eines klassischen Darlehens ist zusätzlich ein vertragliches Wandlungsrecht in Unternehmensanteile zugunsten des Darlehensgebers vorgesehen. Convertibles gelten idR als Eigenkapital und sind nachrangig zu sonstigem Fremdkapital.
Corporate Venture Capital (CVC)	CVC bezeichnet Eigenkapital von nicht im Finanzbereich tätigen Firmen, das in eigene Ausgründungsprojekte oder in von außen kommende Startup-Unternehmen investiert wird.
Crowdinvesting/Crowdfunding	Startup-/Unternehmens-/Projekt-Finanzierung durch eine große Menge (Crowd) an ein einzelnes Unternehmen. Die Beträge der Geldgeber können dabei sehr gering sein und das Einsammeln der Gelder erfolgt digital über Crowdinvesting-Plattformen.
Customer Acquisition Costs (CAC)	Anfallende Kosten, um einen einzelnen Kunden zu akquirieren. Diese werden berechnet, indem die Gesamtausgaben der Kundenakquise durch die Anzahl der Neukunden dividiert werden.
Customer Lifetime Value (CLTV)	Der Wert eines Kunden (dh die Einnahmen, die mit dieser Person generiert werden können) über die gesamte Dauer der Kundenbeziehung – oft auch nur als LTV bezeichnet.
Dealflow	Als Dealflow werden Beteiligungsmöglichkeiten bezeichnet, die einer Investorin oder einem Investor angeboten werden.

Deal-Screening	Als Deal-Screening wird der Prozess der Überprüfung und der Auswahl an Startups für das Portfolio von Investoren bezeichnet.
DeepTech	In den Bereich DeepTech fallen forschungs- und wissenschaftsbasierte Unternehmen va aus den Bereichen Big Data, Internet of Things, Künstliche Intelligenz und Robotik.
De-minimis-Förderungen	Förderungen, die ein EU-Mitgliedstaat einem Unternehmen mit geringfügigen Beträgen und ohne großen bürokratischen Aufwand gewährt (lat „de minimis" für „Dinge kleiner Bedeutung"). Sie bedürfen aufgrund der geringen Höhe keiner Genehmigung durch die Europäische Kommission.
Distribution to Paid-in Capital (DPI)	Eine Kennzahl über die Ausschüttungen eines (VC-) Fonds: Ausschüttungen an Investoren (LPs) im Verhältnis zum eingesetzten Kapital.
Double Equity	Ein von der Austria Wirtschaftsservice GmbH (aws) angebotenes Instrument, das Garantien für Bankkredite bis zu einer Höhe von 80 % übernimmt. Zielgruppe sind junge KMUs, die bereits privates Kapital zur Finanzierung aufgestellt haben und dieses durch den Bankkredit hebeln wollen.
Down-Round	Eine Finanzierungsrunde, der eine niedrigere Unternehmensbewertung zu Grunde gelegt wird als in der vorangegangenen Investmentrunde und damit Anteile von (Neu-)Investoren günstiger gekauft werden können.
Drag-along-Recht	Das Recht der Gründer, bei einem Verkauf des Startups auch die Minderheitsanteile der Investoren mitverkaufen zu dürfen.
Dritter Markt	Der Dritte Markt ist ein Segment an der Wiener Börse, das nicht durch das Börsegesetz geregelt wird und das speziell KMUs durch deutlich einfachere und günstigere Listings adressiert. Bezeichnung seit 1.7.2019: Vienna MTF.
Due Diligence	Der Begriff leitet sich aus der Transaktionspraxis ab und bedeutet übersetzt „Prüfung mit ordnungsgemäßer Sorgfalt". Hierbei kommt es zur Beteiligungsprüfung, Informationsoffenlegung, Analyse und Prüfung eines potenziellen Investments oder Überprüfung im Emissionsverfahren. Dies erfolgt durch sorgfältige, systematische und

	detaillierte Erhebung, Prüfung und Analyse von kaufmännischen, technischen und rechtlichen Daten eines Investitions-, Übernahme- oder Fusionskandidaten.
Early Stage	Early Stage stellt die frühe Phase eines (potenziellen) Startups dar und ist unterteilt in die Phasen Pre-Seed, Seed, Startup und First Stage.
Earnings Before Interest and Taxes (EBIT)	Ordentliches Betriebsergebnis vor Zinsen und Steuern.
EduTech	Der Begriff leitet sich von der Bezeichnung educational technology (dt Bildungstechnik) ab. Bei dieser handelt es sich um einen Sammelbegriff für moderne Technologien im Bereich der Aus- und Weiterbildung.
Employee Stock Ownership Plan (ESOP)	Ein Mitarbeiterbeteiligungsmodell – die Beteiligung kann vom Unternehmen als Teil der Arbeitnehmervergütung oder als Anreizvergütung für geleistete Arbeit gewährt werden.
Exit	Veräußerung einer Unternehmensbeteiligung.
Expansion Stage (auch Growth-Phase)	Die Phase, in der starkes Umsatz- und/oder Nutzerwachstum verzeichnet werden kann.
Finanzierungsrunde	Startup-Finanzierungen erfolgen in der Regel in mehreren Runden oder Phasen. Eine Finanzierungsrunde ist eine Art Angebot, bei dem ein Unternehmen Kapital von Investoren im Austausch gegen Eigenkapital, (Wandel-) Darlehen oder in einer anderen Finanzierungsform erhält.
FinTech	Der Begriff leitet sich von der Bezeichnung Finanztechnologie ab. Bei dieser handelt es sich um einen Sammelbegriff für moderne Technologien im Bereich der Finanzdienstleistungen.
First Stage	First Stage ist chronologisch der späteste Teil der Frühphase eines Startups. Hauptfokus liegt in dieser Phase auf dem Markteintritt.
Founders Clash	Streit unter den Gründern – eine der häufigsten Ursachen, wenn Startups scheitern.
Freemium (Model)	Ein bei Unternehmen mit digitalem Produkt häufig verfolgtes Geschäftsmodell, bei dem eine Basisvariante kostenlos angeboten wird. Damit sollen schnell User generiert werden, die in weiterer Folge durch Premiumvarianten monetarisiert werden sollen.

Gesellschaftsvertrag	Der Vertrag über Rechtsgrundlagen und Organisation einer Gesellschaft. Enthält auch gerade bei Startups ua Vorkaufs-, Aufgriffs- und Mitverkaufsrechte, die damit Wirkung gegenüber Dritten (zB für in einer späteren Phase einsteigende Investoren) haben.
Greenshoe	Eine vor einem IPO festgelegte Mehrzuteilungsoption, die bei einer Überzeichnung der Neuemission, wenn also die Nachfrage größer ist als das Aktien-Angebot, von den Konsortialbanken zu denselben Bedingungen abgegeben werden können. Diese Maßnahme dient der Stabilisierung der Preise und Vermeidung zu großer Schwankungen unmittelbar nach der Aktienemission. Die Laufzeit einer Greenshoe-Option beträgt in der Regel rund 30 Tage, die Größe etwa 10 % der ausgegebenen Aktien.
Growth-Phase (auch Expansion Stage)	Die Phase, in der starkes Umsatz- und/oder Nutzerwachstum verzeichnet werden kann.
HealthTech	Der Begriff HealthTech (dt Gesundheitstechnologie) wird von der Weltgesundheitsorganisation definiert als die Anwendung von organisiertem Wissen und Können in Form von Geräten, Medikamenten, Impfstoffen, Verfahren und Systemen, die zur Lösung eines Gesundheitsproblems und zur Verbesserung der Lebensqualität entwickelt werden.
Hockey-Stick-Effekt	Nach einer stabilen oder sogar rückläufigen Unternehmensentwicklung kommt es zu einer plötzlichen, überproportionalen Steigerung von Umsatz und/oder Gewinn. Grafisch dargestellt sieht diese Planung bzw Entwicklung dann aus wie ein Eishockeyschläger (Hockey Stick).
Hurdle Rate	Die Mindestverzinsung auf ein Investment, die erreicht werden muss, bevor ein Fondsmanager eine performanceabhängige Vergütung erhält.
Impact Investment	Impact Investments beziehen sich auf Investitionen in Unternehmen, Organisationen und Fonds, die mit der Absicht getätigt werden, eine messbare, vorteilhafte soziale oder ökologische Auswirkung neben einer finanziellen Rendite zu erzielen.
Initial Coin Offerings (ICO)/Utility Token	ICO ist ein unreguliertes Mittel der Kapitalaufnahme zur Finanzierung unternehmerischer Vorhaben mittels Blockchain. Die Anleger erhalten für reales Geld einen zunächst virtuellen Gegenwert, sogenannte Utility Token, für die es zu einem späteren Zeitpunkt einen realen Gegenwert gibt (zB Umsatzbeteiligung, Dienstleistung).

Inkubator	Inkubatoren sind Einrichtungen, die (potenzielle) Startups auf den Weg bis zur Gründung, bei der Unternehmensgründung und in der Frühphase unterstützen. Dies erfolgt ua durch Beratung, Coaching, Bereitstellung von Büroräumen und Infrastrukturausstattung, Vernetzung, Aus- und Weiterbildungsangeboten.
InsurTech	Der Begriff leitet sich von der Bezeichnung Versicherungstechnologie (engl Insurance) ab. Bei dieser handelt es sich um einen Sammelbegriff für moderne Technologien im Bereich der Versicherungsdienstleistungen.
Investitionsphasen	Die Investitionsphasen beschreiben jene Phasen, in denen in ein Unternehmen investiert wird. Selten reicht eine einmalige Investition für den gesamten Lebenszyklus eines Unternehmens. In unterschiedlichen Stadien kann Kapital zur weiteren Expansion oder zur Überbrückung von Liquiditätsengpässen erforderlich sein.
Investor Relations (IR)	IR umfasst die Kontaktpflege und laufende Kommunikation mit der financial community – institutionelle Investoren, Privataktionäre, potentielle Investoren, Analysten, Wirtschaftspresse. Bei börsennotierten Unternehmen ist IR fixer Bestandteil der Geschäftstätigkeit. Gerade aber auch bei Startups, also jungen und nichtbörsennotierten Unternehmen, hat sich gezeigt, dass der Kontakt zum Kreis der Investoren (zB VC-Fonds oder Business Angels) ein entscheidendes Überlebenskriterium darstellt.
Investor Ready Slide Deck (IRSD)	Unterlagen zur Präsentation von Startups/Unternehmen vor Investoren. Enthält mehr/tiefergehende Infos als das klassische Pitch Deck und wird meist erst nach einem Pitch versendet.
Internet of Things (IoT)	IoT bezeichnet die Ausweitung der digitalen Vernetzung & Kommunikation auf physische Gegenstände, die dadurch gesteuert und in Netzwerke eingebunden werden können.
Lifestyle of Health and Sustainability (LOHAS)	Menschen, die durch ihr Konsumverhalten und die gezielte Auswahl von Produkten Gesundheit und Nachhaltigkeit fördern wollen.
Initial Public Offering (IPO)	Der IPO bezeichnet das erste Listing und damit den Börsengang eines Unternehmens und stellt somit eine Exitmöglichkeit dar. Diese Exitvariante ist im deutschsprachigen Raum deutlich weniger verbreitet als M&A-Transaktionen.

(Net) Internal rate of return (IRR)	Der Internal rate of return (dt interner Zinsfuß) ist eine Kennzahl für die Rentabilität von Investitionen. Der interne Zinsfuß ist der Diskontierungssatz, bei dem der Barwert aller Cashflows eines bestimmten Investments Null beträgt. Net IRR entspricht dem IRR nach Berücksichtigung von Fees und Carried Interest und dient ua dazu, Investments mit unregelmäßigen und solche mit regelmäßigen Zahlungsströmen (zB Miet-, Zinserlöse) vergleichbar zu machen.
Key Performance Indicator (KPI)	Diverse Kennzahlen, mit denen die Leistung, die Entwicklung, der Erfolg bzw Misserfolg von Unternehmen ermittelt und dargestellt werden. Die relevanten KPIs sind je nach Unternehmen und Bereich unterschiedlich zu definieren – so sind zB für die Bewertung von Marketing- und Vertriebsmaßnahmen andere Kennziffern relevant als für das Rechnungswesen und Controlling.
Later Stage	Die Phase, in der ein Startup am Markt bereits etabliert ist; ein Verkauf oder Börsengang ist geplant oder steht bevor.
Launch	Die erste öffentliche Einführung eines Produktes bzw einer Dienstleistung am Markt, der vorab oft eine Veröffentlichung in geschlossenem Kreis vorausgeht.
Lead-Investor	Der Hauptkapitalgeber in einer bestimmten Finanzierungsrunde wird als Lead-Investor bezeichnet. Er begleitet häufig das gleiche Unternehmen von Kapitalrunde zu Kapitalrunde.
Lean Startup	Eine Methode zur Entwicklung von Geschäftsmodellen, bei der Hypothesen & MVPs verwendet werden, um durch schnelle, kostengünstige Entwicklungszyklen einen hohen Product-Market Fit zu erzielen.
LegalTech	Der Begriff leitet sich von der Bezeichnung Legal Technology (dt Rechtstechnologie) ab. Bei dieser handelt es sich um einen Sammelbegriff für moderne Technologien im Bereich der Rechtswissenschaften.
Letter of Intent (LOI)	In der Regel unverbindliche Absichtserklärung eines Investors mit den wirtschaftlichen Eckdaten des beabsichtigten Investments.
Life Science	In den Bereich Life Science fallen va forschungs- und wissenschaftsbasierte Unternehmen aus den Bereichen BioTech, MedTech, Digital Health und AgTech (Agricultural Technology).

Liquitationpräferenz	Die Liquitationspräferenz (engl Liquitation Preference) regelt, welche Investoren wie viel Geld in welcher Rangordnung im Falle eines Exits erhalten.
Mezzanine-Finanzierung (Mezzanine-Kapital)	Eine Finanzierungsform, die in ihrer rechtlichen und wirtschaftlichen Ausgestaltung eine Mischform zwischen Eigen- und Fremdkapital darstellt. Mezzaninkapital ist gegenüber Fremdkapital meist nachrangig und gewährt den Kapitalgebern idR keine Stimm- oder Einflussrechte.
Milestone	Bestimmte definierte (Teil-)Ziele, bei deren Erreichung bspw weiteres investiertes Kapital freigegeben wird oder bei deren Nicht-Erreichung bspw die Unternehmensbewertung korrigiert wird.
Minimum Viable Product (MVP)	Ein Prototyp, der bei möglichst geringem Ressourceneinsatz alle notwendigen Features enthalten soll, um das Marktpotential eines Produktes zu testen und schnell adaptiert werden kann.
Multiple	Der Faktor, um welchen das eingesetzte (Investoren-) Kapital im Zuge der Beteiligungsveräußerung vervielfacht wird.
Net Present Value (NPV)	Betriebswirtschaftliche Kennzahl der Unternehmensbewertung (dt Kapitalwert). Durch Abzinsung auf den Beginn der Investition werden Zahlungen vergleichbar gemacht, die zu beliebigen Zeitpunkten anfallen.
Optionen	Optionen verbriefen ein Recht, direkt von der Gesellschaft ausgegebene Anteile oder Aktien zu einem bestimmten Preis, zu einem bestimmten Zeitpunkt in der Zukunft zu kaufen.
Patentübertragungsvertrag	Festlegung, in welchem Umfang ein Patent von Gründern/Erfindern auf die Gesellschaft übertragen wird.
Pitch	Eine Form von verbaler Präsentation, oft in Kombination mit einer Q&A-Session, in der in kurzer Zeit die wichtigsten Elemente der Geschäftsidee präsentiert werden.
Pitch Deck	Ein Foliensatz, der zur Unterstützung eines Pitches verwendet wird und in der Regel zwischen 10 und 15 Folien umfasst.
Phantom Stock	Virtuelle Unternehmensbeteiligung, meist mit reiner Vermögensbeteiligung und ohne Mitspracherechte, die häufig im Rahmen von Mitarbeiterbeteiligungsmodellen (ESOP) gewährt werden.

Pivot	Unter einem Pivot versteht man in der Startup-Szene eine radikale strategische Änderung des Geschäftsmodells.
Post-Money-Bewertung	Die Bewertung eines Unternehmens nach einer zusätzlichen Investitionsrunde. Faustregel: Pre-Money-Bewertung zzgl dem neu investierten Kapitalbetrag.
Pre-Money-Bewertung	Die Bewertung eines Unternehmens vor der aktuellen Finanzierungsrunde.
Pre-Seed-Phase	Die Vor-Vorgründungsphase – Ideen- und Teamfindungsphase.
Product-Market Fit	Die Übereinstimmung von Kundenbedürfnissen und der durch ein Unternehmen entwickelten Lösung des dahinterliegenden Kundenproblems.
PropTech	Der Begriff leitet sich von der Bezeichnung Property (dt Immobilien) Technology ab. Bei dieser handelt es sich um einen Sammelbegriff für moderne Technologien im Bereich der Immobilienbranche.
Ratchet-Regelung	Sie regelt, dass Altinvestoren in späteren Finanzierungsrunden mit niedrigerer Unternehmensbewertung so viele Unternehmensanteile zum Nominalwert nachkaufen können, dass sie für sämtliche Anteile durchschnittlich denselben (niedrigeren) Anteilspreis zahlen wie Neuinvestoren.
RegTech	RegTech setzt sich zusammen aus „regulatory“ und „technology“. RegTech-Startups (bzw RegTechs) nutzen neue Technologien, um Firmen bei der Umsetzung behördlicher Anforderungen (zB im Bereich Compliance) effizient zu unterstützen.
Retention Rate	Gibt den Prozentsatz der Kunden an, die innerhalb eines bestimmten Zeitraums im Kundenstamm gehalten wurden (dt Kundenbindungsrate).
Return on Investment (ROI)	Eine Kennzahl zur Messung des Verhältnisses von eingesetztem Kapital zu erzieltem Gewinn (samt Ausschüttungen) zur Beurteilung einer Investition.
Secondary Transaction (Secondary Deal)	Eine Art des Exits – dabei erfolgt der Verkauf der Unternehmensanteile eines Investors an einen anderen (Finanz-)Investor.
Security Token Offering (STO)	Security Token sind digitale Vermögenswerte auf Blockchain-Basis, die grundsätzlich den Regularien der jeweiligen Wertpapieraufsichten entsprechen. Security Token räumen Investoren ähnliche Rechte ein wie traditionelle Finanzmarktemissionen.

Seed Capital	Finanzierungsmittel, die zur Deckung des Kapitalbedarfes in der Frühphase der Unternehmensentwicklung eingesetzt werden.
Seed-Phase	Vorgründungsphase – Konzept- und Prototypentwicklung, das Startup hat noch keine Umsätze bzw Nutzer.
Serial Entrepreneur	Ein Serial Entrepreneur (Serienunternehmer, auch Seriengründer) gehört zu der Gruppe der „Habitual Entrepreneurs" (Mehrfachgründer). Im Gegensatz zur zweiten Untergruppe der Habitual Entrepreneurs, dem „Parallel Entrepreneur", ist der Serial Entrepreneur immer nur an einem Gründungsprojekt gleichzeitig beteiligt. Nach Abschluss des Projekts widmet er sich einem neuen Projekt. Hierbei ist nicht entscheidend, ob die Projekte erfolgreich oder nicht erfolgreich abgeschlossen werden, da sich Entrepreneure über ihre Tätigkeit während des Projekts definieren. Zu diesem Zeitpunkt kann noch keine Aussage über einen eventuellen Erfolg getroffen werden.
Share Deal	Erwerb der Geschäftsanteile einer Gesellschaft (Gegenstück: Asset Deal).
Signing	Unterfertigung der Erwerbs- bzw Beteiligungsverträge in einer Transaktion, wobei diese noch unter aufschiebenden Bedingungen (CPs = Conditions Precedent) stehen können. Siehe auch Closing.
Skalierbarkeit	Ein gerade bei Startups wichtiger Bewertungsfaktor, bei dem festgestellt wird, wie schnell und kosteneffizient das Unternehmen, bspw ohne weitere Investitionen oder die Erhöhung der Fixkosten, wachsen kann.
Smart Money	Unter Smart Money versteht man Geld/Finanzierung plus Einbringen von Know-how, Erfahrung, Kontakten, Coaching und Sparringpartnerschaft.
Spin-off	Ausgründung/Ausgliederung einer Abteilung oder eines Projektteams aus einer Unternehmung oder aus einer Institution (zB Universität) mittels Gründung eines Startups.
Special Purpose Vehicle (SPV)	Eine für einen bestimmten Zweck (oft zum Erwerb von Anteilen) gegründete Zweckgesellschaft.

Startup	Startups werden als Unternehmen mit folgenden Eigenschaften definiert: 1. Startups sind jünger als zehn Jahre. 2. Startups sind mit ihren Produkten, Dienstleistungen, Technologien oder Geschäftsmodellen innovativ. 3. Startups weisen ein signifikantes Mitarbeiterinnen- und Mitarbeiter- oder Umsatzwachstum auf oder streben dies an.
Startup-Phase	Gründungs- und Markttestphase – im Idealfall gibt es bereits ein marktfähiges Produkt und erste Umsätze bzw Nutzer.
Steady Stage	Die Unternehmensentwicklung stagniert, es gibt kein wesentliches Wachstum mehr.
Step-up-Modell	Von einem Step-up-Modell spricht man, wenn zwischen Gründern und Investoren vereinbart wird, dass im Fall des Erreichens der vorgesehenen Meilensteine (Milestones) die Bewertung des Startups zwischen den von Investoren bezahlten Teiltranchen erhöht wird. Dadurch erhalten Investoren bei den folgenden Kapitalerhöhungen für ihre Investments eine geringere Beteiligungsquote.
Sweat Equity	Unentlohnte Arbeitsleistung (von Investoren, Gründern, etc) im Austausch gegen Anteile am Startup.
SWOT-Analyse	Die SWOT-Analyse (engl Akronym für Strengths (Stärken), Weaknesses (Schwächen), Opportunities (Chancen) und Threats (Risiken) ist ein Instrument der strategischen Planung.
Syndikat	Ein Syndikat ist ein Zusammenschluss von Investoren, die gemeinsam an einer bestimmten Finanzierungsrunde teilnehmen. Die Rechte und Pflichten dieser Investoren untereinander und im Verhältnis zur Gesellschaft werden idR zusätzlich zum Gesellschaftsvertrag in einem Syndikatsvertrag (engl shareholder agreement) geregelt.
Syndikatsvertrag	Vereinbarung unter Gesellschaftern einer Gesellschaft, welche Rechte und Pflichten der Gesellschafter (oder auch nur der Investoren) diese untereinander und zur Gesellschaft haben. Typische Regelungen enthalten Vorkaufs-, Aufgriffs- und Mitverkaufsrechte, Good-/Bad-Leaver-Regelungen, Liquidationspräferenz, Regelungen über Ausschüttungen, Mitarbeiterbeteiligung und Wettbewerbsverbote etc.

Tag-Along-Recht	Recht der Investoren, ihre Anteile mit jenen der Gründer oder der Mehrzahl der Gesellschafter bei einem Exit mitverkaufen zu können.
TAM, SAM und SOM-Modell	Ein Modell für die Bewertung der Marktgröße für eine Geschäftsidee und Investition. Falls der Markt zu klein ist, lohnt sich die Investition ggf nicht, und die Idee kann nicht verwirklicht werden. TAM: Total Addressable Market oder Total Available Market. SAM: Serviceable Addressable Market oder Served Available Market. SOM: Serviceable Obtainable Market oder Share of Market.
Target	Zielgesellschaft, also jene Gesellschaft, an der Investoren Anteile erwerben.
TAX Token	Ein Genussschein auf Basis einer Umsatzbeteiligung. Investoren, die sich Token kaufen, haben also keine Firmenanteile, sondern bekommen einen Teil des Umsatzes, den das Unternehmen macht, ausgeschüttet.
Tech Transfer Office (TTO)	TTOs sind verantwortlich für den Technologietransfer und andere Aspekte der Kommerzialisierung der Forschung, die an einer Universität stattfindet. TTOs betreiben eine Vielzahl von kommerziellen Aktivitäten, die den Prozess der Markteinführung von Forschungsentwicklungen erleichtern sollen, wobei sie oft als Kanal zwischen Wissenschaft und Industrie fungieren.
Term Sheet	Ein Term Sheet ist eine Absichtserklärung. Es gibt einen Überblick über die Struktur eines Gesellschafts- oder Aktienkaufvertrags, der typischerweise ausgehandelt und vereinbart wird, bevor eine formellere Sprache verwendet wird. Anschließend wird der Anteilskauf in einem endgültigen verbindlichen Vertrag formuliert.
Time to Market	Die Zeitspanne von der Produktidee bis zu dessen Platzierung am Markt. Bis zur Markteinführung entstehen für dieses Produkt Kosten, es wird aber noch kein Umsatz erzielt.
Total Value Paid-In (TVPI)	Die Kennzahl über die Wertentwicklung eines (VC-) Fonds: Gesamtwert des Fonds (Wert der Beteiligungen samt kumulierte Ausschüttungen) im Verhältnis zum eingesetzten Kapital.
Track-Record	Ein Track-Record ist eine Referenzliste über Erfolge von Personen, Firmen, Organisationen, Investoren uÄ.

Traction	Traction bezeichnet die Akzeptanz des Produktes bzw Services am Markt und ist damit ein quantitativer Beleg für die Kundennachfrage.
Trade Sale	Verkauf eines Startups an einen (strategischen) Investor.
Unicorn	Ein Unternehmen mit einer Unternehmensbewertung von über einer Milliarde USD, die in Folge von mehreren Finanzierungsrunden entstanden ist.
Unit Economics	Unit Economics sind die direkten Umsätze und Kosten, die pro Transaktion (unit) bei dem gewählten Geschäftsmodell anfallen. Dies kann bspw eine Gegenüberstellung von CAC & CLTV sein.
Venture Capital (VC)	Risiko- bzw Wagniskapital, eingebracht in Startups in Form von Eigenkapital durch entsprechende, meist sehr finanzkräftige Beteiligungsgesellschaften (VCs).
Verwässerung	Verwässerung bezeichnet die Reduzierung des Anteils der Gründer und Altaktionäre am Eigenkapital eines Unternehmens, die mit einer neuen Finanzierungsrunde verbunden ist. Erwirbt ein neuer Investor Anteile am Unternehmen, müssen diese Anteile aus der bisherigen Struktur freigemacht werden. Altaktionäre haben durch die Verwässerung also faktisch weniger Anteil am Unternehmen, allerdings erhält das Startup im Gegenzug neue finanzielle Mittel.
Vesting/Vestingperiode	Vesting dient va dazu, Gründer eine Zeit lang verstärkt an das Unternehmen zu binden bzw belohnt die Betriebstreue bei Mitarbeitenden mit Unternehmensbeteiligung. Dafür wird eine bestimmte Zeitfrist (Vestingperiode) vereinbart. Sollte diese nicht eingehalten werden, reduzieren sich die Unternehmensanteile und Rechte der ausscheidenden Person.
Wandelanleihe	Eine Wandelanleihe ist ein Finanzinstrument, das unter bestimmten, im Investitionsvertrag festgelegten Bedingungen gestattet, ein vom Anleger (Investor) an die Gesellschaft gewährtes Darlehen, (oft geknüpft an Bedingungen) in Anteile der Gesellschaft umzuwandeln.
Zombies	Startups, die nicht wachsen, aber auch nicht sterben. Sie benötigen immer wieder ein bisschen Geld, haben ein wenig Umsatz, bekommen vielleicht eine Förderung und brauchen Zwischenfinanzierungen, führen ihren Betrieb aber weiter.

Abkürzungsverzeichnis

aaia	Austrian Angel Investors Association
ABAN	African Business Angel Network
Abb	Abbildung
ABGB	Allgemeines bürgerliches Gesetzbuch
Abs	Absatz
AG	Aktiengesellschaft
AGB	Allgemeine Geschäftsbedingungen
AGI	Artificial General Intelligence
AI	Artificial Intelligence (siehe auch KI)
AIT	Austrian Institute of Technology
AktG	Aktiengesetz
APA	Austria Presse Agentur
Art	Artikel
BAF	Business Angel Fonds
BALC	Business Angel Lifecycle Concept
BAN	Business-Angel-Netzwerke
BFH	Bundesfinanzhof
BGBl	Bundesgesetzblatt
BOC	Book or Cancel
BörseG	Börsegesetz
bspw	beispielsweise
bzw	beziehungsweise
ca	circa
CAC	Customer Aquisition Costs
CAGR	Compound Annual Growth Rate
CEO	Chief Executive Officer
CLV	Customer Lifetime Value
CMC	Capital Market Coach
CRISPR	Clustered Regular Interspaced Short Palindromic Repeats
CRM	Customer Relationship Management

CVC	Corporate Venture Capital (Fonds)
DACH	Deutschland – Österreich – Schweiz
DBA	Doppelbesteuerungsabkommen
DCF	Discounted Cashflow
DD	Due Diligence (Prüfung)
DFP	Direct Funding Partner
dGmbHG	(deutsches) Gesetz über Gesellschaften mit beschränkter Haftung
dh	das heißt
DSGVO	Datenschutz-Grundverordnung
EBAN	European Business Angel Network
EBIT	Earnings before Interest and Taxes
EBT	Earnings before Taxes
EGT	Ergebnis der gewöhnlichen Geschäftstätigkeit
EIF	European-Investment-Fonds
EKEG	Eigenkapitalersatz-Gesetz
ESM	EU Startup Monitor
EStG	Einkommensteuergesetz
EStR	Einkommensteuerrichtlinien
etc	et cetera
EU	Europäische Union
EuGH	Europäischer Gerichtshof
EUR	Euro
evtl/ev	eventuell
EWIV	Europäische wirtschaftliche Interessenvereinigung
f	folgend
ff	fortfolgende
FFG	(Österreichische) Forschungsförderungsgesellschaft
FH	Fachhochschule
FMA	Finanzmarktaufsicht
FOK	Fill-or-Kill
FS	Festschrift
FWF	Fair Wear Foundation
GBP	Great Britain Pound (Britische Pfund)
GDR	Global Depository Receipt
gem	gemäß
GesbR	Gesellschaft bürgerlichen Rechts
GFD	Good-for-Day

ggf	gegebenenfalls
GM	Geschäftsmodell
GmbH	Gesellschaft mit beschränkter Haftung
GmbHG	(österr) Gesetz über Gesellschaften mit beschränkter Haftung
GP	General Partner
GTC	Good-till-Cancelled
GTD	Good-till-Date
G&V	Gewinn- und Verlustrechnung
hM	herrschende Meinung
Hrsg	Herausgeber
ICO	Initial Coin Offering
idF	in der Fassung
idR	in der Regel
IFRS	International Financial Reporting Standards
iHv	in Höhe von
IKT	Informations- und Kommunikationstechnik
inkl	inklusive
insb	insbesondere
IO	Insolvenzordnung
IOC	Immediate-or-Cancel
IP	Intellectual Property
IPO	Initial Public Offering
IPR	Internationales Privatrecht
IPU	Intelligence Processing Units
IR	Investor Relations
IRÄG	Insolvenzrechtsänderungsgesetz 2010
IRSD	Investor Ready Slide Deck
iSd	im Sinne des(-r)
iVm	in Verbindung mit
JBl	Juristische Blätter
KESt	Kapitalertragsteuer
KFS/RL	Kammerfachsenat für Unternehmensrecht und Revision
KG	Kommanditgesellschaft
KMU	Klein- und Mittelständige Unternehmen
KI	Künstliche Intelligenz (siehe auch AI)
KöSt	Körperschaftsteuer
KSchG	Konsumentenschutzgesetz

KStG	Körperschaftsteuergesetz
KStR	Körperschaftsteuerrichtlinien
lit	littera (Buchstabe)
LOHAS	Lifestyle of Health and Sustainability
LOI	Letter of Intent
LP	Limited Partner
MAR	Marktmissbrauchsverordnung (Market Abuse Regulation)
mE	meines Erachtens
Mio	Millionen
MoU	Memorandum of Understanding
Mrd	Milliarden
MRR	Monthly Recurring Revenue
MTF	Multilateral Trading Facility
mwN	mit weiteren Nachweisen
MVP	Minimal Viable Product
NDA	Non-disclosure agreement
NO	Notariatsordnung
od	oder
OECD	Organisation for Economic Co-operation and Development
ÖKB (OeKB)	Österreichische Kontrollbank
OePR	Österreichische Prüfstelle für Rechnungslegung
OG	Offene Gesellschaft
OGH	Oberste Gerichtshof
OTS	Originaltext-Service GmbH
PE	Private Equity
PhD	Philosophical Doctorate (wissenschaftlicher Doktorgrad in englischsprachigen Ländern)
Q&A	Questions and Answers
RIS	Rechtsinformationssystem
ROS	Return on Sale
RR	Retention Rate
RS	Rechtsatz (RIS)
RTO	Research & Technology Organisation
Rz	Randziffer
s	siehe
SAFE	Simple agreement for future equity
SAM	Servicable Adressable Market

SE	Societas Europaea (Europäische Gesellschaft)
sog	sogenannte(-r, -s)
SOM	Servicable Obtainable Market
STO	Security Token Offering
Tab	Tabelle
TAM	Total Addressable Market
TS	Teilstrich
TTO	Tech Transfer Office
TU	Technische Universität (Wien, Graz)
TÜV	Technischer Überwachungsverein
ua	unter anderem
uÄ	und Ähnliches
UCITS	Undertakings for Collective Investments in Transferable Securitites
UGB	Unternehmensgesetzbuch
UK	United Kingdom (Vereinigtes Königreich)
UmgrStG	Umgründungssteuergesetz
URG	Unternehmensreorganisationsgesetz
USD	US-Dollar
USP	Unique Selling Proposition
UStG	Umsatzsteuergesetz
usw	und so weiter
uvm	und vieles mehr
va	vor allem
VC	Venture Capital (Fonds)
vgl	vergleiche
VMV	Verbreitungs- und Meldeverordnung
VO	Verordnung
vs	versus (gegenüber)
VwGH	Verwaltungsgerichtshof
WBAG	Wiener Börse AG
WU	Wirtschaftsuniversität (Wien)
Z	Ziffer, Zahl
zB	zum Beispiel
zT	zum Teil

Literaturverzeichnis

Aaboen/Holgersson, Technology Transfer Offices, Incubators, and Intellectual Property Management, https://www.researchgate.net/publication/320788319_Technology_Transfer_Offices_Incubators_and_Intellectual_Property_Management (20.6.2019)

aaia, Angel Investing Report 2018, http://aaia.at/wp-content/uploads/2018/12/2018_aaia_angelinvestingreport.pdf (20.6.2019)

Aaken/Schreck (Hrsg), Theorien der Wirtschafts- und Unternehmensethik (2015)

Achatz/Kirchmayr, KStG Körperschaftsteuergesetz Kommentar (Stand 1.5.2011, rdb.at)

Aicher/Kraus in *Straube/Ratka/Rauter*, WK GmbHG (Stand 1.11.2015, rdb.at) § 61

Amadeus Capital Partners, Backing entrepreneurs to win. We invest in technology. We believe in the entrepreneur. We take high-growth companies global. https://www.amadeuscapital.com/company/prowler/ (13.6.2019)

Artner/Kreutzer, Startup Investing (2019)

Asel, The changing nature of venture capital, 8.7.2019, https://techcrunch.com/2019/06/25/1828292/ (14.6.2019)

Atomico, The State of European Tech 2018, https://2018.stateofeuropeantech.com/chapter/tech-european-economy/article/smiles-almost-all-around-european-tech/ (14.6.2019)

Austria Wirtschaftsservice (aws), Österreichische Forschungsförderungsgesellschaft, Rat für Forschung und Technologieentwicklung, Wirtschaftsagentur Wien, Wirtschaftskammer Österreich, Wirtschaftskammer Wien, Industriellenvereinigung (Hrsg), Austrian Startup Monitor 2018, http://austrianstartupmonitor.at/ (20.6.2019)

Bank/Möllmann, Venture Capital Agreements in Germany (2017)

Bartley/Kim/Medley/Sauro, Synthetic Biology. Engineering Living Systems from Biophysical Principles, 28.3.2017, https://www.ncbi.nlm.nih.gov/pmc/articles/PMC5376109/ (20.6.2019)

Berger, Venture Capital. Treibstoff für Innovationen, Wachstum und Wettbewerbsfähigkeit (2018)

Bertl/Eberhartinger/Egger/Hirschler/Kalss/Lang/Nowotny/Riegler/Rust/Schuch/Staringer (Hrsg), Hybrid-Finanzierung in Bilanz- und Steuerrecht (2017)

Bien (Hrsg), Aristoteles. Nikomachische Ethik. Auf der Grundlage der Übersetzung von Eugen Rolfes (1985)

Billek/Ettmayer/ Ratka/Jost in *Straube/Ratka/Rauter*, WK GmbHG (Stand 1.10.2016, rdb.at) § 52

BMF/BMF/SZK in SWK-Spezial Salzburger Steuerdialog (2014)

Born/Fuest/Krys, Venture Capital. Treibstoff für Innovationen, Wachstum und Wettbewerbsfähigkeit (2018)

Broschan, Investieren ist ein Marathon und kein Sprint, 22.12.2016, https://diepresse.com/home/meinung/gastkommentar/5137576/Investieren-ist-ein-Marathon-kein-Sprint (30.7.2019)

Brüggemann/Brüssel/Härthe (Hrsg), Nachhaltigkeit in der Unternehmenspraxis. Impulse für Wirtschaft und Politik (2018)

Brugger, Unternehmenserwerb – Der Unternehmens- und Anteilskauf aus juristischer Sicht (2014)

Brugger/Schopper in *Straube/Ratka/Rauter*, WK GmbHG (1.11.2015, rdb.at) § 72

Bühring-Uhle/Eidenmüller/Nelle, Verhandlungsmanagement. Analyse – Werkzeuge – Strategien[2] (2017)

Bundesverband deutscher Startups, Deutscher Startup Monitor 2018, https://deutscher-startupmonitor.de/ (13.6.2019)

CBInsights, The most active investors in synthetic biology startups, 7.3.2017, https://www.cbinsights.com/research/synthetic-biology-startup-investors/ (20.6.2019)

CBInsights, Venture Capital Funnel Shows Odds Of Becoming A Unicorn Are About 1 %, 6.9.2018, https://www.cbinsights.com/research/venture-capital-funnel-2/ (13.6.2019)

Chesbrough, Open Innovation. The New Imperative for Creating and Profiting from Technology (2003)

Clark, A16z ushers in new fund strategy with $2.75B, 1.5.2019, https://techcrunch.com/2019/05/01/a16z-ushers-in-new-fund-strategy-with-2-75b/ (13.6.2019)

CONDA AG, https://www.conda.at/crowdinvesting/ihr-investitionsleitfaden/ (23.8.2019)

Czarnek/Bereta, The CRISPR-Cas system – from bacterial immunity to genome engineering, 1.9.2016, https://www.ncbi.nlm.nih.gov/pubmed/27594566 (20.6.2019)

Deixler-Hübner/Klicka, Zivilverfahren[10] (2017)

der brutkasten, IST CUBE: Neuer 5 Mio Euro-Investmentfonds für Tech-Startups, https://www.derbrutkasten.com/ist-cube-neuer-5-mio-euro-investmentfonds-fuer-tech-startups/ (4.6.2019)

Dixon, The Babe Ruth Effect in Venture Capital, 7.6.2015, http://cdixon.org/2015/06/07/the-babe-ruth-effect-in-venture-capital/ (13.6.2019)

Doralt/Kirchmayr/Mayr/Zorn, Einkommensteuergesetz (19. Lfg 2017)

Doralt/Ruppe, Steuerrecht I[12] (2019)

Drügh/Metz/Weyand (Hrsg), Warenästhetik. Neue Perspektiven auf Konsum, Kultur und Kunst (2011)

Elena, Welche Lotterie hat die besten Gewinnchancen?, 10.4.2019, https://www.lotto land.com/magazin/welche-lotterie-hat-die-besten-gewinnchancen.html (13.6.2019)

Enzinger in *Straube/Ratka/Rauter*, WK GmbHG, § 24 (Stand 1.11.2018, rdb.at)

Enzinger in *Straube/Ratka/Rauter*, WK GmbHG, § 34 (Stand 1.8.2013, rdb.at)

Ernst & Young Global Limited (EYG), Studie Finanzierung im österreichischen Mittelstand 2019, https://www.ey.com/Publication/vwLUAssets/ey-at-studie-finanzierung-mittelstand-2019/$FILE/EY-Studie%20Finanzierung%20im%20österreichischen%20Mittelstand%202019.pdf (3.9.2019)

Europäisches Angel Netzwerk EBAN, 20th Anniversary Booklet, http://www.eban.org/wp-content/uploads/2019/03/EBAN-20th-Anniversary-Booklet-Online-Version.pdf (3.9.2019)

European Business Angels Network, Statistics Compendium European Early Stage Market Statistics, 2017, http://www.eban.org/wp-content/uploads/2018/07/EBAN-Statistics-Compendium-2017.pdf (20.6.2019)

Fantur/J. Zehetner, Vinkulierte Geschäftsanteile (Teil II), ecolex 2000, 506

Fassl/Schenk, Angel Investing Report 2018, 2018, http://aaia.at/wp-content/uploads/2018/12/2018_aaia_angelinvestingreport.pdf (20.6.2019)
Foglar-Deinhardstein/Aburumieh/Hoffenscher-Summer, GmbHG (2017)
Fohringer, 25 Jahre Lotto „6 aus 45“: Das große Glück in Zahlen, 6.9.2017, https://diepresse.com/home/panorama/oesterreich/691083/25-Jahre-Lotto-6-aus-45_Das-grosse-Glueck-in-Zahlen (13.6.2019)
Fraberger/Baumann/Plott/Waitz-Ramsauer (Hrsg), Handbuch Konzernsteuerrecht[2] (2014)
Frotz/Spitznagel, Gesellschaftsrechtliche Grenzen der Ausgestaltung von Genussrechten, ZUS 2011, 103
Fuest, Deutschland braucht mehr Risikokapital, um im Wettbewerb der Technologiestandorte mitzuhalten, 14.6.2018, https://www.rolandberger.com/de/Publications/Venture-Capital-Treibstoff-f%C3%BCr-Innovationen-Wachstum-und-Wettbewerbsf%C3%A4higkeit.html (13.6.2019)
Funke, Due Diligence in der Frühphase (Certified Business Angel Lehrgang, 2014)
Gassmann/Frankenberger/Csik, Geschäftsmodell entwickeln. 55 innovative Konzepte mit dem St. Galler Business Model Navigator (2017)
Geweßler, Work for Equity – vermeintliche Nutzungseinlage? SWK 11/2017, 603
Gloser/Hölzl, Steuerliche Implikationen von "Sweat Equity/Money" in Österreich, SWK 34/35/2015, 1543
Graphcore, Our IPU lets Innovators create the next generation of Artificial Intelligence, https://www.graphcore.ai/ (11.6.2019)
Gruber/Harrer, GmbHG[2] § 76 (2018)
Günther/Kirchhof (Hrsg), Angel Investing at its best. Leitfaden für Business Angels II (2018, Business Angel Netzwerk Deutschland e.V. – BAND)
Staub (Canaris/Habersack/Schäfer), Handelsgesetzbuch: HGB[5] (Großkommentar) § 128 (2009)
Hansen, How VCs Deploy Operating Talent To Build Better Startups, 26.12.2012, https://www.forbes.com/sites/drewhansen/2012/12/26/how-vcs-deploy-operating-talent-to-build-better-startups/#5d6a67cf36ef (14.6.2019)
Heinrich, Verdeckte Gewinnausschüttung und Vorteilsausgleich, SWK 1999, 167
Heles, Global University Venturing´s data review and roundup of funds investing in spinouts and startups, 15.5.2018, https://globaluniversityventuring.com/2013-17-data-review/ (7.6.2019)
Hirschler/Kanduth-Kristen/Zinnöcker (Hrsg), Incentivierungsprogramme bei Start-ups, SWK Spezial Einkommensteuer 2019 (2019)
Hockaday/Hickson, Golden Shares and Anti-Dilution Provisions, Juni 2015, https://www.enterprise.cam.ac.uk/wp-content/uploads/2015/12/Golden-Shares-and-Anti-Dilution-Provisions-Jun15.pdf (4.6.2019)
Holmes, https://de.wikipedia.org/wiki/Elizabeth_Holmes (3.8.2019)
Horster (Hrsg), Die Moral der Gesellschaft (2008)
Hungenberg, Problemlösung und Kommunikation im Management. Vorgehensweisen und Techniken (2010)
Imperial Innovations, A Founder’s Guide to spinouts. Your guide to starting a spinout company at the Imperial College London (2017)

Imperial Innovations, Background to the Group, 31.7.2016, https://web.archive.org/web/20160731103858/http://www.imperialinnovations.co.uk/about/background/ (4.6.2019)
Imperial Innovations, Founders Choice. A guide to your spinout support options at Imperial College London (2017)
IST Austria, Auf einen Blick, https://ist.ac.at/de/institut/auf-einen-blick/ (4.6.2019)
IST Cube, Investors, https://ist-cube.com/investors/ (4.6.2019)
IST Cube, IST Cube Portfolio Companies, https://ist-cube.com/startups/ (4.6.2019)
Jabornegg/Strasser, Kommentar zum Aktiengesetz[5] (Stand 1.3.2010, rdb.at)
Kailer/Weiß, Gründungsmanagement kompakt. Von der Idee zum Businessplan[6] (2018)
Kalss/Kunz, Handbuch für den Aufsichtsrat[2] (2016)
Kalss/Nowotny/Schauer, Österreichisches Gesellschaftsrecht[2] (2017)
Kamdar/Nazar/Ramieri, Defend Innovation. How to Fix Our Broken Patent System (2015)
Karberg, Die Axt im Gen-Walde, 16.7.2018, https://www.tagesspiegel.de/wissen/genome-editing-mit-crispr-nicht-immer-praezise-die-axt-im-gen-walde/22806870.html (20.6.2019)
Kelly, The Technology Transfer Office, 24.5.2012, https://transfer.univie.ac.at/fileadmin/user_upload/d_transfer/Inventions_at_the_University_of_Vienna.pdf, (20.6.2019)
Kemper/Mentzer/Tillmanns (Hrsg), Wirklichkeit 2.0. Medienkultur im digitalen Zeitalter (2012)
Kirchmayr, Die steuerliche Behandlung von Genußrechten an Kapitalgesellschaften, in Rechnungslegung, Prüfung und Beratung, Festschrift aus Anlaß des 50-Jahr-Jubiläums der KPMG Alpen-Treuhand (1996)
Kirchmayr/Rieder, Substanzgenussrecht im Steuer- und Gesellschaftsrecht, RdW 2016, 774
Kletečka/Schauer, ABGB-ON[1.06] (Stand 1.3.2019, rdb.at) § 1072 (Stand 1.3.2019, rdb.at)
Klumpp, Unternehmensbewertung. Venture Capital Methode, 3.2.2019, https://www.tech-corporatefinance.de/blog/allgemein/unternehmensbewertung-venture-capital-methode/ (13.6.2019)
Kofler (Hrsg), UmgrStG Umgründungssteuergesetz Jahreskommentar[8] (2019)
Kofler, CEO TBA Tyrolean Business Angel GmbH, Persönliches Gespräch in Innsbruck über die Chancen und Herausforderungen im Bereich Synthetic Biology (2019)
Koppensteiner/Rüffler, GmbHG[3] (2007)
Lamla, Verbraucherdemokratie. Politische Soziologie der Konsumgesellschaft (2013)
LaMonica, Why the promise of cheap fuel super bugs fell short, 5.2.2014, https://www.technologyreview.com/s/524011/why-the-promise-of-cheap-fuel-from-super-bugs-fell-short/ (20.6.2019)
Landsdowne Partners, Austria, https://www.lansdownepartners.com/austria (4.6.2019)
Lang/Rust/Schuch/Staringer (Hrsg), KStG Körperschaftsteuergesetz Kommentar[2] (2016)
Lang/Marchgraber/Rust/Schuch/Staringer (Hrsg), Aktuelle Fragen des Unternehmenskaufs Schriftenreihe zum Unternehmenssteuerrecht Band II (2016)
Lechner, Houskapreis 2019. Universität Innsbruck – Gewinner in der Kategorie „Universitäre Forschung", https://www.youtube.com/watch?v=1jBDcKEDxI0 (10.6.2019)
Luhmann, Die Wirtschaft der Gesellschaft (1994)

Lutter/Hommelhoff, GmbHG[18] § 52 (2016)
Manow, Die politische Ökonomie des Populismus (2018)
MarketsandMarkets, Syntethic Biology Market by Tool, Technology, Application, Industrial – Global Forecast to 2022, https://www.marketsandmarkets.com/Market-Reports/synthetic-biology-market-889.html?gclid=EAIaIQobChMI5ICY_ZTf4gI-VAsAYCh3o-AceEAAYAiAAEgJko_D_BwE (20.6.2019)
Minto, Das Prinzip der Pyramide. Ideen klar, verständlich und erfolgreich kommunizieren (2005)
Mintzberg, Strategy Safary. Eine Reise durch die Wildnis des strategischen Managements (1999)
Mitterndorfer/Mittermaier, Handbuch Unternehmensfinanzierung (2017)
Müller, Was ist Populismus? (2016)
Nathusius, Grundlagen der Gründungsfinanzierung. Instrumente – Prozesse – Beispiele (2001)
Ockenfels, Startup & Venture Capital Landscape in DACH 2018, https://medium.com/speedinvest/state-of-the-startup-venture-capital-landscape-in-dach-2018-edition-e0193abe26bd (24.6.2019)
OECD, Innovation Policy Platform, Juni 2011, http://www.oecd.org/innovation/policy-platform/48136121.pdf (20.6.2019)
OECD, Private Equity Investment in Artificial Intelligence, Dezember 2018, https://www.oecd.org/going-digital/ai/private-equity-investment-in-artificial-intelligence.pdf (20.6.2019)
Österreichische Forschungsförderungsgesellschaft (FFG), Aktuelle Förderungsangebot der FFG, https://www.ffg.at/foerderungen (3.8.2019)
Österreichische Forschungsförderungsgesellschaft (FFG), Feasibility Studie – Förderung, Bedingungen, https://www.ffg.at/programm/feasibility (3.8.2019)
Osterwalder/Pigneur, Business Model Generation. A Handbook for Visionaries, Game Changers, and Challengers (2009)
Park, Lightspeed Venture Partners Closes on $1.8 Billion of Committed Capital, 10.7.2018, https://www.businesswire.com/news/home/20180710005346/en/Lightspeed-Venture-Partners-Closes-1.8-Billion-Committed (13.6.2019)
Polster-Grüll/Zöchling/Kranbitter (Hrsg), Handbuch Mergers & Acquisitions (2007)
PROWLER.io, The decision company – AI platform for decision-making in a complex, dynamic and uncertain world, https://www.prowler.io/ (13.6.2019)
Puchner/Gloser, Ertragsteuerliche Behandlung von Wandeldarlehen, SWK 2019, 372
Pufé, Nachhaltigkeit[3] (2017)
Ratka/Rauter/Völkl, Unternehmens- und Gesellschaftsrecht Band II[3] (2017)
Rauter in *Straube/Ratka/Rauter*, WK GmbHG § 76 (Stand 1.12.2014, rdb.at)
Rauter/Milchrahm in *Straube/Ratka/Rauter*, WK GmbHG § 49(Stand 1.11.2015, rdb.at)
Renner/Strimitzer/Vock (Hrsg), Die Körperschaftsteuer (KStG 1988) (27. Lfg 2015)
Rieder/Huemer, Gesellschaftsrecht[5] (2019)
Roland Berger GmbH ua (Hrsg), Treibstoff Venture Capital, https://www.rolandberger.com/de/Media/Treibstoff-Venture-Capital-Wie-Deutschland-Innovation-und-Wachstum-beschleunige.html (10.11.2019)

Rowley, Q4 2018 Closes Out A Record Year For The Global VC Market, 7.1.2019, https://news.crunchbase.com/news/q4-2018-closes-out-a-record-year-for-the-global-vc-market/ (14.6.2019)

Rüffler, Zum Inhalt der Gesellschafterhaftung gemäß § 128 HGB (Teil I), JBl 1999, 222

Ruter, Tugenden eines ehrbaren Aufsichtsrats. Leitlinien für nachhaltiges Erfolgsmanagement (2016)

Schinnerl, Erfolgreich in die Selbständigkeit. Von der Geschäftsidee über den Businessplan zur nachhaltigen Unternehmensgründung (2018)

Schwartz, „Golden Share" model may appeal to Startups, but VCs are likely another story, 27.8.2014, https://techtransfercentral.com/2014/08/27/golden-share-model-may-appeal-to-Startups-but-vcs-are-likely-another-story/ (4.6.2019)

Schwartz, Ethik der Griechen (1951)

Schwedland, Building the Billion Dollar SaaS Unicorn: CEO Guide, 8.4.2015, https://www.slideshare.net/KellySchwedland/building-the-billion-dollar-saas-unicorn-ceo-guide (13.6.2019)

Siegel/Wright, Intellectual property: the assessment, Oxford Review of Economic Policy 2007

Spiller/Scheurer (Hrsg), Grundlagentexte Public Relations (2014)

Springer Gabler Verlag (Hrsg), Gabler Wirtschaftslexikon S–Z[16] (2004)

Springmayer Law, Venture Capital Firms in Silicon Valley/San Francisco Bay Area, http://www.calstartuplawfirm.com/venture-groups.html (14.6.2019)

Stahlmann, Crowdinvesting als Finanzierungsalternative für deutsche Startups. Die Mehrwerte im Vergleich zu herkömmlichen Finanzierungsinstrumenten (2013)

Standard, Wie groß sind die Chancen auf einen Lottosechser, 21.11.2018, https://www.derstandard.at/story/2000091816310/wie-gross-sind-die-chancen-auf-einen-lottosechser, (13.6.2019)

Steinschaden, Speedinvest i. Der nächste Fokus-Fonds wird bis zu 50 Mio. Euro in Industrie-Startups stecken, 19.7.2018, https://www.trendingtopics.at/speedinvest-i/ (14.6.2019)

Straube/Ratka/Rauter, WK GmbHG § 22 (Stand 1.11.2018, rdb.at)

Straube/Ratka/Rauter, WK GmbHG Einführung (Stand 1.12.2014, rdb.at)

Swildens/Yee, The Venture Capital Risk and Return Matrix, 7.2.2017, http://www.industryventures.com/2017/02/07/the-venture-capital-risk-and-return-matrix/ (13.6.2019)

Swoboda-Brachvogel, Die Bewertung von Start-ups und Wachstumsunternehmen, CFO aktuell, 2018, 228

Swoboda-Brachvogel, Die Bewertung von Start-ups und Wachstumsunternehmen, 18.1.2019, https://insights.controller-institut.at/die-bewertung-von-start-ups-und-wachstumsunternehmen/ (13.6.2019)

Takala, Finding Hope in Synthetic Biology, 26.4.2019, https://www.ncbi.nlm.nih.gov/pubmed/28361721 (20.6.2019)

TÜV Austria Services GmbH, Report vom 26.7.2018, https://drive.google.com/file/d/17zG0Bx-6_4PwcI-_X9T2px8Sm0EODOBC/view (3.8.2019)

University of Cambridge enterprise, News in Spin-Outs, 2019, https://www.enterprise.cam.ac.uk/news_category/spin-outs/ (7.6.2019)

USOUND, MEMS speakers for a superior audio experience, https://www.usound.com/ (13.6.2019)

Vincent, This is when AI's top researchers think artificial general intelligence will be achieved, 27.11.2018, https://www.theverge.com/2018/11/27/18114362/ai-artificial-general-intelligence-when-achieved-martin-ford-book (3.7.2019)

Weitenauer, Handbuch Venture Capital[6] (2019)

Wiener Börse AG, Allgemeine Geschäftsbedingungen des Börseunternehmens Wiener Börse AG vom 1.7.2019, https://www.wienerborse.at/uploads/u/cms/files/recht/agb/agb-1.pdf (30.7.2019)

Wiener Börse AG, Betreuung in der Auktion im Handel mit Wertpapieren an der Wiener Börse vom 1.7.2019, https://www.wienerborse.at/uploads/u/cms/files/handel/betreuung-in-der-auktion.pdf *(28.8.2019)*

Wiener Börse AG, direct network. Capital Market Coach und Direct Funding Partner, https://www.wienerborse.at/emittenten/boersegang-ipo/capital-market-coach/ (30.7.2019)

Wiener Börse AG, Feinspezifikationen zu den Marktmodellen (Xetra® T7 – Release 7.1) vom 9.8.2019, https://www.wienerborse.at/uploads/u/cms/files/handel/xetra-t7-fein spezifikationen-marktmodelle.pdf (28.8.2019)

Wiener Börse AG, Marktmodell für die Handelsverfahren Fortlaufender Handel und Auktion (Xetra® T7 – Release 7.1) vom 9.8.2019, https://www.wienerborse.at/uploads/u/cms/files/handel/xetra-t7-marktmodell-fortlaufender-handel-und-auktion.pdf (28.8.2019)

Wiener Börse AG, Multilateral Trading Facility, https://www.wienerborse.at/wissen/boersenlexikon/buchstabe-m/mtf/ (30.7.2019)

Wiener Börse AG, Regelwerk direct market plus vom 21.1.2019, https://www.wienerborse.at/uploads/u/cms/files/emittenten/aktien/regelwerk-direct-market-plus.pdf (28.8.2019)

Wiener Börse AG, Specialist und Market Maker im Handel mit Wertpapieren an der Wiener Börse vom 1.7.2019, https://www.wienerborse.at/uploads/u/cms/files/handel/specialist-market-maker/specialist-market-maker.pdf (28.8.2019)

Wiener Börse AG, Xetra® steht für „Exchange electronic trading", https://www.wiener borse.at/wissen/boersenlexikon/buchstabe-x/xetrar/ (30.7.2019)

WIPO, WIPO Intellectual Property Handbook. Policy, Law and Use (2004)

Wirtschaftsagentur Wien, Kooperationsanbahnung/18 – 22+, https://cockpit.wirtschafts agentur.at/Cockpit/Info/Programm-Info/?fdef=2599540 (3.8.2019)

Wirtschaftsagentur Wien, Programme, https://cockpit.wirtschaftsagentur.at/Cockpit/Programme (3.8.2019)

WU Wien, Institute for Marketing & Consumer Research, https://www.wu.ac.at/fileadmin/wu/d/i/mcore/5_Forschung/4_Im_Fokus/ImFokus_Report_Mai_2019.pdf (23.8.2019)

Yunus, Building Social Business. The New Kind of Capitalism That Serves Humanity's Most Pressing Needs (2011)

Ziegler/Shneor/Wenzlaff/Odorovic/Johanson/Hao/Ryll, University of Cambridge, Judge Business School, Shifting Paradigms. The 4th European Alternative Finance Benchmarking Report, http://jbs.cam.ac.uk/faculty-research/centres/alternative-finance/publications/shifting-paradigms/#.XWP9dC1XZdg (23.8.2019)